全記録

スワノセ第四世界

日本のヒッピー・ムーヴメント

監修 上野圭一　編集 塩澤幸登

Film/Harvey Wasserman

Paradise–Not Lost Yet

全記録スワノセ第四世界

〜日本のヒッピー・ムーヴメント〜

"...We're on an astonishingly beautiful subtropical island in southern Japan, with palm trees, an active volcano..."

Su-wa-no-se, The Fourth Wo[...], a film by Keiichi Ueno. 75 minu[...]ican distribution by Green M[...] Post Films, Box 177, Mon[...]ass. 01351. Rental fee: $70.

For a decade now, th[...]-to-the-land movement has been a[...]orce in raising general awaren[...]t the needs, workings, and be[...] our natural environment. Inde[...] cur-rent phase of our worldwi[...] attempt to save the ecology has any clearly discern-ible roots, one of them must be the migrati[...] political [...]tivists from th[...] countr[...] in the lates 19[...] brie[...] one's stay, the lanc[...] teach[...]

Like [...] that [...]rom[...]d it, the sea[...]rebirth h[...]taken hold nc[...] U.S., bu[...] also in Canada[...]ralia, and [...]apan. The mc[...]an has b[...] par-ticularl[...]ecause [...]e tradi-tion of [...]santry is still very much [...] Nippon[...]e archi-pelago. [...] oft[...]race their ro[...]d year[...]ore in the s[...]nd in many cases the ba[...]as c[...] very little.

At th[...]here'[...]lier environ[...] Japanese cities, and it's[...]ight [...]hin-juku di[...]chi U[...] us on our [...]ing t[...]eci-sion of [...]muna[...] of young [...]e to[...]ry-side.

Next [...]w, w[...] an astonish[...]ful [...]pical island [...]apan, [...]alm trees, l[...]e, a[...] vol-cano, and a growing clan o[...] young peo-ple earnestly pursuing a politico-religious search both for personal peace and for their ancestral heritage. Inter-estingly, the film is hypnotically inter-laced with shots of Native Americans. The message is twofold, communicating to us the theme of our own ancestral past, but also underlining the very real racial links between the Japanese and

Possibilities of a better world, right now

the Amerindian. It's a haunting connec-tion, an undercurrent that magnifies the importance of the bonds between the two nations.

The Su-wa-no-se pilgrims establish a community based on shared labor and trust. In its first sixty minutes the film focuses skillfully and lovingly on the community, the nature of its search, and its developing ties with the locals. The film, explains Ueno, "is not intended to appeal to any particular religious sect. It suggests that an increasing number of the young are sincerely praying in order to purify themselves. They try to see the world through their own clear eyes. Their brains are fresh enough to see through the false belief in the unlimited capacity of modern techno-industrial man."

Predictably, inevitably, all the beauti-fully conceived and executed camera work of the Su-wa-no-se environment is leading us somewhere — as symbolized in the last frame of the first reel by a splotch of oil on an ocean-washed rock.

In the final fifteen-minute segment w[...] learn that the ashram existence of th[...] Su-wa-no-se refugees is being co[...]fronted by a lethal threat. Yamaha, on[...] of Japan's all-powerful multinationals[...] has bought the island and wants to tur[...] it into a resort for the rich. The bul[...]dozers arrive and begin their ugly work[...] Pasty executives land in private planes[...] Disharmony enters where once ther[...] was peace. "Please understand," ask[...] Ueno, "the film staff do not bear an[...] personal hostility to Yamaha people o[...] to their clever and powerful presiden[...] To be quite frank, any president is to b[...] retired, and any company is to be bank[...]rupted someday.... Yamaha is no mor[...] than a symbol of our own greed, of th[...] heavy industry that exists as a parasit[...] within ourselves. This greed must b[...] exterminated."

And thus those who fled Tokyo lear[...] that Tokyo has come to them, much a[...] many who've fled Paris or New York o[...] Montreal or L.A. have found thos[...] cities also in hot pursuit.

★目次 【全記録 スワノセ・第四世界】

諏訪之瀬探訪 第四世界へ…5

部族はいま。…6

部族暦４００６７年の『部族宣言』…10

『部族』という名前の雑誌…12

南信州 大鹿村…14

50年をふりかえる部族。集会と歴史…16

１９６２〜１９６７ ブレリュード・17

１９６７〜１９７４ 富士見・23

１９６７〜１９７４ 諏訪之瀬島・27

１９６７〜１９７４ バンヤン・アシュラマ・33

１９７４・ヤマハボイコット・41

１９７５〜１９７８ 枝手久島・45

ＬＯＯＫＩＮＧ ＡＨＥＡＤ これから・48

部族大会レポート・50

長沢哲夫という詩人……52

映画『スワノセ・第四世界』徹底ガイド…53

獨協大学外国語学部教授原成吉インタビュー

映画『スワノセ・第四世界』と日米一九七〇年代文化事情…65

物語　上野圭一と『スワノセ・第四世界』　文・塩澤幸登…89
【序】知者不言言者不知・90
【1】一九六七年真夏　新宿・94
【2】一九四五年真夏　新京・115
【3】一九六〇年春　早稲田・133
【4】一九六九年冬　東大安田講堂・151
【5】一九六六年秋　ヘイト・アシュベリー・170
【6】一九七一年秋　バークレー・191
【7】一九七三年暮　帰国、そして諏訪之瀬へ・210
【8】一九七六年～自主上映、日本、アメリカ…・230
【9】ナナオサカキの晩年と部族のその後・250
【10】上野圭一の帰還・270
上野圭一ビブリオグラフィ…285
資料1 雑誌『部族』第2号記事　抜粋…291
・山尾三省「部族の歌」・291
・座談会「黄金郷・ガジュマルの夢会議」・293
資料2 映画『スワノセ・第四世界』資料集…303

・朝日新聞一九七九年十一月二十五日号夕刊・303
・筑摩書房『終末から』第九号・305
・上野圭一　朝日新聞投稿316
・朝日新聞一九七六年一月十六日号東京版・319
・雑誌『未来』一九七六年三月号・320
・『早稲田学報』一九七六年五月号・322
・雑誌『話の特集』一九七六年八月号・327
・週刊『プレイボーイ』一九七六年六月十五日号・334
・雑誌『宝島』掲載号不明
アメリカは聖者でいっぱいだ①・336
アメリカは聖者でいっぱいだ②・343
長沢哲夫　詩選　詩集『足がある』より…349
一九七五年　南溟の記憶…353
一九六七年　新宿の記憶…358
二〇二〇年　男たちの今昔物語…360
［監修者のあとがき］…36　［編集者のあとがき］…364
［カバーに使われている写真のクレジット］…366
［スタッフ・リスト］…367　［奥付］…368
映画『スワノセ・第四世界』ＤＶＤ販売のお知らせ…367

●目次に使用したイラ　いずれも部族集会の時に
購入した山田塊也の絵　を画像引用したものです。

諏訪之瀬探訪

第四世界へ

部族はいま…。

新宿で乞食学会を名乗っていたフーテンたちがこの島に移住し、部族として生活し始めたのは一九六七（昭和四十二）年のことだった。爾来五十有余年。部族は島の生活に溶けこみ、子をなして育て、もともと住んでいた人たちと仲よく平和に暮らしている。

島は火山島で江戸時代まで御岳が何度も大噴火をくり返して島民が退去し明治時代の初めに無人島だったところにあらためて人が住み始めた。地味は痩せ開拓は大変な労苦だったようだ。往時の苦難を偲ばせる墓石が路傍に残っている。上の写真は本土復帰六十周年記念に島民全員で集まって撮った記念写真。子供の姿が目立つ。島の至る所に部族の生活の名残が残っている。下段はトカラヤギ。トカラ列島で諏訪之瀬島が最多の生息数だという。

島にはいろいろな所にこれは部族が業をなしたヒッピー文化の名残ではないかと思われるものが残っていた。廃屋も有り、崩れ落ちた住居跡も見られた。例えば、壁に貼られた「タケノコ新聞」や森陰にひっそりと遺されたベンチ。孤独な瞑想や恋人たちのおしゃべりにぴったりの場所だった。右端下段の写真は島唯一の店ともいえるコインランドリー。島にはスーパーもコンビニもなかったが、ジュースの自動販売機だけはあった。

諏訪之瀬島の周囲は 27.15 キロ、面積は 27.66 平方キロ。島で住民が住んでいるのは南端の部分。島は広漠とした荒れ地もあるのだが、緑なす密林もあり、ハイビスカスの花咲きみだれる美しい島だった。

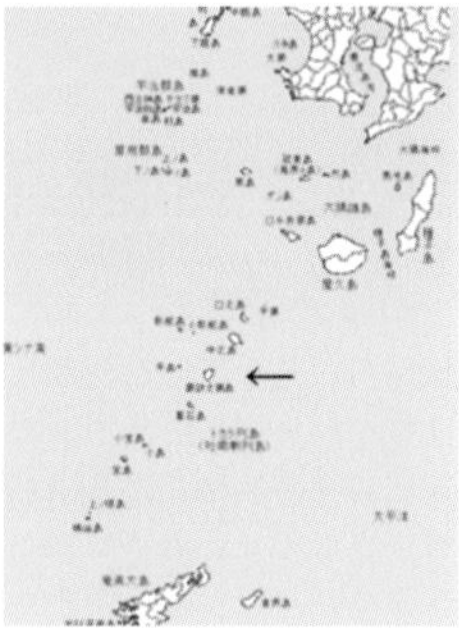

島への船便は週 2 回、鹿児島港からフェリーで公称 8 時間半だが、だいたい荒波にもまれて 10 時間以上かかる
下がトシマ丸 船旅は船酔いとかありけっこうヘヒー

島の中央に位置する活火山の御岳は標高７９９メートル。山の頂上には直径４００メートルの爆裂火口があり、さらにその中に直径１５０メートルほどの噴火丘がある。いまもときどき、大きな鳴動があり、ひんぱんに黒煙があがる。御岳はいまも活発な噴火をつづけている。

左写真は山麓のトカラ牛の放牧場。噴火の後、溶岩が流れてできあがった荒地。残念ながら耕作には適さない。島の作物はサツマイモメイン。下の写真はヤマハが作った飛行場跡。短い滑走路があり、軽飛行機なら離着陸可能。

上もヤマハがリゾート開発を目的にして作った飛行場の写真。ヤマハはもう 40 年くらい前に撤退していて、いまは使われていない。緊急時にヘリコプターが発着する場所になっている。
下の写真は島の賢者・詩人のナーガ（長沢哲夫）。

二年前、輸送船が遭難。朝日新聞記事の画像引用。

パナマ船籍のタンカーが座礁。18人が乗り組み台湾から韓国に行く途中で積み荷はなかった。遭難したのは岩礁があるところで裏港である元浦のすぐそばだった。諏訪之瀬島には切石（太平洋側）と元浦（東シナ海側）という二つの港があり、フェリーが行き来しているのは切石港で元浦は裏港、周辺に人家もない。歩いて行って、見たのは左のような光景だった。航空写真もすごいが島の側から見ると、もっとすごかった。疾風怒濤というのはこのことをいうのだろう。強風が吹き荒れ海が荒れ狂って手か付けられない。シュトルムウントドランクだった。

部族暦４００６７年の『部族宣言』。

ぼくらは宣言しよう。この国家社会という殻の内にぼくらは、いま一つの、国家とは全く異なった相を支えとした社会を形作りつつあると。統治する、或いは統治されるいかなる個人も機関もない、いや「統治」という言葉すら何の用もなさない社会、土から生まれ、土の上に何を建てるわけでもなくただ土と共に在り土に帰ってゆく社会、魂の呼吸そのものである愛と自由と知恵による一人一人の結びつきが支えている社会をぼくらは部族社会と呼ぶ。

アメリカ、ヨーロッパ、日本、その他の国々の若い世代の参加によって何百万人という若い世代の参加によって静かにあくまでも静かに、しかし確実に多くの部族社会が形作られつつある。都会に或いは山の中に農村に海辺に島に。やがて少なくともここ数十年内に、全世界にわたる部族連合も結成され、ぼくらは国家の消え去るべき運命を見守るだろう。ぼくらは今一つの道、人類が死に至るべき道ではなく生き残るべき道を作りつつあるのだ

部族宣言は前頁に顔を出しているナーガ（長沢哲夫）の筆によるものだという。雑誌『部族』の創刊号に掲載された。新宿で乞食学会を旗揚げした仲間のなかにポンという仇名の（本名は山田塊也）という、詩人でも物書きでもないイラストレーター、つまり画家がいる。左頁の奇妙な図画はこの人の作品で、日本のヒッピー・ムーヴメントの重要人物のひとりなのだが、この人のブログのなかにそういう説明（次頁参照）がある。

「部族暦」という謂いはわたしがここで命名したものだが、４００６７年と最初に書いたのはアメリカのビート詩人で仏教徒でもあり、日本の部族の活動でも重要な役割を果たしたゲーリー・スナイダー。ゲーリーの著作『地球の家を保つには～エコロジーと精神革命～』（片桐ユズル訳・社会思想社刊）の２４９頁に「四〇〇六七年（最古の洞穴壁画から概算して）」という記述がある。最古の洞穴壁画は考古学の分野でのことだが、有名なのはスペインのアルタミラ、フランスのラスコーなどで、これがおよそ四万年前のこと。これらの壁画が人類初の芸術作品、原始人たちの美の発露という意味なのだろう。

原始に帰れ！　それが部族の最初のメッセージだったのだろう。

宣言は溌剌としていて、いま読んでも心躍るものがある。部族とわたしたちの生きている世界の五十年の歴史を思うにつけ、この部族の思想が既に意味を失っているとはわたしにはとても思えない

『部族』という名の雑誌。

雑誌『部族』の創刊は昭和四十二年、（部族暦４００６７年）。Ｂ４変形版、24頁、未綴。この雑誌は、Ｐ17にあるが、乞食学会の機関誌『プシュケ』を継承したモノである。

こちらは創刊第2号の表紙。これもポンの描いたもの。サイケデリックアートだ。

後年、この雑誌はヒッピーマガジンと呼ばれるようになったが、ヒッピーはマスコミが付けた名前である。その彼らが自らヒッピーと称するようになったのは八〇年代末、ポンこと山田塊也が自著の出版を契機にしてのことだった。『アイアムヒッピー』というあからさまな名乗りがポンの本の名前だった。ポンは雑誌『部族』の重要なスタッフの一人だったが、自身の回想ブログ『ヒッピームーヴメント史inヤポネシア』のなかで、創刊当時の思い出を次のように書いている。

「私たちはムーヴメントの思想信条を世に伝えるための新聞『部族』の創刊にとりかかった。既にアメリカ西海岸では『オラクル』などの前衛的なヒッピーマガジンが発行されていたが、わが国のヒッピームーヴメントでは最初の産声である。編集長はナーガ、イラストは私が担当した。まだエメラルド色のそよ風族はなかったので、私は福生のシロとマリの家に居候した。漫画家のシロと机を並べ、カラスを吸いながら3枚のイラストを描いた。当時の私はまだ大麻にほとんど耐性がなかったので、空間の歪みやフォルムの連続性、デフォルメや幻視など視覚の変化が面白くて、ケラケラ笑いながら絵を描いた　サイケデリックアートの国産第一号である』

雑誌は発行部数一万部、定価は百円。マスコミが勝手に宣伝してくれたこともあって、街頭販売したらしいが、売れ行きは上々だった。「飛ぶように売れた」と書いている。

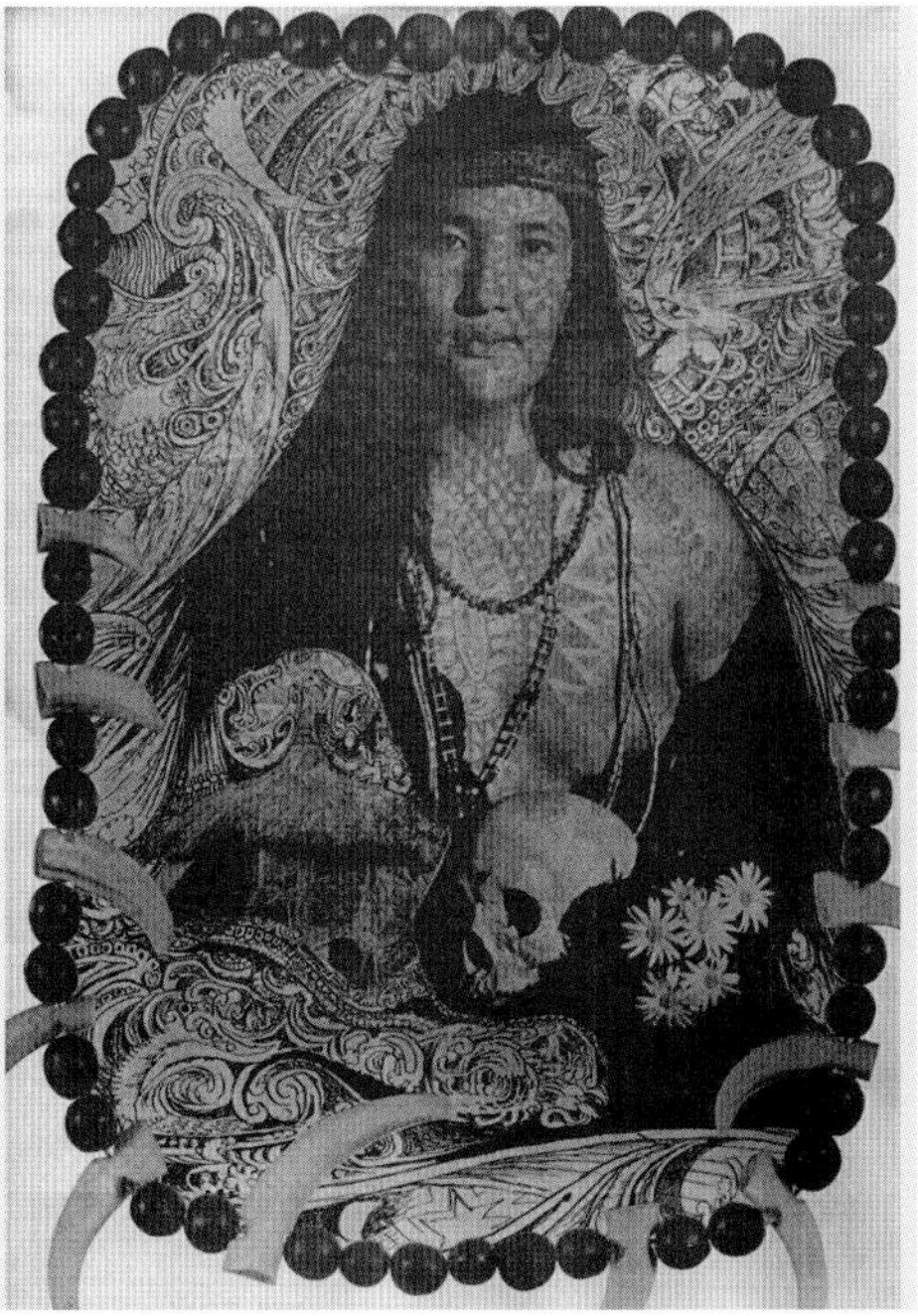

部族の歌

山尾三省

雑誌『部族』の創刊第２号の巻頭は山尾三省が書いた「部族の歌」という長文随想。一部をP・291に再録。

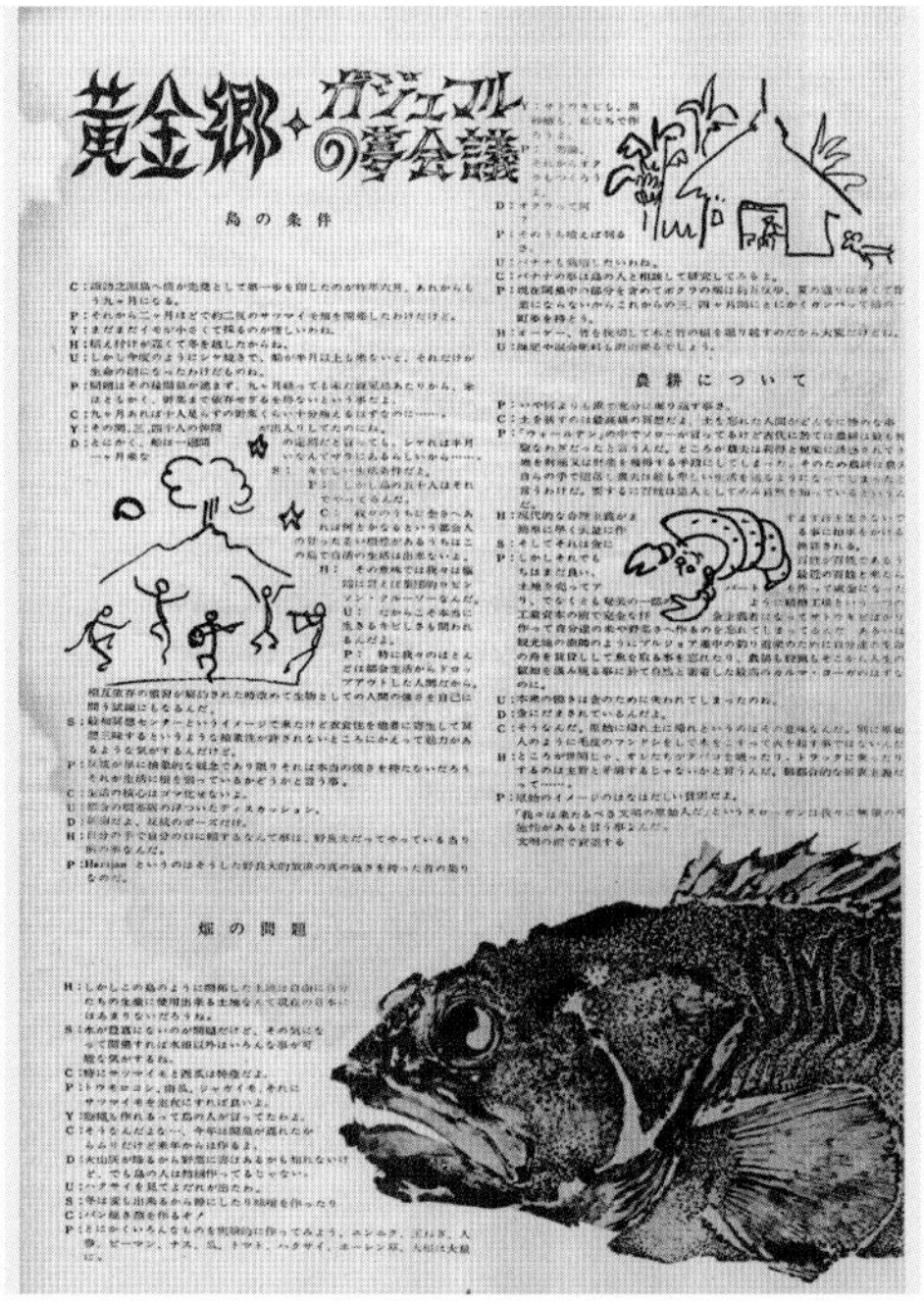

黄金郷・ガジュマルの夢会議

島の条件

農耕について

畑の問題

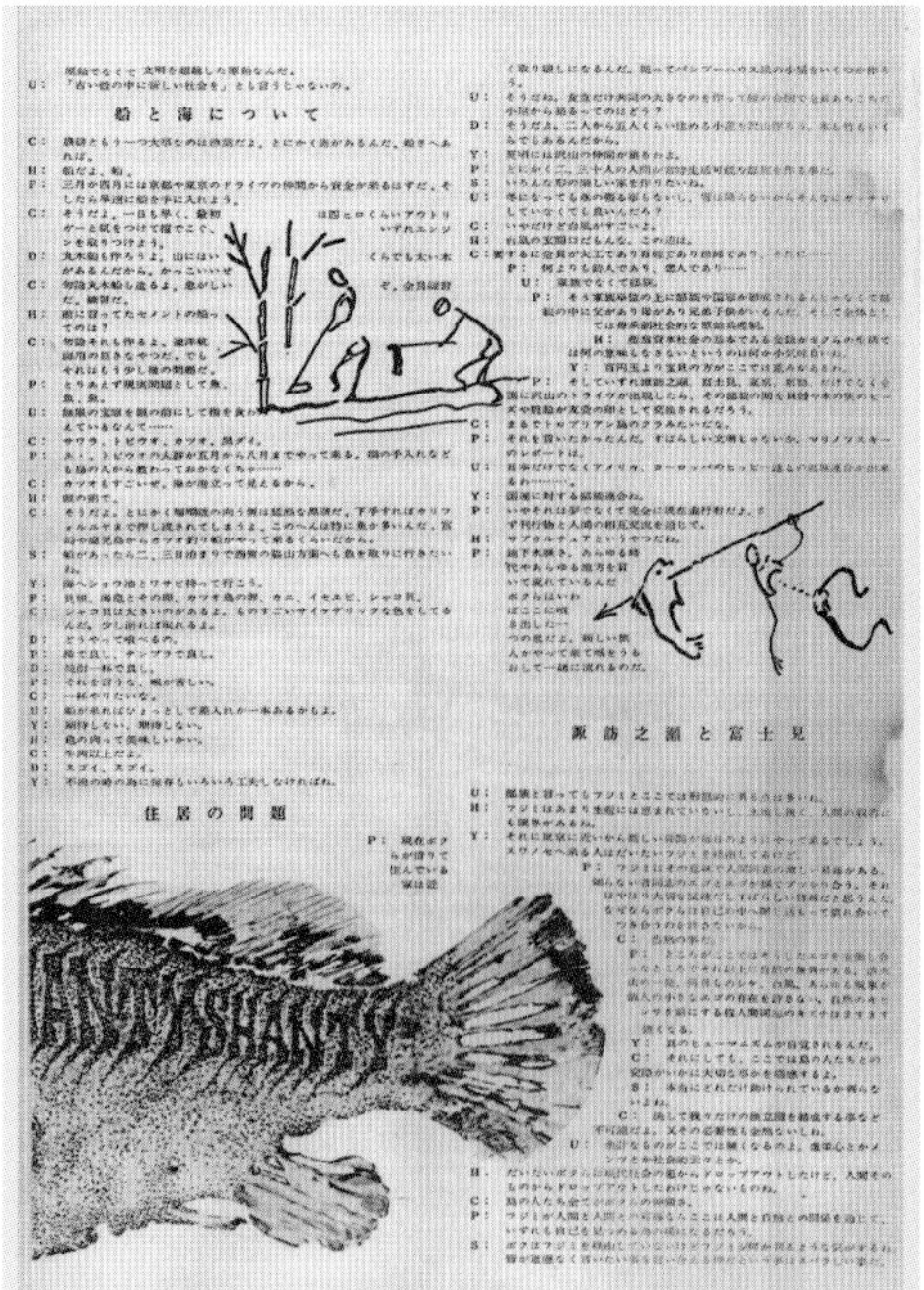

船と海について

住居の問題

諏訪之瀬と富士見

こちらは「黄金郷・ガジュマルの夢会議」とタイトルされた諏訪之瀬で暮らす人たちの座談会。生活の実体と将来的な夢がいろいろと語られていて興味深い。これも「部族」第２号の掲載。本誌P・293に転載している。

南信州 大鹿村。

大鹿村は部族の主要メンバーだったナナオ・サカキが生涯を終えた終焉の地。南信州、赤石山脈の山懐深くに存する僻村。南北朝時代、後醍醐天皇の皇子宗良親王がこの地に依って北朝方と戦ったところ。部族の流れをくむ人たちが住みついている。路傍を歩いていると、向こうからイギリスの若者が歩いてきた。友だちの家に泊めてもらっているのだという。大鹿はいまも世界のネットワークと繋がっている、不思議な場所である。

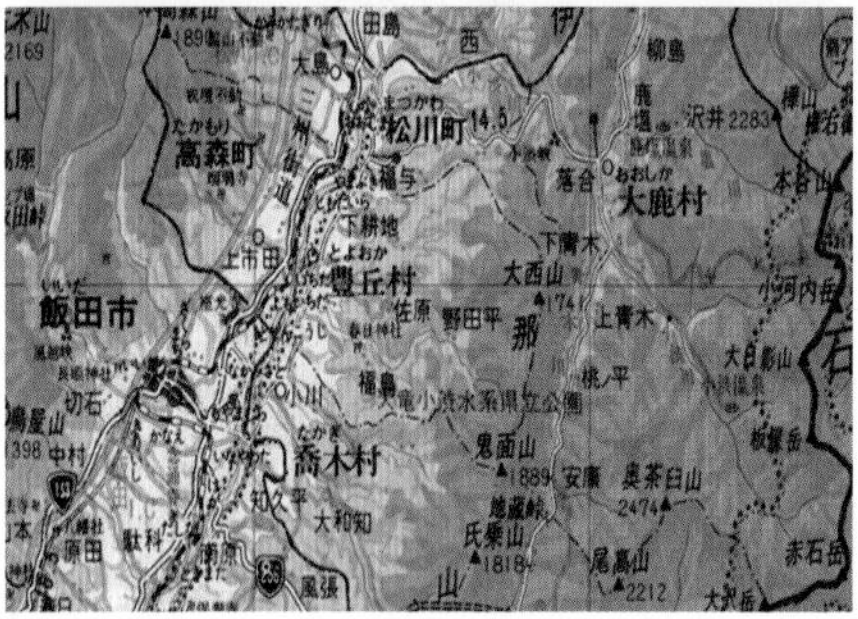

漂泊・放浪の人であったナナオ・サカキ。大鹿村に内田ボブさんという〝お百姓シンガーソングライター〟が住んでいるのだが、ナナオは最後、この人を頼ったのだった。写真の下段はボブの家の別棟の離れ家。亡くなられたのは二〇〇八年十二月二十三日。内田さんの話では夜中に屋外のトイレで用を足している最中に心臓発作に襲われたのだという。真冬の大鹿は酷寒の地、零下十度の世界である。まして深夜。下段右の写真は翌年の春になってから京都で開かれたナナオのお別れの会の告知ポスター。このとき、故人を偲んで『スワノセ・第四世界』が上演された。

ナナオが暮らしていた家はその時のそのままにしている。手前の人物がナナオの面倒を見た内田ボブさん。

部屋には祭壇が作られ、焼香を絶やさないようにしていた。遺骨は一部、外国へ。あとは海に散骨した。

部族の発足五十年、ナナオ・サカキの没後十年を記念して、仲間たちが部族誕生の地、国分寺に集まった。

1962−1967

PRELUDE プレリュード

おゝ若者よ　浄らかな大自然は
最高の修行場《アシュラマ》であると仏陀は言われた
もし　こうした聖地を汚す者を
黙認するならば
彼らは文目《あやめ》もつかぬ闇路へ落ちるのみか
聖地の真価は失われてしまう
私たち　身、口、意を正して
生きる求道者は
彼らに断固とした態度をとるべきである
それによって真理を求めることの
正しさと意義がはっきりすると同時に
愚か者たちをたしなめられるだろう
さぁ　若者よ　共に歌おう

11世紀　ヒマラヤにて　ミラレパ

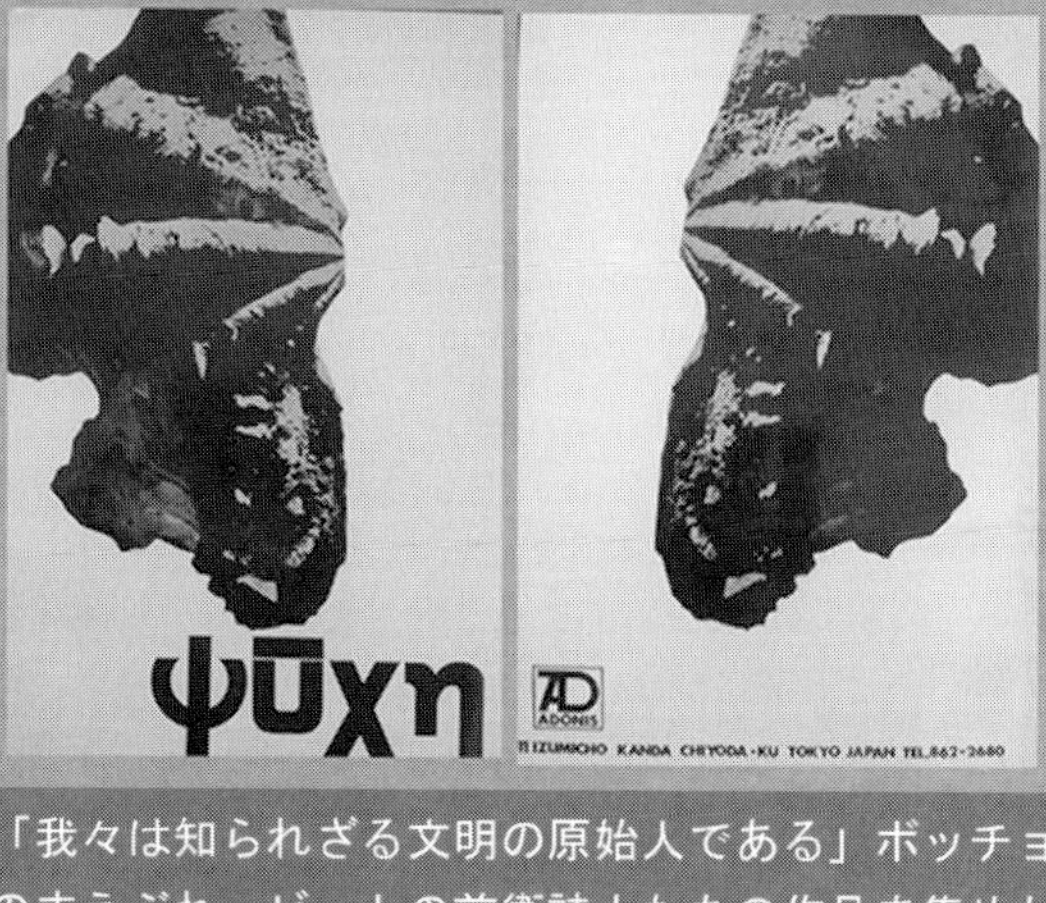

「我々は知られざる文明の原始人である」ボッチョーニ（1911イタリアの彫刻家）。「部族」のまえぶれ、ビートの前衛詩人たちの作品を集めたアヴァンギャルドなムック、プシュケーVol.2、1966年9月号。ナナオ・サカキ、山尾三省、長沢哲夫、秋庭健二のほか、ゲーリー・スナイダーやヨーロッパの作家たちとの合作。アドニスの中島利栄氏のデザインによるもの。

…箱根の街道を歩いて降りる途中、ちょうど陽が昇るころで坂の下の方からルンペンが朝日を浴びて登ってくる。ボロボロの服を着て…髪もヒゲもぼうぼうと伸ばして…堂々と歩いてくる。手に持ったバケツの中の残飯がまるでダイヤモンドのように光って見える。それを見て…自分ひとりが中産階級あるいは上流階級、エリートになったところで何がおもしろいだろうと思ったんだ。

それから新宿あたりをうろついて。そのあと、ヒッチハイクで動き出すようになって行動半径が大きくなり、旅がはじまった。その途中で三省たちと繋がり…新宿フーテン組がいっしょになって、動きが活発になっていくわけ…なにしろ始めに絶望ありき。なんだかんだ言いながら、自然に食えてたなあ。

——ナナオ

「はじめて本当の笑顔を見た〜ナナオ・インタビュー（聞き手：岸田哲）」

'67年4月、新宿との訣別のセレモニーとなった「バム・アカデミー主催・第2回フェスティバル・世界の滅亡を予言する自由言語による集会と行列」が催された。

新宿の風月堂インテリア

1956

新宿風月堂での出会い

高校のときよく新宿に遊びに行った。ちょっと変わった自由な雰囲気のケーキ屋さんがやっている珈琲屋さんがあった。勇気出して中に入ると当時流行ってた喫茶店と全然ちがって外国の映画で見るような、天井が高くて、クラシックがかっていて。来てる人たちも自由な格好。コスモポリタン。

——ナモ

三省を知ったのは、たぶん風月堂でだったと思う。三省が国分寺に昔旅館だった大きな広い一軒家を借りたから、みんなで住めるぞという話になった。三省が名義人になって借りたわけ。それまであちこち放浪してきて、もう少し落ち着いて自分たちも、まとめて何かをやらなくちゃいけない、自分たちの仕事、自分たちのヴイジョン、どうやっていきていくのか、考えて行く必要を感じてたのだ。そこにみんなで引っ越して行った。それが1967年かな?

——ナモ

1967年「部族」新聞創刊号、印刷　エネラルド・ブリーズ族、100円（イラスト：ポン）

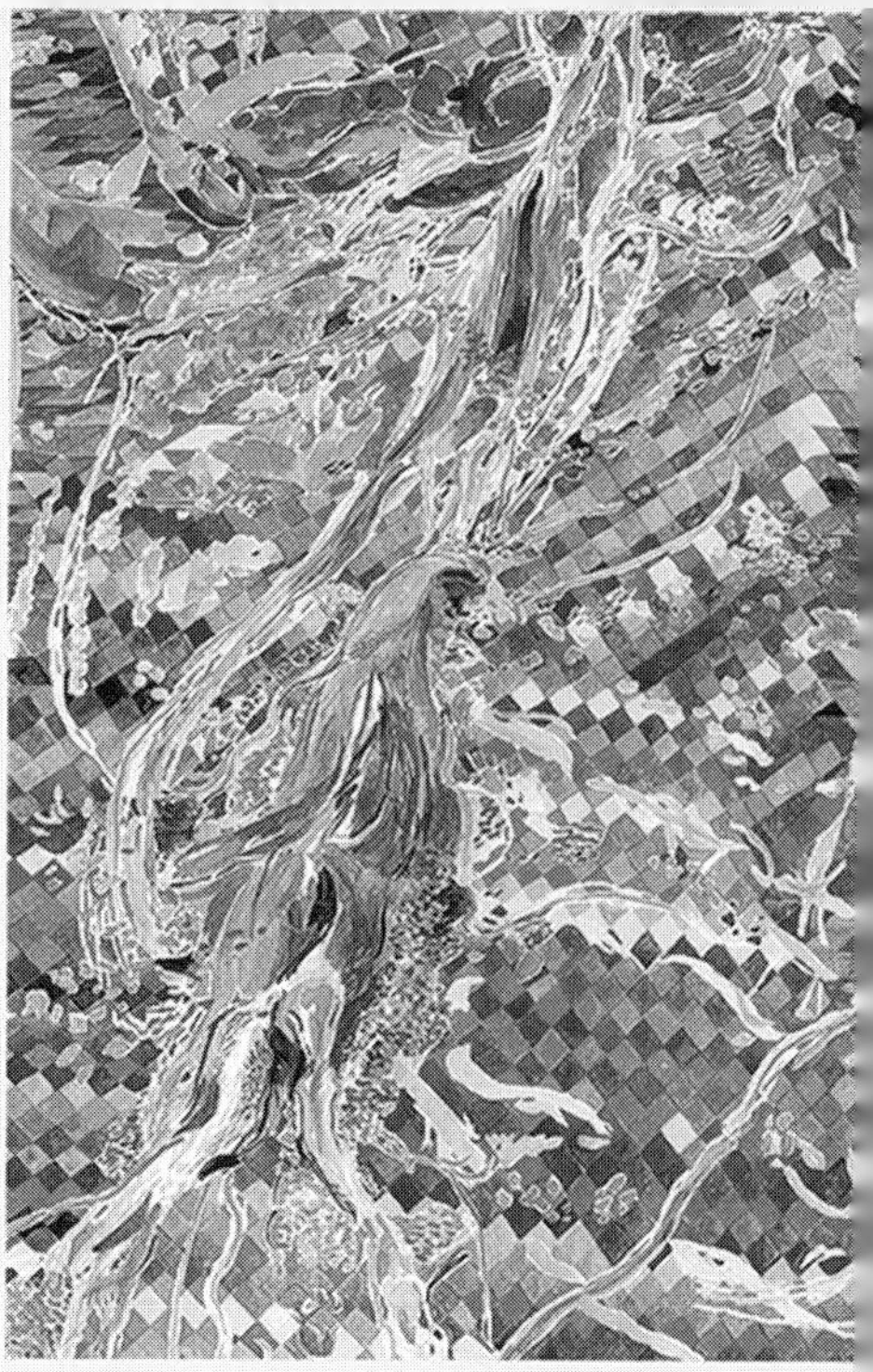

「根の精」ジャン中村

1967

新宿の葬式パフォーマンス

そこでアキタと共に、20数名のバムは、久々に新宿へ押しかけた。東口駅前のフーテンの新名所グリーンハウスの一画に祭壇を作り、仲間のジャンがヨガのポーズをしている写真に黒いリボンを掛けて飾った。坊さんのリードで全員が般若心経を高らかに唱えると、またたく間に黒山の人だかりになった。交番のお巡りが飛んできて「無届けデモだ、責任者は誰だ?」と怒鳴るので、横にいた私は静かに「デモではありません、葬式です」と答えた。プロのお坊さんが読経しているからパフォーマンスとは思わなかったのだ。お巡り達が「何とか早く止められないものですかね?」などと相談にくる。私はしんみりと答える。「死んだ本人が、このグリーンハウスを限りなく愛していたもんですからね……」

もう新宿東口はほとんどお祭り騒ぎだった。風月堂の前にさしかかると、ウエイトレスが飛び出してきて、ジャンの写真を見るや「あら、この人この間まで元気だったのに!」と言って合掌した。その日一日、哀れなジャンは都内某所で軟禁状態になっていたことは言うまでもない。

——ポン

）ヒッチハイクにでかけるキャップ、（右）おまつりポン太こと山田塊也

1965
全国をヒッチハイク

その頃は車も少なかったから、ヒッチは容易だったし、時々はトラックの運ちゃんにめしを奢ってもらった。公園や駅舎などで野宿しても通報する人などいなかった。北海道を一周した後、南は鹿児島までのひとり旅は貰い物や拾い物で腹を満たし、似顔絵は描かなかった。

――ポン

1965
絵描きをやめて旅に

'65年春、画家への夢を捨てきれず、高円寺の喫茶店ネルケンで個展を開いていた時、ナーガが噂のナナオを連れてきた。私より一回り年長の日本で唯一人、大正生まれのビートだった。

私の心がいよいよドロップアウトに傾いていた頃、思いもかけない試練を受けた。ある知人に依託した私のイラストが、メジャー出版社の目にとまり、絵本一冊分の仕事が転がり込んだのだ。無名画家にとって又とない立身出世のチャンスだった。上京5年目、28歳にして初めて把んだ成功への道だった。

ところが最初の1枚目を描き始めた日に、ナーガとナンダが訪ねて来たので、彼らに焼酎を出して私は仕事机に向かった。だがとても仕事などする気にならず、私も焼酎を一口呑んで、今度こそ決意を固めた。もうこんな生活を辞めることを。

翌日、出版社あてに詫び状を書いて、原稿を送り返すと、全財産を処分し、リックひとつでヒッチハイクの旅に出た。北へ、北海道へ。

――ポン

1967

バムアカデミー新宿
フェスティバル

あの貝殻の絵のプシュケーを出したころ、詩の朗読会を含めてパーティを新宿の安田生命ホールで開きました。詩の朗読と踊りの場を設けたのです。

そのころは「バムアカデミア」という名前で自分らのことを呼んでいて、ナナオがつけた名前。乞食という意味で「乞食学会」といってました。

で、ゲーリーも来てくれて、一度戸山ハイツの戸山公園で集まって、それで新宿まで行進した。デモというよりみんなでぶらぶら歩いていってみようという感じでした。無届けでね。ギター弾けるやつらはギター弾いて歌ってたという感じで。楽しいことやると。

——ナーガ

1953

金よりも暇の方が大切

別に志を立ててフーテンになったわけじゃないけど。なにか参考になるなら昔話しましょう。

戦争が終わってから、しばらく、はずかしいけど背広着ていたの。大きな出版社の社長の秘書か、書生みたいな役でね。志賀直哉とか大川周明にも会っている。酒をとどけるのが仕事だったよ。

いわゆる上流階級の暮らしをみたり、山谷に住んだり、旋盤工やったり。社会のいろんな構造をじっとみていくと、一体誰が幸福なのか、と首を傾げるようになった。ブルジョアは金はあるけど、ものすごく忙しい。つきあいは大変だし。中産階級は金も暇も少しずつだけあるんだな。それから下層階級、これはもう、金もなければ暇もない。では一番下、底の底、つまりフーテン、ルンペン。これは金は全くないが暇はたっぷりある。そこで、「よし、決めた」と思ったね。僕には金よりも暇の方が大切だったから。

——ナナオ

国分寺エメラルドブリーズをはじめ、コミューン作りの力となった山尾三省

1968

組織ではない組織

類は友を呼ぶの例えどおり、ぼくらは自然に集まってきた。一人で孤立していることがやせ我慢であることが判ってきたし、人は集まるのが自然であるが故に、集まってきた。ぼくらはその集まりを部族と呼んだ。そして今、ぼくらは部族という集まりを、組織ではない組織、組織であることを拒否するぎりぎりの切点での組織として考えている。

——三省

1967

サンフランシスコ
ビー・インの興奮、新宿へ

翌日は新宿厚生年金会館ホールで集会を行った。このイベントには京都在住の詩人ゲーリー・スナイダーが参加していたが、彼はこの集会の前にアメリカへ帰国し、1月にサンフランシスコで催された2万人のBE・INに招待されていたので、その興奮がじかに伝わって来た。

アメリカでもヨーロッパでも、そして日本でも、新しいムーヴメントが湧き上がりつつあった。時は満ち、爆発の予感に胸が躍った。集会では、ゲーリー、ナナオ、ナーガ、三省などの詩の朗読の後、アングラ全盛期とあって、「ゼロ次元」「ジャックの会」などの前衛集団がハプニングを演じ、舞台と客席入り乱れてのイベントになった。

——ポン

万人集まったというサンフランシスコ、ゴールデンゲートパークで1967
14日に開催された「ギャザリング・オブ・ザ・トライブス　ヒューマン
イン」のポスター。 ティモシー・リアリー、リチャード・アルパート（の
ラム・ダス）、アレン・ギンズバーグ、ゲーリー・スナイダーほか、鈴木
老師も参加した。その夏、サンフランシスコの歴史的な「サマー・オブ・
へと展開するプレリュードであった。

1963

ナーガ、
ゲーリーに会う

風月堂に来てたオーストラリア人で友だちのニール・ハンターが帰ってったんだけど、手紙がきて、帰りの船でゲーリー・スナイダーにあったと。で、アレン・ギンズバーグとインドに行くけど、アレンも帰りは京都のゲーリーのところへ行くはずだから会ってみないかということだった。それで、ゲーリーが帰ってきたころ、ナナオと二人で京都のゲーリーの家へ行った。

ゲーリーは京都で禅の修行をしていました。

ちょうどお祭りがありまして、祇園祭りかな、3人で京都の街の中ぶらぶら歩いて、鴨川で座っていろいろしゃべったりしました。

——ナーガ

なんと言っても、部族の創設に関しては当時京都で参禅中のゲーリー・スナイダーの存在は大きかったな‥‥。運動の情報はもとより、ヒンズー教やチベット密教、禅などの知識を伝えた。

——ポン

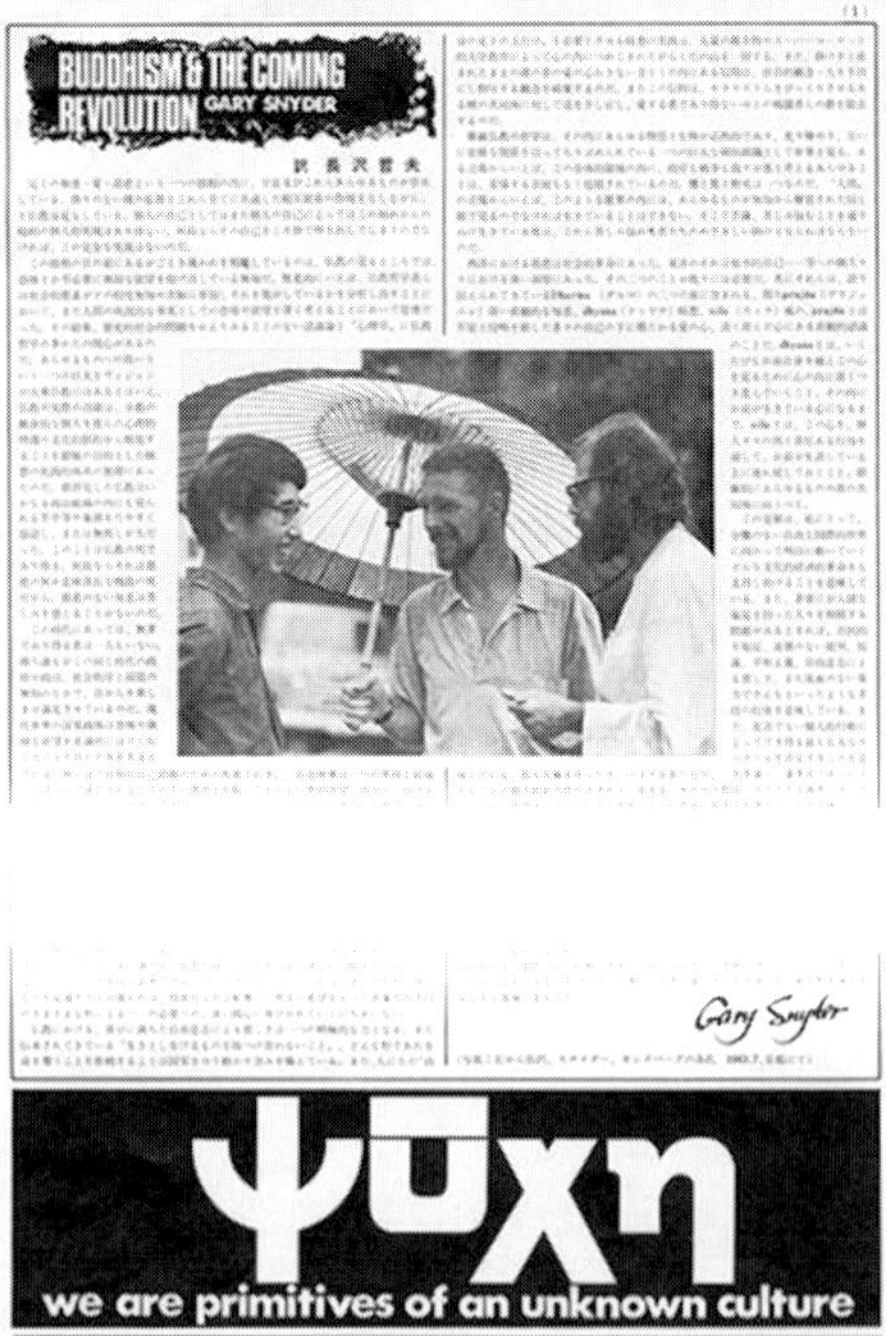

プシュケー・ジャーナル第一号、加藤衛氏から提供されたA・ギンズバーグ氏の1963年7月中旬撮影の写真（左から、長沢哲夫（ナーガ）、ゲーリー・スナイダー、アレン・ギンズバーグ）。インドからの帰途、当時京都に在住していたゲーリーを訪問。

1967–1974

富士見 FUJIMI

1967

信州富士見高原

中央線の終点高尾で下車し、リックを担いで駅を出ると、そこは甲州街道、国道20号線である。西へ向かってしばらく歩き、大垂水峠の手前でヒッチハイクをする。当時は車も少なく、大型トラックが気易く止まってくれたものだ。

そこから約100キロ、甲州から急坂を登って信州に入ると富士見町だ。御射山郵便局前でトラックを降りて、国道左手の入笠山登山口を少し登るとけやきの巨木がある。江戸から一里ごとに植樹された一里塚である。そこで「ヤッホー!」と大声で叫べば、高原の彼方から返事が聞こえて、掘建小屋の中からヒゲまみれの男が姿を現すだろう。雷赤鴉族《かみなりあかがらすぞく》である。

——ポン

瞑想センターとして建てられた雷赤鴉聖殿。挿絵：山田塊也（ポン）

1968

富士見の生活

寒さに震え、暑さにうだり、粗食と飢えを噛みしめ、…高度成長がピークを迎える時代に、ヒッピーコミューンのやったことは貧困の探求であった。

言い方を変えれば、それはカネやモノでは縛られない幸福の探求であり、常識や体制に縛られることなく、オノレの好きかってに生きること、ズバリ「天上天下唯我独尊」である。

…

食事は畑で採った干大根入り雑炊ばかり、戦後の飢えの時代に日本中が常食にしていたものだ。一番の御馳走は農協スーパーの塩サバだ。焼酎があればオンの字だった。

日課といえば、裏山へ行って雪に埋もれたカラマツの間伐材を運び出し、薪を作ることと、近くの泉の氷を割って、バケツで水を運ぶこと。…

夜は電気がないので灯油ランプですごした。ストーブを囲んでの談話は、焼酎などがなくても弾んだ。そのうち乾電池用のレコードプレイヤーと何枚かのロックのレコードが手に入ったので、毎晩のように踊った。

——ポン

『部族』創刊号 表紙（1967）山田塊也

消えちまったんだよ
あの星のみちが
消えちまったんだよ
風みちが
消えちまったんだよ
霜道が
消えちまったんだよ
鳥みちが
消えちまったんだよ
蝶道が
消えちまったんだよ
けもの道が
消えちまったんだよ
人間の道が
消えちまったんだよ
運命の道が
消えちまったんだよ
道の光りが！
で、　君、　は？

ナナオ．'74, 10月、東京

「部族」新聞の創刊号表紙、山田塊也画

1967

エメラルド色の そよ風族、仲間を求める

エメラルド色のそよ風族は東京に活動の場を置いている者達の部族だ。今ぼくらは広く仲間を求めていると同時に部族の者の自由な集会、仕事、冥想に適した家屋及び土地（畑仕事のできる）をさがしている。

“部族”の発行を主体にしているがブゾクポスター、カード、ビーズ、ジュズ玉貝殻、陶器等による首飾りその他の手工芸品を販売すべく準備している。ぼくらはそれぞれの仕事への部族の一員として君の参加を待っている。

特に豊かな販売士、法律上の知識、知恵、又トラック及び運転手、カジヤ、靴屋、船大工、イラストレーターなどの仕事が出来る仲間を待っている。

尚、ブゾクのロックバンドを結成すべく広くそのエレキプレーヤー、シンガーをさがしている。

エメラルド色のそよ風族、その他の多くの部族によって東京の地図は新しく塗り変えられていくだろう。

やって来い友よ、この世界は君の内面からの光が投影できる姿だ。部族への参加は君の全き姿を投影する事になるだろう。

――「部族」新聞 Vol.2 No.1（創刊号）

花と少女（マヤ）

1968

カミナリ赤ガラスの日記

12/28 今日は静かに逆立ちが出来た。

1/25 太陽が沈んだ西空は暗く深く冴えていく。突風が森から山へかけ澄る。どこか空の遠くでランデヴーするというのか。

1/27 朝、−14°木々も霧氷に飾られて朝をむかえる。

2/5 若い小さな栗の木よ。おいしい木の実をたくさんつけろ。君はぼくの友達だ。

2/15 朝からどか雪。おひる -3°。あったかい。何もかも雪でまっしろ。空も地面も太陽もから松もまっしろ。ゲロゲロ吐いた誰かもあっという間にまっしろ。

2/11 沈黙せよ!朝プラーナを心臓にたくわえよ。太陽に向かえ!

2/29 雪解け、水の音、トックン、トックン　命の水をくみました。

3/1 今日の星はボケていた。だって沢山みえたんだもん。

3/4 雪が溶けて春が来た。春が来て土が顔出した。ほんの少し…。昨日はひなまつり。今日は断食。

3/6 ストーブのまわりに歌声が流れる。チリンー、チリンー、チリン。鈴が鳴っているんだよ。そうなんだよ。鈴なんだよ。

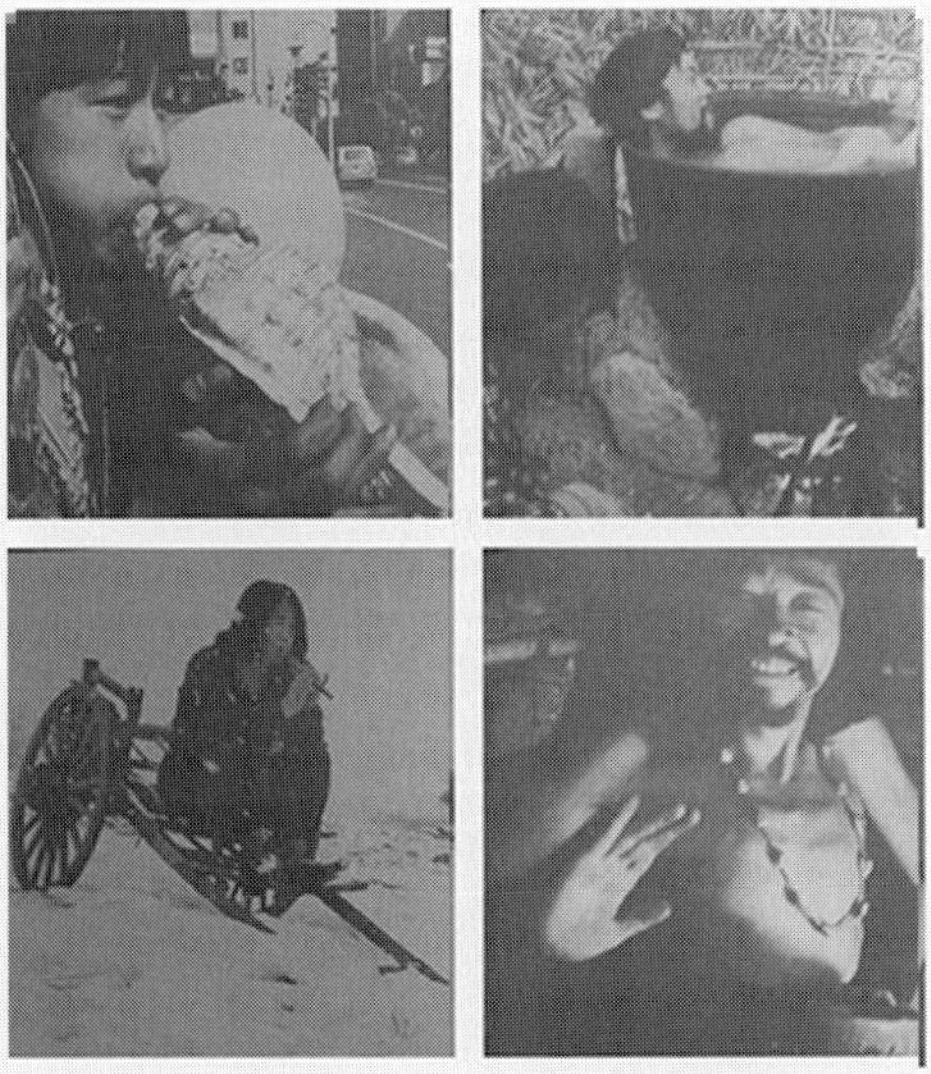

写真左上、ムー、鹿児島にて。左下、右上下、富士見の生活

富士見の仲間たちと、飼育していた山羊

雷赤鴉　1968年12月
歓迎! 瞑想センターへ　真理への目覚めのための。持って来い分配すべき玄米、その他の食料寝袋重労働の力を、そして何より愛を

——ポン

1968
まら貝の有給休暇

ぼくらは6人くらいで仕事してたかな?で、必ず、一ヶ月
)有給休暇出してた。旅に出なさいって。有給休暇とい
ってても何十万もパッとあげられなくて、ちょっとしかあげら
れなかったけどね。でも彼らは、ぼくもそうだけど、旅に
行くのは慣れてるし、旅もしたいし。それなぜかというと、
旅して帰ってきたとき、その人のもってきた爽やかさがい
つも流れるわけ。

——ナモ

見るやどかり族のコンクリート船「トカラII世」

現在一枚も残っていない桜島フェスティバルポスターの復元挿絵（ポン作）

1968
「トカラII世」は永遠に続く夢だ

承前　夢、これは永い、永い夢だ。見飽きることも見
果てることもない永遠に続く夢だ。
一人の男の内に宿った夢が、彼の心の大きさと誠実さ
途方もないエネルギーによって多くの者たちの愛と溶け
あい、大河のように流れ始め、今も流れ続けている。
[illegible]

二年前の3月、夢の源流は宮崎県の東北部尾鈴山系の
深い名貫川の水源近くで開催された労働フェスティバル
よって逆さばしり始めた。50名以上がそのエネルギー
山を揺るがし、汗と新鮮な山土にまみれ、心は澄明な
の大気と清澄な渓流に洗われ純化されて行った。汗を
がすことと、無私の労働が生み出す満足と充足を初め
しったものも大勢いた。3ヶ月におよぶフェスティバルは、
参加した各人の内で様々に凝縮されて行ったに違いない。

——サト

1969
阿蘇のキャンプインとプレーイングマンティス

'69年秋、ナナオは初めてアメリカへ旅立ち、部族は3回目のフェスティバルを阿蘇高原で催した。熊本には旧BUMのヨネが「タンポポ」というほら貝の姉妹店のような店をオープンしていた。熊本は部族にとっては鹿児島、宮崎と共に縁の深いところだった。

[illegible]
マズも健在で、総破壊、総汚染される直前の日本の自然が息づいていた。

百姓の後継者として、マオリとユーはここに無農薬有機農法の米造りコミューンの建設を夢見ていた。ブッシュマンの神話から「プレーイング・マンティス＝祈るカマキリ」族という名称まで決めていた。

——ポン

1967

諏訪之瀬島

SUWANOSE

1967

島の姿

さあ、ぼくら全てが歩いているこの惑星の地図を開いてごらん。北緯29°東経130°　ここが諏訪之瀬島だ。サンフランシスコ市より多少大きくて、波打ち際から荒々しく800メートルもそゝり立ち、太平洋と東シナ海を真二ツに分けている。けわしい頂上は噴煙を流し、火口は地獄の雷鳴、時には爆風と噴火のストロンボリ式活火山。

そこへ黒潮の流れがやって来る。素速くて濃い藍色。四季を通じて暖かい流れ。…　気まぐれ台風は年毎の訪問客、時には風速50メートル。

──ナナオ

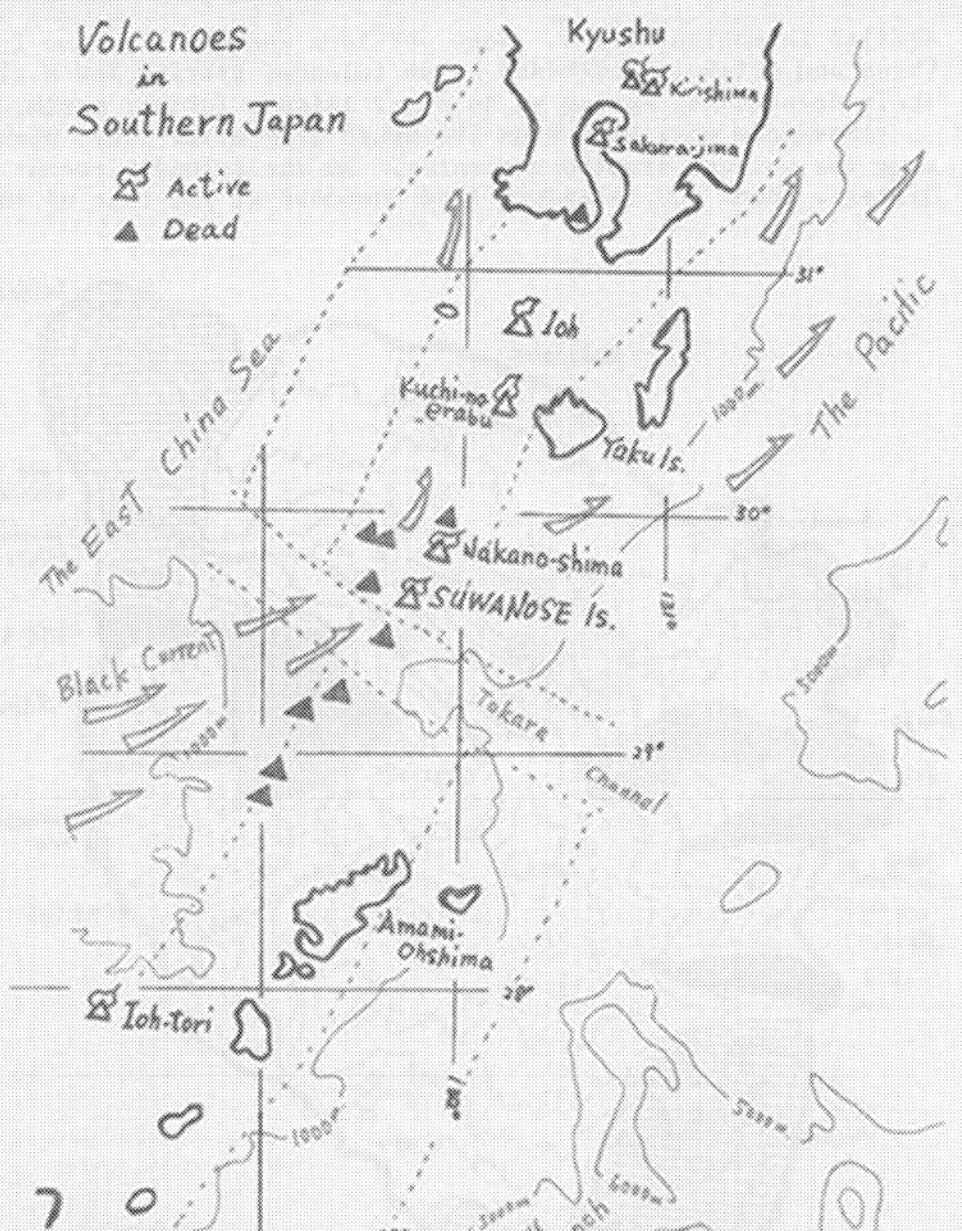

南西諸島に分布する活火山と死火山を記した地図

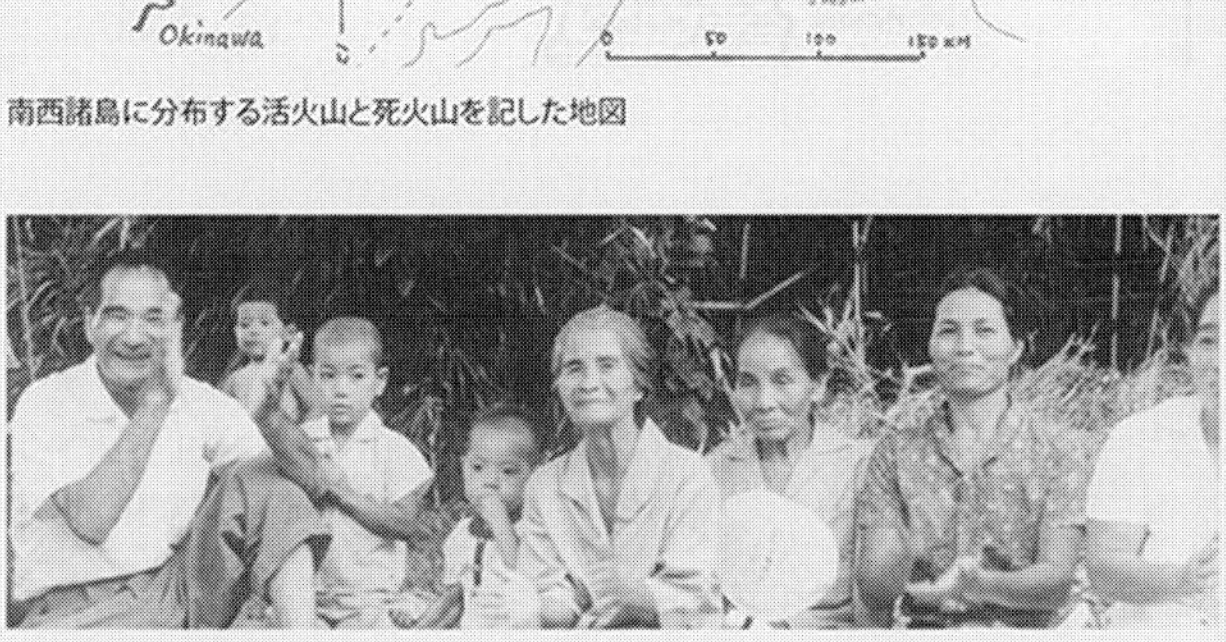

島民わずか数10名、10世帯が、車もテレビも商店もない絶海の孤島で、…文明に頼らずに生活していた。私たちは2つの集落から更に1キロほど離れた山麓の牧場付近で荷を下ろした。この一帯の竹藪を切り拓いてコミューンを建設することを、島民と十島村役場（在鹿児島市）から承認されたのだ。

──ポン

Love Gary Snyder

Women who were turned inside-out
Tem times over by childbirth

On the wind-washed lonely islands
Lead the circle of *obon* dancers
Through a full moon night in August

The youngest girl last;

Women who were up since last night
Scaling and cleaning the flying fish

Sing about love.

Over and over,
Sing about love.

Suwa-no-se Island

愛 ゲーリースナイダー（金関寿夫訳）

子供十人産んで　腹んなか　十回
ひっくり返された女たち

風吹き寄せる淋しい孤島で
便踊りの輪の　先頭を勤める
八月、満月の夜、一晩中

一番若い娘は　しんがりだ。

トビウオの鱗落としをしたり　腸を取ったりして
昨夜から一睡もしていない女たちが

愛について歌う

何度も何度も
愛について歌う。

（諏訪之瀬島）

音と共に噴煙を上げる諏訪之瀬島御岳。（写真：青木章）

1973

絶海にそそり立つ 炎の山

晴れた穏やかな日には、諏訪之瀬御岳の頂上(799メートル)から、水平線まで拡がる海をぐるりと見渡すことができる。島のわきを川のように流れるのは黒潮だ。火山の島、諏訪之瀬は海からそそり立ち、その嶮しい断崖絶壁は海岸に砕ける白波に縁取られて海に落ちる。サンゴ礁の輪も水面下ではっきり見える。頂上に立つと、真下には諏訪之瀬御岳の赤々と燃える噴火口がのぞいている。ガスと灰の壮大な雲を放ちながら、この惑星の心髄から灼熱の息吹が沸き上がる。それはさながらシヴァ神がふかす豪壮な水煙管だ。

——平吉孝明

島の祭りの準備をする前田夫人

焼け島 ゲーリー・スナイダー 砂井田 まさ 訳

おゝ、波神《なみかみ》　今日私を貫いた
　キダイ
　どっしり　ピンクと銀色
　クール ——— 一緒にもぐり　じっとみつめ
　　　　　　ヤリを避けていて

火山腹の番人　この島を
　我らのビーズの体飾りのために持ち上げ
　笑いをふりまき———
　　　目に灰を
霞が煙
裸の高い果て———
　海中の溶岩がゆるやかに珊瑚礁になり
　縞模様の　食っている泳ぎ手でいっぱいの穴

おゝ空の神　とんぼ返りで来て
　太平洋から
　我らにスコールの蓋をして
　また　濡れに輝く———
　［今日　虹の孤を見る
　　牛の水飲み場で
　水晶の仏界　何ラックも
　　洗い落として
　そこ　腕の毛!］

竹でたった今揺らめいている
　半欠けの月
　　アンターレスを讃えて
　一杯の焼酎を飲みほし
　　　空の最も豊かな流れ
　はるか射手座の小路を凝視し———
　銀河系の中心に乾杯!
　———目をさ迷わせよう
　天の川の勾配直角に
　　馬頭　環
　　星雲　無い程　遠い
　　放ち滑らせよう
　　　　　　波の頂きに乗り———

夜毎
おゝ大地の女神
　私は手を
　おまえのコブラ頭の突出に置いて
　　　　　　　　眠った：
　耳を
一晩中おまえの口もとに置いたまゝ

おゝ　すべての
神　潮流　岬　海流
　淀みと精力の
流れと渦巻きよ———

畑を鋤し
　さつま芋を実らせ給え
また折ある度に腰を下ろして
宇宙永遠の法を考察するとき

　花と微光と共に持ってきておくれ
我々皆んなを　平和に　一緒に眠らせ給え

結婚するマサと私に祝福あれ
　新月に　火口で
今年の夏

40067年8月
(「部族」Vol. 2, No. 2)

Burning Island By Gary Snyder

O Wave God　who broke through me today
　Sea Bream
　massive pink and silver
　cool swimming down with me watching
　　　　staying away from the spear

Volcano belly Keeper who lifted this island
　for our own beaded bodies adornment
　and sprinkles us all with his laugh—
　　　　ash in the eye
　mist, or smoke,
　on the bare high limits—
　　underwater lava flows easing to coral
　　　holes filled with striped feeding swimmers

O Sky Gods　cartwheeling
　out of　Pacific
　turning rainsqualls over like lids on us
　then shine on our sodden—
　　(scanned out a rainbow today at the
　　　cow drinking trough
　　　　sluicing off
　　LAKHS of crystal Buddha Fields
　　right on the hair of the arm!)

Who wavers right now in the bamboo:
　a half-gone waning moon.
　　　drank down a bowlful of shochu
　　　　in praise of Antares
　　　gazing far up the lanes of Sagittarius
　　　　richest stream of our sky—
　a cup to the center of the galaxy!
　　　and let the eyes stray
　right-angling the pitch of the Milky Way:
　　　horse-heads　rings
　　　　clouds　too distant to *be*
　　　　slide free.
　　　　　on the crest of the wave.

Each night
O Earth Mother
　I have wrappt my hand
　over the jut of your cobra-hood
　　　　sleeping;
　left my ear
All night long by your mouth.

O　All
Gods　tides　capes　currents
Flows and spirals of
　　pool and powers—

As we hoe the field
　let sweet potato grow.
And as sit us all down when we
To consider the Dharma
　bring with a flower and a glin
Let us all sleep in peace　tog

Bless Masa and me as we marry
　at new moon　on the cra
This summer.

VIII 40067
[BUZOKU Vol. 2, No. 2]

沖合から見た諏訪之瀬島御岳（写真：青木章）

1967

偶然の出会いから、島の住民に

数年まえ、ナナオ・サカキは九州と奄美大島の間を小さな貨物船で旅していた。その道中、一人の旅人と会話がはずんだ。旅人は、「私たちの諏訪之瀬島に来てみないか」と、ナナオを気軽に招待したのだった。ナナオは、年が改まってから彼との約束を果たした。それはちょうど台風が来ていたときで、ナナオは農家に1週間籠もり、嵐が去るのを待った。

島には8世帯、40人しかおらず、島の大部分が火山と溶岩流がむき出しになっていた。にもかかわらず、なんとか暮らせそうな誰も住んでない土地がまだ充分あった。だから島民たちは、ナナオや彼の友人たちがキャンプにやってくるのを歓迎したし、定住する気がある者なら喜んで迎え入れた。

——ゲーリー・スナイダー

のおばあちゃんたち

籠を編む園山さん

諏訪之瀬に渡るには、鹿児島港から定期船「戸嶋丸」に乗るしかない。当時250トンの第2十島丸は、鹿児島港からトカラ列島の島々を巡って奄美大島の名瀬港まで、週1回程度往復していたが、海が時化れば半月以上も欠航することもあった。

——ポン

1967

部族宣言

ぼくらは宣言しよう。この国家社会という殻の内にぼくらは、いま一つの、国家とは全く異なった相を支えとした社会を形作りつつある、と。統治する、或いは統治されるいかなる個人も機関もない、いや「統治」という言葉すら何の用もなさない社会…魂の呼吸そのものである愛と自由と知恵による一人一人の結びつきが支えている社会を、ぼくらは部族社会と呼ぶ。

アメリカ、ヨーロッパ、日本、その他の国々の若い世代の参加によって、何百万人という若い世代の参加によって、静かにあくまでも静かに、しかし確実に多くの部族社会が形作られつつある。都会に或いは山の中に農村に海辺に島に。やがて、少なくともここ数十年内に、全世界にわたる部族連合も結成され、ぼくらは国家の消え去るべき運命を見守るだろう。ぼくらは今一つの道、人類が死に至るべき道ではなく、生き残るべき道をつくりつつあるのだ。(後略)

——ナーガ

聖地諏訪之瀬島地図。リゾート予定地も斜線で記されている

雨が降らなければみんなが食事するところ(写真：渡辺眸)

1967

役割分担の決め方

毎朝、朝食のあと、その日の仕事についてぽつりぽつりと誰からともなくディスカッションが始まった。みんな自分からやりたい作業を申し出る。プレッシャーはまったくなかった。「道具は元の場所に戻そうね、昨日ヤスリが見つからなかった」などと誰かが言うこともあったが、辛辣さは一切なかった。この大らかな協調性や、騒動を起こさずに物事を進める精神から、西洋人はたくさん学ぶことがあると思った。バンヤンの人たちのあいだには、エゴからくる摩擦(皆無!)や作業のさまたげはいままで見てきたどんなグループよりも少なかった。

食事は農家の畳で、みんなで胡座をかいて、いただいた。後藤家の2歳のたくちゃんがその中を真っ裸で走り回っていた。

朝早く起きた者はバンヤンの樹の下へ瞑想しに行った。とてもすてきなことで、特に早朝の渓谷で歌うアカヒゲの歌がみごとにふるえながら3オクターブも上下して丘や野原をこだまする。

——ゲーリー・スナイダー

オと園山さんのサワラ釣り

1967

KARMA YOGA

Utae：でも私恐いの。冥想したりマントラを唱えたりそれはそれでスバラしいのだけど、私は17才、そうしたホーリーゾーンともっと根本的というか日常的な衣・食・住の生活とのギャップがますます大きくなって自分がその亀裂に宙ブラリンになるみたいで。私、焦っているのかしら。

Pon：10代の連中、何人かからその事を言われたよ。あまりにも抽象的な世界に入りすぎてどこかで足をすくわれそうだと……

Cap：坐禅も良いけど、土を耕す事はもっと大切だと思う。百姓する事は観念の世界ではないから。

Pon：そうなんだ。ボクもカルマヨーガから入って行く方がより確実で容易だと思うんだ。

Dan：ボクにとっては30分間坐禅をしたり、一日断食するよりも、たらふく食ってクタクタになるまで働く方が、うんと生きている実感が得られるんだ。

1972

神主の役目

先日、来年の神主に選ばれた。最初の儀式のために対の竹を選び抜き、海水で身を清め、神聖な榊の枝をつんで、花瓶にさした。清酒と水を杯に注ぎ、神棚に戻した。それから八幡様とほかの神様たちを順番に拝んだ。ほかにもいっぱいいろいろあったけど、終わったころには疲れ果てていた。

それから一日の終わりに、帰りしな園山さんにサワラつりに誘われた。神社の儀式でまだ困惑していた。最初のサワラはルアーまで上がってこず、二回目は足がもり綱にひっかかった。獲物なし。失敗。

神主としての初日はそんな展開。有川おばあちゃんにずっと言われ続けてるのが、これからやることすべて神様の眼の前でおこる。

——ゲタオ

岩の上で静かに瞑想する

1967

島の条件

Cap：諏訪之瀬島へ僕が先発として第一歩を印したのが昨年六月、あれからもう九ケ月になる。

Utae：[illegible]、船が半月以上も来ないと、それだけが生命の綱になったわけだものね。

Pon：問題はその後開墾が進まず、九ケ月たっても未だ鹿児島あたりから、米はともかく、野菜まで依存せざるを得ないという事だよ。

Sen：キビしい生活条件だよ。

Pon：しかし島の50人はそれでやってるんだ。

Cap：我々のうちに金さへあれば何とかなるという都会人の甘ったるい根性があるうちはこの島で自活の生活は出来ないよ。

Utae：だからこそ本当に生きるキビしさも問われるんだよ。

Pon：特に我々は都会生活からドロップアウトした人間たちだから、[illegible]の強さを自己に問う試練にもなるんだ。

Sen：最初瞑想センターというイメージで来たけど衣食住を他者に寄生して瞑想三昧するというような抽象性が許されないところにかえって魅力があるような気がするんだけど。

Pon：反抗が単に抽象的な観念である限りそれは本当の強さを持たないだろう。それが生活に根を張っているかどうかという事。

Cap：生活の核心はゴマ化せないよ。

1967–1974

バンヤン・アシュラマ

BANYAN ASHRAM

左から：キャップ、メイ、ナナオ、ポン（写真：ゲーリー・スナイダー）

1967

長野に続き、諏訪之瀬島へ

ナナオの古い仲間たちは、長野県の高原ですでに農場を始めていた。彼らは「ハリジャン」（旧バムアカデミー）の一派で、東京の「エメラルドブリーズ」の仲間だ。彼らは、計画に諏訪之瀬島を加えようと決めていたのだ。そこでまず五月にナナオ、ミコ、そしてシンカイが島へ行き、六月にポンが何人かといっしょに上陸。それからフランコ、ナーガ、マサと私が七月に訪れた。

——ゲーリー・スナイダー

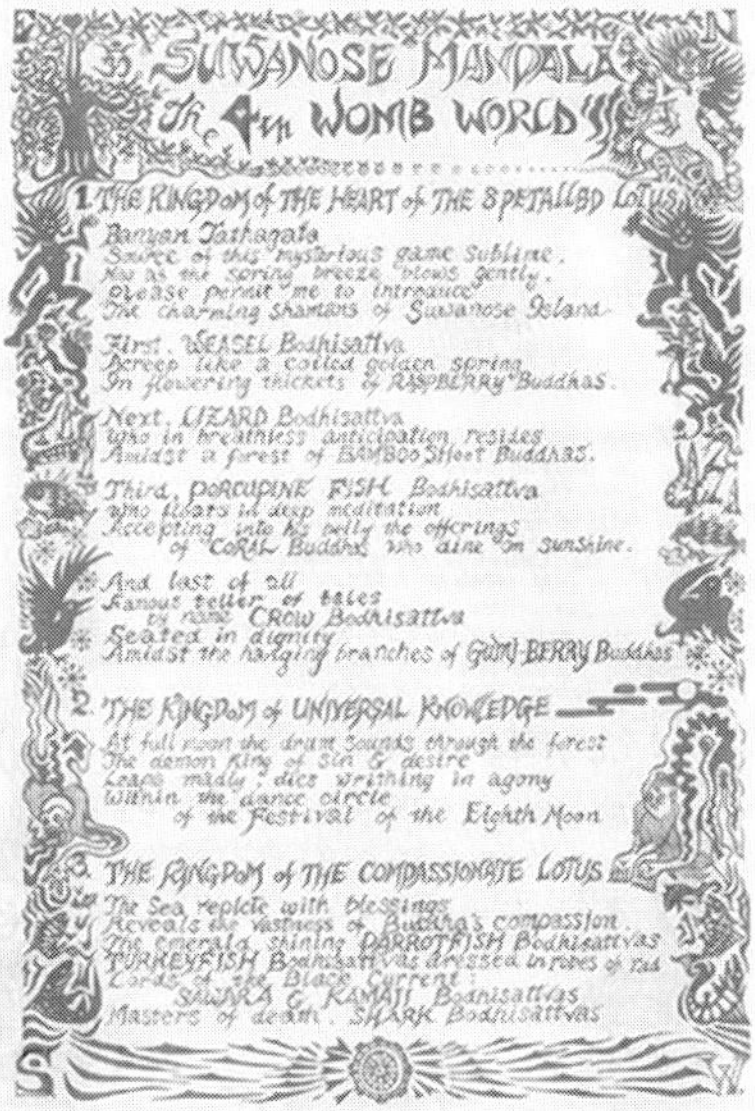

マンダラとは、宇宙を象徴する仏教図式。この諏訪之瀬マンダラの金剛界、胎蔵界は諏訪之瀬島という宇宙の各領域を表している。第4胎蔵界：中台八葉院、偏知院、観音院

1967

噴火口での結婚式

快晴の一日、10数名全員で御岳《おたけ》山頂に登り、噴火口の上でゲイリー・スナイダーとマサの結婚式を挙げた。いかにもそれは「神話的現在」を彷彿とさせた。噴火口はシヴァ神の巨大な水煙管の火口を想わせ、そのセレモニーは1組の男女の結婚という次元を超えて、新たな精神の冒険と理想社会の実験に挑む者たちの禊の儀式でもあった。コミューンという理想社会を築くためには、純粋で普遍的な愛と慈悲が不可欠であり、そのためには全人類、全生類との一体感を体験しなければならない。

——ポン

ら、ナナオ、ゲーリー、マサ

1967

コミューンの命名

1967年の夏、何人かの仲間とぼくはスワノセへ移り住んだ。竹藪を切り払い、畑仕事と小屋作りをやった。誰かがでっかいガジュマルの樹にちなんで、ぼくらの場を「バンヤン・アシュラマ」と名づけた。

——ナナオ

之瀬マンダラ：金剛手院、持明院

1972

ハシケの活躍

[illegible]

ケに乗っているみんなはビショ濡れ。リーフの沖合に錨を下ろしている汽船からぼくはハシケを眺めていた。船尾にいる鷲顔の男が、舵を片手に、もう片手を振りながらしきりに合図してた。老女は船首の下に山羊や鶏と並んでかがみこみ、他の者は船の両横や中の積荷につかまっていた。ハシケは汽船の横につき、バンヤン・アシュラマの誰かが、空中からロープをつかんで、しっかりと固定させた。

——クリス

バンヤンの小屋の壁を編むラーダ

1967

栽培あれこれ

Hoe：しかしこの島のように開拓した土地は自由に自分たちの生活に使用できる土地なんて現在の日本にはあまりないだろうね。

Sen：水が豊富にないのが問題だけど、その気になって開墾すれば水田以外はいろんな事が可能な気がするね。

Cap：特にサツマイモと西瓜は特産だよ。

Pon：トウモロコシ、南瓜、ジャガイモ、それにサツマイモを主食にすれば良いよ。

Yo:：陸稲も作れるって島の人が言ってたわよ。
…

Dan：火山灰が降るから野菜に害はあるかも知れないけど、でも島の人は結構作ってるじゃない。

Utae：ハクサイを見てよだれが出たわ。

魚介類をさばく台所の外

1967–1968

WORK

1967.9.25　バンブーハウスの屋根の修理も終了した。3日間朝竹切りに行き、なんとか竹を集めた。これからは畑の開こん、イモ（来年の秋のための）植付け、野菜の種子まき、新しい小屋作り、風呂の設置など沢山の仕事がひかえている。フジミ、東京の動きを知り、ここスワノセの我らは彼らの心を内に持ち互いに通じ合って我らなりに働いていく。次の船で　又NEW BOYがやってくる。人は常にその中に光を持ってやってくる。なによりもすばらしく、うれしいことだ。（ミ子）

1968.2.11　開こん大車輪——夏に来る奴等の為にトマト・ナス・ハクサイ・スイカ・瓜・オクラ・人参・大根・ジャガイモ・サツマイモ・ニンニク・玉ねぎ・ピーマン等々……引き受けた。だけど本当は、オカズもない食事で開こんをやっている今が一番楽しいんだぞ。

『部族』2号に掲載の火山のイメージ（山田塊也画）

1967

挑戦と学びの毎日

今度こそ食らいついてやったさ。それに比べたら、サハラ砂漠を歩いて横断するのさえ中流階級の夢の旅みたいなもの。諏訪之瀬島では毎日、瞬間、瞬間が物心両面でもっともシビアな挑戦の連続だ。一日中ものすごい湿気で、夜は蚊、唸る噴火口、足を踏み入れることを許さない竹藪のジャングル。水晶のように透明な海にサメ、珊瑚に覆われたギザギザの溶岩。そんな環境で真っ黒に日焼けし、狂ったような「部族民」は、究極のカルマヨーガ（絶え間ない労働の意）を実践し、完全自給自足の原始的な生活を営んでいる。ちょっとヘビーだけど、学ぶことは山ほどある。
——ザ・ラスト・ホール・アース・カタログ（ディーン）

うたえ：スワノセでのエピソード

1967

アメリカ人の彼氏がどうしても火山へ行くというので、すごく心配でしようがないから、くっついて行った。…そしたら雷はなるは、火山は爆発するは、迷っちゃったわけ。夜、火山の流れたところって、深いところでは10フィート（3m）くらいこうなってて、しようがないから、間のこういうところにこうやって寝て、そして朝になって、樹海に入り込んじゃった。みんなすごい心配してるだろうなと、思ってたけども、とにかくそれを抜け出して、朝の10時ごろ、救助隊がきた。ふたり行方不明になったというので、すごかったんだって。となりの中之島に電話したり。ナナオとか、村人が待ってて、ナナオにかなり怒られた、私。勝手に、何も持たず、誰にも言わないで行動しちゃだめだ、って。そのときに感じたのは、ナナオは一匹狼みたいなひとだけれども、結構コミューンの中のことをちゃんと見てるんだな、と。それでおにぎりかなんか持ってきてくれて、それを食べました。それが美味しかったの覚えている。お水とおにぎりと。

——うたえ

日本のカウンターカルチャーを記し続ける『名前のない新聞』の挿絵

VOLCANO

1967

9.6　台風対策は山程ある。けれど一切の作業は火山灰のため中止されなければならない。皆眼をやられるからだ。
時には　自然は　荒々しく　狂暴でさえある。ぼくらは　それを知らなければならない。多分それは永久に続く試練なのだ。火山が爆発すれば　皆の目はキラキラと輝く。台風が発生すればなんだか楽しそうに　おしゃべりする。（マモ）

9.13　地獄の釜は　煮えたぎり、風は　灰吹雪をまき散らす。何ともぜいたくな風景の片すみで　ぼくらは静かな時間と向い合う。野菜畑の　荒耕し、炊事の他は　大きな作業もなく、めいめい勝手に　自由にのびのびと生命を洗っている。ここでは何のタブーもなく、めいめい勝手に自由にのびのびと生命を洗っている。その拡がりの内側に　多分　なにか重大なものが秘められている。探そう！沈黙と予感から生れる何かを。（ナナオ）

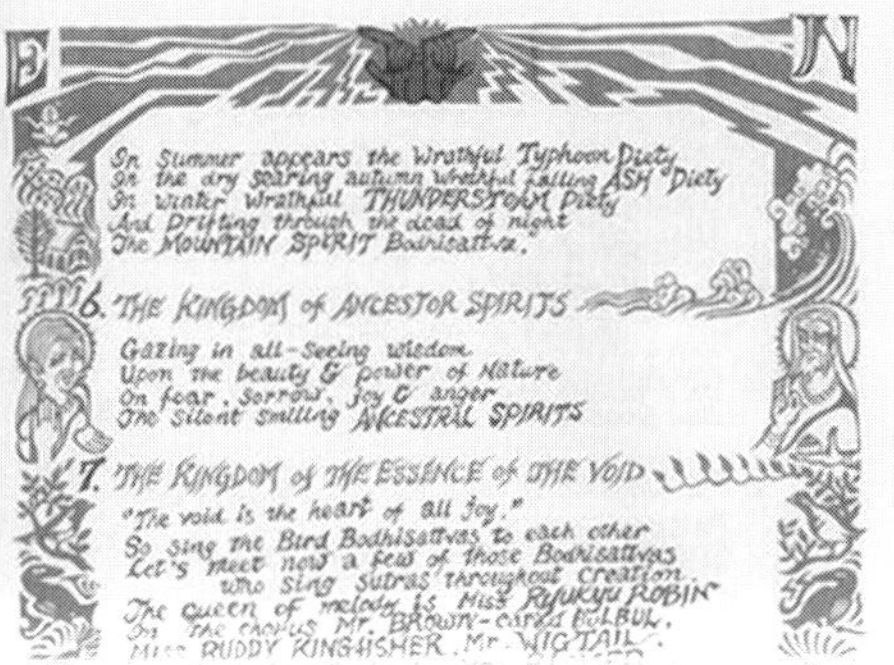

之瀬マンダラ：釈迦院、虚空臓院、地蔵院

農作業と炊事

畑がある——キュウリ、ウリ、スイカ、タマネギ、マメ、そして今度は竹林に隠れてホピのトウモロコシが。重労働、土壌は火山灰で野菜を育てるには非常に乏しい。肥料には、牛糞をカゴにあつめる必要がある。食事はすべてみんなで食べる。そして毎日料理は誰かの番だ。部族のひとりは泳ぎの名手で、毎日たくさんの魚を捕まえる。

——ザ・ラスト・ホール・アース・カタログ

諏訪之瀬の小屋の前のミロ

諏訪之瀬島の年間周期。種まきや植え付けの時期も記されている

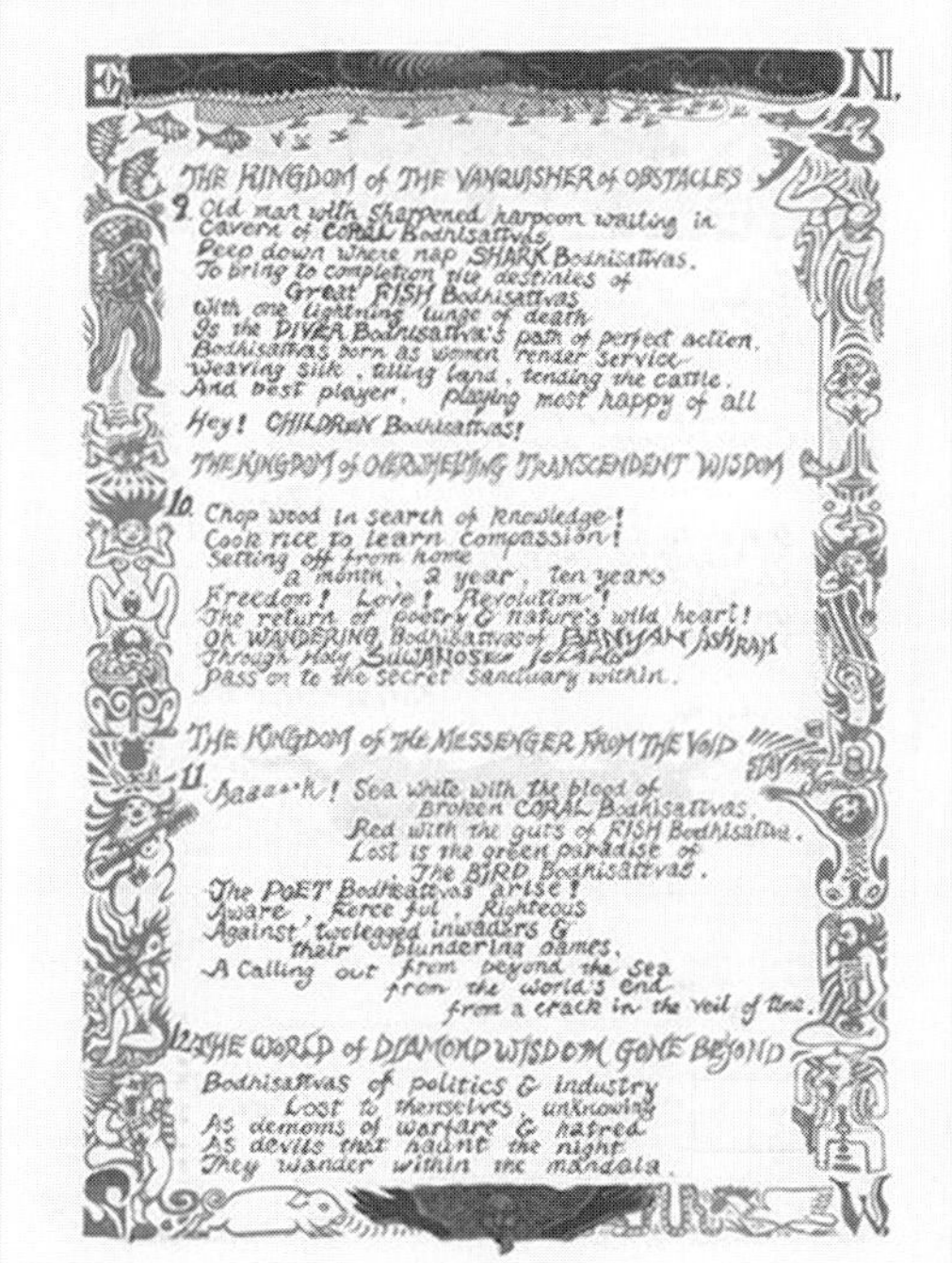

諏訪之瀬マンダラ：除蓋障院、文殊院、蘇悉地院、外金剛部

1967

LIFESTYLE

9.10　夜、ロシア民謡と　アメリカインディアンの夕べ。思わず祈りたくなるようなやさしい月が夜の幕をあげる。今夜も　また　星月夜（P子）

9.11　BANANA DAY　バナナの苗を　8本バンブーハウスのまわりに植えた。東の海が荒れていたのでオナカが空いた。風の風の風の一日　とてもおぼえちゃいられない　灰の灰の灰の一生　とてもながめちゃ　いられない。（リューゴ）

9.19　平島が悪魔の砦のように浮かんでいた。暗雲が広がり　ブキミな静けさがただよい。あたり一面深く沈みこみ　なりをひそめた。突然　けたたましい雨滴がその静けさを破る。一とき大地は一しずくももらすまいと貪欲に口を広げる。（ミ子）

11.6　平島の人々はバンヤン族のことを人喰い人種だと信じているそうです。冗談ではなくて本当の話。（ミ子）

11.20　ミ子は出かけた。リュックいっぱいにつめたスワノセの風と、真黒にやけた顔をおみやげに、お日さまが、どんなにミ子を愛していたか1目でわかるように。虹が出むかえてくれました。火山が出発の合図をならしました。船長、出発だ！（Gamma）

1974

バークレーでの詩の朗読会

1974年7月12日、1200人の聴衆がカリフォルニア州バークレーに集まった。お目当ては諏訪之瀬島保護基金のための詩の朗読だ。「バークレー・バーブ」紙はこう記している。「スワノセの詩人ナナオ・サカキは美しい詩を詠んだ。『無駄口たたくひまあれば、本読みな。本読むひまあれば、歩け　山を海を砂漠を。歩くひまあれば、歌え踊れ。踊るひまあれば、黙って座れ。おめでたい、へのへのもへの、読者諸君』。一方、ゲーリー・スナイダーは『暖かい、静かな世紀は濃い紅い土壌を作る(中略)土地は誰のもので、誰が税金を払うのかと尋ねたら(中略)土地は土地自らのもの』と詠んだ」。朗読が終わると、われわれはしぶしぶ講堂を離れた。アレン・ギンズバーグが「スワノセに近づくな、Stay Away, Stay Away」と歌っているのを手土産に。

——ゲーリー・スナイダー

ークレーポエトリー・リーディングにて（左から、ゲーリー・スナイダー、マイル・マックルアア、アレン・ギンズバーグ、ナナオ・サカキ）

1974

方向性の糸口

[illegible]
したりした。マスメディアを使うか、アングラの情報発信に絞るかじっくり考えた。バークレーのナナオ、ゲーリー、アレンたちからは、諏訪之瀬のための詩の朗読会を通じて大きな声援をもらった。こっちでも祭りや詩の朗読を企画し、ほかのコミューンへキャラバンを組んで、海外にも手紙を出した。

うまくいったことも、いかなかったこともあった。でも、あれこれ試しているうちに方向性がはっきりしてきて、問題の重要性を都会の人たちに訴えられるようになった。

——クリス

CCCマントラバンドがオールナイトレインボーショーに出演する。ステージにトシ、ポン、ダマリ、ナナオほか

1973

島の自然を残す意義

スワノセがそのまゝ残るならば、それは確実に日本の、そして世界の人々に役立つだろう。村人とアシュラマは広大な野生の大地を、自然公園、自然を学ぶ地域としてキャンパーやハイカーのために定めているのだ。

——ナナオ

諏訪之瀬マンダラ：供養会、微細会、羯摩会、成身会

1974

海の主との出会い

暗い夜だ。月光りのない浜は油を流した様な静けさにおゝわれている。先程ツマジロに出会った恐怖は背すじから未だ去ってはいない。時折思い出す体のふるえはあの時の思いが引きかえしてきた証拠だ。たえまなく潮騒は鉛りの様な静けさをやぶって無心に響いてくる。今は耳なれているこの音でさえ海の深さや偉大さをブルッとした音で伝えてくる。

…火は赤々と燃えサンゴの白と火山岩の黒をてらし出している。さきほど火の中に入れた青えびは、きゅうくつそうにその姿をまげている。暖はゆるやかに体をつゝんで、でも、よもやばなしにもうひとつ気がのらないのは、さきほどのツマジロがフッと顔を出すからだ。

…

それでも大エイのこの白い横腹にモリをつきたてるのだ。何のために？

——サタン

俺の背スジを凍らす
灰色 無表情の ツマジロ ツマクロ
お前との出あいは
忘れかけた生の喜び

鍛えぬかれた体は部分
俺は海

死に捕えられた魚
オキゴウメ カマジ コデ ヘガミ
汚れなき身をまかす
殺さすのは いったい誰

緑のサンゴ礁をくぐりぬけ
輝く太陽を探す

純

Gray sharks unblinking
My spine freezes in fear.
Meeting you here
I feel life's wild joy
almost Forgotten.

The body
I have forged and tempered
is a part
of
The ocean I am.

Fishes charmed in death
Okigome , Kamaji, Kode, Hegami
Render me their holy bodies.
Who moves me now to kill?

Through the green coral
I slip out
Seeking the bright shining sun.

Jun

1974

気が付くと深い海の中

つきたてたモリは掌のにぶい感触を残し離れた。海面を見上げると1本のロープがエンエンと天に向かってのびている。まばゆい太陽の光線はエメラルドグリーンの世界をオーロラの様にぬってさしこんでいる。ゆらゆらとしたその光りを見あげる心は、果てしもないあの高さの所まで　たどりつけるだろうか、一瞬の疑惑がよぎり不安とあきらめが交錯する。

どうしてこんなところまできてしまったのだろうか、だがこの一心はゆるぎはしない。そこに何が待ちうけていようとも問題ではない。

愛するものよ！憎しみよ！今ここにあるのは燃える様な海面へのあこがれだ！

力いっぱいにけったいきおいは途中何回も体をクルクルとゆさぶった。

一滴の空気の泡さえも今はのがす事はできない。突然このきゅうくつな浮力から解放されて、やけにまぶしいその一瞬は、自分が海面にいる事を実感させる。

ちょっと気を取りなおし、あゝ、多分、笑ったつもりなのだが、ゆがんだ顔をしていたのかもしれない。だがとにかく笑って「OK！」の指をたてる。

「兄弟、大丈夫だ、引きあげてくれ！」

——サタン

1974

日々の暮らしと開発の足音

さて、いよいよ部落から切石港に至るヤマハの8m道路が開通した。先日の大雨でだいぶ壊れたが、吉留建設の人夫がまた7、8人来たし、大型ブルが更に三台入るというので今年中には簡易舗装が終るかも。…ヤマハ関係者の数も部落の人口と匹敵するほどだ。

バンヤンもゲタオ家に続き種牛がまわって来て、毎日草刈りに娘どもがフル回転している。今年は雨のせいか椎の実のできが悪い。硫黄灰のおかげで野菜の若芽がほとんど全滅。しかし牛が来たお陰で堆肥はたまりつゝある。…ヤーの残して行った小屋はゴンペがぼつぼつ屋根ふきを始めている。食事に欠けることはないが、漁の方もぼちぼち。北東風がやたらと強い。運動会は一週間ほど遅れ、17日になった。

10月20日　バンヤン・アシュラマ　ナーガ

運動会は紅が勝った。人足が多く、やはりすこし、おかしかった。今日港に行く途中ジープが乗せてくれた。住友建設の上役らしい人だったけど「飛行場のブルドウザーがうるさい」と言ったら「蝉よりはましだろう」と言うから、「とんでもない」と言ったら、降ろされた。もっともこの会話よりソフトなタッチで。ブルは本当にうるさい。

10月20日　ノン

左から、ポン、ナナオ、クリス（国分寺のCCC事務所にて）

1974

バークレーにおける「スワノセを護るポエトリー・リーディング」での講演

……ワイルドな所、野性的な所、人間の手がひどく入っていないところには特別な力がある。大昔の人は何かそういうところ見て分かっていたのね。それで聖なる場所あるわけ。昔から残ってる。日本ではそれは神社とか富士山などは人間の世界じゃなくて、もっと精神的な現れがあるという気持ちあるね。それで昔の山伏、修験道の人はずっと大峰山の尾根を歩いていたわけ。とかチベットの山でチベットのラマたちは何ヶ月間も歩きました。またアメリカで言えば国立公園というものある。国立公園はたゞの遊び場じゃなくて精神を回復するためですね。

——ゲーリー・スナイダー

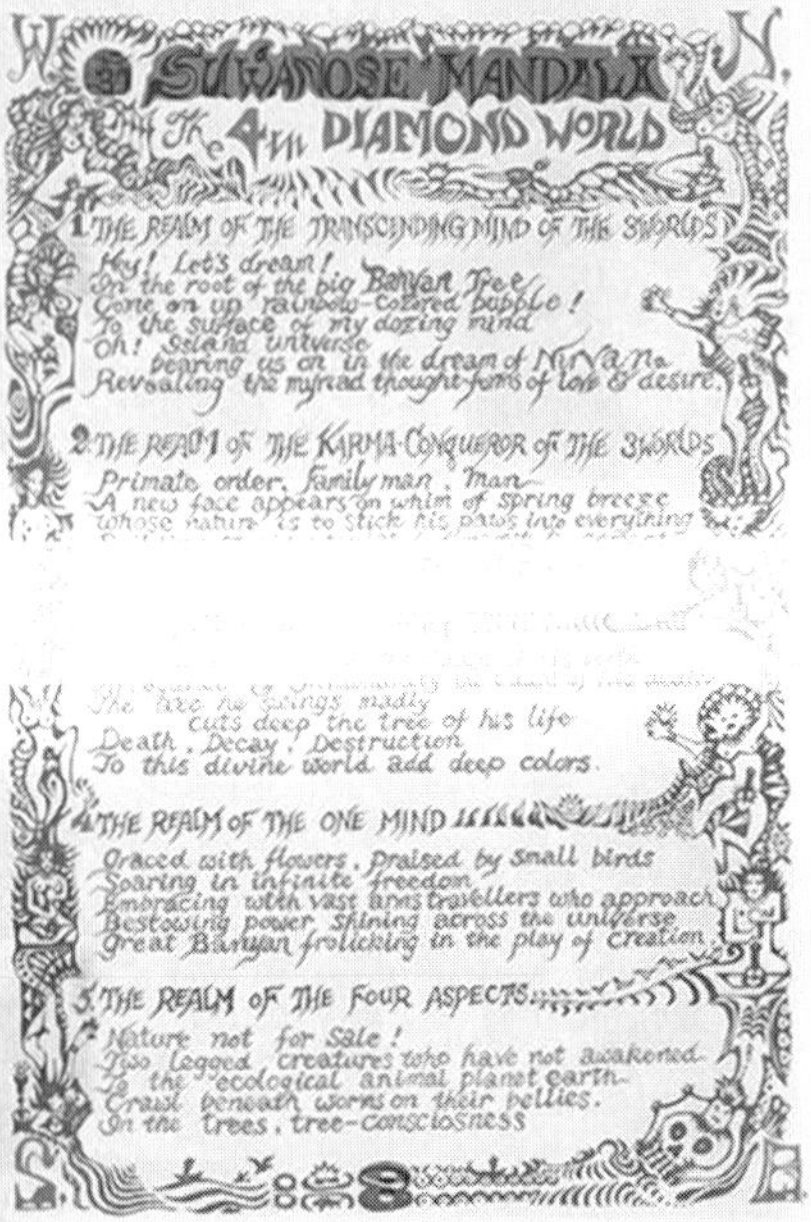

訪之瀬マンダラ——第4金剛界：降三世三摩耶会、降三世羯摩会、理趣
一印会、四印会

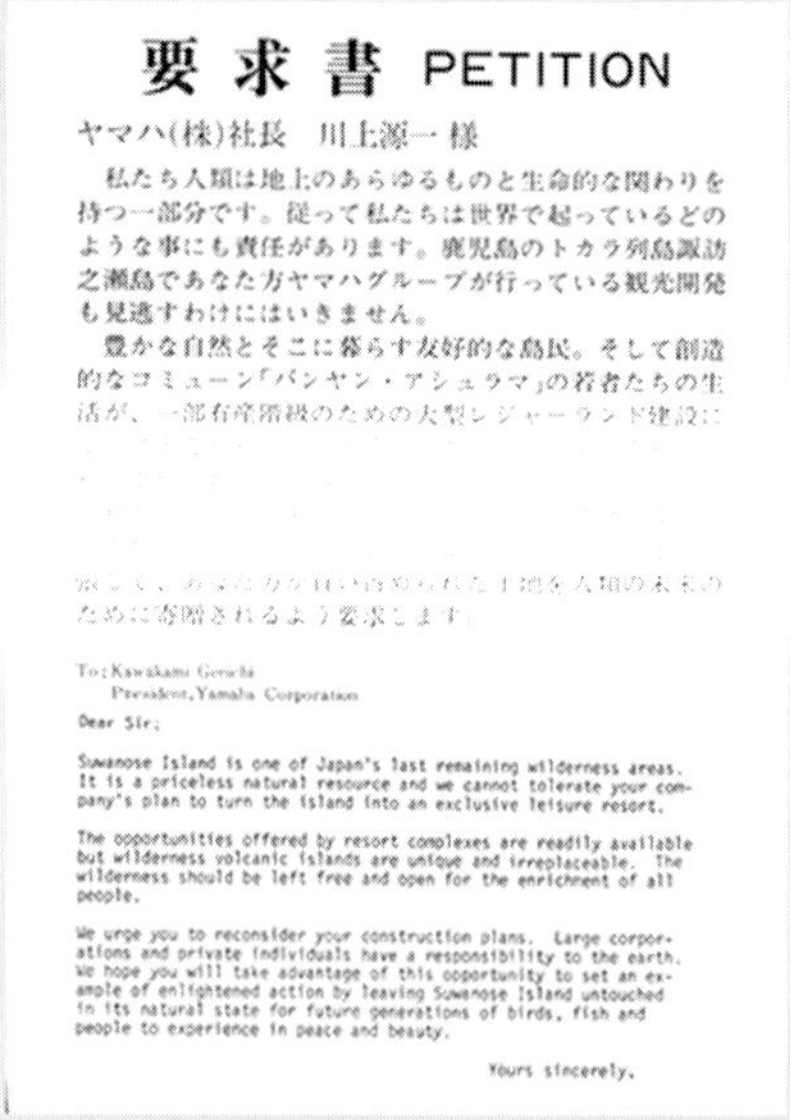

要求書 PETITION

ヤマハ(株)社長　川上源一様

私たち人類は地上のあらゆるものと生命的な関わりを持つ一部分です。従って私たちは世界で起っているどのような事にも責任があります。鹿児島のトカラ列島諏訪之瀬島であなた方ヤマハグループが行っている観光開発も見逃すわけにはいきません。

豊かな自然とそこに暮らす友好的な島民。そして創造的なコミューン「バンヤン・アシュラマ」の若者たちの生活が、一部有産階級のための大型レジャーランド建設に

ために寄贈されるよう要求します。

To: Kawakami Genchi
President, Yamaha Corporation

Dear Sir;

Suwanose Island is one of Japan's last remaining wilderness areas. It is a priceless natural resource and we cannot tolerate your company's plan to turn the island into an exclusive leisure resort.

The opportunities offered by resort complexes are readily available but wilderness volcanic islands are unique and irreplaceable. The wilderness should be left free and open for the enrichment of all people.

We urge you to reconsider your construction plans. Large corporations and private individuals have a responsibility to the earth. We hope you will take advantage of this opportunity to set an example of enlightened action by leaving Suwanose Island untouched in its natural state for future generations of birds, fish and people to experience in peace and beauty.

Yours sincerely,

ヤマハ（株）社長宛の要求書

1974

手を動かす暮らしの大切さ

…頭でっかちになった文明人が逆に自分の食物も集められず、自分の服も作れず、火も焚けず、山の中で一人ぼっちになれば泣きながら死んでしまいかねないという事は悲しむべき退化です。その手はコンピューターや原子爆弾のボタンを押す事は出来ても、本来の手としての機能を失ってしまいつゝあるのです。そしてこの点が重要なのですが、手という頭脳と最も直結している機能を等閑にする事によって、人間は集中力を欠いてしまうのです。密教タントラがムードラ（印）という微妙な指のバリエーションによって宇宙心を巧妙に表現している事を考慮すべきでしょう。こうした集中力の習慣的な喪失によってもたらされるものは、フラストレーション、それもほとんど体質化した欠乏感です。その欠乏感を満たすために狂ったように現代人は「レジャー」を求めるのです。レジャーという現象こそ、文明の便利さの副産物としての精神の病的な空しさの現れです。

——ポン

CCC事務所が102ページの英語版の雑誌を出版。表紙はワッコンの作品

1974

ヤマハボイコット

YAMAHA BOYCOTT

1974

レジャー施設建設 ボイコットの呼びかけ

一昨年ヤマハ（日本楽器K.K.）はスワノセのほゞ全島買占めを目指し、十島村役場を通して300ha、1億140万円で村有地を買収、明確な計画書も提示せず、島民をつんぼ桟敷に置いたまゝ、本年六月には空港設置の認可が下り、いよいよ本格的工事にかゝりつゝある。ヤマハの目指すところは一部有産階級専用の大型レジャーランドであり、それが完成した場合は、全ての人々に自由に開かれている豊かな自然が一企業の独占物となってしまう。今や南西諸島の多くの島々が企業の侵略にされされている。

自由の砦を護るための運動は新しい展望をもって世界的に広がりつゝある。ここに掲載した文章は昨春アメリカで行われた「ヤマハボイコット運動」の呼びかけであり、その結果、実に30万人の賛同署名が集った。

——C.C.C（宇宙子供連合）国分寺事務所

1974

日本の仲間たちの 要請に応えて

どんな事にでも干渉したがる白人として、ボクらは日本の出来事に鼻を突っ込んではいけないけれど、今、ボクらは「アメリカの最も冴えた意識ももつ人々の援助が欲しい」というナナオをはじめとする長年苦労して来たエネルギッシュな日本の仲間たちからの要請があり、それに応じているのです。そしてそれはある日、ボクらが此処、アメリカでやっている問題に対して再び大きな力となって返って来るでしょう。その意味で、世界各地に足を運び、眼を向けるという本質的な国際協力の可能性が明らかになって来るでしょう。

——ゲーリー・スナイダー

マントラバンドがOZバンド、アシッドセブンなどとあちこちで演奏する

写真（上）ほら貝外観、（下）長年マスターを努めて来たサタン

1968

ロック喫茶の草分け、 ほら貝

ほら貝は、わが国初のロック喫茶として、1968年に創立開店し、…ロックという革命的な音楽を、多くの若者たちに紹介するために、「エメラルド色のそよ風族」が、国分寺に築いたヒッピー砦だった。

国分寺本町の裏通りにあった「ほら貝」は、カウンターに数人、ボックスに10人程度で満席だったが、コンサートなど催すと数10人が押しかけ、客は通りにまであふれ、ムンムンたる熱気の中で[illegible]を呑んで、[illegible]して議論に夢中になった。

6～70年代のマスターは、三省、カド、ナモ、サタン、ジュゴンなど沢山の仲間が、2人づつ交替で勤めていたが、80年代になるとサタンとヒロに定着し、サタンの料理が「ほら貝」の味になった。そして80年代末に、現在の2階の店に移転してからは、ヒロが1人でマスターを勤めてきた。

…私は東京へ行けば真先に「ほら貝」を訪れ、仲間たちの近況を知り、ただ酒を呑ませてもらい、ヒロの家に世話になった。

——ポン

「鳥の見た魚里《いざと》」(山田塊也画)

1978

源平合戦の様相

賛成勢力は役場のある湾奥の湯湾から宇検までの各部落。その中に挟まれて久志だけは反対派、賛成派にまっ二つに割れた。まさに混沌の渦中である。久志と2キロを隔てた宇検は、賛成派のボス共に完全に牛耳られた部落であり、久志とは宿怨の仲。それなのに久志の賛成派のボスたちは、この宇検のボスたちと結託して、枝手久島を売り飛ばそうとしているのである。

六十数年前、枝手久島の土地争いに、十代で参戦した久志の馬太郎爺(85)は語る。「あれは凄かったなあ、日露戦争以上じゃったと皆も言うておりましたぞ。本当にオモシロかった。あれをもう一度やりたいですなぁ。鎌三本、いつもピカピカに研いておりますぞ!」

——山田塊也(ポン)

1977

シマンチュウへの共感

子供とか子持ちとか病人とか体が不自由だとか、何らかの負いめをもった者たちが共に、生き生きとくらせる生活でなきゃあ嘘だ。もう今までのような鈍い人間関係ではありたくない。生き生きしてるやつがカチなんだ。

村落社会に入っている私たちのまわりには古い図式があって、深く関ってゆく者にとって、その壁は厚い。そのことにもっと積極的な試みをもたなきゃあと思っている。じいさんばあさんたちは「中世の秋」といった風で、とっぴょうしもなくおもしろく、がっかりする事も大いにあるが、愛さずにはいられないよ。シマンチュウの顔は決してスレていなくて、どこか無邪気な明るさがあって、名瀬の若者たちでもなんかヤマトの若者たちとは一味違う。ぱっとしたよさがある。対岸の反対派部落の平田の男たちなんて、男くさくて人がよくて一日中ダジャレを言い合っていて、いい男ばっかりだよ。しかし過疎の御多分にもれず、女たちはいない。女たちがいなければ、男たちの心が定まらないのも無理はない。都会に流れ出ていってしまった彼女たちを取戻すのが、我らのたたかいだ。

——山田ナオミ(ミオ)

6年8月15日開催、奄美枝手久祭りのポスター（山田塊也画）

1977
信頼を育む姿勢

私たちはお互への信頼を不動のものにする為に、あらゆる努力をせんばならんとつくづく思った。だってこのことこそが私たちのただ一つの強みと、希望のすべてなんだもの。よろこびをわかちあうためには、苦しみの底へ共におりていかなければならないんだよ。タテマエでなく、観念でなく、キレイごとでなく、身にしみてわかちあわなければね。めぐまれた人間の自己執着と、他者への無知無関心から、[illegible]インディアンに対する白人、アイヌに対するシャモ、シマンチュウに対するヤマトンチュウ、朝鮮人に対する日本人、弱者に対する強者、であり続けないために、わずかでもそいつを生かしておかないために、しなければならないことがあるんだ。

――山田ナオミ（ミオ）

1977
洗濯はみんなで

それからある時、夫婦の間で洗濯を代わり番こにやるのが始まり、この事が夫婦という関係内にとどまるのか?という疑問がある「ひとりもの」の男からなされて、一つの突破口となった。自分の子とか、あいつらの子とか、共にくらしながら、…差別があるのは本当はおかしいじゃないか。ならばおしめのせんたくだってみんなでやれるはずだ!というのが彼の言い出した事だった。私は自分たちがお互、いかに傍若無人然と慣れあいに安住して暮らしていたか、いかに血縁にいまだ縛られていたか、夫婦なる関係に甘えあっていたか、はっと目の覚めるおもいがした。

――山田ナオミ（ミオ）

山田ミオさんと三人娘

1978
奄美エネルギー基地計画が鳴らした警鐘

奄美闘争の口火を切ったのは'73年春の東亜燃料KKによる"枝手久島石油基地計画"である。内外奄美人（島内十五万、島外その3倍）の猛然たるナショナリズムの爆発に遭い、闘争六年目にして未だ環境調査すら出来ないありさま。

しかしこの計画が、実は巨大な"奄美エネルギー基地計画"の氷山の一角でしかないことが、次第に明らかにされて来た。徳之島原子力再処理工場計画（'76年）瀬戸内町　原子力船"むつ"母港計画（'77年）そしてCTS計画が三つも、四つも…。それはいずれ原爆製造につながる事必至である。

――ポン

1975–1978

枝手久島

EDATEKU

1975

「無我利道場」の旗揚げ

同じ奄美文化圏に属するトカラ列島、諏訪之瀬島をヤマハ観光開発の魔手から守ろうと起ち上がった“ヤマハボイコット”運動が機縁となって、私たちはこの魚里なる海と、奄美闘争の台風の眼、無人の枝手久島（一名魚里離れ）にめぐり逢った。

’75年夏、私たちは枝手久島の地主たちの部落久志に住みつき、“渡り小作人”としてのコミューン作りにかゝった。手造りの小船で無人島へ通い、2〜30年来放置されて来た毒蛇ハブの原野を開墾し、“反対砦”を築き、「無我利道場」と命名した。ムガリは島言葉で、何かと理屈をつけて逆らう変屈者、異端者を指す。「無我利」は当て字。

——ポン

1975

“むがり”に込めた思い

“むがり”と云う言葉は、やっぱりひじょうに素晴らしい言葉です。これには二つの意味があります。積極的「動」としての“ムガリ”——自ら正しいと認めたらとことん闘い抜く頑固者、そして「静」としての“無我利”——自ら我利を欲せず、常に人のことを考え、自分だけ楽しようとはしない。この二つの「動」と「静」こそ、この「コンミュン」にとっての必要なものであり、これなくして、根源的な自然と人間が共に生きる中での「コンミュン」→共同体などできません。

僕たちはやはり、何度となく“むがり”の意味を自ら問いつつ、日々生活していかなければと思います。

——ワルノリ

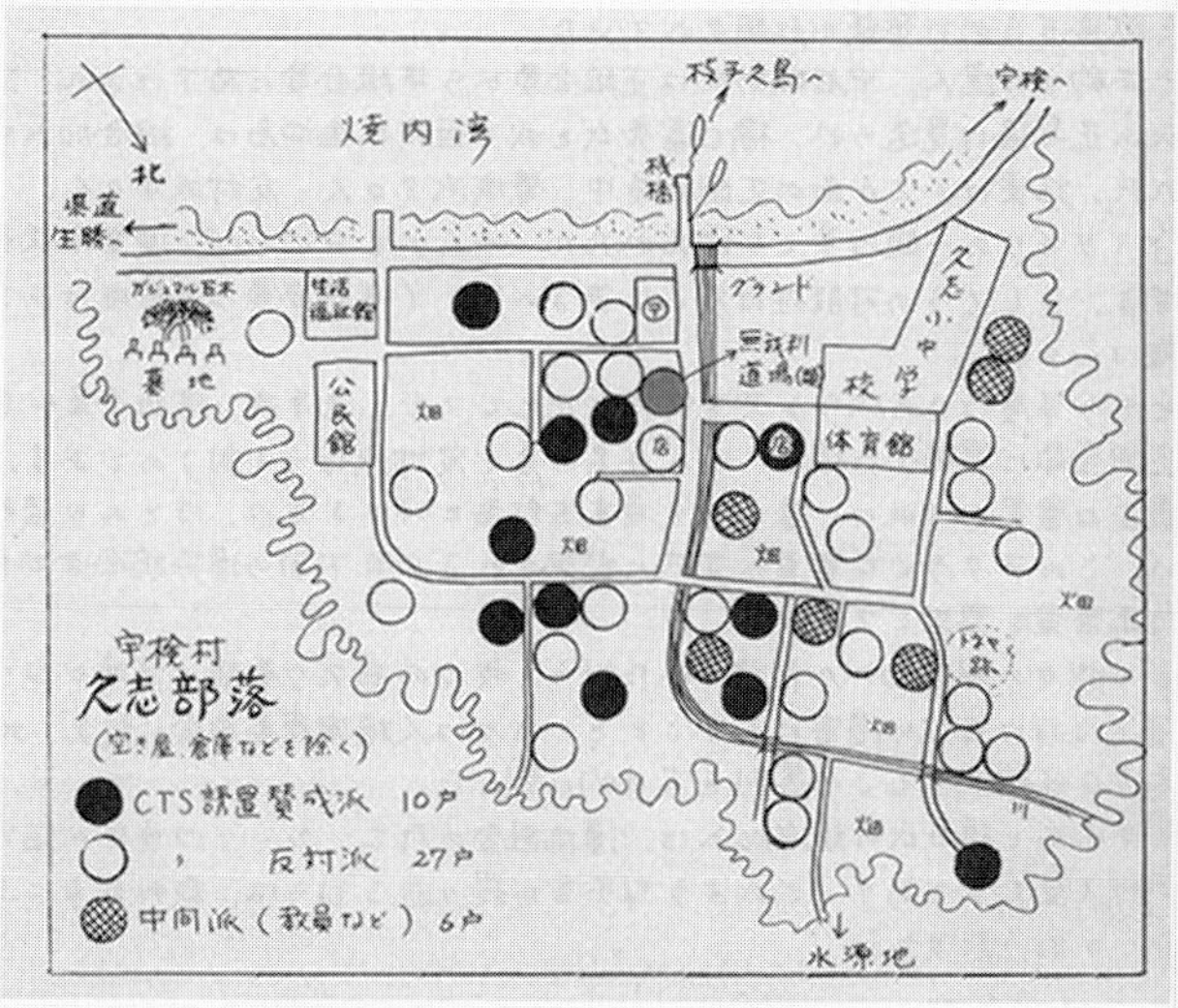

宇検村久志部落のCTS設置賛成、反対、中間派の分布を表す地図

エネルギー基地計画闘争の歩みを記した「魚里人」の創刊号カバー
塊也画）

1988年10月30日午後、右翼によって破壊された無我利道場

1978

親愛と団結を求む

　自分の後に続く者たちへの絶対的な親愛、同志の中に神を見るまでに、孤独から解放された偉大な魂の先達から、我々はかけがえのない“自由”を依託されているのです。この自由を守るために、先達たちの受けた精神と肉体の巨大な苦痛を想う時、我々は人生の襟を正し、親愛された者の栄光と歓びを、より多くの同志と共有したいと願います。この親愛に報いるために、自由を守る戦いに我々も人生を捧げる覚悟です。

——山田塊也（ポン）

1977

守り抜いた枝手久島

　一年前、我々は水軍を編成して、焼内湾海戦に備えた。主力は平田水軍40隻。

　久志水軍7隻の中には、勿論、“無我利丸”も加わっている。緊迫が続いた。県の調査を実力で阻止する覚悟は定まっていた。

　東燃（資本の半分はアメリカ、エクソン系）が5年前、'73年春、“枝手久島石油精製基地計画”を発表し、[illegible]

　流血寸前にまで至った南国人の激情に蒼ざめた東燃は、鹿児島県に“中立公正”な調査を依頼した。しかし県議会で予算まで組んだものゝ、歴史的怨念に燃える奄美ナショナリズムを前にして、鹿児島役人たちはどうしてもこの無人島に近づく気になれなかった。

——ポン

挿絵：山田ナオミ（ミオ）

子供たちへの遺言・妻への遺言

…まず第一の遺言は、僕の生まれ故郷の、東京・神田川の水を、もう一度飲める水に再生したい、ということです。神田川といえば、JRお茶の水駅下を流れるあのどぶ川ですが、あの川の水がもう一度飲める川の水に再生された時には、劫初に未来が戻り、文明が再生の希望をつかんだ時であると思います。…

第二の遺言は、とても平凡なことですが、やはりこの世界から原発および同様のエネルギー出力装置をすっかり取り外してほしいということです。自分達の手で作った手に負える発電装置で、すべての電力がまかなえることが、これからの現実的な幸福の第一条件であると、ぼくは考えるからです。…

遺言の第三は、この頃のぼくが、一種の呪文のようにして、心の中で唱えているものです。その呪文は次のようなものです。南無浄瑠璃光・われらの人の内なる薬師如来。

われらの日本国憲法の第9条をして、世界の全ての国々の憲法第9条に組み込まさせ給え。武力と戦争の永久放棄をして、すべての国々のすべての人々の暮らしの基礎となさしめ給え。…

あなた達はあなた達のやり方で世界を愛すればよいのです。市民運動も悪くないけど、もっともっと豊かな"個人運動"があることを、ぼくたちは知ってるよね。その個人運動のひとつの形としてぼくは死んでいくわけですから。

——山尾三省

今年で20周年をむかえる内田ボブとナーガの「春・秋風めぐる」ヤポネシア
リーウエイツアー。2017年秋のこのツアーは奄美大島に始まり、福島南相
で終わった。左がボブ、右がナーガ

アメリカ、フランス、日本など、世界のあちこちで若者たちを目覚めさせた新しい動き

——1967年、サンフランシスコでのヒューマン・ビー・イン、日本で開催されたバムアカデミー新宿フェスティバルなどから早50年。今回のイベントは、その50年を記念し、ナナオ・サカキが亡くなって10年、内田ボブとナーガの「春・秋風めぐる」ヤポネシアフリーウエイツアーの20周年を同時に祝うことになりました。無我利道場の枝手久闘争のあとも、2011年の東日本大震災の福島第一原発事故を含め、反核、白保、長良川、吉野川など、さまざまな環境運動に部族のメンバーは闘ってきました。でも、その活動は、あくまでも平和的で、南から北へ全国を歩いた'75ミルキーウエイキャラバン、88年八ヶ岳で行われた「いのちの祭り'88」、レインボーショウなど、たくさんの「お祭り」が続いています。50年も続いてきた「部族」の思いは、よりよい未来を築こうとする次の世代への、大きな励ましになると確信しています。

——部族50年祭実行委員会

1988年8月8日、八ヶ岳でのNO NUKES ONE LOVE「いのちの祭り'8
八ヶ岳在住のおおえまさのりさんが実行委員長を務めた。(山田塊也画)

水かがみ

ちっちゃい　ちっちゃい　水たまり
どしゃぶり　晴れて
峠の下の　水たまり
ちっちゃい　ちっちゃい　水たまり

ちっちゃい　ちっちゃい　水たまり
峠の下の　水たまり
星　写し
雲　写し
樹々　写し
鳥　写し
人　写す
後には　影も　残さない

ちっちゃい　ちっちゃい　水たまり
どしゃぶり　晴れて
峠の下の　水たまり
水たまれば　水かがみ
すべてを写す　水かがみ

おのれをふくむ
地球のすべて
宇宙のすべてを　写し出す
ちっちゃい　ちっちゃい　水かがみ

いつか　乾いて　消えるまで
いつか　乾いて　消えるまで

『ココペリの足あと』より

これから

LOOKING AHEAD

南無妙法蓮華経　南無妙法蓮華経　南無妙法蓮華経　。

“部族”を発行して半世紀が経ったのですね。当時一番若かった者も、もう皆んなお爺さんお婆さんの年齢に達して、今日はきっと有難い智慧者の集いとなっていることでしょう。見えない魂の彼岸からの因縁に引かれて、呼び呼ばれて寄り集まった仲間たち。末法と呼ばれる世の中で人間の迷妄は深く、あれから50年の間に私達が予感して声を上げ始めた事が全て現実となり地球環境が激変しました。終わらぬ戦争、増大する貧困、放置された環境汚染、益々低下する人間の尊厳、社会倫理 。

発展とサービスの掛け声の下に全世界に蔓延った、貪欲と無知の顕現であるグローバル・エコノミーなるものが地球を蝕む癌です。ところがこの経済システムは不安定な金融界に依って大きく左右されています。経済恐慌の起こることが長く囁かれていますが、時間の問題でありましょう。残念ながら人間は陥落して底打ちしないと眼が覚めそうにありません。何が起ころうと清浄な心と信心、自給出来る畑が有ればやって行けるのは皆さんが実践済みのことです。そして其処からどうするかのビジョンを描くことは大切かと思います。それは来たるべき未来世代への、私達の責任メッセージの様なものではないでしょうか。

最近、此処アメリカでは信じられない様なことが起こりました。銃規制を求めて、全米の高校生を中心にする若者達が ‘Enough is Enough’ と言って立ち上がったのです。そして去3月24日一大行進・集会を全土で行い、首都ワシントンDCでは100万人、ロスアンゼルス、サンフランシスコ、シアトル、シカゴ、セントルイス、ニューヨーク、全米800市町村で、私達が合流したボストンでも8万人が、何百万もの若者が思い思いのサインを掲げて街頭に繰り出し、“政治家が何もしないならあなたがたを追い出し私達が変える、未来は私達のものです !! ” と驚くほど明確で感動的な声を上げました。

予知出来なかった変化の世代が出現し始めた気配を感 ています。年齢は入っても精神の瑞々しい感性を磨いて来 れた皆様には、まだまだ自然に続けて頂くべき使命がある 存じます。この奇蹟の、神聖な惑星・地球こそ人間が魂 清めて行ける最上の道場であり、彼岸は余所に求めるの はなく、此処にあります。遅かれ早かれ私達も、ナナオ、 省、ポンや先に行った仲間たち弟ジュゴン、最近ではナン さんまで（ミー子さんには深くお悔み申し上げます ）逝か て、賑やかになって来た向こう側に合流するのですが、そ までは精一杯、良いおみやげを持って往けます様、精進 て参りましょう。

クリスがこの集いのことで、ニューイングランドの小子 道場まで訪ねて下さり招待してくれたのですが、丁度例年 ‘新春の平和行進’の最中に当たり、皆んなに会いたいの 山々ですが、残念ながら今回は参加出来ないことをお赦 下さい。

集会が和気藹々と心に残るものとなります様に遙かにお り申し上げております。

アメリカ東北部に来られることがある方は是非当道場に お詣りください。歓迎申し上げます。合掌。

——Ma

日本山妙法寺ニューイングランド道場 加藤 行備 拝
Ven. Gyoway Kato
Nipponzan Myohoji
New England Peace Pagoda
100 Cave Hill Rd
Leverett, MA. 01054
USA
(413)-367-2202
gyoway@gmail.com

50年振り返る部族大会

ナナオサカキ没後10年追悼

歌、踊り、詩、夢の祭り

Nanao Sakaki 10th Year Remembrance

Song Dance Poetry Dream Celebration

大会が開催されたのは2018年3月31日。場所はそもそも部族の発起人の一人であった山尾三省の本拠地・国分寺の本多公民館第二ホール。それほど広くない会場に300人以上老若男女子供高齢者有象無象の参加者が押しよせて大盛況だった。

ステージの中央でうたっているのが〝お百姓シンガー・ソングライター〟のボブ内田。ナナオの最後を面倒見た人だ。

詩人ナーガのポエトリー・リーディング。みんな静粛になる。

開演前の会場の賑わい。物販がおこなわれ、商売は繁

部族の末裔というか孫世代の人たちがつぎつぎとのど

集会はまるでお祭りというか芸能のパーティみたい
た。ホールに一杯の人たちがステージの品目に会わせ
ち上がって踊り、熱狂していた。国分寺はそもそもの
誕生の地。昔は新宿で朝まで騒いで、それから国分寺
24 キロの道のりを歩いて帰ったというからビックリ
に部族の文化が根付いているといおうか、無農薬野
八百屋さんとか環境に配慮した食べ物を出すレストラ
か、いまも存在している。

会場に集まってきたのは地元の人たちだけではなく、
とか瀬戸内海とか、日本中の部族の末裔というか、子
孫も参加していて、歴史を描いたパネルなども飾られ
て、50 年にさかのぼる部族の歴史を偲んだ。

最後はみんなでドンチャン騒ぎ、ステージでも客席でも踊り出す人が続出して、お祭りの雰囲気 100 パーセントで終わっ

長沢哲夫という詩人。

内田ボブと長沢哲夫は二人で春と秋、時期を選んで小規模だがライブ活動を続けている。コンサートを始めたのは１９９７年というから、既に20年以上の歴史がある。

そこでは内田が自作の歌をうたい、長沢がポエトリーリーディング。わたしが見たライブは小さなショップのステージで観客は数十人だったが、みんな熱心に二人を応援していた。内田ボブの名前で検索してみて下さい。

2016年11月13日、名古屋の天白区中平の「トライバルアーツ」での様子

2018年11月1日《木》　朝日新聞　朝刊

第3種郵便物認可

ひと

漁のかたわら自作の詩の朗読会を20年続ける

長沢《ながさわ》　哲夫《てつお》さん(76)

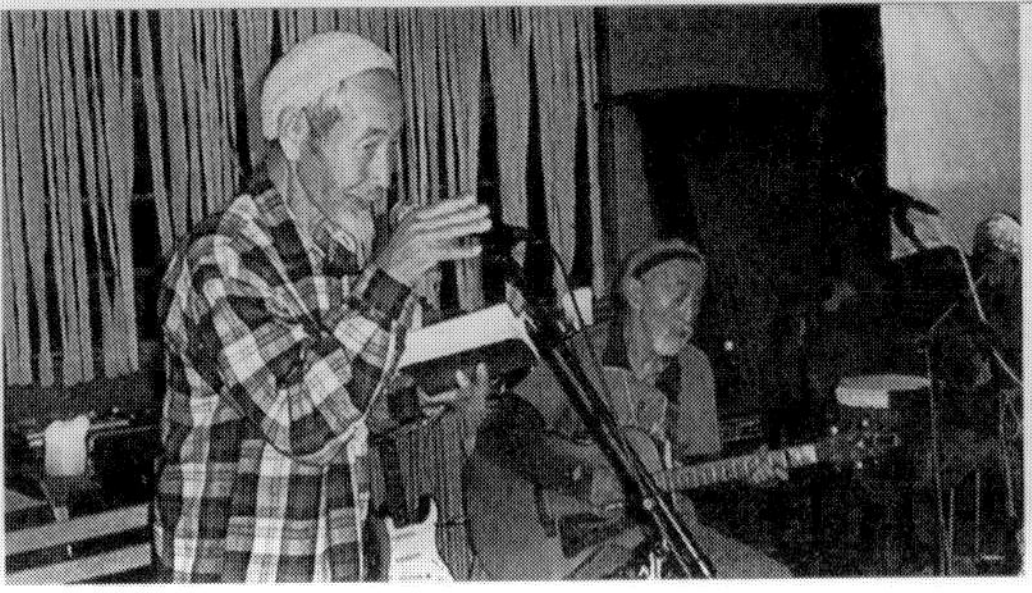

鹿児島市の南約250キロの諏訪《すわ》之《の》瀬《せ》島で、トビウオ漁のかたわら、詩を書く。その詩を朗読する全国行脚にとりくんで20年になる。

「ぼくらは地球を愛しているか？　地球がぼくらを愛しているほどに」

春と秋に1カ月半ずつ、カフェや料理店約20カ所を回る。透ける海や噴煙をあげる火山の島に着想を得た詩には「自然とは相いれない原発や鉄とコンクリートの文明」への警鐘もこめられている。

１９６７年から十数年活動し、日本のヒッピーの元祖といわれたグループ「部族」の中心メンバーだった。「モーレツ社員」が高度経済成長を支え、公害が社会問題になった時代。インドなどを放浪後「物がなくても、のんびり暮らすのがいい」と諏訪之瀬島に移り住んだ。テレビもない半自給の生活を妻と送る。「ゆったり時が流れ、圧倒する自然に謙虚になれる」

98年、「部族」の仲間で、詩に曲をつけて歌う歌手の内田ボブさん(66)に誘われ、朗読とライブの会をはじめた。年の離れた若者らとつながるのがうれしい。

米国でピュリツァー賞を受賞した詩人ゲーリー・スナイダーと、かつて一緒に旅をした。自分の詩を彼は「海風が運ぶ波しぶきを感じさせ、とれたてのウニの味がする」と評してくれた。「文明に飼いならされない心」で紡いだ詩が聴く人の心に届くよう願い、朗読の旅を続ける。

文・写真　平出義明

新聞も長沢たちの地道な活動を評価。長沢は部族の最後の生き残り。P・349に作品を掲載している。

映画『スワノセ・第四世界』徹底ガイド

映画の上映時間は約七十五分。画面ではテロップ（字幕）が多用されて、ナレーションによる説明はほとんどなく、全編に物静かな雰囲気が漂う。元ランチャーズのギタリスト喜多嶋修が作った音楽がときおり響き渡る。人間は生きるためのエネルギーを地球からどう受け取るべきか。自然の生態系に対してどう接するべきか、もっと敬虔であるべきではないのか。画面ではそのことが静かな思想として、しかし雄弁に語られている。

スワノセ●第四世界
Su-wa-no-se, the fourth world

知る者は言わず
言う者は知らず――老子
He who knows doesn't talk,
he who talks doesn't know. – Lao-tze.

孤島の人たちは寡黙だ
Isolated islanders don't
talk very much.

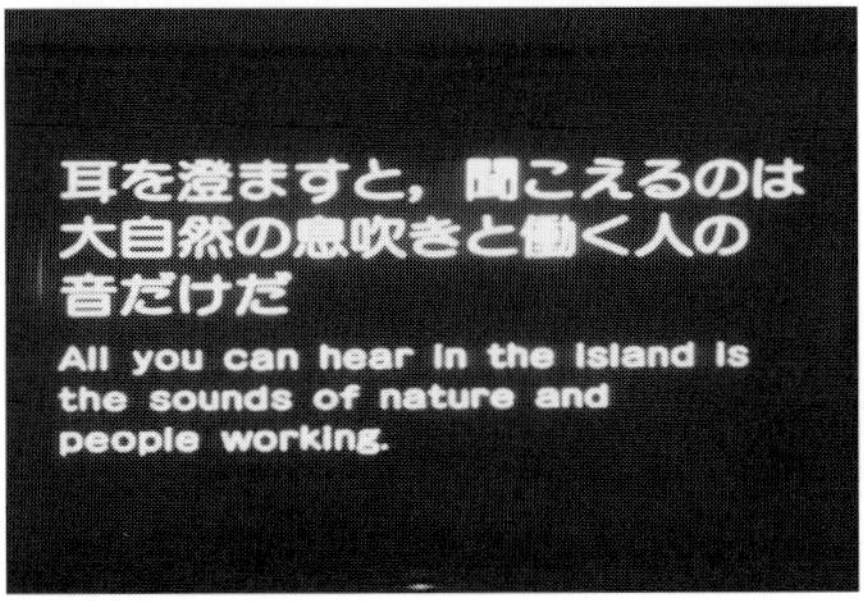
耳を澄ますと，聞こえるのは
大自然の息吹きと働く人の
音だけだ
All you can hear in the island is
the sounds of nature and
people working.

映画は冒頭で人間の本質について、直截的に語り始める。寡黙な人間こそ生きるために最も重要なことはなにかを知っているのではないかと。

★画面は映画の構成順ではなく編集されています

フィルムセンター
所蔵作品
THE NATIONAL FILM CENTER
JAPAN
PRESENTS

アレン・ギンズバーグ
詩人。平和運動家。
世界を旅して修業。
現代アメリカ最高智
者のひとり。
Allen Ginsberg

ゲイリー・スナイダー
詩人。京都で禅修業,
スワノセにも住む。
1975年度ピュリツァ
賞受賞者。
Gary Snyder

ナナオからのメッセージ
a message from Nanao

マイク・マクルーア
ビート世代の詩人と
して出発。詩作・劇作
に活躍。この日は友
情出演してくれた。
Michael Mclure

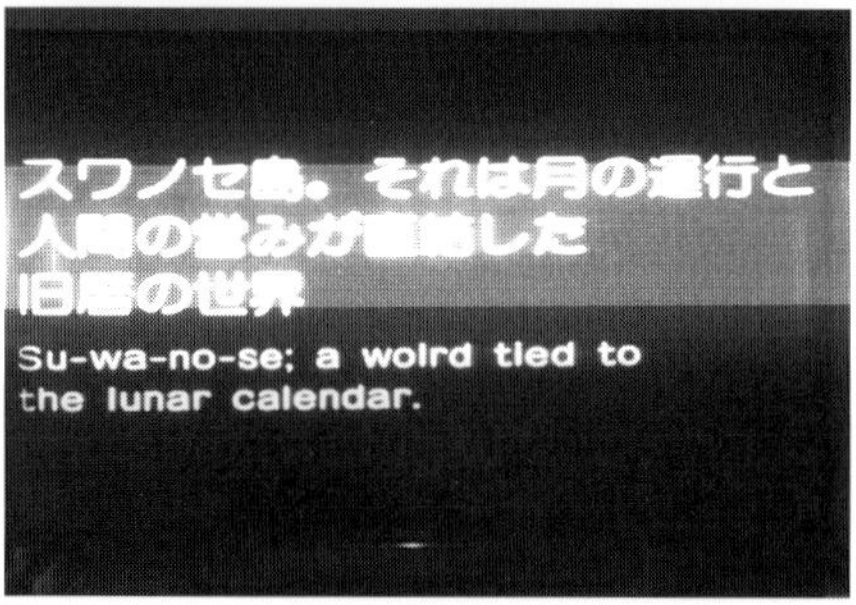
スワノセ島。それは月の運行と
人間の営みが直結した
旧暦の世界
Su-wa-no-se; a woird tied to
the lunar calendar.

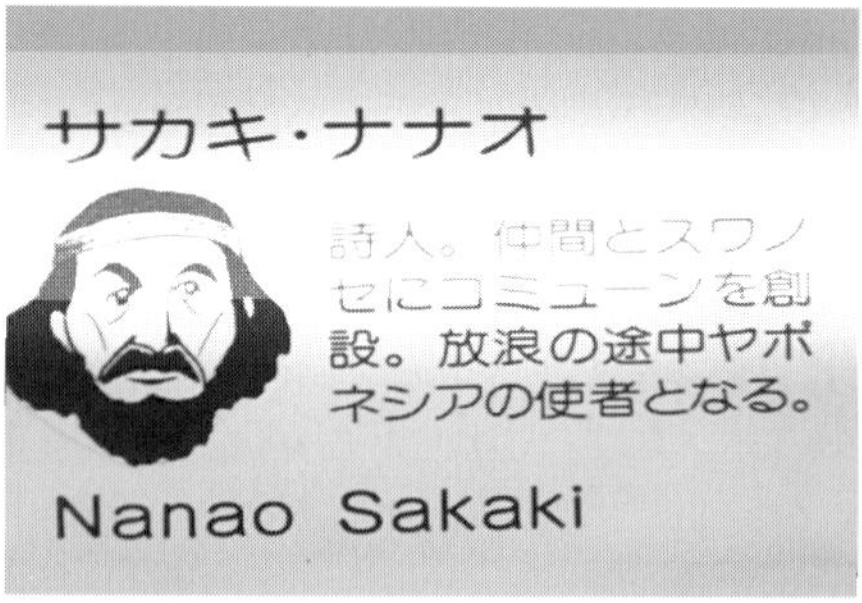
サカキ・ナナオ
詩人。仲間とスワノ
セにコミューンを創
設。放浪の途中ヤポ
ネシアの使者となる。
Nanao Sakaki

サカキ・ナナオは日本よりもアメリカで有名な詩人だった。その彼が映画のナビゲーター（水先案内）をつとめ、観客を諏訪之瀬島へと誘う。

伝説のビートニクたちが揃って出演し信ずるところを主張する。ギンズバーグは「カッコイイものに近づくな、アメリカの悪魔に近づくな」とうたう。

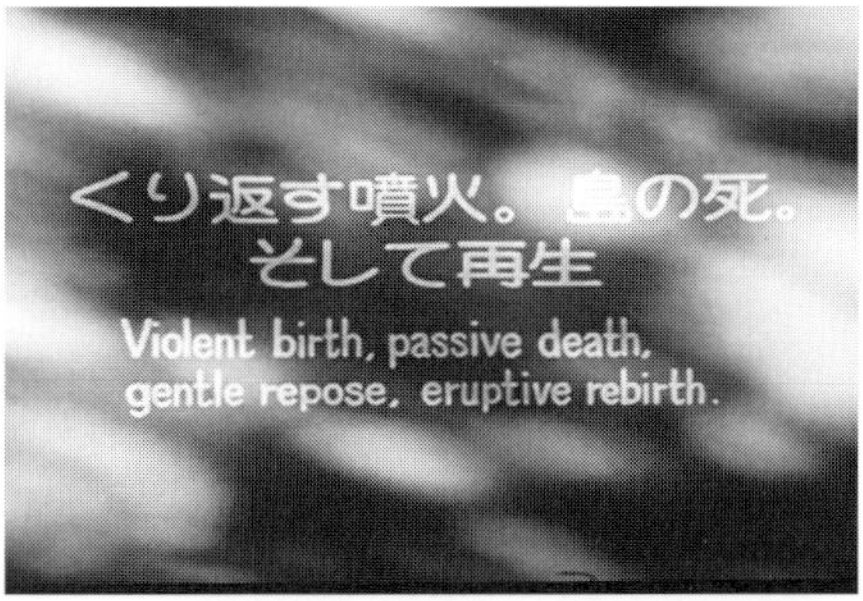

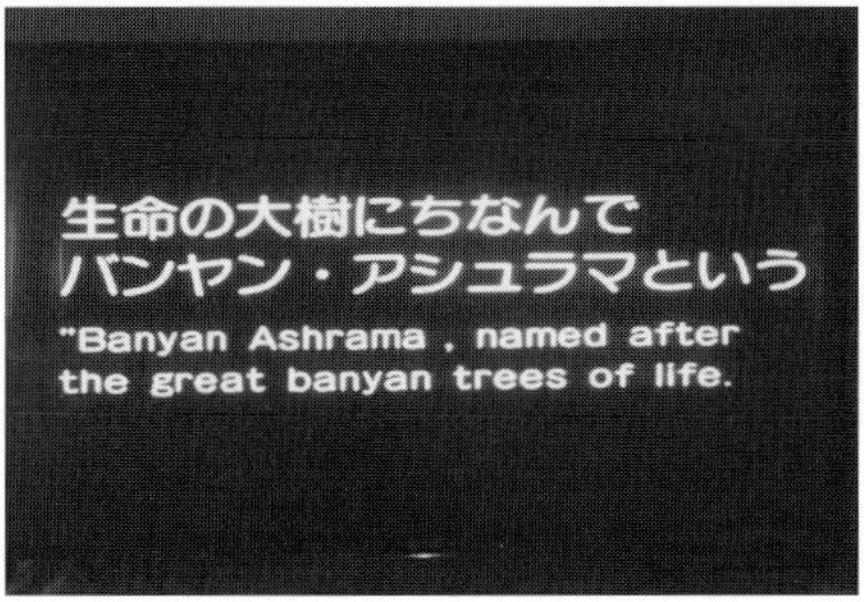

不毛の火山島に住みついた部族の思想的信条である、自然にしたがって生きるという生き方は実はかなり苛酷で厳しい生活を強いるものだった。

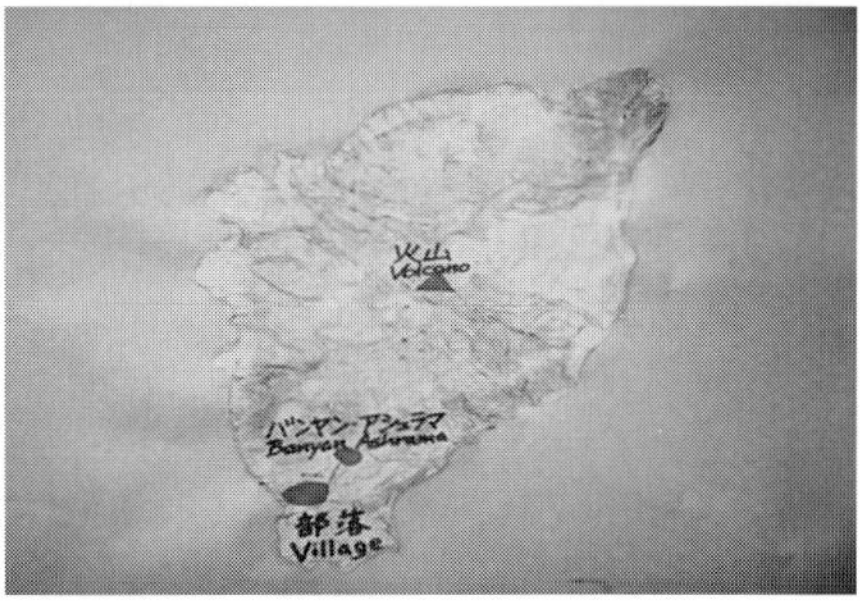

諏訪之瀬島は絶海の孤島。島の御岳（標高 799 メートル）はいまも激しい火山活動を続けている。大噴火のため溶岩に覆われて一時、無人島化している。

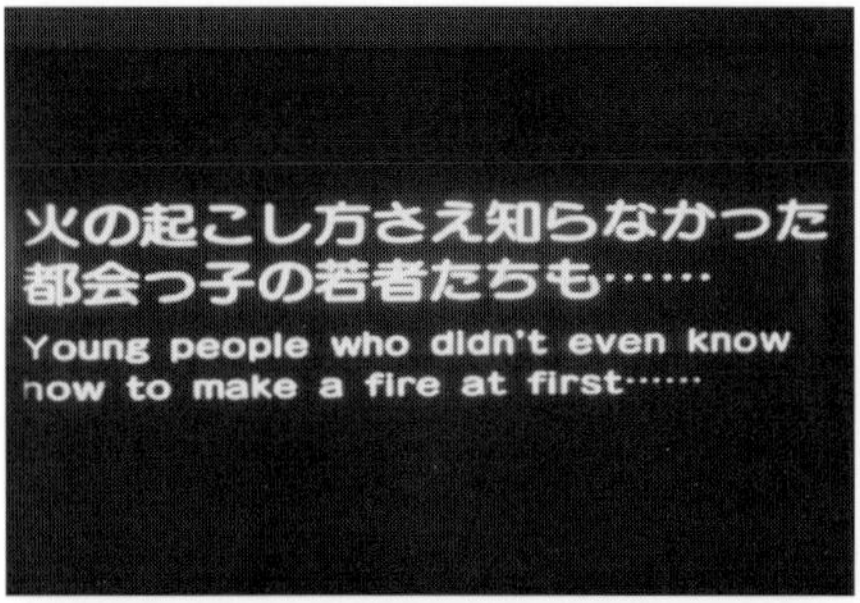
火の起こし方さえ知らなかった
都会っ子の若者たちも……
Young people who didn't even know
how to make a fire at first……

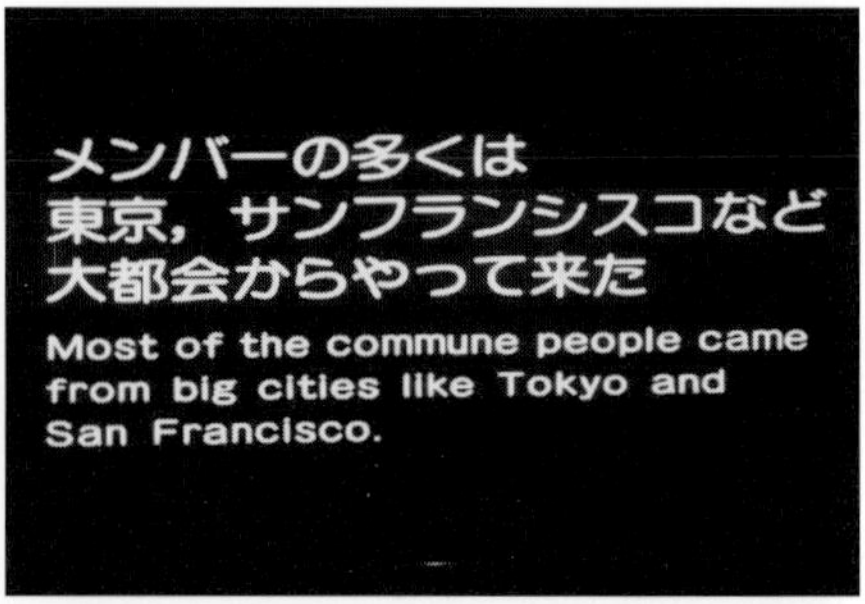
メンバーの多くは
東京，サンフランシスコなど
大都会からやって来た
Most of the commune people came
from big cities like Tokyo and
San Francisco.

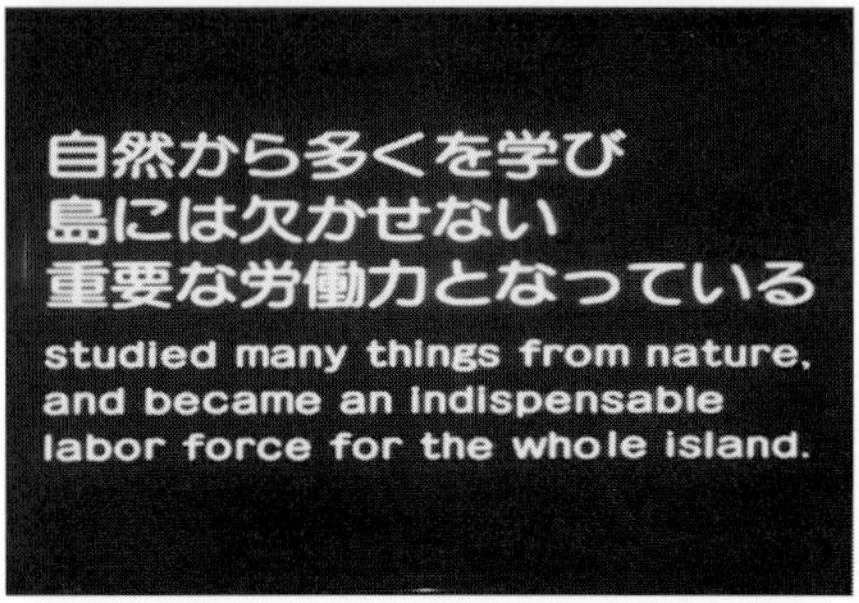
自然から多くを学び
島には欠かせない
重要な労働力となっている
studied many things from nature,
and became an indispensable
labor force for the whole island.

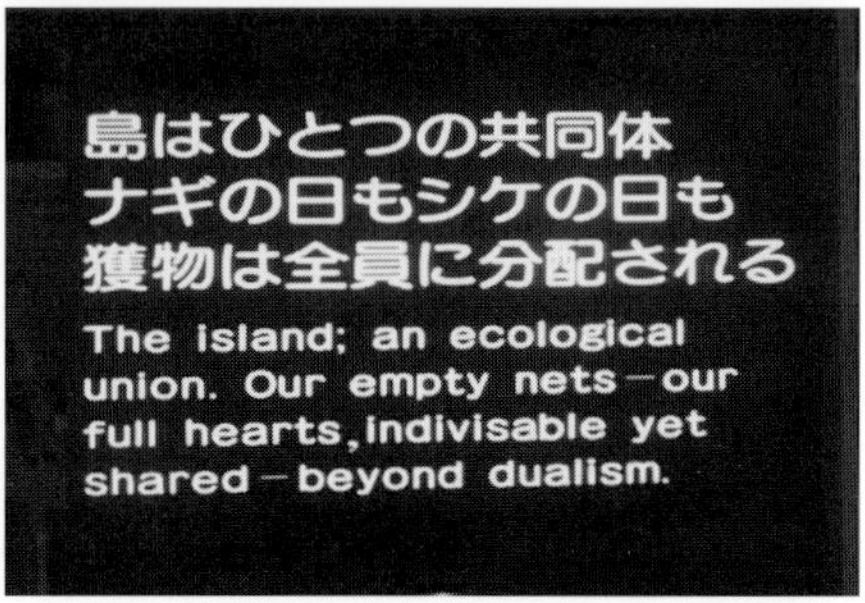
島はひとつの共同体
ナギの日もシケの日も
獲物は全員に分配される
The island; an ecological
union. Our empty nets－our
full hearts,indivisable yet
shared－beyond dualism.

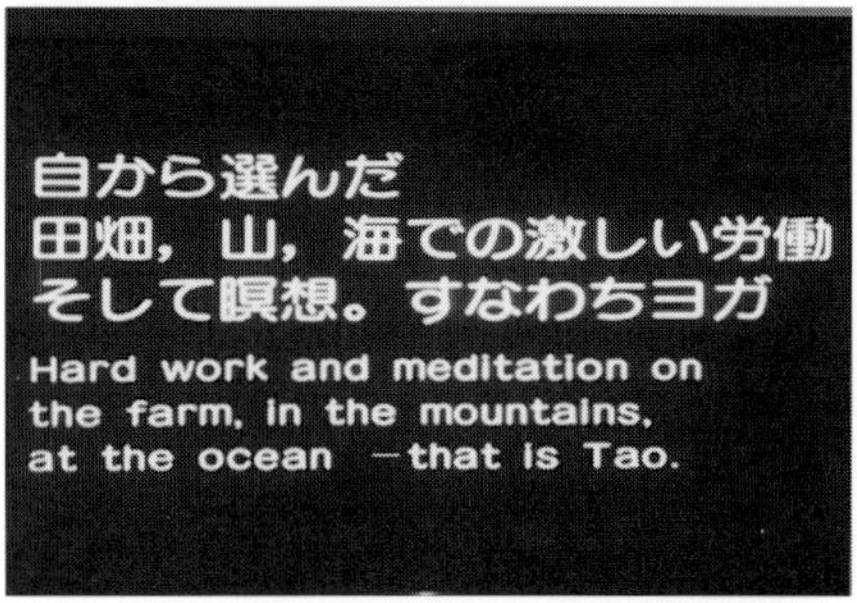
自から選んだ
田畑，山，海での激しい労働
そして瞑想。すなわちヨガ
Hard work and meditation on
the farm, in the mountains,
at the ocean －that is Tao.

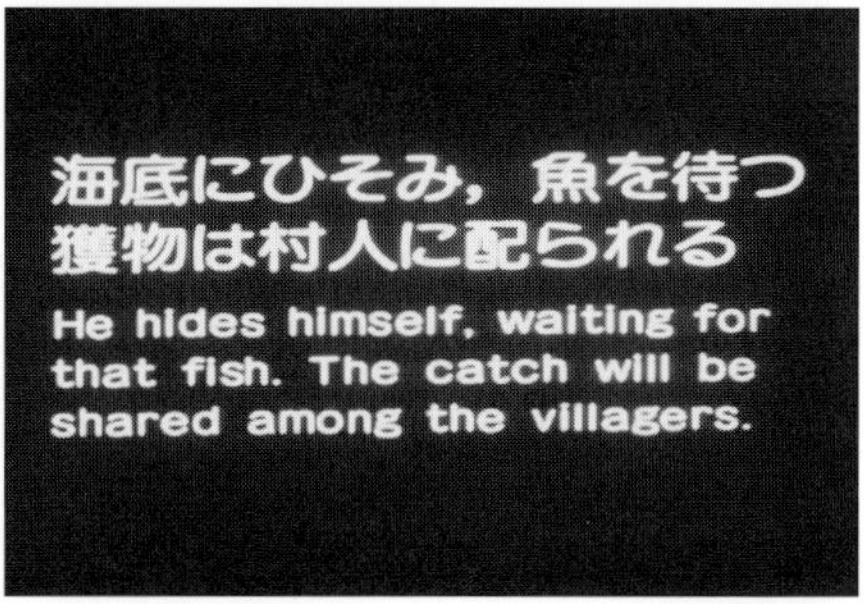
海底にひそみ，魚を待つ
獲物は村人に配られる
He hides himself, waiting for
that fish. The catch will be
shared among the villagers.

部族の人たちはほとんど何の予備知識もなく都会からやってきて、いきなり島での生活を始めたのだから、辛抱・苦労は当たり前のことだった。

島の暮らしには共同体のみんなが生きていくための工夫があり、自給自足で多くを望まず、全員に平等の分配を心がける。それが部族生活のルール。

禅房

The Last

全島を覆う火山灰地。経験の不足。収
The combination of volcanic land and inexperienced communal farme

島は
火山灰地で覆われている
そのため。地味は痩せて
耕作には適さない
そして、経験不足
収穫は必ずしも
豊かとはいえない

部族の多くの人は禅宗徒だったゲーリー・スナイダーの影響もあり、基本、「自然に神が宿っている」というような仏教の多神教的な考え方や無常観を支えに生活していた。共同体構成員として力をあわせてその与えられた厳しい自然環境で生活し、その質素に生きる生活のなかに充実があった。

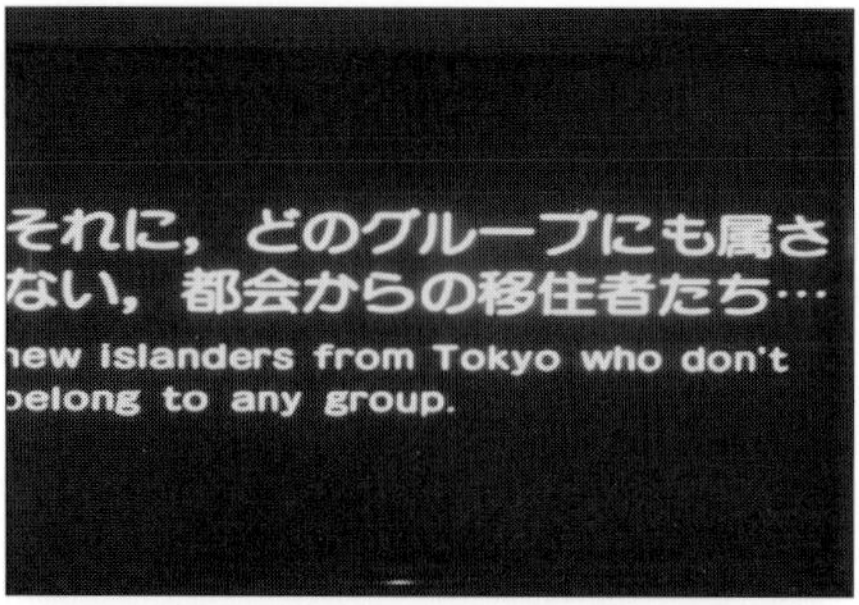
それに，どのグループにも属さ
ない，都会からの移住者たち…
new islanders from Tokyo who don't
belong to any group.

原住島民，コミューンの
メンバーのほかにも
個性的な移住者たちがいる
Others inhabit the island
besides the native islanders
and commune people.

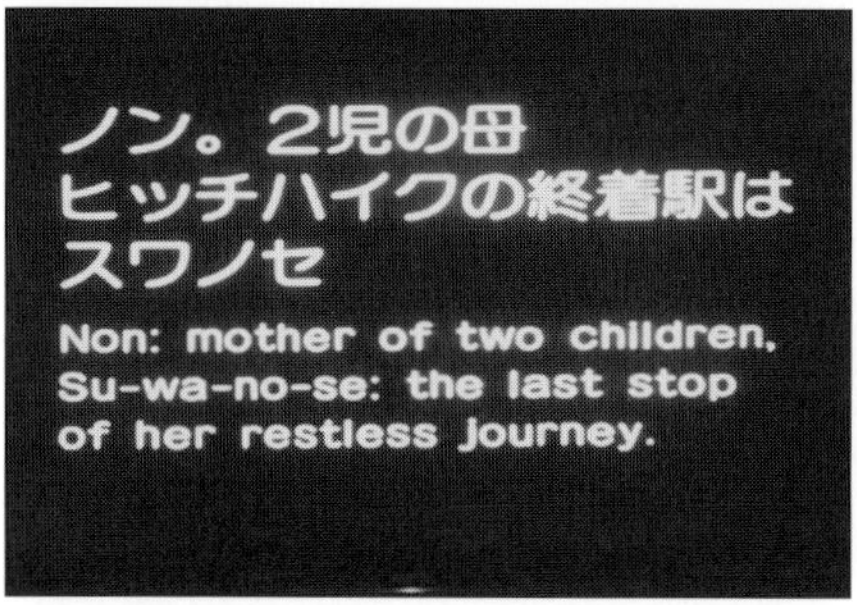
ノン。2児の母
ヒッチハイクの終着駅は
スワノセ
Non: mother of two children,
Su-wa-no-se: the last stop
of her restless journey.

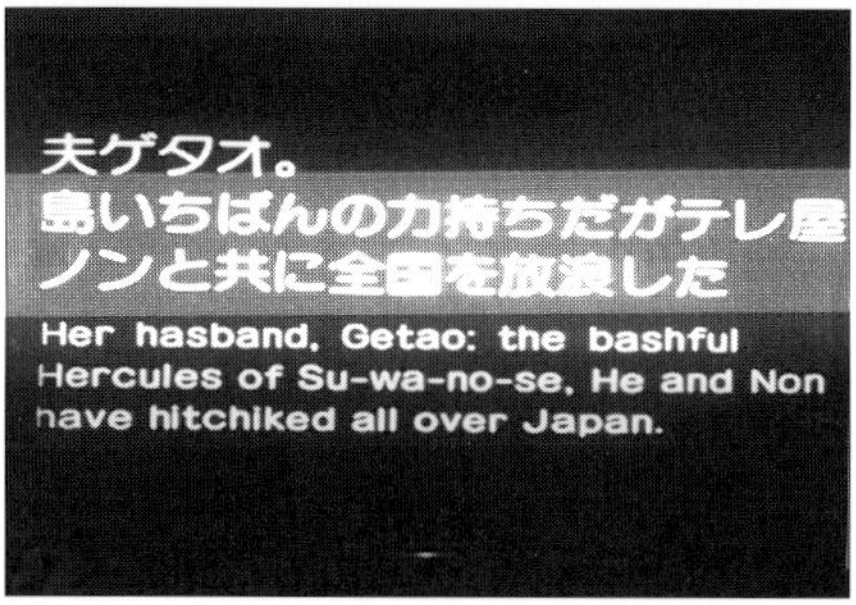
夫ゲタオ。
島いちばんの力持ちだがテレ屋
ノンと共に全国を放浪した
Her hasband, Getao: the bashful
Hercules of Su-wa-no-se. He and Non
have hitchiked all over Japan.

都会からの移住者、島にたどり着いた若者たちのプロフィールが紹介される。みんな、各地を放浪して最後にこの島にやってきた、そういう人が多い。

住居は粗末だが、自分たちの力で建てたもので住み心地は自家製なのでまずまず。島は暖流に囲まれ冬もそう寒くないが､問題は台風。これだけは大変。

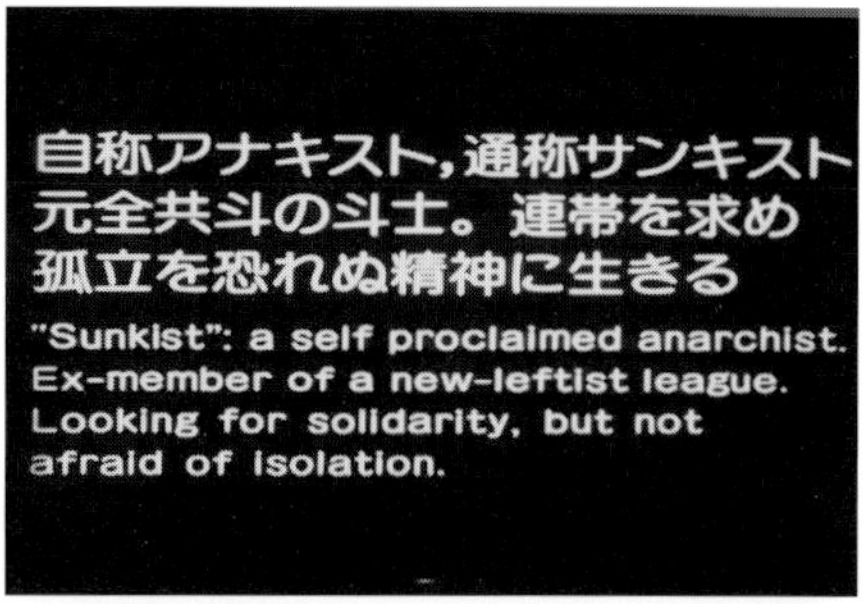
自称アナキスト，通称サンキスト
元全共斗の斗士。連帯を求め
孤立を恐れぬ精神に生きる
"Sunkist": a self proclaimed anarchist.
Ex-member of a new-leftist league.
Looking for solidarity, but not
afraid of isolation.

週に一度
孤島を訪れる連絡船
Once a week, the mainland ferry intrudes on
the solitude of this remote island.

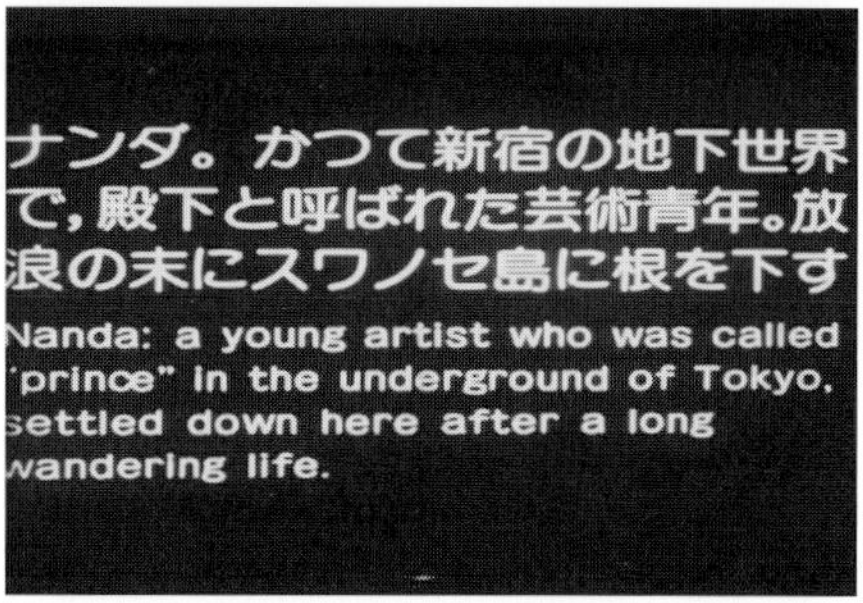
ナンダ。かつて新宿の地下世界
で，殿下と呼ばれた芸術青年。放
浪の末にスワノセ島に根を下す
Nanda: a young artist who was called
"prince" in the underground of Tokyo,
settled down here after a long
wandering life.

妻ミコ。3児の母
土に生きるかたわら
素敵な声で唄い，優雅に踊る
His wife, Miko: mother of three
children, with pure voice and
graceful movement she dances
and sings her growing intimacy
with the land.

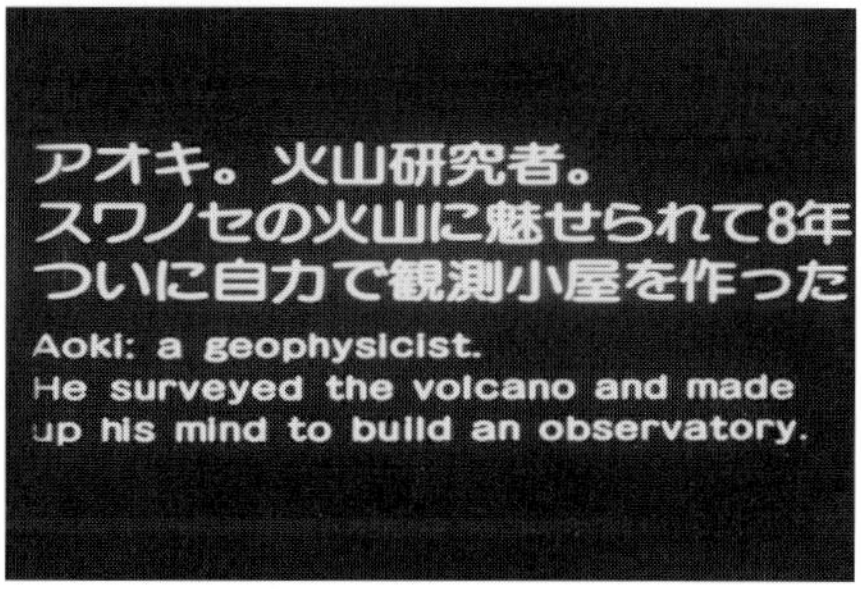
アオキ。火山研究者。
スワノセの火山に魅せられて8年
ついに自力で観測小屋を作った
Aoki: a geophysicist.
He surveyed the volcano and made
up his mind to build an observatory.

島への渡航手段、物資の運搬。元からの住民たちの生活必需品、食料品もあるが、部族の人たちも完全な自給自足は不可能、船に便を図ってもらう。

部族の人たちはみんな、それぞれの事情で生きている。それは世間の人たちと同じだった。

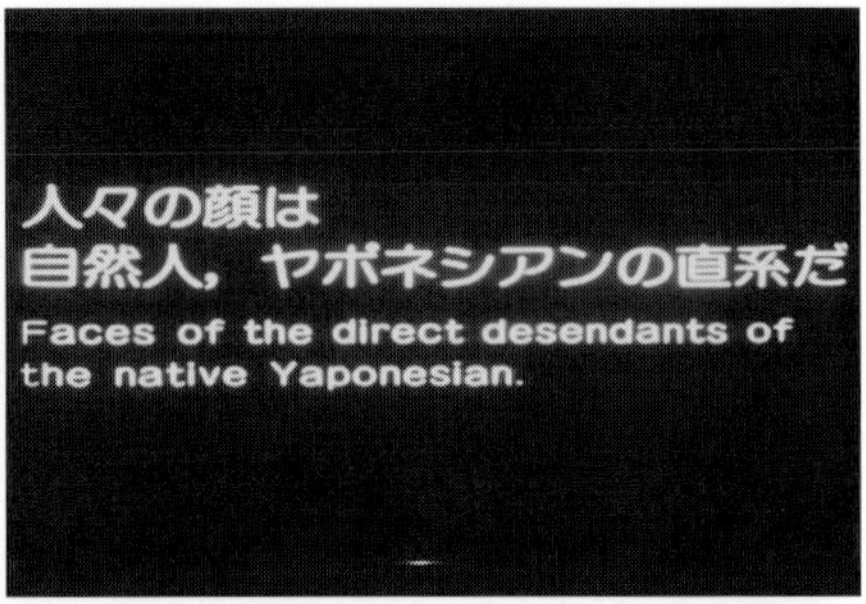
人々の顔は
自然人，ヤポネシアンの直系だ
Faces of the direct desendants of
the native Yaponesian.

秋の夜は祭りがつづく
Nights of feasting follow
the harvest.

苛酷な労働のあいま，人々は
そうして宇宙と一体になる
and a return to the fields.
The first and last phase of this
self unifying cycle.

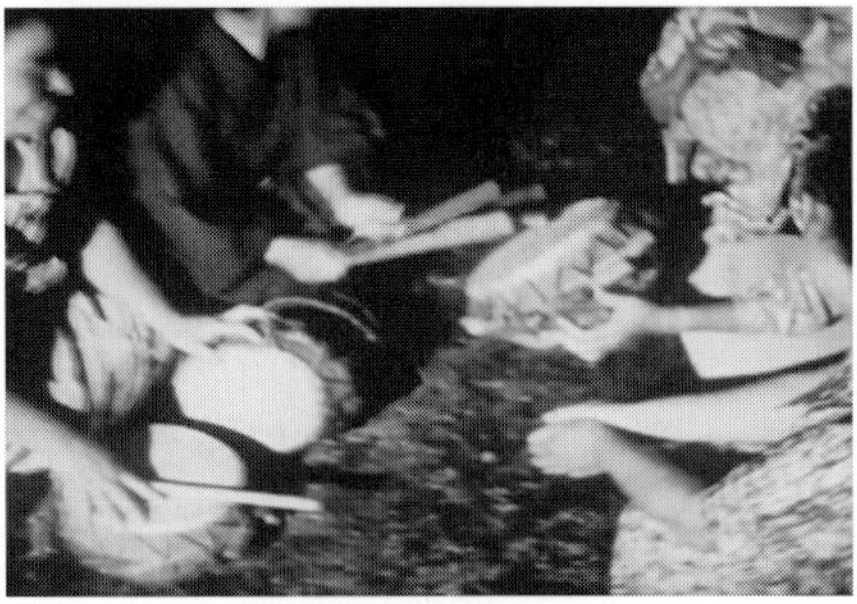

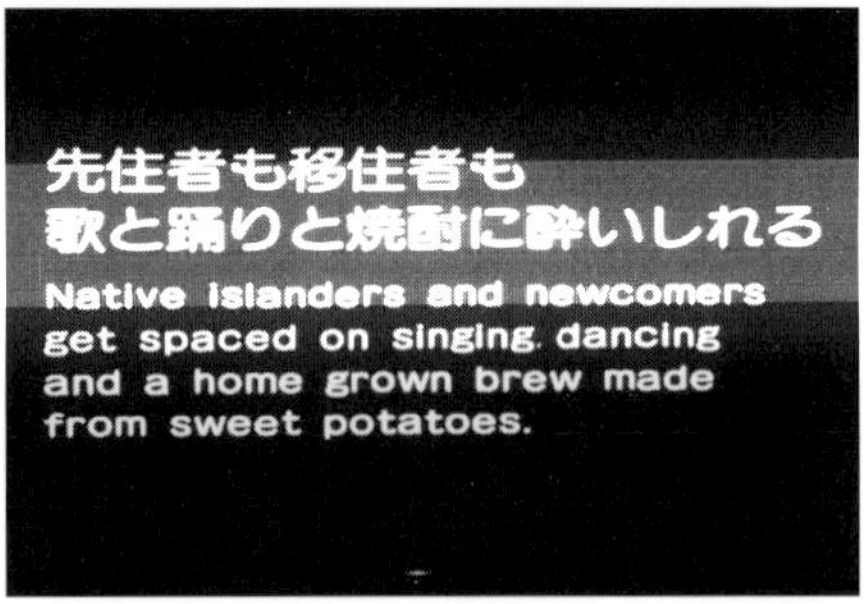
先住者も移住者も
歌と踊りと焼酎に酔いしれる
Native islanders and newcomers
get spaced on singing dancing
and a home grown brew made
from sweet potatoes.

お祭り。島のみんなが集まって相撲大会をやったり、輪になって手拍子で踊る民踊大会をやったり、娯楽の少ない島の生活を楽しく工夫している。

島のそもそもの文化の由来が語られる。諏訪之瀬は文明の利便を逸脱した場所であり、先住者・新移住者の区別に関係なく生活が繰りひろげられる。

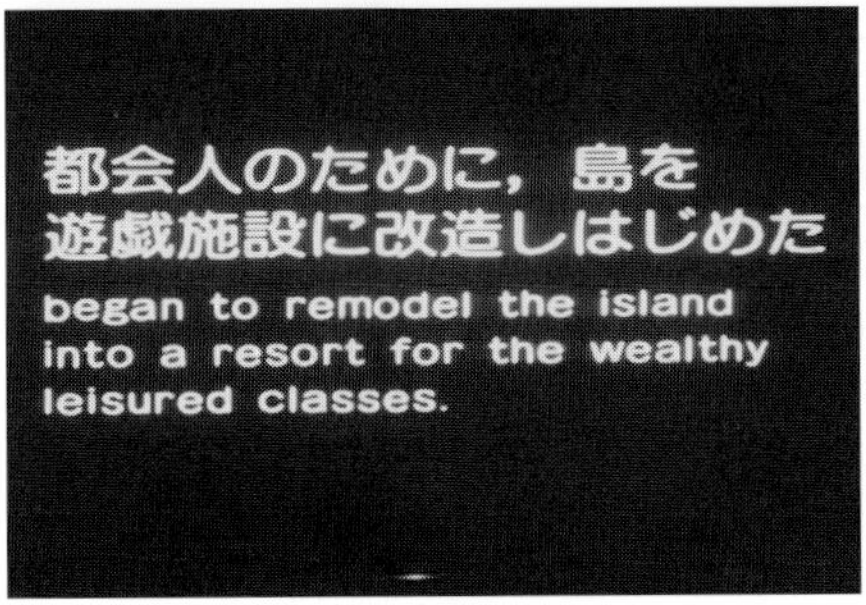

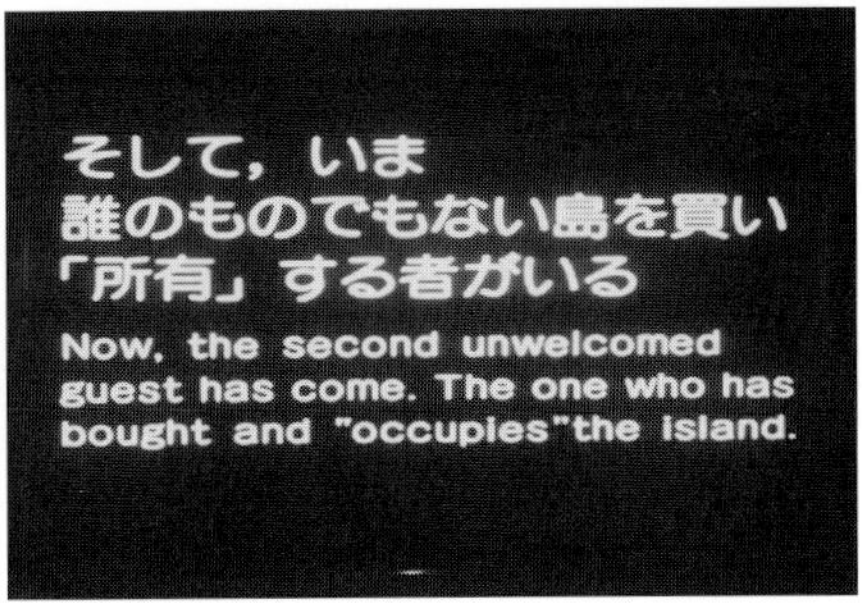

都会人たちのリゾートを開発するために巨額の投資をしたヤマハ。島はそれで豊かになるのだろうか。ブルドーザーが唸りをあげ、飛行場が作られる。

平和で安らかな生活を乱す、島への闖入者がいる。島に現代の資本の論理と金儲けを持ち込もうとする者たち、それが大企業のヤマハだった。

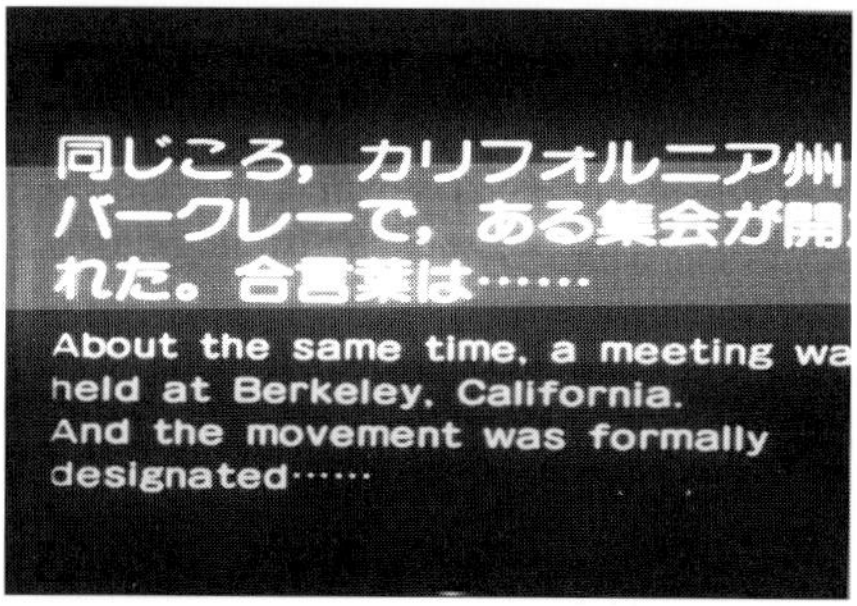

諏訪之瀬島の反対運動に呼応して、アメリカのバークレーでも激しい抵抗の呼びかけが繰りひろげられ、全米に向けてのメッセージが発せられる。

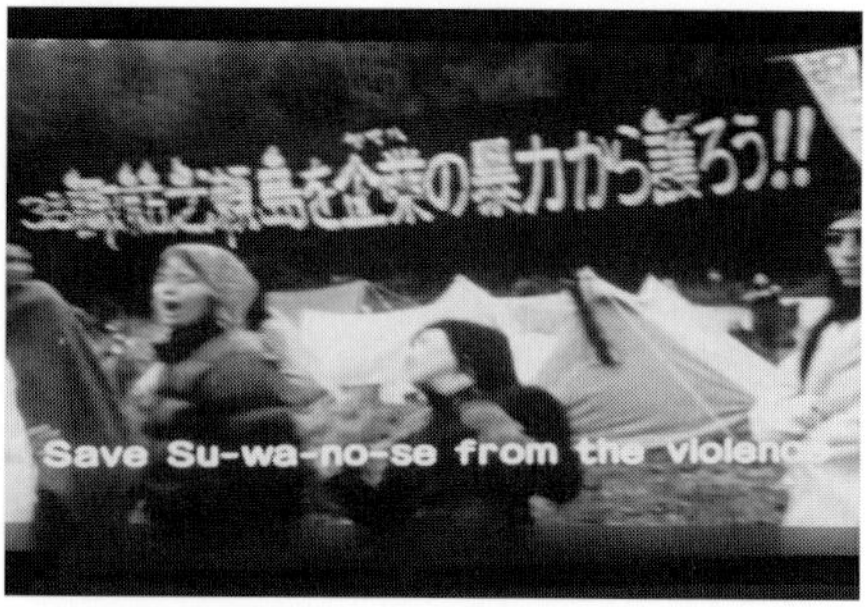

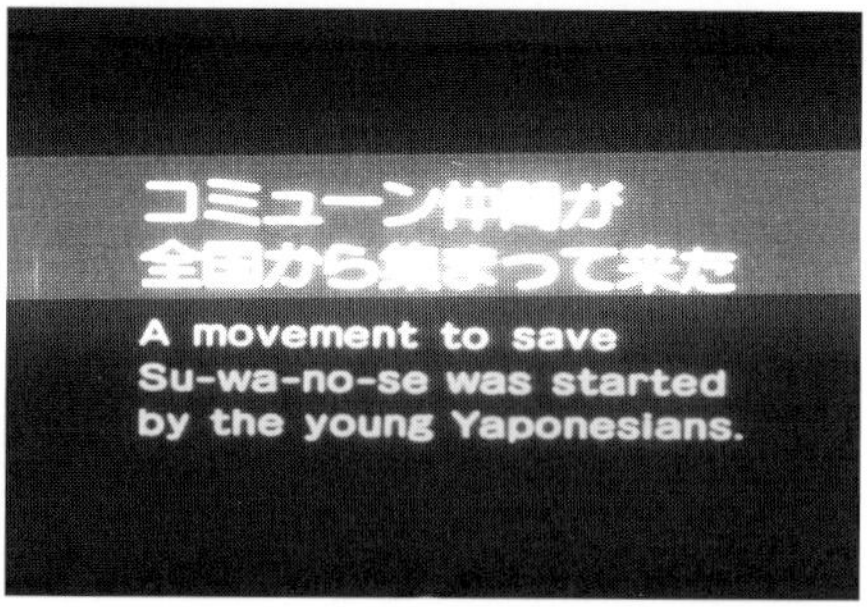

島に、開発のための人間たちが集まってくると、それに反対する人たちも、全国から部族の危急を救うべく人々が集まってきた。

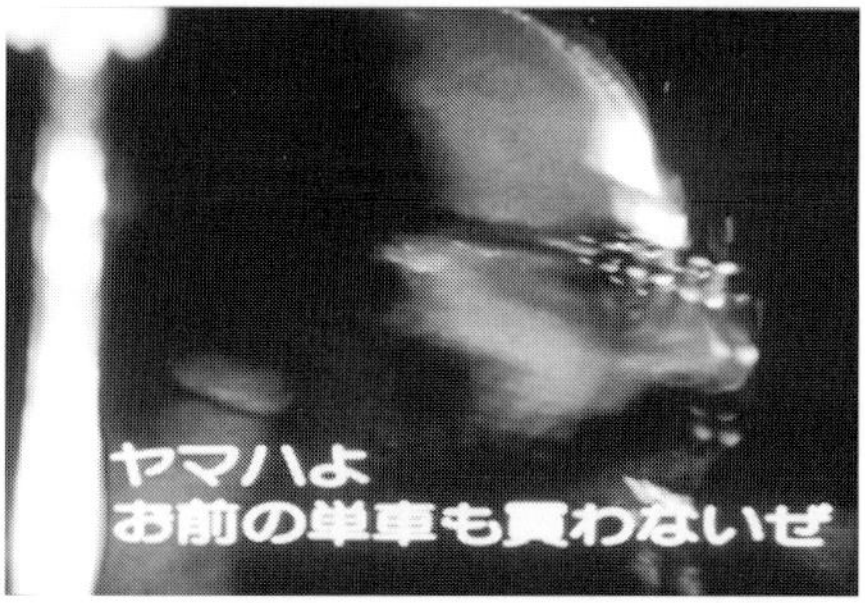

アレン・ギンズバーグはプロテストを歌にこめてギターをかき鳴らす。そして、ゲーリー・スナイダーが登壇して、映画を見ている人たちに語りかける。

大集会が開かれる。スローガンは「聖地スワノセを救え！」。ビートニクたちに共感するヒッピーたちが結集し、ナナオ・サカキが島の危機を訴える。

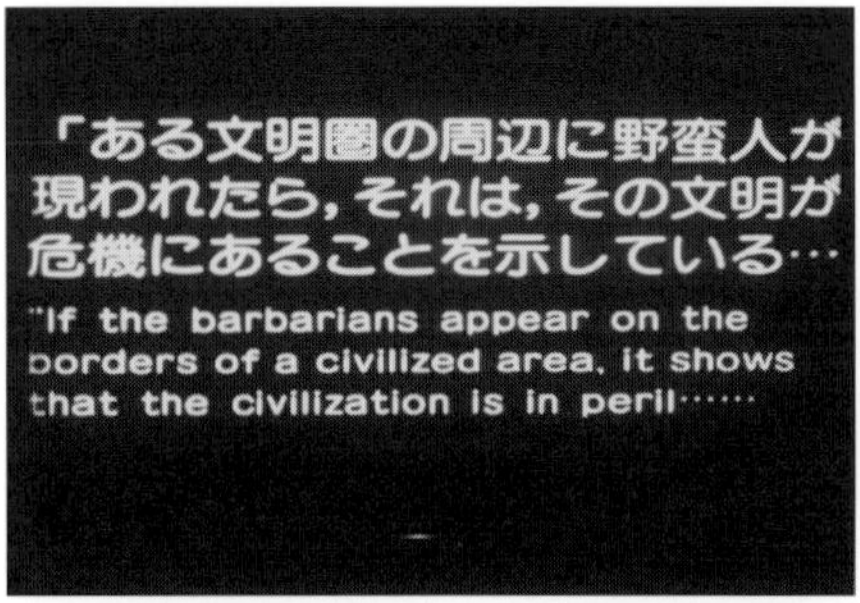
「ある文明圏の周辺に野蛮人が
現われたら，それは，その文明が
危機にあることを示している…
"If the barbarians appear on the
borders of a civilized area, it shows
that the civilization is in peril……

登壇したゲーリー・スナイダーは
強い口調で、自然にかえれと説いた。
地球がわたしたちを愛しているほど、
わたしたちは地球を愛しているか。
そのことをもう一度、胸に手を当て
考え直せと語った。

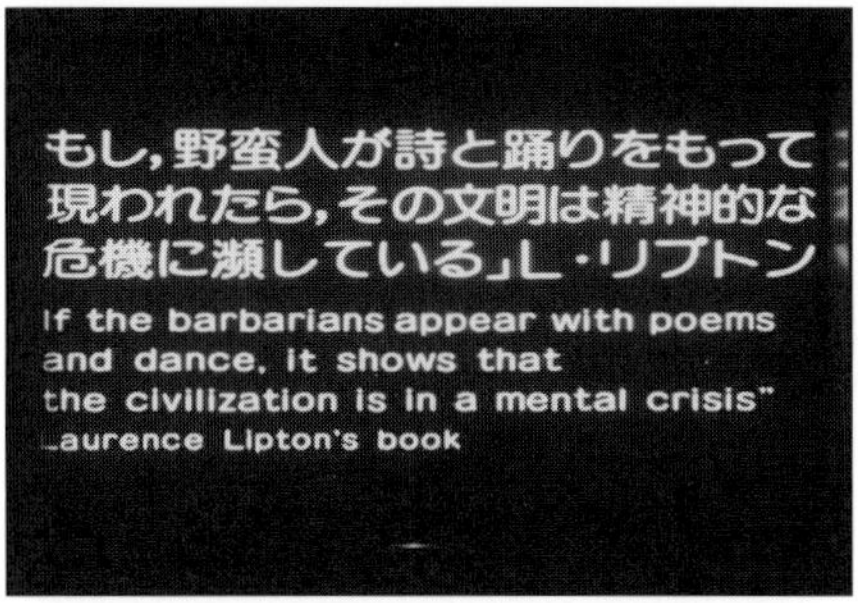
もし，野蛮人が詩と踊りをもって
現われたら，その文明は精神的な
危機に瀕している」L・リプトン
If the barbarians appear with poems
and dance, it shows that
the civilization is in a mental crisis"
Laurence Lipton's book

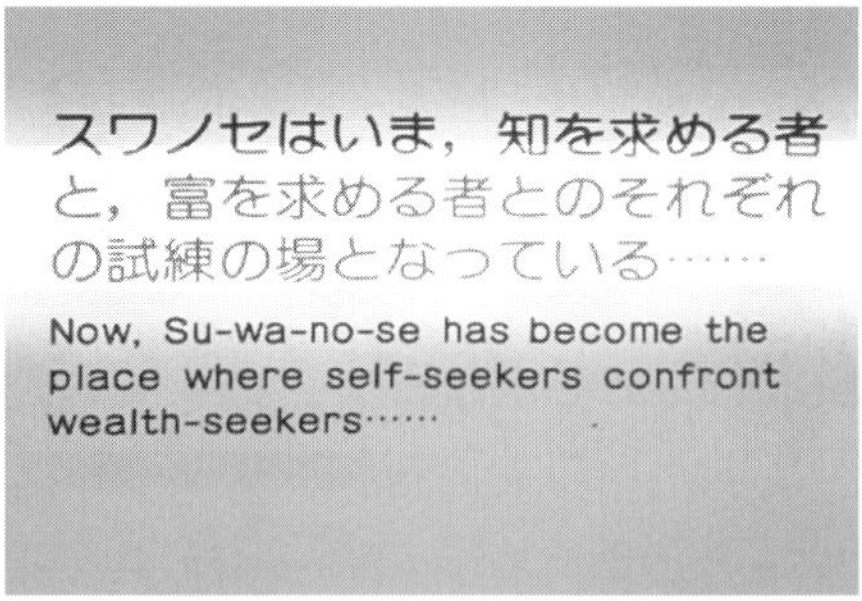
スワノセはいま，知を求める者
と，富を求める者とのそれぞれ
の試練の場となっている……
Now, Su-wa-no-se has become the
place where self-seekers confront
wealth-seekers……

この映画は現代の文明に対する危険信号をメッセージとして伝える作品。美しくも厳しい自然のなか映画は静かな瞑想の場面を最後に終わる。

スワノセは人類の未来の希望を託すべき島。正味上映時間は 71 分だが、そこで語られる言葉のなかには 21 世紀も十分に通用する思想がある。

「日本のヒッピー運動を記録した映画はこの作品だけです」

映画『スワノセ・第四世界』と日米一九七〇年代文化事情
〜日本のヒッピー・ムーヴメントとアメリカ〜

原成吉（獨協大学外国語学部英語科教授）インタビュー／聞き手　塩澤幸登

原　成吉（はら・しげよし）一九五三年十一月一日、東京生まれ。アメリカ文学者、獨協大学教授。一九七五年、獨協大学外国語学部英語学科卒業、法政大学大学院修士課程修了、一九八三年、駒澤大学大学院博士課程満期退学。獨協大学外国語学部助教授、教授。アメリカ現代詩を専門とし、ビート・ジェネレーションの日本への紹介者である。

――『スワノセ・第四世界』の記録映画としての価値というんですか、原先生はそれをどういうふうに思われますか？
他にああいうことを記録した映像というのはないのでしょうか。

原　ぼくの知る限り、ないと思いますね。ぼくがあの映画を見たのはずいぶん昔、そう、三十年以上前のことなんですけど、つい最近、学生たちと上映会をやりました。そのときに思ったのは、まず彼らは、ナナオ（ナナオ・サカキ）もそれからあのとき諏訪之瀬島にいた人たちも、自分たちがヒッピーだなんていう意識はなかったということです。彼らは、自分たちは「部族」だっていう考え方をしていた。六十年代の後半にヒッピーがたくさん集まったヘイト・アシュベリーという地区がありました。場所は、サンフランシスコです。そこに集まった人たちと、スワノセの部族の人たちは、ちょっと違っていたと思いますね。

あの時代、六〇年代後半に、サンフランシスコのベイエリアを中心に出てきた、「サンフランシスコ・オラクル」（The San Francisco Oracle）っていう有名なフリーペーパーがありました。それなんかとは、かなり呼応していましたね。なぜかというと当時、日本で禅の修行をしていたゲーリー・スナイダーという詩人が、日本の部族とアメリカ西海岸のカウンターカルチャーをリードしていた人たちとの橋渡しをしていたからなんです。いま、サンフランシスコで、こういう運動が起きている、こういうふうな雑誌が作られている、それから刺激を受けて、ナナオ、サンセイ（山尾三省《やまおさんせい》）ナーガ（長沢哲夫）、ポン（山田塊也《やまだかいや》）たちも自分たちのバージョンを作っていったということだと思います。

――原先生があの映画を見て一番面白いなと思った、見所《みどころ》はどこですか。

原　まず、普通の映画の作り方じゃないじゃないですか。ナレーションっていうのはなくて、音と映像だけで、余計な説明は入っていません。見る人に解釈をゆだねているところがいいと思いました。まさにドキュメンタリーですね。例えば嵐が来れば、作った家も吹っ飛んじゃうし、また竹藪みたいなところを開墾していかなくちゃいけない。海が荒れれば、船が来ない。そうすると一週間なにも来ない。日本中にいろんな場所があるのに、なぜこの人たちはここでの生活を選んだのだろうっていうのが、まずありましたよね。

それで上映後、そのことを学生たちに聞いてみたんです。いろんな考え方のレポートが集まりました。映画にヤマハのリゾート開発に対する反対運動のデモのシーンがありますね。学生たちはあれを見て、いまと全然違うな、って思ったと言っていました。つまり、あの人たちは反対運動を楽しんでやっているって。

それから、村の人たちの盆踊りの風景があった。あれも素晴らしかったって。島の祭りの様子をゲーリー・スナイダーが詩に書いているのをご存じですか。「愛」（〝ＬＯＶＥ〟）っていうタイトルの詩です。これはぼくの恩師の金関《かなせき》寿夫《ひさお》先生が翻訳したものです。

子供十人産んで　腹ン中　十回
ひっくり返された女たち

風吹きよせる淋しい孤島で
盆踊りの輪の　先頭を勤める
八月、満月の夜、一晩中

一番若い娘は　しんがりだ。

トビウオの鱗落としをしたり　腸《はらわた》を取ったりして
昨夜から一睡もしていない女たちが

愛について歌う

何度も何度も
愛について歌う。

（詩集『ノー・ネイチャー』より）

この詩の最後に〝スワノセ島にて〟って書いてある。この詩だけじゃなくて、スワノセのことは、スナイダーはけっこういろいろ書いていています。部族についても、「なぜ部族か」っていうタイトルのエッセイがあります。

――部族というのは最初からコミューンとして登場したのでしょうか。

原　いや、最初は考え方というか、思想だったんです。つまり国家ではなくて、小さな共同体なんだという。じつはこれは、ネイティブ・アメリカンの発想なんですよ。（一九六七年の春に東京・新宿で）みんなで集まってデモしたときからTribe＝部族というのを考えていたようです。だから日本の場合、ヒッピーとかそういうのではなくて、本当は「部族」という考え方ですよ。この考え方を日本に持ち込んだのは、ゲーリー・スナイダーなんです。片桐ユズルさんが翻訳されたゲーリー・スナイダーの『地球の家を保つには～エコロジーと精神革命』というエッセイ集のなかに、「なぜ部族か」というタイトルのエッセイがあります。これを読むとその理由がわかると思います。ヒッピーとかそういうのとは違う「部族」というものがある、と。その実践例としてスワノセのバニヤンアシュラムが出てくるんです。

――この映画を理解するうえで、日本とアメリカ、両方にそれぞれ広大な文化的な背景があると思うのですが、そのつながりの部分で、ゲーリー・スナイダーが重要な役割を果たしているようですね。

原　カリフォルニア大学デイビス校にゲーリー・スナイダーの膨大なアーカイブがあるんです。そこにはスナイダーの手紙が二万通くらい保存されています。そこに、ナナオ・サカキのアーカイブを作ったんですよ。そこにはスナイダーが撮ったスワノセの写真なんかも保存されていいます。そのことを上野圭一さんに相談したんです、デイビス校のスペシャル・コレクションズに『スワノセ・第四世界』のＤＶＤを寄贈したいと。スナイダーやナナオに関心を持っている人たちが世界中からリサーチにやって来ますからね。そうしたら、上野さんが、ぜひやってください、とおっしゃって。おととし映画のＤＶＤを作って、アメリカに持って行って寄贈したんです。先日、ナナオの詩をスペイン語に翻訳したいと言っているヤスキン・メルチというメキシコの詩人から、「カリフォルニアまで行って、『スワノセ・第四世界』を見ました。素晴らしかった」というメールをもらいました。

――ゲーリー・スナイダーと日本との関わりはどういうふうに始まったのですか。

原　一九六一年の『中央公論』に、スナイダーの「ビート・ジェネレーションに関する覚え書き」が載っているんです。これは彼が日本で発表した最初のレポートだと思います。日本に「ビート」という言葉が入ってきたときに、金関先生がスナイダーに原稿を頼んで、どなたかが日本語に翻訳したものが発表されました（エッセイ集『惑星の未来を想像する者たちへ』に収録）。

スナイダーが初めて日本にやってきたのは一九五六年です。京都のお寺に禅を勉強しているアメリカ人がいるということで、「デイリー読売」だったと思いますが、写真入りの記事で紹介された。それが、彼がみんなに知られるようになった最初です。

――いずれにしても、ゲーリー・スナイダーが日本の部族とアメリカのヒッピーをつなぐキーワードというか、キーパーソンということですね。

原　そうですね、ヒッピーというよりは、カウンターカルチャーの真髄というところでしょうね。

ゲーリー・スナイダーが京都にいたことによって、スナイダーと並んでカウンターカルチャーのグルというか、スピリチュアル・リーダーだったアレン・ギンズバーグもやって来る。一九六三年に京都のスナイダーの家で、ナナオとナーガが、アレン・ギンズバーグと出会っているんです。そこから太平洋をはさんだアメリカのビートたちとの交流が始まった。

──アメリカではどういう経緯があったのですか。

原　一九六七年というのが非常に重要な年で、最初、ヘイト通りとアシュベリー通りがぶつかるところ──それがヘイト・アシュベリーの名前の由来なんですね──あそこに集まった人びとが、「ディガーズ」というグループを作るんです。それが六十七年のことです。

　ディガーズというのはカリフォルニア・インディアンの名称から来ているんですが。自分たちで、フリークリニック、病気になった人たちを無料で診察する。それから、フリーミール、お金のない人に対して、食事・食べ物を与える。そのような形で都市コミューンというのが始まっていくんです。まさにヘイト・アシュベリーから

　それで、ディガーズから始まったコミューンは音楽とも非常にかかわりがあって、グレイトフル・デッドというアメリカの有名なロック・バンドもそこにいた。マイケル・マクルーアという詩人もそこにいましたから、そういう人たちのところから、広がっていったんです。

　同じ年にモンタレー・ポップフェスティバルという大きなイベントが行われて、例えば、ジミ・ヘンドリックスとか、ジャニス・ジョップリンであるとか、ママス・アンド・パパスであるとか、いろんなミュージシャンがこのフェスティバルに参加したんです。当時一番ヒットしたのが、スコット・マッケンジーという人が歌った、「花のサンフランシスコ」という歌だったんです。この歌によって彼らの思想が全世界に広がっていくんですね。

　これも六七年一月、サンフランシスコのゴールデン・ゲートパークというところで、「ヒューマン・ビー・イン」というイベントが開催されています。これがいわゆるヒッピーたちの最初の祭典と呼ばれているものです。ゲーリー・スナイダーがほら貝でその始まりを告げる。アレン・ギンズバーグ、それからLSDを作ったティモシー・リアリーもステージに上がりました。会場にはサンフランシスコ禅センターの鈴木俊隆老師もいました。もちろん地元サンフランシスコのロック・バンドも参加しました。その背景には、さっきお話した「サンフランシスコ・オラクル」という最初のフリーペーパー

などが時代の意識を変えていったのだと思います。そこから「サイケデリック」や「チューン・イン、ターン・オン、ドロップ・アウト」といったコトバが出てきます。そのような形でつながって、全米や他の国々へ広がっていったといえますね。

――たくさんの若者たちに共感され、支持されたということですね。

原　そうです。俗にいうドロップ・アウトですね。社会から、学校からドロップ・アウトして、サンフランシスコにやってきて、同じような思いの仲間たちと出会う。物質主義的な西洋近代の資本主義の矛盾、一番大きな矛盾はベトナム戦争だったわけですが、それに気が付いた人たちがこれまでとは違ったライフスタイルを探そうとしていた。何を求めるかっていうところで、一つの方法として彼らが注目したのがネイティブ・アメリカンの世界観だったのではないでしょうか。

――ネイティブ・アメリカンというのはどういう考え方なのですか。

原　ご存じのようにアメリカという国は、イギリスからメイフラワー号に乗ってやってきたピューリタンたちが、神の国の建設という一応お題目というか、使命を抱いて、先頭に立って東から西へと開拓を進めていった。でも、それは現実的には、先住していたネイティブ・アメリカンの部族を殺すことであり、彼らの文化を奪うことだったんです。最初は自分たちの正義を疑わなかった。ところが、だんだん自分たちがやってきたことがおかしいと気がつき始める。そして、ネイティブ・アメリカンの人たちが持っていたアメリカ大陸で生きていく知恵というものを理解するようになってきたのです。

つまり、西洋の近代文明というものの限界が二十世紀の初頭くらいから見えてくる。ぼくがスナイダーがすごいと思うところは、ネイティブ・アメリカンの自然との付き合い方から学び、禅を含めた東洋思想の智慧を実践してきたことです。それから登山をとおして自然を肌で知っているところです。日本に滞在していたときも、日本の北アルプスにも登っていますし、大峰山で修験道も体験しています。

禅仏教とネイティブ・アメリカンの世界観が結びついていることです。そして肉体労働です。例えば、木こりやタンカーの船員をしたり、ノースカスケード山脈の山頂で、ふた夏、二か月間にわたってファイヤー・ルックアウト（山火事の見張り番）をしたり、シエラネヴァダ山脈のヨセミテ国立公園でリップ・ラップ（トレイル整備）の仕事をしています。スナイダーの詩はこういった体験から書かれている。これはナナオの詩についても同じことが言えると思います。

なぜスナイダーがネイティブ・アメリカンに惹かれていったかというと、やはり西洋の近代そのもの、ユダヤ・キリスト教の世界観に対するクエスチョン・マークがあったのではないでしょうか。それとは違うものを求めた。ナナオの場合は、それに加えて戦争体験があったと思います。

――そういう経験のなかで、具体的にどういうことを考えるようになったのでしょうか。

原　まず社会は政治でもって簡単に変わるものではない。つまり、ひとりひとりが自分が何を見て美しいと思えるかという、そこのところですよね。人間が世界を作っているのではなくて、世界というひとつのインドラの網の目みたいなもののひとつとして人間がある、という考え方です。これが、ちょっと後になってくると、バイオリージョナリズム（生態地域主義）という、環境思想になってゆく。スナイダーはその第一人者だと思います。バイオリージョンとは、都道府県といった行政区に土地を分けるのではなく、川の流域によってとらえ直そうとする考え方です。

ナナオも全く同じスタンスで世界を見ていたと思います。簡単に言うと、いま自分たちが住んでいる場所、スナイダーがよく言っていますが、いま君が住んでいるところを、例えば、東京都立川市……といった住所表記を使わないで、どういうふうに伝えられるか？　例えば、関東平野というのがあって、関東ローム層というのがあって、多摩川っていうウオーター・シェッド（流域）があって、そのどのあたりか？　中流域なのか？　そこに自生している植物は何か？　年間の降水量はどのくらいか？　こういった方法によって、いま自分がいる場所を知ることです。土地に直接触れる、そこから自分がいまいる場所の感覚をつかむことです。これはとてもわかりやすい説明だと思います。どういう渡り鳥が、いつやって来るのか、どのような種類の鳥が自生しているのか、その変化によって自分を知る。だから、テレビのニュースで情報を得るのとは少し違います。これは場所を知るための新鮮な考え方だと思いますね。

この考え方が、いわゆる「ディープ・エコロジー」と呼ばれる思想へとなっていくわけです。つまり人間がいて世界があるのではなくて、世界の中の一つの点として人間がある。だから人間中心主義というスタンスを離れる。それが、ナナオの詩にも、スナイダーの詩にもありますよね。「俺が、俺が」という西洋的自我といったものに対する一つの反省みたいなものがあるのではないでしょうか。「アメリカ人っていうのは、自己の内面ばかりを見ていて、自分がどういう環境の中にいるのかを見ようとしない」、とスナイダーは言っています。

――そういう自覚を持ちはじめた歴史的背景というものがあるわけですね。

原　それがベトナム戦争でした。簡単に言えばこの戦争は、アメリカがアジアの小国を、共産主義の魔の手から守るっていう大義名分で始めた。だから、ケネディ大統領が暗殺されたくらいの時はまだ、みんな支持していた。ところが実際にベトナムの戦地に行った人びとが、そこで全く自分たちが歓迎されていないことに気づく。つまり、自分たちがやっていることは、解放ではなく、殺戮以外のないものでもないという事実です。こういった政府の嘘にだんだん気が付いていく。アメリカでベトナム反戦運動が六七年くらいから表面化してきます。最初、そんな反戦運動をするのは、非国民だと罵られ石をぶつけられたりしたんです。詩人たちが、ベトナム戦争反対のためのポエトリー・リーディングを大学のキャンパスなどで始めました。つまり、詩のコトバによって、もう一度、世界の見方を考え直そう。ただ戦争反対というシュプレヒコールを叫んでもなにも変わらない。もっと本質的なところを考え直そうという想いがあった。優れた詩には、不思議な力があります。もちろん、ロック・ミュージックからも「平和を我らに」といった反戦のメッセージは聞こえてきました。例えば、ウッドストックに象徴されるように、音楽も反戦を表現する重要な手段になっていった。ウッドストックの野外コンサートは六九年の夏ですが、あのころベトナム戦争が泥沼化していった時期ですからね。

それで、七三年にアメリカがその戦争に実質的に敗北をして、それまでのアメリカ的な生き方というのに対して、アメリカ人自身、すごく自信を失っていくわけです。自分らは何をやっていたんだって。世界の警察なんてとんでもないって。余計なことをしていたんじゃないかという思いですね。

——映画の話にもどりますが、『スワノセ・第四世界』という作品は、どのくらい有名なのでしょうか。

原　スワノセ第四世界という映画自体は、ほとんど知られていないと思います、いまでも。だから、ナナオやあの部族の人たち、いまは部族というのは存在するわけじゃないし、スワノセにいるのはナーガと、あとは二つくらいの家族かな、その部族の時代からずっといたっていうのは。だから、いまの人たちは部族運動自体をほとんど知らないですよね。ましてやこの映画はこれまでDVDになっていたわけじゃないから、TSUTAYAで借りて見るわけにもいかないし。もともと、見る方法がなかったんです。

フィルムも16ミリだったから、封切り時の上映というのも普通の映画館ではなかったですからね。だから、ちょっとしたポエトリー・リーディングとか、イベントでしか紹介されていなかったんです。おそらく幻の映画扱いされてきたと思いますよ。どこかで聞いたことあるけど、第四世界って何、みたいな話ですね。

——〝第四世界〟というのは正確にはどういう意味なのでしょうか。

原　第一世界というのが資本主義・共産主義の、いまでいうアメリカなりロシア、ヨーロッパ諸国ですね。第二世界と第三世界というのはそれを求めている、いわゆる先進国をモデルにしている、昔の言い方をすれば発展途上国というか、先進国に追いつこうとしている国のこと。ところがスワノセの彼らは資本主義でもなく、共産主義でもない。全く国家とは全く違う、ネーション・ステイトというものを超えた、そういうものを問題にしない、小さなグループ。それが部族であり、まさに第四世界ということだったと思います。

——上野さんのアメリカでの思い出話を聞くと、アメリカのヒッピームーヴメントと日本の部族のコミューンの活動というのは規模が違いすぎる。その背景の、日本でそういう動きが大きく拡がっていけなかった原因というか、理由はなんだったと思われますか。

原　ぼくはスペースだと思うんです。スペース。場所。アメリカだったら人から離れて暮らしたかったら、いくらでも場所がある。例えば都市で始まった都市コミューンの人たちは、ヘイト・アシュベリーから出て行って、山の中なり、あるいは北の方のメンドシーノとか、そういうところへ移っていって、自分たちの共同体みたいなものを作れる。ところが日本の場合だと、すごく制約されますよね。日本の場合、どこに行っても、どんな田舎でも人の生活がある。そして、そういうところに移り住んでいっても、なかなかその場所になじめない。そういうところは、よそ者をあまり受け付けない。そういった場所の制約が大きかったのではないでしょうか。

——移動して新しい文化の拠点を作ろうという発想はアメリカ文化の特徴ということなのでしょうか。

原　ぼくはそう思います。「ここはわたしのいたいところではない、だから別の場所へ移動する」という感性のようなものが、アメリカ人気質の中にあると。文学だけではなく、映画にもその特徴はあります。ここは私のいたいところではない、もっと自分に相応しい場所がどこかにあるはずだ、だから移動する。それがまさにアメリカの文化を作ってきたのだといえますね。

ところが日本では違います。例えば会社、最近はそうでもなくなってきましたが、ある会社を辞めて、別の会社に移って、また辞めてというのは、落ち着かない、あるいは我慢が足りない人間だと評価される。それから、移動についても、日本の社会というのは簡単じゃないですよね。例えば、具体的にいえば、アパートを借りるにしろ、敷金だ、礼金だっていうのがあって、アメリカだったら六か月のリースでアパートは変えられる。気に入らなければ勝手に出ていけるし、トラックも「ユー・ホール」（引っ越し用のレンタカー会社）があるから、シカゴでトラックを借りて、デンバーでそれを乗り捨てられる。だから簡単に移動が可能。そこが違う。場所があるということ。ぼくはそういう物理的な条件がかなり大きいと思いますね。

——スナイダーたちも同じような考え方をしていたのでしょうか。

原　これはもういまから十七、八年前のことですが、蓼科にあるコテージにナナオとかゲーリーといっしょに遊びにいって、みんなで泊まったことがありました。いまでもよく覚えていますが、そのときにぼくは、ゲーリーたちが、六〇年代、七〇年代にやっていた、そのときのアメリカに対するNOという考え方を、ずっといままで持ち続けてこられたのはなぜなのか、その理由をたずねました。その根っこにどんな考え方があったんですかって。そしたら、スナイダーはこういったんです。「それは主義・主張ももちろんそうだけど、自分たちがそれをやりたいし、それが楽しいからだ。ぼくらはもちろんあのときに、アメリカの政府が簡単にひっくり返るなんて考えるほど脳天気じゃなかった。でも、アメリカっていう豊かな国の若者たちが、いまのアメリカそのもの（＝物質文明）に対して、おかしいっていう異議申し立てをしているっていうことを、さっきいった第三世界の人たちが知って、『ちょっと待て。オレたちあれでいいのか？』って、『あいつらが「ノー」っていってるぞ』って、気づいてくれる。それはぼくたちにとってはすごく大きいことなんだ」

　だけど日本では、アメリカのそういった文化の動きをそうは受け取らなかった。あのころの日本の反体制運動には、物質文明に対する反省はあまり感じられなかったですね。七〇年安保闘争もそう（＝マルクス主義的な過激な学生運動）だったし。やっぱり世界的に見ると閉鎖的だった……。

――スナイダーやギンズバーグは、ナナオをとても尊敬していた、ということですが。

原　ギンズバーグもそうですし、スナイダーも同じだと思います。彼らはナナオに惹かれていました。スナイダーに言わせれば、ナナオは彼が師事していた大徳寺の小田雪窓《おだせっそう》老師に次ぐ先生だといっています。ギンズバーグもピーター・オーロフスキーと一緒に「ナナオ」というタイトルの詩を書いています。短い作品なので紹介しておきましょう。

　たくさんの渓流に洗われた頭
　四つの大陸をあるいてきたきれいな足
　鹿児島の空のように曇りなき目
　調理された心は驚くほど新鮮で生

春のサケのような活きのいい舌
ナナオの両手は頼りになる　ほしのように鋭いペンと斧

――そこまでいわれるナナオの凄さってなんでしょうか。

原　ナナオの詩には、尋常でないコトバの力があるんです。ナナオの詩は、ぱっと見にはただごとなんだけど、耳を澄ますと全然ただごとじゃない。ナナオの詩は、国境とか文化というのを超えて入っていけるんです。ナナオは英語でも、晩年というか八〇年ごろからですが、英語と日本語と両方で書いていました。そして、いろいろな言語に翻訳されています。例えば、チェコ語にも翻訳されています。それから韓国語の詩集もあります。

――繊細な人だったのでしょうか。

原　彼は詩人だけど、そんなナイーブな人じゃないですよ。彼の詩を注意深く読めばわかりますよ。そこにある世界観・宇宙観・ライフスタイルそのものです。彼の詩集を編集しているときに思ったのは、コトバが経験から出てきているということでした。スナイダーにいわせると、ナナオの詩は頭や手で書いたものではなくて、足で書いたものだって。自分で地球を歩いて、その経験のなかからナナオというフィルターを通して出てきたものだという意味です。ナナオの詩を読んでいると、その声が伝わってくるんです。それがみんなの深い部分に入っていくんだと思います。

――彼は日本のマスコミを毛嫌いしていたようですが、国内でマスコミを拒否した大きな最初のきっかけとはなんだったのですか。

原　第二次世界大戦が大きな要因だったのではないでしょうか。彼は若いときに鹿児島県の出水特攻基地で、レーダーの解析をやっていた。そこでの戦争体験とその後の戦後社会のあり方に失望していったということがあると思います。詳しいことは詩集『ココペリの足あと』(思潮社)を読んでいただきたい。巻末に遠藤朋之さんの「ななおさかき小伝」もあります。(1)

——苛酷な戦争を体験したことで考えを深めていって、戦後の社会も否定したということなのでしょうか。マスコミに出ることも毛嫌いしていた、というはなしですが。

原　ナナオは生きていくために働くということを拒否して生きていた。食うために働かない。そういう生き方のできる人は日本にいないでしょ。そういう意味で、日本人は一億三千万人いるけれども、ナナオみたいな生き方ができた人はいなかった。これはなぜかというと、どこへ行ってもナナオをサポートしてくれる人がいて、「うちへ来てください」と呼んでくれたからなのです。

——それは具体的にはどういう心情なのでしょうか。

原　この人をなんとかしてあげなければ、というようなことではないんです。なんといえばいいのだろう……。

ぼくにとってナナオというのは、自分が知らない世界のニュースを教えてくれる人だったんです。すごい知的アンテナの持ち主でした。彼がどこにいるかはわかりませんが、いくつか拠点みたいなものがあってね、南伊豆でミニコミ誌「人間家族」をやっていた大築準さんという方がいて、ナナオは大築さんの家の近くにあった、かつてのミカンの集積所みたいなところを無償で借りて、そこでひとりで生活していました。朗読会があるといえば、日本だけでなく海外へも出かけて行きました。アメリカへ行っても、ナナオに来てもらいたいという友人が至るところにいました。

なんでそんなに人気があったかというと、例えばナナオが、こんど東京へ行くから、原さん、会いませんかと連絡がある。じゃあ、会いましょう、っていって行くじゃないですか。そしていろんな話を聞く。そのニュースというのがすごいです。だから聞きたい。それを学びたい。ナナオはとてもウィルダネス(原生自然)が好きで詳しかった。ぼくはフライ・フィッシング(毛針釣り)が趣味なので、カムチャッカとかアラスカに行くんです。そういう大自然の話。それから友人たちの近況、たとえばギンズバーグがどうしたとか、スナイダーがどうしているとか、そういうのももちろんあります。とにかくナナオは、またこの人に会いたいと思わせる人でした。おそらくナナオとある程度つき合ってきた人たちは、みんなそう思っていたのではないでしょうか。

――お金は欲しくなかったんですかね。

原　ポエトリー・リーディングをしていたから、いくらかもらっていたと思いますよ。でも、別に何十万円とか入るわけではないですから、それで生活できたというのは、やはりサポートしている人がいたんです。つまりナナオはそういう人のところで厄介になっていた。で、最後にアメリカに行ったのが、十年くらい前です。その頃は、五日市の森藤夫妻のところに居候していました。アメリカに行って、ゲーリー・スナイダーを訪ね、一緒にリーディングをしたりして、帰ってきてから南アルプスの大鹿村の内田ボブさんのところで暮らしていました。そこで、二〇〇八年一二月二十三日、八十五歳で亡くなりました。(2)

――現代詩一般の話になりますが、詩がだめになってきていると言われていますけれども、先生はその原因をなんだと思われますか。

原　いまの詩の状況についていうと、たぶん読者の側もそうですけれど、詩人たちが外に目を向けなくなってきているのだと思うんです。七〇年代は『現代詩手帖』とか『ユリイカ』なんかも元気で、詩がすごく熱かった時代でしたよね。そういう雑誌を学生たちは読まなくなりました。そして、答のないものについて、あまり考えなくなった。これはいまの教育のせいだと思います。だからぼく自身、責任を感じています。

テレビを見てもクイズ番組が多いですね。それは、〇か×かの即答形式、デジタルなんですよ。それこそ0か1かという、そういう思考を小さい時からずっと刷り込まれてきている。それは社会自体がエフィシェンシー、つまり効率を優先して考えているからです。どうやったら効率よくできるか。それがもう小さいときから刷り込まれてきている。自分の頭で考えて、これ何だろうという思考パターンがなくなってきているんですね。

文学というのは、A＝Bと教えてくれるわけではありません。自分で考えるヒントを与えてくれるのが、文学の面白さです。

——大学の教育現場での実感ですね。

原　ぼくは、アメリカ文学、とりわけ詩を、もう三五年、学生たちと読んできました。新入生たちはもちろん詩をほとんど読んでいないし、ましてや英語の詩などまったく読んでいません。そういう状況のなかで、どうすれば詩のもっている素晴らしさを理解してもらえるか、どうしたら彼らにそのコトバを届けることができるか、ずいぶん試行錯誤をくり返しながらやってきました。ぼくはこう考えるんですよ。ぼくが伝えようとしているもの、例えば、スナイダーでもギンズバーグでもよいのですが、ぼくが伝えようとしている詩、一篇の詩を自分が素晴らしいと思っていて、それを上手く伝えられない、相手に理解してもらえないということがあるとしたら、それは教師としても未熟さだと思います。作品を理解してもらうためのさまざまな入り口があると思うんです。

ぼくが最初にしているのは、ロックの詩を、音と同時に、みんなに鑑賞してもらうことです。例えば、ボブ・ディランがどんな詩を歌っているか、それを読んでみよう。ディランのいい作品は、「A is B」や「ピンポーン・ブッブー」ではありません。世の中は間違っている、どうしたらいいですか、といった「ハウツーもの」でもありません。想像力を掻き立てられるとはどういうことなのか、それを学生たちのまえでやってみせると、みんな、面白がって授業に熱中してくれます。

——詩は衰亡してしまうのでしょうか。

原　詩集の出版はアメリカでも同じ状況なんです。そんなに売れていない。日本でだって、有名な詩人の詩集でせいぜい二〇〇〇部くらいじゃないですか。ナナオが亡くなったあと、ぼくが編集した彼の詩集は最初に一五〇〇部だして、五〇〇部、重版されました。売れたみたいです。

——部族の人たちはみんな詩人になっていきましたね。

原　ぼくがナナオと最初に出会ったのが三五年くらい前のことですから、彼らが諏訪之瀬島にいたときのことは知りません。おっしゃるとおり部族の人たちから優れた詩人が出てきたのは確かですね。もちろんそのメンバーがみんな詩人になったわけではありませんが……。コトバとイメージで自分たちのあるべきビジョンを伝えようとしているのは、サンセイもナーガもナナオも共通していますね。古い言い方かも知れませんが、それはライフスタイルとしての詩だと思います。

——それにしても、部族の思想に賛同して、生き方を変えた人たちがたくさんいたと思うのですが、そういう人たちはどうしたんでしょうね。

原　その質問は《カウンターカルチャーをやっていた人たちはいったいどこに行っちゃったんだ》という質問ですよね。それこそ、おぼえてらっしゃると思いますが、ピート・シーガーが作った曲に『花はどこへ行った』という歌がありましたね。♪Where have all the flowers gone…♪っていう歌ですけど。〝どこに行っちゃったんだ〟とよく問われるんですよね。ぼくはこう考えています。ぼくの例でいえば、学生時代に反体制運動に係わったことがありました。結局、角棒を持ってヘルメットをかぶって機動隊とやりあっても、なにも変わらない。それで、そんなことをしている自分がだんだん虚しくなってきた。自分だけが一生懸命にものを考えていて、運動に参加しないほかの友人たちがバカに見えてきた。自分でも、これはマズイと感じていました、そのときに惹かれたのがボブ・ディランの歌、そのコトバだったのです。その時からコトバってこんなに深いものだったのかと考えるようになりました。

コトバはもちろん共同体の中から、文化の中から生まれてくるものだから、ひとりの詩人が詩を作っているといっても、そこにはコトバの深い根っこがあるわけです。そこが大切だと思いました。つまりコトバの共同体という考え方です。自分のなかにそういう意識が出てきた。それで、ぼくは大学を卒業したあと、アメリカに行きましたよ。自分が日本にいて見ていたアメリカ、自分が頭のなかで考えていたアメリカというのが本当にあるかどうか、それを知りたかった。そこで、ヒッピーと呼ばれた人たちは、ぼくがビックリするくらい歓迎してくれ、仲間として迎え入れてくれた。

でも、そのとき感じたのは、これはぼくが作ったものではなく、彼らが作ったものだ、ということでした。彼らの優しさが優しければ優しいほど、「お前はここで何をやっているんだ」という意識が強くなってきました。日本へ帰って、自分でやらなくてはだめと思ったのです。じゃあ、何をやろう、という問いがいつもあったように思います。二三、四歳のことです。

詩をやってみようかなと漠然と考えていました。そのときにすごい先生に出会ったんです。（3）

その先生と出会って、いろいろ教えていただいたことで、ああこれだったら、ぼくも一生かけてやってもいい、やりたいと思ったんです。ぼくが学生のころは、「ビート」は文学の範疇になかったし、ましてやボブ・ディランなんて、そんなものは詩じゃない、と思われていました。

それで、ぼくが大学に就職して、詩を教えられるような立場になって、ロックやビートの詩を教室で取り上げるようになります。それによって、「文化って何？」「文化を創造するっていったいどういうこと？」そういった問いを、今度は自分自身が学生に伝えていくようになります。「ぼくは何を伝えたいのか」、それをいつも考えています。

ぼくもまさにそういう意味では、アメリカのカウンターカルチャーに大きな影響を受けたひとりです。ぼくが惹かれていたのは、もちろんアメリカのほんの一部です。しかし、ぼくのような人間は世界中にたくさんいます。そういう人たちと出会えたのは、うれしい驚きでした。

先の「花はどこへ行った？」という質問にもどりましょう。ぼくはかつて大学紛争のなかにいましたが、いまは大学の教員をしています。当時、部族にいた人たちも、そのころと同じような生き方をしていなかったとしても、そのころの花の種は彼らのなかで今も生きている。あのカウンターカルチャー体験は、時代と共に変容しながら生きている、ぼくはそう思いますね。

——映画の話にもどりますが、あの映画の最後の方でもポエトリー・リーディングをしていますよね。

原　あれはバークレーでのポエトリー・リーディングです。ナナオが呼び掛けて、ゲーリー・スナイダー、アレン・ギンズバーグ、マイケル・マクルーアがステージに上がりました。ギンズバーグは、諏訪之瀬島をリゾート開発しようとしていたヤマハに対する不買運動の歌を歌っていますね。あれはすごい反響があったと思います。ヤマハは本当にびっくりしたんじゃないかな。若者たちが一番の購買層ですからね。バイクもギターもボートも。詩は政治とまったく切り離されたところでは存在しえない。孤島に生きていても、社会とつながっているわけですから。それが声の文化としての詩、つまりポエトリー・リーディングというかたちで伝えられたのも驚きですね。

——いまのビートの人たちの政治に対する関わり方というのはどんな状況なのでしょうか。

原　どんなことにでも首を突っ込むというようなことはもうないと思いますが、いまでも政治問題に対する姿勢は変わっていないと思います。例えば、ギンズバーグであれば、ゲイの解放運動のために活動して来ましたし、シカゴで民主党大会があったときにもヒッピーたちのリーダーとしてではなくて、一個人としてマントラをずっと唱えていました。

スナイダーはビートではありませんが、こんなことがありました。いまのカリフォルニア州知事はジェリー・ブラウンという人です。この人は七〇年代にも州知事に選ばれました。そのときブラウン州知事は、「アーティスト・カウンセル」を作ったんです。この芸術家審議会は、芸術家たちの活動を補助したり、援助したりするためにカリフォルニアの税金をどのように使われるべきかを考える組織です。ゲーリー・スナイダーはそれの議長に選ばれました。だから彼は毎月サクラメントの州議事堂へ行って、文字どおり政治的な活動をしていました。いま住んでいるシエラネヴァダ山麓の自然環境（タホ国有林）を、ただ林野部（農務省の国有林管理部門）に任せるのではなく、そこに暮らす人びとと行政のやり方を見守る活動をしています。それは、林野部がおかしなことやりだしたら「ノー」といって、公のところで議論をして、そのやり方を変えてゆく運動なんです。そういう意味では極めて政治的ですね。別に議員だけが政治をやるのではないという「草の根民主主義」の実践といえるのではないでしょうか。詩人たちはそれぞれの場所で、自分の信念に基づいて生きていると思いますね。地元の活動についていえば、環境保護団体「ユバ川流域協会」の中心メンバーでもあります。その活動資金のファンド・レイジングとして、しばしばポエトリー・リーディングをやっています。

政治に直接干渉するわけではなくて、壊れかけたときに出かけていって、戦後の日本の白洲次郎みたいな（笑）。カントリー・ジェントルマンじゃないけど。普段はじっと見ている。だけど、ことが起きれば出かけていって、はっきり物を言う。スナイダーはそういった詩人です。

――最後の質問になりますが、日本でヒッピー文化がアメリカほど発展しなかったのは、麻薬に対しての法律が厳格だったことが原因でしょうか。

原　マリファナに関していうと、部族のなかでは、ポンはマリファナを解放すべきだといっていました。

ぼくはこの問題でまず一番重要なポイントは、マスコミの人たちが「ハードドラッグ」（習慣性・有害性の高いヘロイン、コカインなど）と「ソフト・ドラッグ」（常習にならないマリファナなど）をすべて麻薬といっていることだと思います。マリファナは世界的な動きから見て、日本でも変わるのではないでしょうか。カリフォルニアでも《メディカル・マリファナ》という呼称があるんですけれども、特に末期のがん患者の人たちにとっては、モルヒネをやるよりも食欲が落ちないから、医師が使用許可証を出しています。その場合、栽培して、収穫して、服用してよいことになっています。

上野さんは、著書のなかで、ドラッグについて、セッティングとセットということをいっているんですが、そういうモノを安全に体験するための方法があるんです。特にＬＳＤなんかの場合、それを間違えると大変なことになります。

面白いエピソードがあります。鶴見俊輔《つるみしゅんすけ》さんという哲学者がいたでしょ。鶴見さんはスナイダーと仲が良かったんです。ゲーリーが京都にいたころ、彼が鶴見さんにＬＤＳを体験させたんです。鶴見さんはそれをやったんです。そして、鶴見さんがその後、何といったかというと、「俺はあれをやったおかげで精神病院にいかなくて済んだ」って。「すごく感謝している」って。そういうことをおっしゃっていましたよ。これは鶴見さんの弟子というか仲間で、「思想の科学」を一緒にやっていた作家の室謙二《むろけんじ》さんからうかがいました。ゲーリーにそれを確認したところ、「そうだよ、ぼく、がセットしたんだよ」

といっていました。

おそらく日本がマリファナを禁止する理由は、マリファナそのものではなく、ヤクザやマフィアの資金源になっているというのが一番大きな原因ではないでしょうか。でも現実には、それが禁止されることによって犯罪組織の資金源になっている、そういう問題がありますね。


――ドラッグの本質ってなんなのでしょうか。


原　ドラッグってそもそもはなんだったのか。例えば、ギンズバーグはありとあらゆるドラッグを試したという話をスナイダーから聞きました。ギンズバーグがなぜそこまでドラッグにこだわったかというと、それは無意識という世界から人間をとらえ直そうという想いが強かったからではないでしょうか。フロイド的な言い方をすると無意識というのがあって、普段は全体の七分の一くらいの意識で話している。でも残りの七分の六ぐらいというのがときどき、ふーっと上がってくるわけですよ、七分の一のところに。それでいろんなことをするわけです。

それはもちろん夢に一番出てくる。人間とは何なのかっていうことを総体として考えるとき、その残りの七分の六も除外するわけにはいかない。それこそ、昔、フランスの天才詩人アルチュール・ランボーがいったように、意識的に意図的に自分の意識を錯乱させるわけです。

そして、人間とは何か、それを見るという。それがもともとあったドラッグの使用法ですよ。これはネイティブ・アメリカンのシャーマンたちがビジョンを見るためにやってきたことと似ています。だからその根底にあるのは、とても宗教的な儀式のような意味合いがつよいのではないでしょうか。ですから単なる現実逃避とは違うものだと思いますね。

まさに西洋近代が作り上げた科学万能の世界観ですね。なんでも世界を一冊の本にできると思っている人たちがたくさんいる。人間の心も身体もすべて理屈で説明できない。

さっきのドラッグの話ですが、ＬＳＤが出てきたときに、「インスタント禅」と呼ばれていました。一瞬のうちに、人生とは何かといった悟りが得られる、と。

それが、薬の作用であることをやっている人たちはわかっている。だから次に向かうのは何かというと、薬を使わないでそういう状態を体験していく、いわゆる「ナチュラル・ハイ」というものをどうやって得られるかです。そこで、ヒンドゥー教、チベット仏教や禅仏教へと関心が移ってゆく。だからその人たちがずっとLSDをやるわけじゃない。三回もすればもうわかりますよ。六時間くらい続きますから。そこで見たビジョンとは一体何なのかを自分で反芻していくようになる。そして今度はもっとそれを体全体でやろうとしてゆく、ヨガも坐禅もそちらの方向へ向かっている。

だから、ドラッグの善し悪しの議論ではなく、なぜ彼らがドラッグというものに入っていったのかを考える必要があります。つまり合理主義とは違う、人間の心の中に自分でも理解不能な善悪の二元論を超えたものがある、そのことに本能的に気づいてしまったから、それを知りたいという欲求がうまれた。それはかなり危険な行為ですよね。

だから、オウム真理教はそれを悪用したでしょ。例えば、今ここでぼくがLSDをやっていて、塩澤さんがあなたは鳥だ、ここから飛べるといったら、完璧にストーンしている状態だったら、飛び降りるかもしれません。実際そのようにして死んだ人たちがたくさんいます。だからそれを今度は悪用することができるわけですよ。例えばその状態で、教祖の声を聞かせる。それがサブリミナルのところへ入っていくわけですから。だからちょっと使い方を間違えると、取り返しのつかないことになります。

それはつまり、人間の心を開放する手段であると同時に、人間の心を狂わせる手段でもあるのです。ですからドラッグを興味本位の軽い気持ちでやっては絶対にいけません。

――お話、ありがとうございました。

【註】

（1）ナナオ・サカキの没後、原先生はナナオの選詩集『ココペリの足あと』を編集している。また、雑誌『現代詩手帖』

の二〇一〇年十月号の〈ナナオ・サカキ特集〉でインタビューを受け、そこでナナオの作品をふたつ、あげている。詩人としてのナナオがどんな作品をかいていたか、それを引用・紹介しよう。

この特集のなかで、『鏡　割るべし』という作品について原先生は、「この作品もすごいよね（笑）。ふつう鏡っていうのは自分自身を確認する道具であるけど、それを割れというかたちにいく視点。非常にユーモラスだし、励まされる」と語っている。

（2）ナナオがなくなる前後の事情は、塩澤が執筆したノンフィクションのＰ・２５７以降に詳細が記されている。

（3）原先生がすごい先生と出会ったといっているのは金関寿夫（1918-96）のこと。スナイダーの親友で英米文学の研究に一生を捧げた人だった。

鏡　割るべし

朝早く　シャワーの後
うっかり　鏡の前に立つ

胡麻塩頭　白いひげ　皺ふかく
なんと　うらぶれた男よ
俺じゃない　断じて俺じゃない

この大地　このいのち
海にすなどり
星たちと　砂漠に眠り
森あれば　仮小屋むすび
古く　ゆかしい農法にたがやし
コヨーテと共に歌い
核戦争止めよと歌い
疲れを知らぬこの俺　ただ今17歳
なんと　頼もしい若もの

十字に脚くみ　ひっそり座る
もの思い　やがて消え
声ひとつ　いま忍びよる

〝この命　老いを知らず
この大地　すこやかなれと
鏡　割るべし〟

ラブレター

半径　１mの円があれば
人は　座り　祈り　歌うよ

半径　10mの小屋があれば
雨のどか　夢まどか

半径　100mの平地があれば
人は　稲を植え　山羊を飼うよ

半径　１kmの谷があれば
薪と　水と　山菜と　紅天狗茸

半径　１０kmの森があれば
狸　鷹　蝮
ルリタテハが来て遊ぶ

半径100km
みすず刈る　信濃の国に
人住むとかや

半径1000km
夏には歩く　サンゴの海
冬は　流氷のオホーツク

半径　１万km
地球のどこかを
歩いているよ

半径　10万km
流星の海を
泳いでいるよ

半径　100万km
菜の花や
月は東に
日は西に

半径　100億km
太陽系マンダラを
昨日のように通りすぎ

半径１万光年
銀河系宇宙は
春の花
いまさかりなり

半径　100万光年
アンドロメダ星雲は
桜吹雪に溶けてゆく

半径　100億光年
時間と　空間と
すべての思い
燃えつきるところ

そこで　また

人は　座り　祈り　歌うよ

人は　座り　祈り　歌うよ

なぜ、どうやって、この映画をつくったのか。その理由と方法。

物語 上野圭一と映画『スワノセ・第四世界』

塩澤幸登・文

［序］知者不言　言者不知

『スワノセ・第四世界』は、その映画の冒頭には、老子の

知る者は言わず　言う者は知らず

という箴言の字幕が置かれている。かたわらに、

He who knows doesn't talk. he who talks doesn't know.

と、一行の英文の文章がついている。英文が添えられているのは、この映画が日本国内の上映だけではなく、アメリカなど外国での上映を目的にして作られたためだ。字幕の「知る者は言わず、言う者は知らず」は『老子道徳経』第五十六章「玄徳の章」の一節である。原文は以下の通り。

知者不言　言者不知

漢字でわずか八語の一行である。このプロローグについて映画をつくった上野圭一はこういう。

あれはちょっとした思いつきなんです。映画を撮りおわったとき、諏訪之瀬島で暮らしている人たちがあまり余計なことをいわない、〝寡黙な人たちだった〟という印象が残った。そういうことからいきなりナレーションであれこれ説明するイントロにはしたくなかった。それで、文字と音楽で映画を始めようと思ったんですよ。分かっているヤツは余計なことをいわない、というのがあのイントロの骨子なんです。

「知者不言　言者不知」の意味について、『老子 人と思想』の著者であった、早稲田大学教授で中国文学者の大野実之助は、次のように解釈している。

どのような事物についてでも、真にそれを理解し十分知っている人は、容易にそれを口に出して語るものではないが、それとは反対に軽々しく口に出して語るような者は、真実その事物について知らない人である。それで、この不言の徳は真に尊重すべきもので、この徳を守ることが、自然の大道を身につけるにもっとも大切なことである。

「不言」が老子のいう理想の人間像への第一歩である。その沈黙の思想の本質は一言で簡潔にいうと、自然に帰れ、ということだ。人知を極めよ、手を尽くせと説く孔子（儒家）とは対照的である。

面白いのは戦後最大の黒幕とまでいわれて、戦後の歴代総理大臣の相談役であった、昭和天皇の終戦の詔勅の原稿を最後に仕上げたともいわれる陽明学研究の第一人者安岡正篤《やすおかまさひろ》の老子についての感想で、こんなことを書いている。

（老子の思想は）いかにも思索的であり文藝的である。それは想像が豊かで、自由奔放を極め、拘泥するところがない。（略）

孔孟（＝孔子と孟子）に老荘（＝老子と荘子）のあることは、丁度人家に山水のあるようなもので、これに依って里人は如何に清新な生活の力を興へられることであらう。自然に返れといふことは、浅薄に解してはとんでもないことになるが、正しく解することさえできれば、文化をその頽廃からすくって、人間を自由と永遠とに導く真理である。拘泥し易く頽廃しがちな悩みを持つ人間が、孔孟を貴びつゝ、老荘にあこがれて来たのは無理のないことである。（2）

もしかしたら、文明社会を逸脱して国家や権力を否定し、孤島に閉じこもるようにして生きようとした部族の人たちは、現実をまず肯定して、社会の変革を目指そうとする陽明学の泰斗であった安岡にいわせると、「老子を浅薄に理解してとんでもない方向にいこうとした人間たち」だったのかも知れない。つづくスクリーンには次のような字幕が登場する。

孤島の人たちは寡黙だ
Isolated islanders don't talk very much.
耳を澄ますと聞こえるのは大自然の息吹と働く人の音だけ
All you can hear in the island is the sounds of nature and people working.

そして、画面は唐突に変わり、新宿の高層ビル街を背景にひとりの詩人が登場する。それがナナオ・サカキ。彼の文明告発の独白から映画が始まる。

この映画がつくられ、公開されたのはいまから四十数年前の一九七六年のことである。

十六ミリで撮影した七十一分のこじんまりした映画なのだが、当時、日本社会の方向性を模索した作品のひとつとして、大きな話題になった映画だった。この映画を監督したのは上野圭一（うえの・けいいち）。上野は一九四一年生まれで、二〇二〇年現在七十九歳になったところ。映画をつくったのは三十五歳のとき、ということになる。

現在の上野はアメリカの統合医療研究の第一人者であるアンドルー・ワイルの著作の翻訳家として有名だが、翻訳の仕事を本格的に始めるのは一九七九年からのことである。それ以前は、翻訳とは無縁の別の世界の住人だった。

『スワノセ・第四世界』はどういう経緯で作られたのだろうか。わたしは、この映画が戦後昭和の日本で作られた根本要因の一つに、映画を監督した上野圭一という人の基本的な人間としての考え方、それを成立させた出自や育った環境、生活体験などが大きく関わっていると考えている。

「部族」の活動を記録しようとした映画がこの世の中に一本しかないのであれば、それはまぎれもなく、その映画をつくろうと考えて、実行した人がひとりしかいなかったからであり、つまり、上野圭一という人間の生き方のなかで行われたことだった、と考えるべきだからだ。それではなぜ、彼はこの映画を作ろうと思いたったのだろうか。

『スワノセ・第四世界』を創った上野圭一とはそもそもどういう人物なのだろう。

【註】

（1）『老子 人と思想』大野実之助著　昭和五十年刊　早稲田大学出版部　P・174

（2）『老荘思想』安岡正篤著　昭和二十一年刊　明徳出版　P・2

〔1〕一九六七年夏　新宿

まず、わたしはこの物語を自分にも関わりのある東京、というか新宿がいまよりももっと熱狂的な街であった時代の話からはじめたいと思う。

★

目をつぶってもの想いに耽ると、遠い記憶のなかからあの街の、雑踏のざわめきが甦ってくる

あのときのシオザワはまだ十九歳である。つい最近とは書かないが、あの喧噪が五十年以上前のものだとはとても思えない。しかし、あらためて振りかえれば、確かに五十四年の歳月が経過してしまっている。

十九歳だったわたしが、五十三年たてば七十二歳になっていて、当時二十六歳だった上野圭一さんが七十九歳になっているのは当たり前のことなのだが、五十三年間という歳月を生きた当人たちにとって、ことの経緯はそう簡単な話ではない。

この『スワノセ・第四世界』という映画の監督である上野圭一さんとわたしは、本当に、互いに七十年余を前後する人生のうちの一瞬だけだが、同じ座標の上に立って、同じ星の光を見つめていた時期がある。それは本当に短い期間、四カ月ほどのことなのだが、五十四年前というのを正確に記すると、一九六七年の五月の下旬から九月の中ごろ、大学で後期の授業が始まるまでの時期である。

この年、わたしは早稲田大学第一文学部の二年生だった。

つまり、前述した時期というのはわたしにとっては、六月、七月、八月と、六月の一部は大学の前期試験と重なっているのだが、夏休みがあり、それが終わって後半の授業が始まるまでのことなのである。

そもそもの話の発端は、五月の連休明けにわたしが大学で同級生だった美人のガールフレンド、重松圭子から「あたしがバイトしているテレビ局で新しい人を探しているの。すごく面白いからシオザワ君もやったら」と誘われたことだった。そのテレビ局というのは当時まだ、新宿の河田町にあったフジテレビで、「やるやる」と即受けしたら、しばらくしてフジテレビに連れていってくれた。そこで社会教養部のプロデューサーだという人に引き合わせてくれた。そして、その人から一問一答というか、口頭試問のようなものを受けた。

当時、フジテレビの社会教養部はいずれもいわゆるニュースショーと呼ばれるジャンルのふたつの番組を制作していた。ひとつは朝八時から始まる『小川宏ショー』、この番組はこのころ、メインキャスターの小川宏は元ＮＨＫの人気娯楽番組『ジェスチャー』の司会者で、引き抜かれてフジテレビにやってきた人だったが、これの相方に美貌の元ファッションモデルで女優の芳村真理が起用されて、番組の雰囲気も新鮮、艶やかで好調、高視聴率を誇っていた。

そして、もうひとつが七時から八時までの一時間が『セブンショー』という生放送枠。当時、ＴＢＳの刑事ドラマ『七人の刑事』などに出演していて、かなり人気のあった俳優の園井啓介《そのいけいすけ》をキャスターに起用したもので、こちらの番組は残念ながらいつもＴＢＳの『ヤング７２０《セブンツーオー》』と日本テレビの『おはよう！こどもショー』に挟撃されて低視聴率に悩んでいた。

わたしはプロデューサー氏の簡単な面接を受けた。名前を忘れてしまったのだが、黒ぶちの眼鏡をかけた人だった記憶がある。彼は、わたしが早稲田の文学部の学生だとわかるとアルバイトは日給千円と決まっているがそれでいいかと訊ねてきた。わたしが「はい」と答えると、「じゃあ頼むよ」といってあっという間に合格にした。そして、前出の二番組のうち、後者の、視聴率不振にあえぐ『セブンショー』に配属となり、翌日からこの番組でＡＤ（アシスタント・ディレクター）として働きはじめた。

これが五月下旬の、間もなく夏が来るころのことだった。

わたしはそこで上野圭一さんと出会った。わたしと上野さんが同じ職場でいっしょに働いたのは、じつにこの六十七（昭和四十二）年の夏のあいだのことなのである。

★

『スワノセ・第四世界』は一九六十年代から七十年代にかけての日本のいわゆる〝ヒッピー運動〟を記録した日本で唯一のドキュメンタリー映画なのだが、実はこの映画に至るまでの、わたしたちなりの、というか、わたしは全くこの映画の製作には関わっていないわけだから、平気な顔をしてわたしたちと書くわけにもいかないのだが、この映画を監督した上野さんには、彼なりの長い伏線となる物語がある。

上野さんの出自、生い立ちは後述するが、わたしが出会ったころの彼は話の流れとして当然のことだが『セブンショー』のディレクターの一人だった。ディレクターは何人かいて、かなり年配の、頭の禿げた人とか、三十代の人とか、他に四、五人はいたと思うが、たしか曜日ごとの担当者制になっていたと思う。そのなかでの上野さんは、一番の若手で、担当する特集企画も若々しいものが多く、ゲストに寺山修司とか渡辺貞夫とかニューヨークから帰ってきたばかりの日野皓正とかをコメンテーターとして呼んで番組に参加させ、大学生だったわたしでも面白がれるものが多かった。

わたしは自然になびくように上野さんの手伝いを主な仕事にするようになっていった。

上野さんの方は、このころのわたしについて、こんなことを言っている。

ぼくも早稲田の文学部で、学校の後輩ということもあったんだけれども、シオザワ君はぼくとなんとなくだけど、同じにおいがした。それは会ったトタンにわかったよ。簡単にいうと文学青年というようなことなんだけれども、読んだ本の話とか映画の話とかしても、共感できて、これはぼくたちとおなじような人間だなと、そのとき、そう思って、仕事が頼みやすかった。それで余計にいろんなことをいっしょにやるようになっていったんです。

これは褒めているわけでも貶しているわけでもないと思う。二人ともまだ若かった。この『セブンショー』のなかで彼がどんなポジショニングで仕事していたかというと、実は、本人が『ヒーリング・ボディ』という自伝風のエッセイのなかでこんなことを書いている。

ワイドショー番組（『小川宏ショー』）でおもに「社会ネタ」を担当していたわたしは、「一〇・二一国際反戦デー」「新宿西口フォークゲリラ事件」「三里塚闘争」などの取材を精力的にこなし、七〇年安保再批准反対に向けて結集していく学生と青年労働者の動きを追っていました。

その一方で（『セブンショー』では）、新宿東口の、当時「グリーンハウス」と呼ばれていた芝生にたむろする「フーテン族」の動きも熱心にフォローし、スタジオにつれてきたフーテンたちが生番組の出演中にホリゾント（スタジオの白い壁）に卑猥な落書きをしたという理由で始末書を書かされたりもしていました。

自分がなぜ若者の反乱に強い関心を抱くのか、その理由もはっきりとわからないままに、わたしはにわかに活発化する彼らの動きから目を離すことができず、彼らを追いつづけました。取材対象は「全共闘」「ベ平連」「フォークゲリラ」「ふうてん」と、その信条も掲げるスローガンも全く異なる、いくつものグループに属する若者たちでしたが、わたしにとっての彼らは、いわく言いがたい共通点でひとつに結ばれている、ある衝動の表現者のように思われました。（1）

上野さんはわたしたちが『セブンショー』でいっしょに仕事をした四年後にフジテレビを途中退社してアメリカに渡り、ヒッピー運動の中心的な拠点都市だったバークレーで暮らし始める。ここでわたしはわりあい気軽にヒッピーという呼称を使い始めたが、この言葉は、じつはけっこう曖昧な定義の言葉である。そのことの説明は後に回す。

上野さんはそのときのことをこんな調子で書いている。

わたしは彼ら（＝バークレーで知り合った同世代のアメリカの友人たち）の成長のステップを追体験してみようと、機会あるごとに積極的にサイケデリック・ドラッグのセッションに参加しました。

ディレクター時代の六〇年代後半、新宿駅東口前の植えこみで囲まれた芝生、通称「グリーンハウス」にたむろする異形の集団「フーテン族」を取材するために、アルバイトの学生をひとり雇って、フーテングループに潜入させたことがあります。

　忽然とあらわれて妙に親しげにふるまうその学生は、フーテンたちから「三日前」というニックネームをもらって歓迎を受け、しっかりした情報を収集してきたものです。三日前にきたばかりの新入りのくせに妙になれなれしい態度をとる彼にはふさわしいニックネームでした。

　バークレーに住みはじめて間もないわたしは、ドラッグのセッションに参加するたびに、フーテンたちから「三日前」と呼ばれていた学生（のちに一流出版社に就職し、若者向け雑誌の優秀な編集者になりましたが）に自分の立場を重ね合わせ、ひとり苦笑したものでした。（2）

　五十年余の時間の経過というのはけっこう残酷なのかもしれない。出版社に勤めていたころのシオザワが優秀な編集者だったかどうかも自分ではわからないが、あのとき自分がフーテンの人たちから「三日前」と呼ばれていたことなども覚えていない。人間は大事なこと以外はどんどん忘れていくものなのだろう。あるいは、大事なことだからこそ忘れていくものなのかもしれない。このときの自分についていうと、わたしは自分がどのくらい新宿のフーテンたちに社会的な問題意識を持っていたかということもはっきり覚えていない。これは重大な問題なのだろうという目星はついたが、なにか、強烈な問題意識やモチベーションがあって、フーテンたちのなかに身を投じたわけではなかった
　もちろん、ベトナム戦争反対とか、安保条約改定絶対反対とか、大学授業料値上げ反対というようなことは時代のお題目としてはわかっていたが、このころのわたしはそういうことよりもアルバイトで稼いだお金で好きな女の子とデートして遊びまわるのに忙しく、全学総決起集会よりも麻雀屋で青龍白虎灼熱の卓上戦争を繰り広げる方が楽しいという、オバカな学生だった。潜入なんてスパイみたいでカッコいい、むしろ、可愛がってくれていて、いろいろとやらせてくれる上野さんが潜入しろというんだったらやってみせよう、潜入取材なんてテレビドラマみたいで面白そうじゃないか、というような軽薄なことだったと思う。考えがまだぜんぜん子供なのである。逆にいうと、子供だったから平気で、余計な斟酌

なしにフーテンたちのなかに飛び込んでいけたのかも知れない。

しかし、実際のところ、潜入取材は刺激に満ち満ちていて、面白かった。わたしはこの取材ではじめて、こういう大都会のエッジの世界を飽きるほどうろついた。細かい話は省くが、わたしは子供のころから好き勝手なことをノートに書き散らしてきていて、それのまとまりがついたのかどうなのか、この何カ月か前、あ、オレは人に読ませることのできる文章を書けるようになったな、という経験があり、テレビ局に出入りしはじめたころは一人前に人が読める文章を書けるようになったという自覚があった。

わたしはこの取材のあと、マスコミの仕事の重圧感に改めて気がついて、いまのままじゃとても通用しない、マスコミの世界でやっていけないと考えてＡＤの仕事を辞めるのである。そのあと、翌年二月のノート（日記）だが、新宿での日々を思い出して、こんなことを書いている。


新宿でフーテンたちに混じって暮らしはじめて何日かたったある晩、グリーンハウスの正面の地下道の入り口に寝ていた若者がもうろうとした気分のなかで、立ち上がって足を踏み外し、敷石の上に転落した。脳内出血。病院に担ぎ込まれて三日目に死んだ。彼は無口で厭人的な若者だった。

げそげそに痩せた画家崩れが回想する。

「三上（新宿で彼は仲間たちからそう呼ばれていた）はよう、死体がほしい、死体がほしいって口癖みたいに言ってやがったのに。それでもって自分が死体になってりゃ世話ねえよな」

なんという無感覚な死だろうか。なんという無感動な死だろうか。戦国時代の武士が滅びた隣国の敵将を回顧するとすれば、こんな味わいの死を味わうのだろうか。新宿駅の東口のはずれにジャズ喫茶「汀《なぎさ》」がある。この店では無数の落書きが店の壁にでたらめに散りばめられて不細工な装飾をしていた。

「これやこれ、それからあそこにある目の大きい女もヤツが描いたんだよ」

わたしはそれらの乱雑な壁画のなかから、死んだ若者が描き残したという、幾人かの目の大きい女の壁画を見た。それは目をパッチリと開けて、アンパンのような帽子をかぶって、そう、目ばかり異様に大きく、顔全体の作りは小さくまとまった少女の絵だった。目から流れ出る涙の雫が壁を伝ってしつこいほど長く、落ちつづけている。いったい彼はこの少女にどんな回想を込めて、あるいはどんな恨みを込めてこんなにたくさんの少女像を描いたのだろうか、彼も多分、恋したことがあったのに違いない。あるいは、恋されたこともあっただろう。彼が恋した少女はまた彼のことを覚えているだろうか。彼女もまた、彼が死を、無感覚に死んだことすら知らないだろう。

彼が新宿近くの救急病院で死んで、死体は多分、親元の手で葬られただろう。母親は自分の息子の死を理解することはできなかったに違いない。昔、戦場で死んだ若者たちの母親のごとくに息子の名前を呼びながら泣き叫んだのかもしれない。突然死んで戻ってきた、襤褸をまとった変わり果てた我が子のために沈黙か、あるいは慟哭をその死の秘密にまとわせて、祈りつづけたことだろう。

思えば、彼が新宿で浮浪者となって、谷底から上を見上げて、呪詛の言葉を投げかけた、彼を追放した巨大な力を持つ彼らに抗った唯一つの爪痕があの「汀」の少女だった。彼女はなぜ泣いていたのだろうか。

汀の壁はその後、塗り替えられ、彼の残した唯一の作品は永久に地上から消えた。

それにしても、あとから考えてみて、フーテンの取材はわたしが重大な責任というものと一緒に行動した、生まれて初めての大仕事になった。自分がそれまでやった人生の大仕事というと、大学に入るための受験勉強とか好きな女の子に愛をコクるためにラブレターを書くとか、中学時代に学級委員を何度かやったりとかくらいの話で、親からは「お前くらいオッチョコチョイでいい加減な子はいない」といつも怒られてばかりいたのである。オッチョコチョイというのは軽挙妄動と無責任の代名詞みたいなものだ。

潜入取材といって具体的に何をやったのかというと、取材費、つまり新宿での飲み食いの費用はすべてフジテレビ持ちで、いかにも昔からの仲間デスみたいな顔をしてフーテンたちについて回って、機会を見て誘って食事やお茶をおごり、「テレビ局の人に、みんなにこれをやってもらってくれって頼まれたんだ」といって、フーテンたちからアンケートをとった。出身地とか生年月日とか、現在の住所、職業、収入など、思いつく限りの個人情報の塊みたいなアンケートだった。何人くらい、アンケート取材したか、はっきり覚えていないが、四、五十人はいたと思う。そして、仲良くなったフーテンたちに声をかけて、「○月○日の朝、フジテレビのスタジオに行くと千円くれるから、みんなで遊びに行こう」と誘って、みんなをスタジオに連れていった。

わたしたちの作ったフーテンをゲストにした『セブンショー』はいまでも図書館に行けば新聞の縮刷版で確認することができる。朝日新聞の一九六七年八月の縮刷版の569ページ、八月二十一日のテレビの番組紹介ページのフジテレビ、朝七時の放送枠に「園井啓介セブンショー 新宿フーテン族」という、一行だけだが番組の内容説明がある。

この番組の視聴率がどのくらいだったかもはっきり覚えていないのだが、当時はビデオのような録画装置もないし、生番組を放送して終わりなのだから、放送が終了したあと、手元に当日の台本以外なにも残っていなかった。これは分かっていたが、ちょっとショックだった。そのとき、十九歳の子どもなりにしみじみと感じたことはテレビってこんなに虚しいものだったのか、ということだった。

番組が終わったあと、仲良くしていたフーテンの一人に封筒に入ったテレビの出演のギャラを手渡すと、「なーんだよ、お前、テレビ局の人間だったのかよ」と吐き捨てるように言われた。

この経験は子供だったわたしを、無理やり大人の世界へと引きずり出した。このあと、わたしは雑誌の世界に入ってから何度もそういう経験をするのだが、電波、印刷の媒体のちがいは問わず、マスコミというのはけっこう残酷な存在なのである。『セブンショー』の新宿取材はいろんな意味で、初めてそのことをわたしに思い知らせた、たぶん、あとから思えばわたしはまだ二十歳前で、あとあとのことを思えばそこでその体験をしたことは大変な幸運だったのだが、わたしにとっての「フーテン族潜入」は子供と大人の世界の境界線を形成する空前の鮮烈な経験だった。

あのとき、わたしは、このまま社会に出てなにかやろうとしても絶対にオレは通用しないなと思った。世の中のことがなにもわかっていないということがはっきりわかった。

新宿のフーテン族が社会的な現象としてどういう存在なのか、社会にとってどういう意味があるのか、そういうことを自分の言葉で読み込めるようにならなきゃいけない、ということを痛感させられた。

空前の鮮烈体験というのはそういう意味である。

それでわたしはそこから、遅まきながらという感じで長谷部文夫の訳したマルクスの『資本論』、人文書院から出版されていたジャン・ポール・サルトルの『実存主義とは何か』などの書物を読んで、大学でマジメに授業を受けて、真剣にものを考えはじめるのである。

それにしても、あらためて五十四年前の朝日新聞の八月二十一日のテレビ版をみて驚いたことがある。この一日のなかで、テレビがフーテン族を特集として取り上げた番組がわたしたちの番組を含めると、三本もあったのだ。のこる二番組というのは以下の通りである。

●日本テレビ　午後11・15～【11PM】『今年の夏のこの若者たち』

●TBSテレビ　午後11・15～【マスコミQ】『フーテン・ピロ　67年夏東京』

同日のことである。二番組とも深夜放送だが、放送時間がダブっている。このことはこの話題が街の話としてどんなにホットだったかを示唆している、と思う。そして、同じチェックを紙媒体、つまり週刊誌ジャーナリズムにいれると、もっとすごいことになっている。国会図書館で、この時期の週刊誌を調べてみた。

●週刊文春　八月十四日号　新宿フーテン族の東大生　深夜の乞食生活に陶酔する男女の生態

●週刊朝日　八月十八日号　新宿フーテン昆虫記　ネグラも食事もその日の風まかせ

●女性自身　八月二十一日号　フーテンするってどんなこと？　ジャズと睡眠薬とセックスに狂う

●平凡パンチ　八月二十一日号　パンチガール・ショッキングルポ　東京ヒッピー族

●週刊現代　九月七日号　フーテンの町・新宿での異常な体験 クスリと踊りに酔う少女との一夜

●週刊読売　九月八日号　近藤日出造対談　寺山修司「天井桟敷」とフーテン族
●アサヒ芸能　九月十七日号　女に寄生する青春乞食の24時　東京・新宿に群がる３００人
●週刊大衆　九月二十一日号　狂える若者　フーテン乞食の行方　秋風の中で聞いた明日の生きる道

おそらくこのほかにも、私が見落としている雑誌の特集記事が何本もあるにちがいない。これらの記事の内容をいちいち報告はしないが、識者のなかに「いまのフーテン族騒ぎなんてマスコミが作りあげたもの」とコメントしている人がいたのだが、正直いって、新宿のフーテン騒動には多分にそういうところがあったと思う。

新聞・雑誌が新宿のフーテンたちを町の話題として一番最初に大々的に取り上げたのはいつのことなのだろうか。新宿駅東口の駅前の芝生に真夜中に人が集まりはじめるきっかけというのがなんだったか、私の記憶にも画然とはないのだが、これに関連して調べたなかでわたしが見つけた一番古い資料は『アサヒグラフ』の六十七年の五月五日号である。

これはモノクロ四ページの街の話題特集みたいな体裁のグラフなのだが、タイトルが『われら原始人』、これに〝世界の滅亡を予告する集会と行列〟というサブタイトルがついている。ページはなんだかうす汚いカッコウをした男たちが街頭を踊りながらデモ行進している様子のスナップ写真で構成されているのだが、そこにはこういう説明の文章がつけられている。

奇妙な風態の一団が東京・新宿の町中を通って行った。リュックを背負ったヒゲのおじさんや若者、そして外人をまじえた約五十人が、ギターをひいたり、歌ったりおしゃべりをしたり、とんだりはねたり、……プラカードには「ワレラハ未ダ知ラレザル文明ノ原始人デアル」といった文句が見られ、彼らがくばるチラシには「焼酎もってこい、山羊もってこい、ゴールデンバットもってこい、素晴らしいＫＩＳＳもってこい、タンポポもってこい、レンゲの花もってこい、フラストレーションもってこい」なんて書いてある。この一団は前衛集団「バム・アカデミー」を名乗る面々で、世話役の山尾三省氏にきいてみると、「一応集団にはなっているんだが、ただなんとなく集まって出来あがった」んだそうだ。おい歩こうや！

オレたちの裸をとじこめるな、ぬけ出せ、裸のオマエに、道の上に、おい歩こうや！　……チラシの中にはそんな文句もある。彼らは現代文明を否定して生きるビート、ということらしい。

この奇妙な行進は、「バム・アカデミー第二回フェスティバル　世界の滅亡を予告する自由言語による集会と行列」という長いお題目のついた催しで、四月十六日の行列につづいて、十七日には新宿のあるホールで集会がもたれ、アメリカのビート詩人、ゲイリー・スナイダー氏も参加した。

詩の吟誦、自由言語による会話、意味の通じない寸劇。ジャックの会、0の次元……前衛集団も加わり、舞台、客席入り乱れての原始人祭りが四時間にわたってくり広げられた。（3）

このページの担当者もなにが起こったのか、よく分からずに原稿を書いているようだ。文章のなかにはビートという言葉はあるが、ヒッピーもフーテンという言葉も見当たらない。あとから読めば、ああこれが日本のヒッピーの具体的な形での第一歩だったのだなということがわかるのだが、そういう前後のつながりがないままでは、なにをしようとしているのかさえもわからない。意味不明のパフォーマンスのかたまりみたいなイベントだった。これはいまも諏訪之瀬島で生活しておられる詩人の長沢哲夫さんに直に聞いた話だが、最初、新宿でナーガ（長沢哲夫のこと）とかナナオサカキとか、山尾三省とかという、遊び仲間が集まって「乞食学会＝バム・アカデミー」というのを作った。それが、田舎に拠点を作ろうということになり、「部族」と改称したのだという。

彼らには、じつはそもそも、本人たちに《オレたちはヒッピーだ》などという自意識はほとんどなく、そのころはみんな、「オレたちは部族だ」といっていたのである。ヒッピーの呼称の由来は第四章の冒頭部分に詳述している。彼らが自分たちをヒッピーだと自認するようになるのは、もっとずっと十年も二十年もたってからのことで、いま、わたしの手元に山田塊也という人が書いた『アイ・アム・ヒッピー〜日本のヒッピームーヴメント60―90〜』という本がある。この本が自分をヒッピーと名乗った最初だという。山田塊也というのはポンというヒッピーネーム（愛称）で呼ばれた、簡単にいうと山尾三省やナナオサカキ、長沢哲夫らとともに昭和の部族運動の創成にかかわった名物ヒッピーのひとりだった人なのだが、この人もこの四月のフェスティバルに参加している。そして、そこで初めてゲーリー・スナイダーと出会い、ヒッピーという言葉を教えられたのだという。山田はこう述べる。

彼（ゲーリー・スナイダー）はこの集会の直前にアメリカに帰国し、サンフランシスコで行われた一万人のBE・INに参加し、その興奮をダイレクトに伝えてくれた。遅まきながら、ぼくはこの時初めてゲーリーにあった。ヒッピーという名称を聞いたのもこの時かも知れない。アメリカでも、ヨーロッパでも、そして日本でも、新しいムーヴメントが沸き上がっていた。（4）

山田塊也たちは四月のお祭り騒ぎのあと、五月に国分寺のアパートを引き払って八ヶ岳山麓に近い入笠山の山麓、富士見高原に移住、仲間たちがそこで本格的に部族の拠点作りに取りかかる。山田もしばらくその建設作業に従事して働いたが、やがて単身ここを出て、トカラ列島の諏訪之瀬島に移動し、そこの部族活動に参加する。

山田はそのころの諏訪之瀬島を「海岸線は切り立つ絶壁とサンゴ礁に囲まれ八百メートルの山頂では活火山が轟き、亜熱帯のジャングルは野鳥の宝庫だった。わずか十所帯、数十人の島人が、車も、テレビも、商店もない孤島で、最後の縄文人といってても過言ではないほど、文明に頼らず生活していた」と描写している。（5）

この山田の諏訪之瀬渡海は、そのころ、京都の臨済の禅寺で修行僧として活動していた前出のゲーリー・スナイダーと日本人女性との結婚式に出席するためでもあった。スナイダーについては後述しよう。山田も六十七年を日本のヒッピームーヴメントの初源の年、部族がコミューン運動を始めるべく、定住の地を求める移住の旅を開始した年、と考えているようだ。

そして、この年の七月、八月の新宿の〝フーテン族騒動〟について、彼はこんなことを書いている。

（六十七年の＝）秋風を肌に感じる頃、（夏のあいだ、彼は諏訪之瀬島にいた）ぼくは信州の富士見高原に舞い戻った。三ヶ月ぶりの雷赤鴉族には、見知らぬ若者たちが沢山集まっていた。聞くところによれば、ほとんどの若者がその夏の「フーテンブーム」に乗せられて新宿へ行き、警察の刈り込みを逃れてやってきたとのこと。ぼくはそこで、その夏新宿で何があったのかを知ったのだ。(6)

　彼は真夏の新宿でなにが起こっていたか、ぜんぜん知らずにいたのである。ふたたび、山田の文章。彼はまず一九八三年版の『現代用語の基礎知識』にあるフーテン族の説明を引用して、そのあと自説を主張している。資料の孫引きになるが、これを紹介しよう。この人は新宿のフーテン族現象はアメリカの陰謀だと書いている。

『現代用語の基礎知識』('83年版付録)から「フーテン族」について抜粋してみよう。
「東京新宿を中心に昭和四十二年夏の話題をさらった若者たち。夕方どこからともなく乞食然と現れ、駅構内の芝生をわれらのグリーンハウスとしてたむろし、せわしげな通行人をぼんやり眺め、小金をせびり、奇声をはっした。社会的な反抗、怒り、あるいは既成モラルへの破壊意識などの積極的な言動は皆無で、まさに風のまにまに転ずる〝風転〟ぶり。無作為の体制順応者だとか、明日の余暇社会の若者の在り方だとか、彼らを観察する者の方がやかましかった」

　この解説で読む限り、いかにも自然現象のようだが、実はこのブームもアメリカやヨーロッパのヒッピーブームの波及を恐れた体制権力が、マスコミを使って行った策謀だった。ぼくらが新宿から遠のいた頃、一部の若者たちの間で、睡眠薬やシンナー遊びが行われているとは聞いたが、ビートニックは見向きもしなかった。外人ヒッピーを通して、もっとピュアで無害なドラッグが手に入ったということもあるが、何といっても焼酎があった。権力が警戒したのは、睡眠薬やシンナー遊びでラリッている若者たちではなく、ベトナム反戦に見るアメリカン・ヒッピーたちの〝フラワーパワー〟がマリファナを通して日本の若者に伝播することだったに違いない。そのために新宿フーテンたちを囮にして、罠を仕掛ける必要があったのだ。そこでマスコミは、グリーンハウスでラリッている若者たちの生態をおもしろおかしく宣伝し、自由と仲間を求めて全国から家出して来る少年少女を、警察が待ってましたとばかりに刈り込み、補導したのである。

ヒッピー封じの予防弾圧である。このように罠として仕掛けられたフーテンブームだったが、まんまとその裏をかいて新宿を脱出し、雷赤鴉の噂を頼りにやってきた若者たちが、〝部族〟の第二期生となって育っていった。（6）

山田の書いている新宿フーテン騒動＝国家権力策謀説は八切止夫っぽくて（陰謀史観ぽくて）面白いのだが、あのフーテン騒動はたぶん国家の深遠な陰謀などではなかった。端的にいうと、マスコミの相乗作用である。

わたしたちは、フーテンたちと部族の人たち、それとアメリカのビートニックとを混同して考えないようにしないといけない。ヒッピーという言葉は、基本、マスコミが用意した言葉で、部族の人たちの意識のなかにはそういう概念は最初、存在しなかったのである。だから、ヒッピー運動という言葉もジャーナリズムがアメリカのヒッピーたちの動きに賛同した日本のそういう人たちの活動、運動をヒッピー運動と呼んだと理解するべきだと思う。

ここから、ヒッピー運動という言葉を使うが、昭和四十二年の夏の新宿のフーテンたちの出現が日本のヒッピー運動をある程度、大衆化していくことに寄与したのは間違いないと思う。

じつはフーテンの問題はそれほど単純ではなく、山田の言説はなんだか途中の問題の解き方は間違っているが、答だけはあっている数学の受験問題の解答のようである。固有名詞を説明すると、雷赤鴉族《かみなりあかがらすぞく》というのは山田たちが自分たちの部族の活動拠点を信州に作ったときに、名乗りはじめた名称である。このほかに、諏訪之瀬の部族は「がじゅまるの夢族＝バンヤン・アシュラマ」、東京国分寺に残った人たちは「エメラルド色のそよ風族」というような、それぞれ自分たちで名乗った部族名があった。

新宿に集まっていたフーテンたちについて、取材に関わったマスコミの一人として言及すると、当事者がこんなことをいってはいけないのだが、とにかく取材しやすかったのである。新宿のフーテン騒ぎについては、とにかくこの「取材しやすい」ということと、現象にいろんな意味を付加して自由に考えることができる面白ネタ、ということが隠れ要因としてあったと思う。異常さがわかりやすいのである。

作家の谷崎潤一郎に『瘋癲《ふうてん》老人日記』という作品があるごとく、フーテンという言葉自体はヒッピーとはまったく違う意味を持つ、日本に昔からある言葉だった。フーテンは漢字表記では瘋癲と書き、国語辞典はその意味を「きちがい。精神病」と説明している。これに風狂とか流れ者というような意味を付け加えれば、ヒッピーの概念に近づくのかも知れない。いずれにせよ、あの年の新宿に集まったフーテンたち（八月にグリーンハウスに集まった人たち）は、ほとんどが風俗フーテンで、みんな人なつっこく、小銭で心を許すようなところがあり、小理屈はこねるがじつは反逆者でも革命家でもなかった。基本的に自分のことをもっとわかってもらいたいと思っている寂しがり屋の若者だった。

　この案件は取材現場も諏訪之瀬島のように遠く離れた孤島というようなことではなく、マスコミに関わる人間たちが日常的に行き来している場所の日常的な時間のなかでの出来事なのである。記事にしやすい。それで、どの番組、雑誌、新聞も一度はなんらかの形で報道した、そういうメディアの側の都合のようなものがかなりあったと思う。山田塊也はそのことを右記のような書き方で説明しているのだ。そして、彼の言説では、そうやって集まってきた若者たちのなかから日本のヒッピー運動に参加する第二次的な志望者たちが現れた、というのである。

　前出の『アサヒグラフ』に写真付きで紹介された〝原始人たち〟がはっきり「フーテン族」の名称をもって呼ばれはじめるのは真夏も八月に入るころからである。話題の中心になる大きなつかみでいうと、これも朝日新聞の記事なのだが、八月三日の『論争』という連載タイトルの企画特集のページに、大々的にフーテン族が取り上げられ、映画監督の大島渚と教育評論家でもあった教師の無着成恭がおのおの論陣を張って、フーテン族の是非を論じている。

　この記事のリードは「深夜レストランやスナックでは、変な風俗で奇声をあげている。住宅街をスポーツカーやオートバイで夜通し走り回って公害をまきちらしているのもいる。それは夏になって、いよいよ目に立つ。これら、フーテン族とか原宿族、江の島族とかよばれる社会問題化した若者たち――」というもので、表看板はフーテン族なのだが、フーテン族と大きなタイトルを売っているクセに、内実はなんとなくリードの切り口が曖昧である。フーテン族と暴走族の区別もつかない、原宿族と新宿のフーテン族を同列に論じているような、話が見えていない人が書いたリードである。

　添えられている写真も「夜の海岸で踊り狂う若者たち」なんていうキャプションがついた夜の江ノ島で騒いでいる人たちの写真が添えられている。ということは、この時点ではまだ、新宿のグリーンハウスはフーテン族のメッカという認識がなかったことになる。いずれにせよ、これがわたしが見つけた、新宿のフーテン族にまつわる、いちばん大きな新聞記事である。（7）

大島のレポートには「繁栄の鬼っ子ら 働かずに食えれば結構」という表題が、無着成恭のレポートには「青年の自覚なし 感覚だけが人生とは」という表題がついていて、だいたいタイトルにあるようなことを主張している。無着成恭はそもそも教育者で学校の先生だから発言も行儀よく、若者たちも現在ある社会的な規範や常識、伝統的な暮らしのルールを当然のことながらきちんと守って生活するべきだと主張するのである。しぶといのは大島渚で、新宿のフーテン娘（女優名・桜井啓子）をヒロイン役に抜擢した、あの時代のわけの分からない雰囲気そのもののような、説明不能のヌーベルバーグ映画『無理心中 日本の夏』を撮り、誌上でしっかり映画の宣伝もやりながら、

（フーテン族のことを考えると）アメリカを思い出さないわけにはいかない。「聖なる野蛮人」と自称したビートを源流として、最近のヒッピーに至るまで、アメリカ社会の繁栄が生み出した鬼っ子たちの系譜を思い出さないわけにはいかない。（略）いやな言葉だか、日本もようやくアメリカ並みになったというべきなのだろうか

と外的な関係性について触れたあと、

いつの時代、いつの社会もそれにふさわしい青春の反逆の形を持って来た。戦後日本社会をとってみれば、戦後派、太陽族等々、しかし、そうした動的に激しい反逆の形はもうない。それはおそらく一九六〇年とともに終わってしまったのだ。それ以後の圧倒的な日本経済の成長が青春の反逆のかたちを変えてしまったのだ。今、彼らは静かにフーテンするのみである（7）

と書いている。大島は時代の潮目が変化して、戦後社会がいろいろな意味で変質しようとしていることに気がついてい

るのである。たぶん、大島渚の映像表現者としての過激な方向性とそれに基づくこの記事のなかで彼が述べた言説はかなり刺激的だったのではないかと思う。当時、新宿は唐十郎の状況劇場とか、寺山修司の天井桟敷とか土方巽の暗黒舞踏とか、アンダーグラウンド文化の百花繚乱状態になっていて、新宿のフーテン族は社会の具体的、明確な新しい変化を模探していたマスコミの人々にとって、ひとつの方向性を明確な形で提示してみせた風俗現象だった。だから、あんなものはマスコミが勝手に作ったものだという批判も短絡的すぎると思う。

シオザワの潜入取材の期間は十日間とか二週間くらいで、八月の上旬後半からのことだったと思う。これも新宿に若い人たちが集まりつづけていた結果の一つとして、上野さんの考えのなかで、この取材をやってみようという発想が形をとっていったのだと思う。

それで、ここまでの文脈の限りで、彼らはいったいなにものなのかを考えておきたい。いろいろに論じられているのだが、日本にアメリカと同じようなヒッピー運動があったかどうかはけっこう難しい問題なのである。もし、そんなものは日本には存在しなかった、というような話になったら映画『スワノセ・第四世界』そのものが日本で唯一のヒッピー運動を記録した映画、ということではなくなってしまう。このことをどう考えればいいのだろうか

そして、フーテンはどのくらいヒッピーだったのだろうか。

これは本当に難しい問題である。言葉の定義にかかわるからだ。アメリカのヒッピーを概念として正真のヒッピーであると規定すると、日本にアメリカと同じようなヒッピーがどのくらいいたか、という話なのである。日本とアメリカは歴史も地理環境も生活習俗もぜんぜん違うのだから、アメリカのヒッピーと同じようなヒッピーがいるわけがないのである。また、ヒッピーという言葉もアメリカでの呼称の起源をたどると、アレン・ギンズバーグやゲイリー・スナイダーがそう名乗ったわけではなく、マスコミがそう名付けて、そう呼び始めたもののようだ。本人たちは自分たちのことをビートニックとは名乗ってもヒッピーとは名乗ってはいない。

日米は同じようなことをやっていても使っている言葉も生活基盤も異なる。日本のヒッピーは具体的な形態、有様《ありよう》は当

然のことだが日本の独自性が強く表出したヒッピーで、むしろ、それをヒッピーと呼んでいいかどうかという問題なのだと思う。歴史の比較はいつもこういう問題に付きまとわれる。

日本とアメリカのヒッピーの比較は、第二次世界大戦のころに日本にファシズムが存在したかどうかという問題に似ている。常識的な論議では、日本のファシズムは天皇制と結びついて、陸軍の軍人たちが考えたような天皇至上の軍国主義をファシズムと呼ぶことが多いようだが、これはヨーロッパのイタリアなどのファシズムやナチスをファッショというが、そういうものとは違うのである。強制性や全体性、程度の問題やわりあいの問題もあるのだが、わたしは日本の昭和一〇年代のファナティシズムはイタリアやドイツのファッショとは異質なものだと考えている。現に、亡くなられているが辛口のコラムで知られた編集者の山本夏彦氏が書いた『戦前という時代』というエッセイ集のなかで「戦前というまっ暗な時代があって、それが十五年も続いたという文化人や史家がある。十五年というのは昭和六年の満州事変から数えて昭和二十年までのことだろうが、その間じゅうただまっ暗だったというのは間違いでなければ嘘である」と書いて、自分にとっては戦前くらい落ち着いていて、楽しく暮らせた時代はなかったとその時代の生活の記憶を文章にしている。（8）

そういうふうに思っていた人もいたのである。

これと同じような意味で、日本のヒッピーもアメリカのいわゆるヒッピーたちと共通項もあったし、個人差もあるのだが、社会的なあり方も含めて、立ち位置も姿勢もぜんぜん違う部分もあったと思う。

あんまりこの話をしつこく書いても面白くないかもしれないので簡単な説明にするが、アジア的生産様式という言葉がある。ヨーロッパ社会の歴史に対するアジア社会の歴史の特殊性みたいなことからいうと、日本はファシズムもヒッピー運動もアジア的というか、日本的と書くのがいいのかもしれない。アメリカ社会のヒッピー運動というのは、裕福な家庭の子どもたちの両親に対する反抗、ブルジョア的な偽善に満ちた生活への抵抗、みたいなところに主たるエネルギー源があった、というのが上野さんの見解だが、それを踏まえて日本のヒッピーを論じると、日本の場合は共同体から落ちこぼれ、都市の底辺にたどり着く過程で生じた社会的落伍者という側面がかなりある、というのがわたしの実感である。

また、そういう傾向を持つ若者たちが集まってきたことは間違いないのだが、ひとりひとりの「フーテン的行動」に対するモチベーションには社会的身分とか職業、家庭環境などで一つにくくれるような共通の枠は、わたしの印象ではなかったような気がする。

言葉の概念規定の問題を絡ませて正確に問題を論じようとすると、いきなり煩瑣になってしまう。フーテン族について更にいうと、これもうろ覚えの記憶だが、このころのわたしは、都市の持っている機能や限界性がこういう若年の落伍者を生み出しているのだと思っていた。日本の地方の、村落部のまだかなり共同規制が濃厚に残っている共同体社会から都市生活に参加して、故郷（＝所属共同体）喪失状態になり精神的に孤立するなかで、都市の周囲、生活者の周縁を包囲する商業主義というか、「とにかく金を儲けたヤツが勝ちだよ」というような卑俗な資本の論理に反抗しようとした典型のひとつがフーテン族だというふうに考えていた記憶がある。

特に、マスコミ、ジャーナリズムがフーテン、フーテンと取り上げる渦中で新宿に集まった該当者たちは〝風俗フーテン〟とも呼ぶべき存在で、豊かな自分の所属する家庭に思想的に反抗してフーテンに身を投じるということはレア・ケースだった。たしかに良家の子女も何人かはいたが、それは簡単にいうとわたしと同じようなレベルで、遊ぶためのお小遣いぐらいは持っていて、いろいろあるけど、楽しい遊び仲間が欲しい、というような話だったと思う。

そして、ここから話は三つに分かれる。わたしの話と上野さんの話と、その後、フーテンたちがどう行動したかという話である。最後に付け加える形で、このあとのわたしのことを少し書いておこう。

そのときフジテレビでADの経験をしたことは、わたしの人生にとってかなり重大な意味を持っていた。それまで、マスコミの世界というか、文章を書くのが好きだったから、将来はそのことに関する職業に就くことができればと漠然と考えていたのだが、このテレビ体験をしたことで、マジメに本を読んで勉強しなければ世の中に通用しないと思いはじめたのと同時に、本を作る世界（雑誌、書籍を問わず出版の世界）で生きていきたいと思いはじめた

上野さんのところに「今日でフジテレビを辞めます」と言いにいったとき、彼には「せっかくいっしょに仕事できたのに残念だね」といってもらえた。そして「シオザワ君は将来、なにをやりたいの」と聞いてくれた。わたしがそのころ密

かに考え始めていたこと、「出版の世界で仕事をしていきたいと思っているんです」というと、「じゃあ、いい人を紹介してあげる」と、ひとりの若く美しい女性に引き合わせてくれた。「電通なんかでコピーライターもやっているんだよ」という話だった。

あとで分かったことだが、じつはこの人は上野さんの奥さんだった。そして、これもあとで分かったことだが、劇団四季の演出部に就職して、内職で雑誌の編集を請け負って仕事していたのだ。

彼女に出会って、「これやってもらえるかしら」と初めて頼まれた仕事が忘れもしない、『住まいのコア』という、台所専門の住宅雑誌の原稿書きだった。内容はいろいろな台所設備のメーカーの担当者たちが集まって、座談会形式でシステム・キッチンの将来的な可能性についていろいろに発言する、というもので一時間半ほどの録音テープがあり、これを原稿用紙に移し替えて、六ページの座談会体裁の記事にする作業だった。

仕事はそれほど難しいものではなく、この仕事でわたしは一万五千円の原稿料をもらった。これが初めての自分のペンで稼いだ仕事になった。そして、このあと、何度かこういうたぐいの仕事をもらい、アルバイトで原稿書きをしながら、大学を卒業し出版社に就職するのである。

大学を出て、わたしが就職したのは、いまはマガジンハウスと名乗っている、当時は平凡出版と呼ばれていた会社だった。ここの会社の入社試験の面接で「キミは文章が書けるけど、どこで覚えたの」と訊かれて、「原稿書きは独力でマスターしたんです」と答えた。アルバイトで原稿書きをしていたことはいわなかった。マガジンハウス（＝平凡出版）の入社試験は、この当時も何百倍という、目玉が飛び出すほどの倍率だったが、わたしがこの就職試験を生き延びることができたのは、上野さんとしたマスコミ体験と上野さんの奥さんがくれた原稿書き仕事が絶対的に影響していると思っている。

このあと、わたしと上野さんは互いにマスコミのどこかで仕事していることは分かっていたが、たがいの仕事の軌跡を交差させることはなかった。わたしたちはそれぞれ、慌しく仕事をしつづけた。

それが、こういう形の書籍出版になったのは、年をとってあらためて、落ち着いて自分たちが昭和に印した足跡を辿って、自分たちがずっとこだわっていたことを記録として残しておきたいと思ったからだった。わたしにとって、この本はめぐりにめぐって幾星霜、五十何年目かにやっと本当にめぐってきた上野さんといっしょにやる仕事なのである。

【註】

（1）『ヒーリング・ボディ』一九九八年刊　サンマーク文庫　上野圭一著　P・34
（2）『ヒーリング・ボディ』P・47
（3）「アサヒグラフ」一九六七年五月五日号　P・108
（4）『アイ・アム・ヒッピー〜日本のヒッピームーヴメント60〜90』一九九〇年刊　第三書館　山田塊也著　P・41
（5）『アイ・アム・ヒッピー〜日本のヒッピームーヴメント60〜90』P・49
（6）『アイ・アム・ヒッピー〜日本のヒッピームーヴメント60〜90』P・52
（7）『朝日新聞』一九六七年八月三日号　論争のページ
（8）『「戦前」という時代』一九八七年刊　文藝春秋　山本夏彦著　P・8

［2］一九四五年　真夏　新京

わたしは自分のどの本にも同じようなことを書いているのだが、人間というのは現実の環境と持って生まれた素質・感受性の合作のようなものだと思って原稿書きをしている。

素質・感受性といっても本当にその人が生来、どういう気質の人間であるのか、そういうものが誕生以前に前もってすべて等し並みに決められてしまっているというような頑迷な決定論はわたしには受け入れられない。これはやはり、生まれたときからはじまる何年かの時間のなかでくり返される親との基本的な関係性のなかで、よく三つ子の魂百までというが、わたしが言いたいのはそういうようなものと考えてもらっていいのだが、これもやはり家庭環境が相当に左右していて、感情や感覚がはっきりした人間の形に形成されていくなかで将来、どういうときにはどの遺伝子が大活躍するかということを決めていくのだろう。そうやって出来上がった曖昧で薄ぼんやりとさまざまの可能性を内包した生の土台の上で、人間はものごころがつき、外的な世界と初めてぶつかり、それを経験として自分の心のなかに蓄える。

人間はだいたいみんな、思考の基底に四、五歳からの記憶を持って生きている。そういう記憶を中心にして、本人の生来の気質、性格と外的な環境、その関係のなかで体験するさまざまの生活場面、その経験がその人の人間性、人格をつくっていくと、わたしは思っている。これはわたしもそうだったし、上野圭一さん（以下、敬称略します）も同じだったと思う。要するに幼児体験は大人に成長してからの人間の生き方に多大な影響を及ぼすのである。わたしがマガジンハウスで仕事していたころ、先輩の編集者だった木滑良久《きなめりよしひさ》がわたしに「シオザワ、編集というのはその人間の根幹にある幼年・少年時代の記憶の追体験なんだよ」といったことがあるのだが、それはじつは、編集だけのことではなく、人間は、とくに男は、もう本能的に幼少年時代の記憶の追体験を求めて生きようとするものだと思っている。上野圭一の原体験、人生の最初の記憶について書き進めよう。

★

一九四五年の夏、あの戦争が終わったとき、上野圭一は新京にいた。新京というのは中国の東北地方、いまの吉林省長春である。満州国の首都だったところだ。

彼は昭和十六年の生まれだから、このとき、四歳である。太平洋戦争がはじまって、すでに三年半近くが経過、終戦まで四カ月しかない。四歳、五歳というのは人間が明確に記憶として体験したことを覚えている、つまり人間がものごころがつく最初の年齢である。彼の場合、その最初の記憶が日本の敗戦と満州国の滅亡だった。彼は昭和二十年八月十五日、つまり終戦記念日の周辺の記憶をこう語っている。

それまでぼくの父親は大阪の大学で中国語の教師をやっていたんですけれども、満州国のために働いてくれないかと言われて、一大決心をして、満州に行くという決断を下した。これが二十年の三月のことなんです。中国語に堪能だったものですから満州国の国務長官の秘書官みたいな役目で働いてくれないかといわれて、それで満州に渡ったんですよ。向こうに着いて、それから父は満州国の政府の仕事をしはじめた。ところが、完全に計算が狂って、働きはじめたトタンに終戦になって満州国自体がなくなってしまった。

彼の父親が渡満を決心したとき、じつは太平洋戦争の戦況は日本の敗色濃厚で、日本軍はもう追い詰められるところまで追い詰められていた。米軍がフィリピンのマニラを占領したのが三月三日、ソ連が翌昭和二十一年に期限切れとなる日ソ中立条約を延長しない旨を日本政府に対して通告してきたのが四月五日、翌々日の四月七日には戦艦大和が片道燃料のまま沖縄に出かけ、米空軍の猛攻撃にあって沈没している。

日本の敗戦は明らかだったが、大本営発表は相変わらず日本軍の奮戦と健闘を伝えるばかりで、民衆はみんな、これを信じて日本の勝利を疑わなかった。内地では一億火の玉とか本土決戦などという威勢だけはいい言葉が飛び交うなか、八月八日、ソ連は日ソ中立条約を一方的に破棄して、満州と朝鮮半島への侵攻を開始し、前後してアメリカ軍によって広島と長崎に原爆が落とされた。

そういうなかでの突然の天皇陛下の玉音放送だった。無条件降伏を告げたのである。このときのラジオ放送は満州国でも同時に放送された。彼はその場面をいまも鮮烈に記憶しているという。玉音放送以前に満州国と新京の町はすでに大変なことになっていた。

八月八日に国境線を突破したソ連軍が猛烈な勢いで攻め込んできて、満州の国土を次々と侵略、制圧していった。それを知ると十二日から十三日にかけて、宣統帝溥儀を中心とする満州国の首脳部、関東軍の司令部は徹底抗戦ラインを朝鮮国境に近い通化に移転した。別の言葉でいうと、自分たちだけ新京から逃げてしまったのである。日本が無条件降伏した二日後の八月十七日、宣統帝溥儀は退位を表明し、満州国も終焉した。それによってなにもかもが一変した。つづいても彼の告白である。

街で中国人たちが日本人を捕まえて暴行を繰り返している、といううわさが流れてむやみに外出するなという伝達があった。八月のメチャクチャ暑いときに部屋のカーテンを全部閉めて、父の教え子とか、大人たちもみんな、うちにたくさん集まって、息をこらしていた。妙な感じでね、そのことをはっきり覚えているんです。

かれは戦争が終わった瞬間に人間たちに起こったさまざまのことを明瞭に記憶している。幼児体験という言葉がある。それは大人になっても消すことのできない烙印のようなものだ。こういうことがあったという。人間という存在の不条理を痛感させられる。

まず、今晩の食べ物をどうするかとか、生命線ギリギリの世界というか、まず生き延びるということが大前提だった大人たちが右往左往している、そのなかには見苦しい人もいて、昨日までぜんぜんちがうことを言っていたのが終戦直後に急に中国共産党万歳！　みたいな旗を掲げたり、北からソ連兵が来たっていったら自宅に歓迎ソ連兵みたいな横断幕を張り出したり。ロコツな大人というのは子どもがみても分かるわけですよ。なんて見苦しいという……。

日常的にある平和ほどあてにならないものはない。

彼が人生で一番最初に経験したのはそのことだった。一見平和で、穏やかに流れる時間は現実が徐々に悲劇的な崩壊へと向かう衰退であり、静かな生活はやがて訪れるはずのカタストロフィへの序曲である。翻訳していえばそんなことだろうか。安定や平穏は社会の偽りの形態で信用できない。

平和は戦争、騒乱の相対的概念なのである。平和そのものが周囲の言葉との関係性なしに存在しているわけではないのだ。かれはそのことを子どもなりに了解したのである。

終戦のときに外地（日本の植民地、占領地だったところ）で終戦を迎えて、日本に戻ろうとした一般人を引揚者という。軍人、兵隊だった人が日本に帰国する場合は復員という。傾向として、復員兵も含めてだが、引揚者は大きく二つに分かれている。米英豪蘭（アメリカ、イギリス、オーストラリア、オランダなどの国）の軍隊の支配地域で終戦を迎えた人たちと、ソ連軍が侵攻してきた地域で終戦を迎えた人たちでは、引揚げの実態がかなり異なっているようだ。

そのほかに中国で捕虜になった人たちがおり、これも苦労した人たちもいるようだが、アメリカやイギリスは比較的ヒューマンで、戦犯容疑で裁判にかけられた人たちを除いて、非人道的な扱いを受けメチャメチャな目にあわされるということは割合少なかったようだが、どうもソ連軍の支配地域で終戦を迎えた人たちの引揚げは大変だった。これはソ連の首脳部の人たち、とくにスターリンの考え方のせいもあったが、ソ連兵はとにかく軍規が緩く、兵士たちの素行が最悪だったようだ。攻め込んで来て、金目のものを物色、収奪し、婦女子をみつけて暴行し、関東軍の兵士たちを捕虜にしてシベリアに連れ去ったのである。

『人間の條件』、『戦争と平和』などの満州国を舞台にした長編小説やその他の多くの戦争文学作品を書いた五味川純平という作家がいる。『人間の條件』は満州で暮らす日本人を主人公に描いた小説だが、昭和三十一年から三十三年にかけて発表された作品で、新書版体裁で全六巻、合計部数千三百万部という大ヒットになり、仲代達矢を主演に映画も大ヒットした。

五味川は自身も大正五年に大連近郊の関東軍駐屯地で生まれたという純粋の満州生まれ満州育ちで、終戦時は関東軍に召集されてソ満国境で自分の所属する部隊が全滅するのを目撃した数名の生存兵のうちのひとりだったという経験をしている。その彼が人生の最後に書いた作品なのだが『「神話」の崩壊〜関東軍の野望と破綻〜』という本がある。関東軍というのは満州国の安全保障のために日本から派遣、駐留していた軍隊で、自らも精強無比を唱えていたのだが、戦争の末期に怒濤のように押し寄せたソ連軍の前に徹底的に撃破され、全滅するのである。その本のなかにこんな記述がある。引用が長くなるが重要である。

新京の日本人居留民が関東軍総司令部に対して不信感を抱いたのは、総司令部移転の二日前、避難輸送に関してである。西部国境からのソ連軍の進撃速度を考えると、新京付近が数日後には前線となる懸念が濃厚であった。それで八月十日正午ごろ、軍官の要人会議で居留民の避難が決定された。（周辺の）居留民を東辺道から北鮮一帯に避難させようという計画であった。

輸送順序は民・官・軍家族の順として、新京の場合は十日午後六時と定められた。正午に方針が決まって第一列車が午後六時では確かに忙しい。民間人の連絡に時間がかかったり、移動準備が手早くゆかないことも事実である。軍はそこで、軍人の家族は緊急集合が容易であるという理由で軍の家族を第一列車に乗せた。決められた輸送順序が逆になったのである。居留民の目には、これが軍人が自分たちの家族をいち早く避難させたと映ったのも無理ではなかった。

軍関係者が、制限時間内の一般市民の集合が困難であったから軍人家族を先にしたというのも、便法としてならうなずけなくはないが、そう善意にばかり解釈できない節がある。第一に、午後六時という制限時間は絶対的なものではなかった。事実、第一列車の発車は、遅れて、十一日午前一時四十分であった。それも避難民の集合に問題があったのではなく、避難列車の編成と輸送ダイヤを組むのに時間がかかったのである。第二に、輸送順序で軍人家族が最後であるなら、十日の午後一時三十分ごろ（避難決定の会議から約一時間しかたっていない）泉高級副官が新京駐屯各部隊の副官たちを集めて、軍人家族は午後五時（第一列車発車予定一時間前）に忠霊塔広場に集合、という非常集合指令を出したのは早すぎる。どんな弁解を構えても、軍人家族を早々に避難させるための措置だったと言われても抗弁の余地がないだろう。（1）

右に書かれていることは、これが人間の本質だと書き添えられてもしょうがないような独善的、エゴイスティックなことだ。この文章につづいて、五味川純平はこう書いている。

軍に置き去りにされたのは新京居留民ばかりではなかった。国境の町々の住民も、開拓団の人びとも、ほとんどがそうであった。軍は居留民の保護に任ぜず、また常日ごろ、居留民保護のための計画など立てていなかった。関東軍の潰走とともに居留民の彷徨がはじまり、親子の離散がはじまり、「残留孤児」が大量に発生した。（1）

戦後、満州からの引き上げの記録がいろいろな形で発表された。例えば作家の新田次郎の奥さんであった藤原ていの書いた『如何なる星の下に』などがベストセラーになっている。

余談に類するが、外地からの引揚げ者の記録はこのほかにも何冊も本の体裁にまとめられて出版されているが、シベリア抑留もふくめて圧倒的にソ連軍に関係したものが多い。なかでもとくにソ満国境を越えて満州に攻め込んできたソ連軍の暴虐は凄まじく、満州の全域、奥地にまで開拓で入った人々、いわゆる満蒙開拓団の悲劇の実態はよく知られていないというか、わかっていても記録されないということがあるようだ。五味川の『「神話」の崩壊……』の最後部に「大体のところを記述すれば、終戦時の開拓移民二十七万人のうち、死亡は七万八千五百、そのうち自決・戦死が一万一千五百、のこりは病没と消息不明である」という文章がある。（2）

わたしたちの想像を絶するような数多の悲劇が繰り広げられたのだろうが、このことについて、わたしが聞かされている一番残酷な話というのがある。それは父の実家（塩澤の家）に伝わるタブーだった話のひとつでもあるのだが、もう当時のこのことに関係した人間は一人も生きていないから文章にしてもかまわないだろうと思って書いている。

どの家にも家族にひとりくらい戦前、満州で暮らした経験のある人がいるものだが、実は塩澤の家でも父の姉という女性が元々は外国航路の客船のコックだった男性と結婚して、新天地を求めて満州の開拓団に応募して開拓民として満州の原野に移民した。満州のどこにたどり着いたかまではわからないのだが、突然、ソ連軍が攻め込んできたとき、逃げることもできず、子どもがいたかどうか、彼女がソ連兵に強姦されたのかどうか、そういう細かいところまではわたしにはわからないのだが、夫は妻から「わたしたちを殺して、あなただけ逃げて。いっしょに逃げても足手まといになるだけだから、あなた一人でも生きて日本に帰って」と懇願されて、妻（家族？）を殺害して（置き去りにしてきたのかもしれない）、単身で日本に引き揚げてきたのだという。そしてそのあと、亡き妻（父の姉）のかわりに父の妹を後添えに選んで再婚したのである。これは父があるとき酒に酔って、憤懣やるかたないという調子で怒りながらしゃべった話である。

父はその男性に対してというより、中立協定を一方的に破棄して満州に攻め込んできたソ連軍に対して激しく怒っていた。そして、戦前と戦後に分けて姉妹を妻にした元船乗りだったその男性はわたしも自分が子どものころ、何度か彼の家に遊びにいって泊めてもらったことがあるのだが、美味しいカレーライスを作る、そんな修羅場を経験したことなど想像できないような、温和な、物静かな人だった。朝夕、仏壇に向かって念仏を唱えていたのを覚えている。彼はたぶん、人生を地獄のように生きて、戦後を永遠の絶望のなかで生きた人間のひとりだったのではないかとおもう。

話を昭和二〇年八月の新京に戻そう。話の主人公はまだ五歳になったばかりの少年。上野圭一の告白のつづきである。

戦争が終わったあと、だれもみんな一刻も早く日本に戻りたがった。我が家もそうだったんですが、そういうわけにはいかなかったんです。父親は日本政府から残留せよ、と。「お前は日本にもどってくるな」といわれて、満州国の残務整理と引揚げの手だてを探る仕事を命じられて新京に留め置かれることになった。そういう人たちが何人もいて、みんなんとかして日本に帰りたいんですよ、でも、それができない。結局、最後の引き揚げ船で帰ることになるんです。ぼくらは二年近く日本にもどることができなかった。

戦争が終わったあと、新京ではこのあいだまで威張りくさっていた日本人が急にいじめ、迫害の対象になってしまった。ぼくはまだ小学校に上がる前の年齢だったんだけど、五歳くらいで本当は幼稚園に通う年齢なんだけど、新京の小学校に入学しろといわれて、毎日、小学校に通っていたんです。それで、そのころのことで覚えているのでは、小学校一年生のときだと思うんだけど、途中、ひどいもんでね。通学路で中国人の子どもたちなんですけど、中学生くらいのデカイのが待ち伏せしていて、ただ日本人であるというだけで、捕まると殴られたりして虐められるんですよ。あいつらに捕まらないように、今日はどの道を通って帰ろうかとか、そんなことばかり考えていた記憶があるんです

一種の高度な緊張状態である。それが子どもの身にえんえんと二年間もつづいたのだ。この、原初の体験が彼の人生の物語の出発点のすべて、と書いていいかもしれない。そして、この感覚を身につけてしまったものは日常一般的な規範や秩序を信用しない。

この時点での歴史的な事実関係を明確に書いておくと、ヨーロッパでベルリンが陥落し、ドイツが無条件降伏したのがこの年（昭和二十年）の五月七日。これは東からソ連軍が西から米英軍がドイツ軍を挟撃して粉砕したものだった。これに先立って、同年の二月四日から十一日までの一週間、ソ連のスターリン、イギリスのチャーチル、アメリカのルーズベルト大統領の三者はクリミア半島、当時のクリミア自治共和国の首都であったヤルタで首脳会談をおこなった。

これがヤルタ会談である。この時点でソ連軍はポーランドからドイツ軍を追い出し、米英軍はドイツ国境を越えて、ライン河畔まで攻め込んでいた。ヤルタでのこの会談はのちの東西の冷戦構造を生み出すきっかけになったものなのだが、この時点での差し迫った会談のテーマは、これ以降、ドイツをどう降伏させるか、そして戦争が終わったあと、ドイツをどう統治するかを決める最重要の戦略会議だった。そして、同時にのちに極東密約（ヤルタ協定）と呼ばれるのだが、日本を降伏させるためにソ連軍が太平洋戦争に参戦するという密約も交わされた。

スターリンはこの密約に従って、終戦直前の八月八日にソ連軍がソ満国境を侵攻して満州国に攻め込んだのである。あとから思えば、そういう切羽詰まった状況のなかで、上野の家族が新京から逃げ出したりせず、ひとつ所に身をすくめるようにしていっしょに暮らしていたのは賢明な選択でむしろ安全だったのかも知れない。多くの人たちが、自分の暮らしていた町から日本をめざす移動の途中で遭難して、死亡しているのであるから。この、敗戦後に新京の街に侵入してきたロシア兵について、上野はいう。

ただ新京にもロシア人の兵隊たちがどんどん入ってきて、その人たちがムチャクチャやるんですよ。人の家に押し入って、暴力をふるったり、ものを強奪《ごうだつ》したりして。

そして、そういう危険きわまりない生活環境のなかで少年だった彼が町で目撃したのは、不思議なことに死と隣り合わせの極限の状況のなかでイキイキとして立ち働く人間たちだったのだという。そのことをかれはこう説明する。

ある意味では、新京というちゃんとした大きな町で暮らしていたということはむしろ安全だったのかもしれないけれど、そのときの印象で覚えていることというのは、大人たちというのがなんでなのかわからなかったんだけれど、生き生きしていたというのもおかしいんだけど、人が死んだりしているんだけど、サバイバルギリギリの生活をしていて切羽詰まっているのに、なんか、みんな元気で生き生きしている感じがしていた。ちょうど破裂寸前のフーセンみたいな感じで、その不思議さをちょっと上手く説明できないですけれども。

これはわたしもうまい解釈を思いつかないが、黒澤映画に『どん底』という、やたらに威勢がいい映画がある。映画のなかで三船敏郎や山田五十鈴がものすごい迫力の演技をくり広げる作品だ。江戸時代の貧乏長屋が舞台で、ロシア文学のマキシム・ゴーリキーの原作を換骨奪胎して映画化したものなのだが、出てくる人間ぜんぶが捨て鉢で、「お前、死んだら地獄に落ちるぞ」という脅かしの科白に「なにいってやがる、オレたちがいまいるとこだって地獄じゃねえか、地獄なんかぜんぜん怖くねえや」と応酬するのである。黒澤明の『どん底』は追い詰められて見栄も外聞もないギリギリの世界でどうにでもなれと居直って生きていたら、人間はけっこう強靭な存在なのかもしれないということを思わせる。上野が目撃した世界も江戸時代であれ、帝政ロシアの時代であれ、その『どん底』と共通する、生きることだけが重要な、生の意識が凝集した場所だったのではないか。

既述と重複するが、そういう呪縛のような満州国滞在から解放されて、上野の家族が日本にもどったのは二年後、昭和二十二年の満州からの最後の引揚げ船だった。いっしょに満州国の敗戦後の処理を引き受けた高碕達之助らと同じ船での帰国だったという。

ようやく高碕達之助さんとか、高碕さんはのちに政府高官になるんですけど、父が高碕さんと親しくて、引揚げ船のなかでは隣同士で雑魚寝してましして、高碕さんの枕元でオマルを使って排便するという、そういう感じで日本に戻ってきたんです。日本に戻って、やっとホッとするんですけれども。最初、とりあえず父親の里である新潟にいって、それから東京に出てきて、しばらく豊島区の高松町に住み、それから中野で暮らし、やがて荻窪に移るんですけれども。

最初、小、中学生のころというのは普通に昆虫採集の好きな少年だったんです。(子供のころは日本の生活に) あまり違和感も感じなかったんですけれども、だんだんと中央線の沿線で暮らしている人たちの暮らしかうそくさいというか、取りつくろっているような気がしてしょうがなくなっていくんですよ。

前出の作家の五味川純平、同じ作家では五木寛之やなかにし礼もそうなのだが、朝鮮や中国からの引揚げ体験を持つ有名人の名前をランダムに羅列するとこういうことになる。

赤塚不二夫、浅丘ルリ子、池田満寿夫、遠藤誉、小澤征爾、加藤登紀子、橋田壽賀子、広河隆一、森繁久彌、山田洋次、……。アイウエオ順だが、こうやって名前を並べるとアナーキーとか異端者といったら大げさかも知れないが、強烈な個性を持った、既成の概念にとらわれない、クロスオーバーな人たちばかりである。もちろん、このほかに自分の大陸での体験を誰にも語らず記録も残さず、黙って戦後の昭和を生きようとした無辜の民衆がいたことも書き添えなければならない。ちなみに、山田洋次については「流れ者や社会の逸脱者を多く描くのは山田自身の引き上げ体験が強く影響している」という指摘がある。（3）

東京にもどって中野で暮らし始めた少年の上野圭一は、昆虫採集に熱中する普通の少年だったようだ。高校は都立西校に進学したというから、学業が成績優秀であったことは間違いない。

前出の『ヒーリング・ボディ』のなかにこんな記述がある。

昆虫を追うことに夢中になっていた少年時代、わたしが住んでいた東京都の中野区にはいたるところに空き地がありました。夏ともなれば勢いよく草が生い繁り、空き地は昆虫少年にはかっこうの野原と化しました。草いきれのなか、補虫網を持って野原に分け入っていくと、一歩前進するたびにキチキチバッタが乾いた音を立てて四方に飛んで逃げ、近くの雑木林からきて休んでいたカラスアゲハやルリタテハが美しい色の羽根をきらめかせて舞いあがりました。

あちこちにあった小川では、ハグロトンボやイトトンボが静かに羽根を休めているのがよく見られました。トンボといえば、ムギワラトンボやシオカラトンボなら、いつでも飽きるほど捕れたものです。たまに淀橋浄水場のあたりにまで遠征して、旋回するたくさんのギンヤンマやオニヤンマに遭遇したときなどは、網をふるうのも忘れてその雄姿に見とれ、恍惚となったものでした。真夏の太陽が傾きはじめると必ずといっていいほど夕立があり、夕立が上がると虹が立つのがふつうでした。（4）

映画化もされたが西岸良平の漫画、『三丁目の夕日』の世界の周縁を描写したような文章である。彼が暮らしていたのが下町だったり、マニファクチャーな工場の多い町だったりすれば、人情も山の手と違う細やかさがあったのかもしれない。上野はそのころの自分についてこんなことも書いている。ほかの子とは様子のちがう子どもだったようだ。

補虫網を持って昆虫を追いかけていた少年時代から、わたしにはなぜか妙な癖がありました。なにかハタと行きづまったとき、最終的には「北京原人ならどうするか」と想像し、イメージのなかで描いた北京原人が選んだ方向に向かって歩き出すという妙な癖です。「北京原人」というのは一種の方便で、「ジャワ原人」でも「明石原人」でもよかったのですが、たまたま小学校で習った北京原人の骨の盗難というミステリアスな逸話が強烈に印象に残っていたために「原人」の代表として北京原人をイメージしていたのでしょう。（略）わたしはこどものころから何度もイメージのなかの「北京原人」に助けられてきたような気がします。（5）

子どもの世界に自分の現実を肯定するも否定するもないのだろうが、そういう自分のなかのもうひとりの自分が無意識に感じている違和感の解決法を、彼は〝北京原人の自分〟と名付けて、その擬人的な存在を語っている。

この話はたぶん、彼の現実を受け止める方法が二重の基準で設定されていた、ということを意味しているのだろう。問題に対する答も二つあって、そのことが少年時代からある程度、分かっていたということである。そして、思春期に入り、多感になって大人になる準備をし始めると、二つある答が矛盾して存在するところにたどり着く。子どものころは無邪気に「あれもこれも」だったのが、大人に近づくにしたがってキュルケゴールではないが、「あれかこれか」というものの考え方になっていくのである。たぶん、彼にとって北京原人はそういう思考方法の代名詞だったのだろう。

上野圭一の卒業した都立の西高というのは半端な成績しか取れないでいる中学生にはとても入れない高校だった。彼も子ども時代の学業の成績は相当優秀だったのだろう。杉並区の西高は戸山高校、日比谷高校、国立高校などと並んで入学試験がかなりの狭き門の都立高校だったのである。

こういう学校に入るのがどのくらい難しかったかという話をすると、また自分のことになるのだが、わたしは世田谷の区立中学校で三軒茶屋の近くにある駒留中学というところの出身なのだが、昭和三十七年だと思うが、三年生の春、高校受験のための予備調査みたいな意味合いもあって、三年生全員で旺文社主催（だったと思う）の実力試験を受けさせられた。生徒の数は団塊の世代だからやたら多くて学年に七五〇人くらいいた。わたしはそのなかで十五番という成績だった。ふだん、大人のいうことをちっとも聞かずに遊んでばかりいる生徒だったから、わたしの成績に先生はビックリしたようだった。そして、「キミの成績だったら戸山は無理かもしれないが、新宿高校ならぜったいに受かるよ」といわれた。戸山、西高は山の手の高偏差値公立高校として併称された高校だが、たぶん、クラスで一番成績の優秀な生徒が入れるか入れないかというような高い基準の学校だったのである。

ついでながらにわたしの高校受験の顚末を書いておくと、先生に絶対合格保証スタンプを押してもらったわたしは、それこそ世の中をすっかりなめきって、学校のクラブ活動で生物部の部長になって、週末ごとに下級生を引き連れて多摩丘陵や丹沢などに昆虫採集に出かけミドリシジミやウスバシロチョウを追いかけ回して楽しい毎日を過ごした。

夏休みが終わったあと、もう一度実力試験を受けさせられたのだが、この試験でなんと百五十何番という成績を取った。半年のあいだに全校十五位から百五十位まで試験の成績を急降下させたのである。それはそうで他の人が必死で勉強している最中にチョウチョを追いかけまわして遊んでばかりいたのだから当然の結果だった。けっきょく最後、わたしは足切り都立の千歳丘高校というところに辛うじて滑り込むのである。この高校で美少女の所フジさんとか南村泰子さんとか田中慶子さんという可愛い女の子たちにいっぱい出会うのだからそれはそれでよかったとは思っているのだが。

追記になるが、パソコンで千歳丘高校の現状を調べると、グレードはなんとFランクの偏差値43だった。わたしたちが通っていたころは中学校のクラス五十人のうち都立高校に進学できたのは十人くらいだったから、そこまで低くなかったのではないかと思う。いずれにしても現在もSランクをみると日比谷、西が72、戸山が71という偏差値が表記されている。偏差値が高いということは詰まるところ、大学への進学率が高いという意味なのだが、上野が進学した都立西校も、毎年、東大や一橋大学に何人もの生徒が現役合格する、杉並区で屈指随一の進学校だった。

彼はこの学校に通いはじめて、たぶん自我に目覚めてというか、少年なりに人生や生活について考えはじめ、自分を取り巻く現実にはっきりとした違和感を抱きはじめるのである。

高校に入って、西高というのはつまんない学校でね。ぼくもその後、いろんな学校行きましたけど、人生で一番つまんない学校でした。校長が生徒を一箇所に集めて「君たちは東大か一橋大学ぐらいは目指さないとダメだ」みたいなことをいうんですよ。「大学受験を頑張るぞ」みたいな宣言をして。ぼくは最初からそういうところに行く気はなくて、しょっちゅう学校を抜け出して、映画を見たり、なんかしていましたからね。とうてい進学なんていうノリじゃないんですよ。

上野は、高校生のころになると、もうはっきり自分で、普通の人の日常生活に対する漠然とした違和感を抱きはじめていたようだ。そういう傾向はまず、どんな音楽が好きなのかとか、どんな文学作品を面白いと思うか、というような趣味嗜好的な側面に具体的な形をとって現れた。テレビから流れてくる日本の歌謡曲とかポップスとかいうジャンルの音楽を聴いても、もちろんそれなりに面白いと思うのだが、なんだかウソくさい気がして、感動して聴いている、というようなことはなかったという。

人間が自分から好きな音楽を選んで聞き始めるのは十代の前半、中学生になるころからだと思うが、考えてみると、歌謡曲、ポップスといっても彼が中学校に入学するのは昭和二十八年のことで、このころ大ヒットした歌謡曲というと、春日八郎の『お富さん』みたいな歌舞伎ネタの歌詞の歌とか『別れの一本杉』みたいな望郷歌謡曲なのだから、都会の子どもが好きになれるわけがなかった。傍らで、その前年に雪村いづみとか江利チエミみたいなまだ十代の歌手が歌うアメリカのジャズといっていいかどうか判断が難しいのだが、「テネシーワルツ」とか「思い出のワルツ」などが大ヒットして一大ジャズブームがやってくる。これは進駐軍相手に商売をしていたジャズマンたちがサンフランシスコ条約の締結と米軍基地の縮小をきっかけに日本のいろいろなところで日本人に向かっていっせいにジャズを演奏しはじめたという背景があるのだが、ラジオからは繰り返し、アメリカのスタンダードナンバーが流れた。彼はそんなときにジャズに出合うのである。上野の告白である。

ジャズがいいなと思いはじめたのは千代田区立の九段中学のころからでね、新宿にはすでにモダンジャズを聴かせてくれるお店（ジャズ喫茶）が何軒もあったんです。ぼくは中野に住んでいたから、家の近くの「ローン」というお店に通っていた。モダンジャズとビート文学というのはかなりの部分、重なっている、近い関係にあるんです。それで自然とビート文学にしびれるようになっていった。それはやっぱり、（昭和三十年代になって）テレビでアメリカのテレビ番組を放送するようになったんだけど、当時人気があった『ルーシー・ショー』や『パパ大好き！』みたいなアメリカの生活を紹介するテレビ番組とかたくさんあったじゃないですか。ああいう番組なんか見ても、なんかウソくさいなと思ってね。魅力あることはあるんだけど、なんか手放しでのめり込んでいけない。そういう気がしながら見てた。アメリカ映画も同じ。

これはたぶん、ぼくの引揚げ体験とかそういうところから来ているんだと思うんですよ。

音楽というか歌の話をすると、流行っていた歌謡曲とかポップスとか確かにいい歌だったとは思うんだけど、いつもなにかが足りない気がしていた。だから、その歌を聴いて心理的に高揚するということはなかったですね。なんか違うナァみたいなことを感じていたときに初めてモダンジャズを聴いた。これだっていう感じだったですね。モダンジャズがどういうものなのか、ジャズの歴史とかなにも知らないのに、聞き始めたら耳にどんどん入ってくる感じがしたんです。

これはまず、性《しょう》に合っていたという書き方をしなければならないだろう。「性」というのは、満州で経験した、生き延びるために戦うというサバイバルな原体験である。

ジャズは日本のような豊かな自然と温順な気候が織り上げる稲作共同体的な生活文化とは正反対の環境が生み出したものだった。アフリカから広漠としたアメリカ大陸に引き剥がされるように連れてこられた黒人たちがはぐくみつづけてきた音楽だった。日本の、ベタベタと纏わりついてくる演歌のような音楽とは根底から違って聞こえたのである。

これはわたしにも経験があるのだが、日本の歌謡曲やポップスは曲に乗せて歌われる歌詞の具体的な叙事性やそれに添えられる叙情的な心情を商品にしているのだから、当たり前といえば当たり前なのである。逆に曲の側からこのことを考えると、音楽のなかに言葉の意味が細かく刻み込まれすぎていて、解釈の幅が狭く身動きが取れない。これは英語の歌でも意味が分かってしまえば同じことだと思うのだが、聴いていて縛りつけられるような感じがするのである。それがジャズ（モダンジャズなのだが）では音に合わせて頭のなかで作られるイメージが自由に広がり、形を変えていく開放感や、その反対に雑多な音が次第に整理されていく収束感覚がある。これはわたしはモダンジャズ独特のものだと思う。クラシック音楽にも同じようなところがあり、わたしは気分的に落ち込んでいるときにはバッハとかベートーベンを聴いている。音楽が内在している力は聴く側がどんな状況にあるかということと密接に結びついていると思う。

はじめ、自分でもジャズのどこが気に入ったのか、よく分からなかったんですが、ジャズをやっている人間の大半がアメリカの黒人で、アメリカ社会のなかで差別されつづけてきた人間だということを知ったんです。そして、それと同じころにビート文学というものに出会ったわけです。

これは高校に入ってからのことなんだけれど、アメリカではいまアレン・ギンズバーグとかゲーリー・スナイダーっていう詩人たちの書くビート文学が盛り上がっているんだという情報がけっこうぼくたち高校生のところまで伝わってきた。すごい力作を（詩人の）諏訪《すわ》優《ゆう》さんとか片桐ユズルさんとかが翻訳して出版する、タイミングに恵まれたというか、ジャズとビート文学をたっぷり体験したんです。

ビート文学というのは、作家たちがみんなアメリカの白人のアッパーミドルやミドル・クラスの出身なんだけれども、かれらはまず自分の両親に対して人生の反面教師みたいに思っていてね、親に反抗するところからものを考えるんです。例えば、日曜日に教会に行くのなんて神と直接遭遇しないための予防注射を打っているようなものじゃないか、自分に都合のいいことしているだけじゃないかというような考え方をするんですよ。そういう文学作品を読んですごく共感して、それで腑に落ちたんですよ。それまでアメリカのテレビのホームドラマに対して自分が持っていた違和感みたいなものがアメリカではビート文学になっているんだな、と。アメリカもああいうホームドラマみたいなモノだけじゃないんだ。ビート文学にはアメリカの社会というのは白人だけじゃなくて黒人、あるいは先住民みたいな人たちもいて、みんなでいっしょに暮らしているんだという主張があった。ぼくにとってそれは、いわゆるアメリカ的な生活をしている白人のミドルクラスの人たちに対して強烈な嫌悪感を持っている人たちがいるんだという、そういう発見だったんです。

東京の中央線の沿線で暮らしている人たちへの違和感という話が前出したが、それもこの話と同類で、言葉でいうと中産階級、マルクス主義的にいうとプチ・ブルジョワなのだが、そういう人たちに対する反感みたいなものだろうか。問題が複雑なのは、反感といっても自分もそういう階級、家族に所属して生活している人間だということだった。この矛盾をそのまま受容して問題意識を徹底的に突き詰めていくと、生じてくるのは自己嫌悪である。

もちろん、彼のなかにも日本製の『パパ大好き！』的な現実の自分の家庭や親に対しての反抗心もあった。彼はそのことを「（鍼灸治療に詳しく）昔からさまざまな健康法を家にもちこんでは、それを家族にすすめる父をうとましく感じ、そんな父に子どものころから反発を覚えていたわたしは、中国語を学ばずに英語を学び、学者にならずにテレビマンになることで父にささやかな反抗の姿勢を示していたのかもしれません」というふうに書いている。

彼が少年のころ、初めてくり返して聴いたジャズはセロニアス・モンク、クリフォード・ブラウン、チャーリー・パーカーなどバップ系のジャズだった。ジャズはいまでも一番好きな音楽ジャンルだというが「年をとってきてだんだんメロウなものが好きになってきた。変わってきたけどね」といっている。また、ビート文学というのは、ウィリアム・S・バロウズ、ジャック・ケルアックなどの作家、アレン・ギンズバーグ、ゲーリー・スナイダーなどの詩人たちである。

この時代のアメリカ文学はビート文学だけでなく、その前の世代のウィリアム・フォークナーや『セクサス』や『北回帰線』などを書いたヘンリー・ミラーも含めて、饒舌で文章というか語彙が長くてしつこい、言葉の機関銃みたいな作家たちである。サリンジャーやヘミングウェイなどはなまやさしい方である。

まだ高校生だった上野圭一は自分が違和感を覚え、馴染めずにいる東大、一橋大をめざして総花的な勉強に励むのが理想の高校生だと説く校長のいる高校教育の現実のなかで、ビート文学に出合ったことで初めてその違和感を感じている方の自分が依って立つ場所を見つけたのである。

それは彼の青春の始まりであり、同時に人生の二〇年戦争とも言うべき、日本社会の愚かさ、頑迷さとの戦いの始まりだった。彼は学校の先生のいうことなんか絶対信用しないぞときめた。そして「このへんから自分の好きな勉強しかしなくなっていったんです」という。

（高校時代は）同じようなことを考えていた仲間たちとなんか文芸部みたいなクラブ活動をやっていて、文章とかを書いたりして好きな勉強しかしないという高校生になっちゃったんです。映画も好きで始終見にいっていた。それで、大学受験は（受験科目が）三科目、四科目あればよいということで、（入試）間近にチョコチョコっと勉強して、早稲田の文学部に入ったんです。

わたしは自分が上野と同じ早稲田の文学部の出身だから、こういうことを書くわけではないのだが、早稲田の文学部だっていまはどうなのかわからないが、当時の入学試験のときの額面競争率は二十数倍で、千人の学生の枠に二万人以上の受験者が群がったのである。けっして簡単に入れるような大学ではなかったのだ。彼は多分、文科系の科目について、そもそも知の標準値たる偏差値が高い生徒だったのだろう。

【註】

（1）『「神話」の崩壊～関東軍の野望と破綻～』一九八八年刊　文藝春秋　五味川純平著　P・248
（2）『「神話」の崩壊～』　P・257
（3）『毎日新聞』二〇一〇年一月十九日号　9面　時代を駆ける・2
（4）『ヒーリング・ボディ』　P・15
（5）『ヒーリング・ボディ』　P・30

［3］一九六〇年春　早稲田

昭和三十五（一九六〇）年の春、上野圭一は早稲田大学第一文学部英文学科に進学した。

大学進学に際して、彼が考えたのはアメリカの現代文学＝ビート文学を専攻してみたいということだった。それで、早稲田の文学部を選んだ。高校時代の彼の素養からすれば、当然の発想だった。そして、入学してそこからいきなり、あわただしい学生生活が始まる。

世情は騒然としていた。この前年から政府は日米安保条約の改定を目指して動きはじめ、一月に首相の岸信介らを中心とする日米新安保条約調印全権団が渡米して条約に調印。政府は二月にこの新条約を国会に提出して、批准を求めた。これに反対を唱える声は高く、ソ連は対日覚書で新安保条約を非難し、国内でも野党、いわゆる革新勢力を中心にして条約の批准に反対を唱える市民運動がいよいよ盛り上がった。

四月はその、いわゆる六〇年安保闘争の真っ盛りで、市民も学生も政治運動の季節の頂点にあったのである。それにしても、大学の四月はどこの学校でもそうだが、入学式当日からはじまる恒例のイベントというと、新入生たちに対するいろいろなクラブへの加入の勧誘活動である。たぶんいまでもそうだろう。

早稲田の文学部はわたしたちのころは、というよりいまもそうなのだが、戸塚校舎といって、大隈重信公の銅像が立っている本部の敷地とは別の、数百メートル離れた場所にあるのだが、彼が入学したころは本部に法学部校舎とか、政経学部の校舎とか商学部とか、大まかに学部ごとに分かれていて、文学部もそういう校舎を他の学部といっしょになって使っていた。早稲田の本部あたりはいまいっても、人の行き来が絶えず賑やかなのだが、そのころも春先のたけなわの時期になると先輩学生たちの新入生へのクラブ勧誘は騒然としたものだったようだ。それはちょっとしたお祭り騒ぎで、構内のプロムナードにさまざまのクラブがデスクを持ち出して思い思いのポスターを作って貼り、その前に立ったクラブの部員たちが大声を張り上げて、新入生に自分たちのクラブへの参加を賑やかに誘いかけるのである。このときのことを彼はこういっている。

入学してクラブ活動はどうしようと思いながら（キャンパスを）歩いていたら、いきなりMJQ（モダン・ジャズ・カルテット）かなんかの音楽が聞こえてきて、見たら、劇団の勧誘でした。早稲田にはそのころ、学生の劇団がいくつもあったんだけど、アメリカ演劇を専門に舞台化している素描座という、素描というのはスケッチのことなんです。もう潰れちゃいましたけど、そのころは、有力な学生劇団のひとつだったんです。なんかすごくいい感じがして。それでちょっと話を聞いたら、もうじき春の公演でアーサー・ミラーという作家の『セールスマンの死』という芝居をやるんだ、と。そして、夏休みには沖縄に公演旅行するんだ、そこまで決まっているんだっていうんですよ。沖縄という言葉を聞いて、これは面白そうだと思って、その劇団に入ったんです。じゃあ、明日から部室においでよ、みたいな話だったんです。

で、明くる日のいわれた時間に部室に顔を出したら、いい加減というかなんというか、驚いたことに、いまからデモに行く、君もいっしょだという話で、嫌も応もないんですよ。そんなふうにしてなにもわからないまま学生生活が始まって、いきなり安保闘争のデモ行進に参加することになっちゃったわけです。

もちろん芝居の稽古とかもやったんですけど、デモがあるというと劇団ごとみんなで参加して、国会の周りに集まってジグザグ行進を繰りかえして。あのころは学校の授業なんかろくに受けていないです。その年はどんな授業があったか、記憶にないくらいです。そして、六月十五日に国会で安保法案が通っちゃった。あのときはぼくも国会前で座り込みをやっていたんです。（警官隊とデモ隊がかなりもめて）けが人が出て、人が死んだみたいだと、そういう噂がさざ波のようにみんなのあいだに伝わっていった。それが樺美智子《かんばみちこ》さんだったんですけれど。十五日が終わったら、なんだか頭がぼけたみたいになって虚脱状態だった。

日本の戦後の歴史には幾つかの深い亀裂があり、それ以前と以後とでは社会のありようが全然違う、そういう出来事があった歴史のメルクマールの年と事件がいくつかある。この昭和三十五年の六月十五日を区切りにした亀裂も戦後史のなかでそうとうに重要な意味を持っているのではないかと思う。というのはここを契機にして、ホンネと建て前でもいいし、ハレとケでもいいのだが、そもそも日本の伝統的な生活様式、思考方法のなかに堅固に存在している文化の二重構造が戦後十五年つづいてきたＧＨＱ主導ではじまった民主主義の皮膜を突き破って社会の表面に初めて露顕してきたのではないか、というふうに考えているからだ。

そして、歴史はこのたたかいに参加した若い人たちに、そういう現実を作りかえる方法としてこのやり方がダメなのだったらどうすればいいんだろうと問いかけているのである。これはそういう事件だった。わたしは団塊の世代に所属していて昭和三十五年には小学六年生でこの状況の記憶は曖昧で後付けのものばかりだが、わたしたちにとってはその十年後の七〇年安保闘争・全共闘運動がこれと同じような意味を持つ政治体験だったのではないかと思う。

有名な論文だが、吉本隆明は『擬制の終焉』のなかで六月十五日のことをこう書いている。吉本はこの日、デモ隊と一緒にいて国会構内抗議集会で演説。鎮圧に出た警官との軋轢のなかで「建造物侵入現行犯」で逮捕されている。長くなるので抜粋して引用する。

六月一五日夜、国会と首相官邸の周辺は、ふたつのデモ隊の渦にまかれていた。ひとつの渦は全学連主流派と、それを支援する無名の労働者・市民たちで、その尖端は国会南門の構内で警官隊と激突していた。その後尾は国会前の路上にあふれていた。そして、頭をわられ、押しつぶされ、負傷した学生たちは、つぎつぎに後方にはこびだされて、救急車がかわるがわるやってきては、それをつれていった。他のひとつの渦は、この渦とちょうど丁字形に国会と首相官邸のあいだの路をながれて、坂を下っていった。そして、ちょうど丁字形の交点のところで、腕に日本共産党の腕章をまいた男たちがピケを張り、この渦が国会南門構内で尖端を激突させている第一の渦に合流することを阻害していた。（略）そのとき、わたしたちは今日のたたかいが国会にあること、指導部をのりこえて国会周辺に座りこむことを流れてゆくデモ隊に訴えながら、このピケ隊と小衝突を演じていた。安保過程をかんがえようとすると、この夜の情景が象徴的な意味をおびて蘇ってくるのを感ずる。

安保闘争のなかで、もっとも奇妙な役割を演じたのは日共（＝日本共産党）であろう。なまじ前衛などと名のってきたために市民のなかに埋没することもできず、さりとて全運動の先頭にたつこともできないために、旧家の意地悪婆のように大衆行動の真中に割ってはいり、あらゆる創意と自発性に水をかけてまわった。（略）しかし、なぜかくまでに、かれらは運動の阻害者として登場しなければならなかったのだろうか。（略）おおよそ、政治理論を原理とする組織は、どんな組織でも、自分たちだけが真理のちかくにあり、その他は真理のとおくにあるとかんがえ、実践的にそれをたしかめようとする。これはあながち前衛ばかりでなく、市民主義者たちの組織でもかわりはないのだ。安保闘争の過程で、いつも大衆運動のあいだに割って入り、ついには反米愛国という気狂いじみた排外主義の方向へ、大衆をひきずってゆこうとした日共の態度は、それ自体として敵対物であるが、けっして倫理的な悪と解すべきではない。じぶんの政治的理論を真理として売りにだし、買わないものをたたき出したかったのだ。真理の競り売りがこういう奇妙な形で実現することを防ぐためには、これらの組織をけっして強大ならしめないことにするほかないのである。合同反対派を粛清してスターリニズムをうみ、スペイン人民戦線を割って崩壊させ、ハンガリア事件をひきおこした政治のダイナミズムは安保闘争のさ中で、国会周辺に同じように再現された。小規模ではあっても、このダイナミズムのなかである者は死に、ある者は傷つき、官憲の手にとらえられ、死に目を体験してたたかい、その一方で、たたかいを阻害し、利敵行為とののしった組織がいたのである。（1）

（略）だらけの引用で申し訳ないが、この日のことを吉本隆明がどう考えていたかはだいたい分かると思う。もっと正確に読み込むのであれば、直接資料にあたっていただきたい。

日本共産党については、わたしはいまでも吉本がここに書いているような印象を持っていて、日本共産党がいっているような「日本の民主主義を守れ」というような言説は、十八世紀フランスのブルボン王朝末期の王党派みたいなもので、戦後つづいてきたフニャフニャの政治体制たるアンシャン・レジームをそのまま保持しようとする現状肯定勢力以外のなにものでもないのではないかという気がする。日本がどっちの方向に変化していくべきかということとはまたは別の大問題なのだが、〝革新〟と称する勢力は現代史のなかで社会の変化（変容）を拒否する方向に変質してしまった印象があり、大衆社会の変化を阻害し、産業構造の新陳代謝を妨害する最大の保守的勢力に堕したのではないかと疑っている。

話を昭和三十五年の現実にもどすと、六月十五日のあと、十九日に日米新安保条約は自然承認され、二十三日には岸信介が首相退陣を表明、七月に入ってから自民党大会が開かれ、大混乱のなか、池田勇人が自民党総裁に選出される。そして、大雑把な書き方だが、日本社会は瞬く間に政治の季節を終わらせて、池田勇人が総理大臣就任時に掲げる所得倍増計画を旗印にした、高度経済成長を最優先する経済政策と大衆文化が華やかに開花する季節へと移行していく。そして、日本社会の民衆ひとりひとりがそれぞれの才覚で自分の考える豊かな生活をめざす、そういう時代へと入っていくのである。

上野圭一がこの六月十五日のことをそのときにどう考えていたかというと、日本の歌謡曲やポップスを聴いているときに感じていた、最後のギリギリのところで歌になじめないという違和感とおなじようなものが心理的についてまわっていたのだという。デモをしている仲間との一体感もあり、それなりに政治的行動への高揚もあったが、しばらく時間をおいて考えると、だからどうしたというような半ば捨て鉢な心情があり、そういう状況に完全にのめり込めなかった自分をかなり強く意識していたのだという。

確かにいっしょにデモをした仲間とは緊張感とか感情の高まりは共有できたと思うんです。特に国会前で樺さんが亡くなったときというのはやっぱり一つのピークで、ああ（日本は）、これからどうなっていくんだろうかという思いがあったんですけれども、ちょっと冷めてみると、やっぱりこれで日本が変わるとはとうてい思えないなと感じましたね。

この心象はおそらく吉本隆明が『擬制の終焉』のなかで抉剔してみせた政治原理が人間の生活のなかで作動するときに生じさせる一種の不毛を、大陸で経験したことでつちかわれた徹底的にサバイバルな思いを通して覗き見ていたから抱いた感想だったのではないかと思う。

この冷めた目はこのあとも彼の生活感覚に始終ついて回り、生きる場所の随所で《おまえ、本当にそれでいいのか》と問いかけたのではないか。多分、それが彼が書いていた「北京原人」の正体なのではないか。

昭和三十五年の上野圭一はまだ十八歳だから、自分のなかに存在する目の前の状況に対する違和感、異邦人の感覚といってもいいかもしれない、まだそういう「違和感」にしたがって行動を選択するということはないか、その感覚は彼が成長するにつれ、肥大して、加齢と連動するように鋭くなっていくのである。そして、やがてこの感覚と自分がどう折りあえばいいのかという形をとった問題として彼の生活に立ち現れ、それは「おれはいったいどういう人生を生きたいのか」という問題に昇華していくのである。六月十五日のことが終わったあとの彼の生活はこういうことである。

ぼくも含めて（劇団のみんなが安保条約が国会で自然承認されたことで）ガックリきて、空気が抜けたようになっていたんですけれども、そのあと、すぐ我に返ってデモに行くので忙しくて放り出しになっていたアーサー・ミラーの芝居を夏休みに沖縄に持っていかなくちゃいけないという話で、その芝居を急いでやって（形にして）、夏休みにみんなで沖縄に行ったんです。この経験がぼくにとってはすごく大きな意味を持っていた。

そのころの沖縄は勢いにまかせて書くと沖縄ではない。琉球である。沖縄というのは明治維新に日本が琉球を併合したときに、明治政府によってあらためて付けられた地名である。もとは本島のみを意味する言葉だったという。沖縄ではないと書いたのは言葉の綾で、そのときの沖縄が琉球政府という、実体はアメリカ軍の占領下にある特別な地域だったからである。昭和二十七年のサンフランシスコ条約の締結で、日本本土はアメリカ軍の占領から解放されたが、沖縄だけは軍事的に非常に重要な拠点であるという理由から琉球列島米国軍政府が置かれてその支配に従うことになった。円ではなく、ドルが流通し、郵便切手などもこの地域だけの独特のものが作られた。つまり、沖縄だけは日本のなかの異邦のような立ち位置にあったのである。日本の中産階級の暮らしぶりにもうひとつなじめずにいた彼が、この異邦の文化文物にひかれたのは一種の必然だっただろう。上野の独白である。

初めての沖縄で、ピザを食べたり、食事のときにティッシュペーパーで口をぬぐったり、それからライブのジャズとか、初めての体験というのをずいぶんしたんです。なにより衝撃を受けたのは琉球音楽ですね。沖縄稲門会というのがあって、早稲田出身の沖縄の経済人たちが稲門会を作っているんですよ。それで、そのおじいさんたちが、早稲田の劇団の学生が沖縄に来たっていうので大歓迎してくれて、連日一流料亭につれていかれて、お座敷で宮廷舞踊とか沖縄の古典音楽とか毎晩、ライブで聴かされたんです。そんな音楽は聴いたことがなかったので、これは非常にショックでした。ナマのアメリカ文化もこのときに初めて接した。沖縄の伝統文化にも。それがわずか数週間のあいだの経験だったんです。

彼はこの素描座での活動をけっきょく四年間つづけて、卒業するのである。劇団では演出を担当した。役者になっていれば、またぜんぜん違う人生が待っていたのではないかと思うのだが、そのことについては、彼は「声も小さく滑舌も悪いので、役者は最初から敬遠していた」といっている。

ともあれ、その四年間は充実した学生生活だったようだ。学校の授業では現代のアメリカ文学を勉強し、劇団ではアメリカの演劇を専門にして、この時代のアメリカの文化状況に対してのリアルな認識が作られていった。

当時、テレビが日本の社会に急速に普及していき、そのなかでアメリカで作られた探偵ものや西部劇、ホームドラマが放送された。日本のテレビ会社は発足したばかりで、まだ自分ではそういうドラマを作る能力を持っていなかった。

ＴＢＳが『七人の刑事』を作り始めるのが昭和三十六年、フジテレビが丹波哲郎らを使って『三匹の侍』を作り始めるのが三十八年のことである。この時代の日本製のそれ以前のテレビドラマというと、『月光仮面』や『隠密剣士』などがあったが、いずれも映画製作を手がけるプロダクションが片手間でつくったような放送時間三十分のフィルムで撮影したものが主流だった。
アメリカで作られたドラマは「声優」と呼ばれる人たちによって吹き替えられ、一般視聴者が分かるように科白を日本語に入れ替えて放送された。確かにドラマはどれもみな面白かったが、同時にマジメにチェックすると、アメリカがどんなにいい国かを宣伝しているようなものだった。特に、ホームドラマは前出『ルーシー・ショー』や『パパ大好き』『うちのママは世界一』などの作品があったが、いずれもアメリカのその時代の繁栄をそっくりそのまま肯定して家庭生活のなかで表現してみせている楽天的な内容のもので、アメリカ的な大量消費生活を賛美する作品が多かった。彼はアメリカの演劇にずっとかかわりつづけるなかで、そういう番組の本質を見抜きはじめるのである。上野の告白である。

そのころのアメリカの白人のホームドラマというのはアッパーミドル、ミドルクラスのカルチャーを描いたものだったんですけれど、アメリカの最新の文学動向に接して、ぼく自身がテレビを見ながら感じていた「違和感」というのがぼくだけのものじゃないんだなということが分かってきた。そういう家庭生活に対する「違和感」がビート文学になっているんだ。同じアメリカといってもああいうのだけじゃないんだと、同じ白人でもぜんぜん違うんだ、と。そういうことがわかってきましたね。

この話と関連した思い出話をすると、長く『平凡パンチ』や『ポパイ』で仕事をしたイラストレーターの小林泰彦（作家の小林信彦の実弟）が、わたしに笑いながら「アメリカの音楽やファッション、ライフスタイルに憧れながら政治的には社会党を支持して、デモに行って『アメリカ出ていけ！』とかやっているんだから、あの時代というのは矛盾していること甚だしいんだよね」といったことがあった。これはそれだけアメリカという存在が日本にとって重層的な意味と価値があったということを意味しているのだろう。性格は悪いが美人の、スタイルも抜群のいい女に惚れてしまった恋愛みたいなものである。単純にいい悪いとか、話はそういうことではないのである。
簡単にいうと、アメリカは自国のメインストリームである歴史的な経緯のなかで成立した文化・生活様式を否定する、全く新しい考え方、基準の文化をかたわらで育てつづけているのである。日本の青年のアメリカに対するねじれはわかったことで、アメリカで暮らす若者たちにとっては、まさに政治と生活の矛盾は自分たちが解決するべき問題として眼前にあった。

過去の歴史的経緯を否定するものとして人種差別撤廃の闘争やベトナム反戦運動が生じていて、それは同時にビート文学やジャズを生み出した文化土壌なのである。そして、途中の理屈を大幅に省略して書くと、これらの根底に確固として存在しているのは、どっちに転んでもアメリカは自由の国でそれがこの国の伝統である、ということだったろう。

アメリカの白人社会で成立した生活様式や人生観を伝統と書かず、歴史的経緯としか書かないのは、それなりの理由があり、二十世紀の繁栄が初期の（十九世紀の）開拓者たちが尊重した先住民の文化を抹殺するように否定したところからはじまったものだから、そういう書き方をしている。

ビートの人たちはまずそこのところ、アメリカ合衆国が初期にこの大陸に上陸した人たちに先住民、ネイティブなインディアンたちが暮らし方を教えてくれた、そういう彼らから土地・財産を収奪したところで成立した、そこのところがまずおかしいのではないかというのだ。そういう意味でアメリカの文明は伝統の存在しない文明と書くこともできるだろう。

第二次大戦後に生じたビートジェネレーションのアメリカ文明に対する反発・否定はそういう根深いところにまで回帰しているのである。これは大きな流れになり、やがてヒッピーという存在を生み出すのである。

彼の学生生活はアメリカの演劇にどっぷり浸かった芝居三昧の学生生活だった。充実していたから余計に時間の経過が早かったのだろうが、大学の四年間はあっという間に過ぎてしまったようだ。早稲田の文学部は卒業論文が必須の履修科目である。卒業が近付いてきて、けっきょく彼は卒業論文にノーマン・メイラーを選んだ。

ノーマン・メイラーは一九二二年生まれで、ニューヨークのブルックリンで育ち、ハーバード大学に進学し、大学在学中から作家活動を始めた人である。大学卒業後、軍隊に入隊し太平洋戦争の死線をくぐった。復員後、戦争体験をもとに『裸者と死者』という作品を執筆してこの作品をベストセラーにする。彼はその後、ソルボンヌ大学に留学する。

メイラーはストレートにそのままビート文学系の作家ということではなく、枠組みのしっかりした物語を追求するアメリカ文学の長編小説の歴史を受けついで、新しい形の小説作品に取り組んだ作家と書くべきだろう。代表作には『裸者と死者』のほかに『鹿の園』などがある。

いわゆるビート文学の作家、詩人たちでいうと、バロウズは一九一四年の生まれ、ジャック・ケルアックはメイラーと同い年、ギンズバーグは一九二六年生まれ、スナイダーは一九三〇年生まれである。年齢的には重なるがメイラーには強烈な戦争体験があり、そのへんがかれらとは一線を画している。ある意味ではアメリカ文学の一種のエリートである。

上野が卒論を選ぶにあたって迷ったのはウィリアム・フォークナーとメイラーだったというのだが、その中でメイラーを選んだのはこういうことである。

フォークナーの場合はビート文学というより、その一つ前の世代のロスト・ジェネレーションの作家だったから、問題意識がちょっと違っていたんです。メイラーの場合は、『裸者と死者』、『鹿の園』からはじまってビート文学に近いところにいながら、白人でちょっとメジャー系の文学を目指していた。それで、ちょうどそのころ新しい本で『ぼく自身のための広告』という上下二巻の本が出て、これがものすごく面白かったんです。メイラーは戦争体験を作家としてのベースに持ちながら瞑想やったり、ヨガをやったりしていたんですよ。その辺にも興味があって、卒論に選んだんです。

わたし（塩澤）自身のメイラー歴についていうと、『裸者と死者』は若いころに読んだ記憶がある。太平洋戦争への従軍経験を作品化したもので、こんな戦争小説、日本人は全然書けていない、ずいぶんキョーレツな作品だなと思った記憶がある。量が多ければいいというものでもないかも知れないが、大岡昇平の『野火』が五十冊くらい集まったくらいのボリュームがある作品である。

『ぼく自身のための広告』についていうと、変わった表題の作品なのでその存在は知っていたが、浅学というか、どういう内容の本なのか知らずにいた。今度、初めて全集のなかに収録されている体裁のものを古本屋で入手して読んでみたのだが、これがなんというか、30字26行、２段組で本文が５９２ページある。四百字原稿用紙に換算すると、約千七百枚の大長編小説である。

『ぼく自身のための広告』はプライベート・ノンフィクションとでも名付ければいいだろうか、本人の作家的な状況を克明に記録し、それについて論究もした一種の（たぶんアメリカ的な発想の）私小説だった。新しい作品を発表するたびにその作品について毀誉褒貶の嵐に弄《もてあそ》ばれるというか、あれこれと批評・批判されるのは作家の宿命のようなものだが、メイラーはそれらの批評家たちの言説をシラミ潰しというかジュータン爆撃的にいちいち取り上げて論駁し周辺のエピソードを書き添えながら文章にしている。

現状の話をすると、作家の側からするといまのマスコミの書評はたくさんの本のなかから自分の本を選んでもらうことになるから採用の競争率が高く、なかなか書評欄に取り上げてもらえない。評者の側も良書を選んで話題にするという考え方が主流で、ある特定の作品を取り上げてこの本は面白くないから読まないほうがいいというような、いわゆるコキおろし書評はあまりない。悪口を書くくらいなら黙殺していい本を推薦する、という考え方なのだ。

なかには評判のいい話題の本をとりあげ、評者なりに「あそこがダメここがダメ」と作品の気に入らないところを書き並べるような、自分を売り込んでいるのではないかと思わせる書評もあることはある。当時のニューヨークの書評の趨勢がどうだったかまでは不明だが、コキおろし書評もけっこうあったらしく、メイラーはそういう書評を俎上に乗せて、面白おかしくからかってみたり、真剣に反論したりしている。これらを引用・紹介することまではしないが、いまの日本の状況をつき合わせて同じことを書くと、わたしもアマゾンなどで自分の作品に星一つしかもらえなくて、どこの誰だかわからない人にずいぶんいろいろ好き勝手なことを書かれている文章があり、そういうのを読むとナンダこのヤローというような気分になる。そして、オレも『ぼく自身のための広告』みたいな本が書けたらいいな、とは思う。

わたしの場合はアマゾンの星一つはせいぜい五、六人のことで気にすることもないのだろうが、メイラーが『ぼく自身のための広告』を書こうと思った気持ちというのは雑誌の『クウネル』をフランス風に作り変えようとした淀川美代子ではないが、アマゾンに星一つを三百三十五人の人間につけられたような気分と似ていて、自分がどういう思いの中で小説を書いているか、作品の周辺の状況をある程度きちんとした形で描いて見せなければ気がすまなかったのではないかと思う。メイラーはこの本を書くことで、自分のよって立つ座標を明示して見せ、さらに戦闘的な態勢を取ろうと思えば取れる、自分と相容れない現実といくらでも戦ってみせるということを作品にして見せたのだろう。

たぶん、メイラーのこのスタンスは演劇・文学青年であった上野にかなり刺激的だったのではないか。そして、この卒業論文を書き上げ、担当教授に提出、合格したら、大学卒業である。大学卒業ということになれば、とうぜん彼も就職をどうしようかと考えはじめる。そして、あまり深く考えずに、フジテレビの入社試験を受けたのだという。

学生演劇の劇団の演出家がテレビ局の制作へ、というのは考え方としては自然な選択だったのではないかと思う。テレビ局も当時から狭き門で、新卒学生の正社員採用だと例年であれば狭き門のはずなのだが、この年は東京オリンピックがあり、そのための大量採用で、何十人という採用枠があって、うまいことそれに引っかかった。

自分の就職までの経緯について、彼はこんなふうに回顧している。

> たまたま四年間、演劇にどっぷり漬かってきて、もう卒業間近まで新宿の安田生命ホールなんかでイギリスのAngry Young men（怒れる若者たち）の『蜜の味』とか、のちに翻訳も出ましたけど、ボクはそれを自分で翻訳して演出していたんです。それで、卒業が間近になっても就職というような意識はあまりなかった。（学生劇団で）演出やっていたから（テレビドラマの）演出だったらできるだろうという非常に安易な気持ちで、たまたま新入社員を募集していたフジテレビの就職試験を受けたわけです。
>
> これが東京オリンピックの前の年なんですよ。それで、東京オリンピック要員を採用する、ふだんは数人しかとらないのに何十人も採用した年で、それにうまいこと引っかかったんです。

Angry Young men（怒れる若者たち）というのはアメリカのビート文学と同時期（一九五〇年代）に起こったイギリスのカウンターカルチャーで、呼称の起源になったのは『怒りをこめてふりかえれ』（ジョン・オズボーン著）という小説作品で、この範疇の作家には『長距離ランナーの孤独』を書いたアラン・シリトーや同時期に『アウトサイダー』で作家デビューしたコリン・ウィルソンも含まれる。

これと同時期ではないかと思うのだが文学運動に限定されるが、フランスでは従来のフランス文学の伝統的な表現形式を無視した、ヌボー・ロマン、あるいはアンチ・ロマンと呼ばれるまったく新しい文学作品が、アラン・ロブ＝グリエ、クロード・シモン、ミシェル・ビュートルなどの人たちによって書かれ、サルトル、アルベール・カミュらによって実存主義哲学が語られる。

これらのことは、世界史的な大きな視野を設定してみると、新しい文学運動、若い世代の文化の生誕を意味したものだったと思う。日本でいうと、昭和三十年に『太陽の季節』で芥川賞を受賞して華やかな文壇デビューを果たした石原慎太郎、それにつづくかたちになった大江健三郎や江藤淳、開高健らがこれに該当する作家たちではないか。

上野の認識のなかには、教養としてだが、このころすでに世界的な規模で若者主体の新しい動きがいろいろな形ではじまっていることへの気付きとそれに対しての共感があったのだろう。そして、この世界史の潮流が六〇年代に入り、それぞれの国で新しい文化運動、政治運動を巻き起こし、日本のそれに上野自身もその怒濤のなかにのみ込まれていったと考えていいのではないかと思う。

学生が社会に出るとき、いつも覚悟しなければならないのは、ここからは学生独特のモラトリアムのような自由は通用しない、社会的な、あるいは大人の規範を受け入れて生きていかざるを得ないという類いのことである。出勤時間や休憩時間、ワイシャツにネクタイをして働くことなどの職場のルールも守らなければならない。荒井由実＝ユーミンが作った「いちご白書をもう一度」という歌のなかに、

♪僕は無精ヒゲと髪をのばして　学生集会へも時々出かけた　就職が決まって髪を切ってきた時　もう若くないさと君にいいわけしたね♪

というフレーズがある。「いちご白書～」は一九七五（昭和五十）年に発表された作品だが、これと同じような状況が

戦後昭和の時代にはどの学生にも大なり小なりあったのである。そして、会社組織に加わって働くことになるのだが、そのあたらしく投げこまれる環境のなかで、自分なりの才覚を働かせて生きていくことになるのだ。しかし、学生時代に見た夢を忘れられなかったらどうなるだろうか。

またまた、わたしは自分が就職した年にどうだったかということを書くのだが、これはほかの本にも書いたが、わたしが就職活動をやった年、つまり大学四年生の時というのは一九六九年で、この年の二月に東大安田講堂で全共闘の学生と機動隊の攻防戦がくり広げられた年で、わが早稲田大学も四月の終わりからいきなり全学年無期限バリケードストライキに突入して、学校の文学部のスロープに教室の机を積み上げて江戸時代の関所みたいな出入口を作って自主管理と称して大学を封鎖、大学は授業どころの話ではなくなっていた。

わたしもヘルメット、角棒というところまではいかなかったが、いま行動しなければ話にならないというような、切羽詰まった気分にかられて、積極的にデモに参加し、革マルの一番先鋭的な集団の一番うしろの方にくっついて回った。そして、大学では親しい仲間とどうすれば日本に革命を起こせるか、みたいな話を白熱して議論した。じつはわたしもストライキに突入する寸前、三月に就職部で就職希望の登録をすませていた。もうじきいろんな会社の就職試験が始まろうとしていたが、わたしの気持ちとしては、だいたい学校でこんなに煮詰まって「徹底的に戦うぞ！」みたいなことをいいながらバリケードストライキなんかやっていたら、理屈からいっても就職活動なんてできるわけがないと考えていた。

そんなある日、そういう仲間のひとりがいまからちょっといくところがあるというので、どこにいくのかと聞いたら、講談社にいって、入社試験の願書をもらってくるのだという。

じつは早稲田から講談社のある護国寺まで歩いて往復してもたいした距離ではないのだ。

彼はグループ一番の過激派で、わたしは「その人が講談社にいく」という話と「日本の革命運動をどうするか」という自分たちの緊急課題とが基本的に矛盾しているような気がして、「だってお前、就職なんかして日本の革命はどうなるんだよ」と聞いたのである。すると彼は平然とした顔で「あれはあれ、これはこれなんだよ」と、何度も書くが、キェルケゴールみたいなことをいったのである。しかし、それは正確には「あれはあれ、これはこれ」ではなく、「あれもこれも」ということなのだった。

その話を聞いて、わたしは、これからはもうコイツのいうことは信用するのをやめようと思った。しかし、後から考えて、それはいいアイディアかもしれないとも思った。

彼がどこまで深く突き詰めて「あれもこれも」ということを考えていたか、いまとなっては知るよしもないのだが、わたしは自分なりに「あれもこれも」を、就職活動と大学闘争の問題を両方とも矛盾も破綻も覚悟で自分で受け止めて、両方のことを両方とも一生懸命にやる、というふうに理解した。実際に銀座で平凡出版の面接を受けたその足で、日比谷公園で大学の仲間たちに合流してデモ行進に参加して学校にもどったりしている。

この考え方は、清濁併せ呑むみたいなところがあり、考えようによってはかなりデモーニッシュで悪の論理の典型のようにも見えるのだが、あのときのわたしは自分の就職活動もなんとかしなければと思っていたし、日本の未来もなんとか労働者が幸福に暮らせる国になって欲しいと願ってデモをやったりストをやったりしていた。ところがいい加減なもので就職が正式に決まったトタンに、才覚が働きはじめて、もうデモやストの時代じゃないかもな（少なくともオレの個人的な事情にとっては、である）と考え始めて急に身体が重くなった感じがして動きが鈍くなり、卒業しないと編集者になれないと考えはじめたトタンにデモとかストとかに出かけるのがイヤになり、闘争を日和ることに決めた。

こんな経緯で「あれもこれも」を貫徹して平凡出版＝マガジンハウスに就職したおかげで、大学のまわりの仲間から裏切り者扱いされたが、自分自身は生活的には破綻せず、大学に留年することもなく雑誌の編集者になっていけたのだった。ひとりだけうまくやったというわけだ。何人かのわたしの闘争仲間だった友人たちは留年したり、退学したりして、それぞれ自分のつじつまを合わせて生きていった。そんなことで、彼らにとってはわたしは一種の変節漢というか裏切り者で、わたしには大学時代からの仲良しの友だちというのがひとりもいない。

わたしは自分勝手な論理を思いついて、それにすがりついてあの時代を生き延びた。心のなかのどこかでいまも無期限バリケードストライキがつづいていて、いまもその孤塁を守る自分がいる、そういう気がしている。いまもそうである。

大学を卒業して就職するとき、自分が「あれもこれも」という人生を選んだことを決して忘れまいと思った。そして、平凡出版で雑誌の編集者になったあと、学生時代の「就職活動と大学闘争問題」の問題は具体的な生活の矛盾として存在することになり、昼間、会社では十代の子女を読者にした月刊『平凡』という雑誌で天地真理ちゃんや郷ひろみくんの原稿を書き、夜、家に帰ると吉本隆明や埴谷雄高をよみつづけるという猛烈な二重構造の生活をくり広げるのである。

話を上野圭一に戻すと、一九六四年にフジテレビに入社したあと、彼は学生時代同じ劇団で女優だった同年の恋人と正式に結婚する。若く多感な愛の形だった。彼女が、このあと、わたしに初めて原稿書きの仕事をくれることになる人である。彼女は卒業して、劇団四季の演出部に就職した。

上野から聞いた話なのだが、彼女はかなり安い給料で働いていたらしい。時間的にはけっこう自由が利いて、フレックスみたいなところがあった。わたしが分けてもらった雑誌の原稿書きは彼女が内職でやっていた編集仕事の手伝いだったのだという。

さて、それでフジテレビでディレクターとして働きはじめた上野圭一の話である。彼は運良くというか、願い通りにドラマ製作の部署に配属になるのだが、待っていた現実は驚くほど期待外れで、ドラマの演出という甘い幻想を木っ端みじんに打ち砕くものだったという。上野のドラマ制作局時代の思い出話をきこう。

テレビの世界では、そのころでさえも新入社員がいきなりドラマの演出を担当するなどということはなくて（年功序列というか、キャリア優先の世界だったから）入社してまず、ＡＤ（アシスタント・ディレクター）として仕事をはじめるんですよ。だけど、このドラマ制作のＡＤというのはよほど僕に似合わない仕事だったんです

ＡＤはだいたいまず、声がデカくなきゃいけない。スタジオで大声を張り上げなきゃならない。声が小さいとか気が利かないとかしょっちゅういわれた。次にタレントさんのお弁当の手配とか帰りの車の手配とか、それから例えば、あの、石原裕次郎さんの奥さんに北原三枝さんという人がいるじゃないですか、あの人がドラマに出ていたんだけど、漢字が読めないから必ず台本にルビ（ふりがな）をふってあげる、そんなこともやっていた。

裕次郎さんの奥さんは性格はものすごくいいんですけど。そういう（台本がちゃんと読めない）人というのがけっこう

いて。ヘエー、タレントさんって字が読めないんだと、驚いた。

フジテレビでドラマ制作のADとして仕事を始めた上野圭一だが、テレビ局のドラマ作りの現実は学生時代の予想を大幅に裏切られたモノだった。彼はなかなか現実に順応できないで苦労している。そのことを話してもらおう。

なんとなく学生演劇の演出とテレビドラマの演出という、そのわずかなつながりを頼りに、ドラマを作るという仕事をやっていけるかなあと思っていたら、そんなに甘くなかった。同じ演出だからできるかなと、そんなふうに考えていたところがあったんですが、学生演劇とテレビのドラマ作りはまったく別世界の代物だった。そんなことがあって一、二年ですっかり嫌気がさしてしまって、会社に自分から配置換えしてくれといったんですよ。テレビ局に勤め始めてから分かったんですが、やっぱりテレビをやるんだったらドラマより報道の方が面白いやっていう読みがあって。それで報道をやらせてくれないかと申し出たんです。そしたら報道局には行かされたんだけど、社会教養部というところで、いまでいうワイドショーですか。そういう部署だったわけです。

ということで、この社会教養部で昭和四十二年に学生の身分でADとして、番組に参加したわたしと出会うのである。

現実はいつも若者につらく当たる。それは上野にもわたしにも同じだった。

フジテレビ的な情況についていうと、学生だったわたしは社会教養部で垣間見たテレビ報道の現実に、瞬間的に嫌気がさし、見切りを付けてやめてしまったが、彼はそういうわけにいかなかった。そこは学生時代、自分から選んで社会に出たらそこで働いて生きていこうと決めた場所だった。そういう選択をした自分に対する責任というものがあったのである。

彼は当時のテレビ放送労働者の現実のなかでさんざんに苦しまなければならなかった。

【註】

(1)『吉本隆明全著作集13 政治思想評論集』一九六九年刊　勁草書房　吉本隆明著　P・48

［4］一九六九年冬　東大安田講堂

一九六九年の一月の東京大学、安田講堂で目撃、経験したことを、上野圭一はこんなふうに書いている。

彼にとって、これはかなり衝撃的な体験だった。

その年の一月、全共闘の学生たちが東京大学の安田講堂にたてこもり、八五〇〇人の機動隊と対決するという事件が起きました。医学部の登録制度反対デモに始まり、二年あまり続いた東大紛争が最終局面を迎えようとしていたのです。

機動隊は容赦なくガス弾や放水で講堂内の学生を攻撃し、学生たちは火炎ビンでそれに応えながら「時計台放送」を通じて悲痛な主張を訴えていました。学生や市民に向けられたその訴えはやがて「機動隊諸君」に向けられ、最後にはわたしたち取材するマスコミ陣にも向けられはじめました。

「放送労働者諸君、きみたちは国家の暴力装置である機動隊のうしろからカメラをかまえ、機動隊に守られながらなにを放送しようというのか。この闘いを全国民に伝えたいのなら、なぜ堂々と『砦』のなかに入り、機動隊の暴力を正面から中継しないのか」

同僚の中継スタッフや取材記者たちが「放送労働者だと？　笑わせるな」「親がかりのくせに甘ったれやがって」「自己陶酔もいいところだぜ、死んじまえ」などと口汚くののしる声を聞きながら、わたしは胸の痛みを覚えました。

東大生、樺美智子さんが死んだときの光景が鮮明によみがえりました。大学に入った直後、わけもわからずに国会議事堂前につれて行かれ、六〇年安保闘争を闘っていた樺さんが機動隊の装甲車にひかれて亡くなった現場の、すぐそばで座りこみをやっていたのです。自分の仕事がとても惨めなものに思われました。「この仕事をやめよう」と決心したのはそのときでした。若者の反乱をめぐるテレビ局の同僚たちとの見解の相違は数年越しのものでしたが、その瞬間に彼らとの乖離は決定的なものになったのです。

たとえ全共闘の学生たちに未熟な点が多々あるとしても、また、たとえ彼らがみずからを行動へと駆りたてる真の動機にまだ気づいていないとしても、それが反乱を繰り返す欧米諸国の若者たちの無意識的な動機と軌を一にするものであることは確かなように思われ、その動機をグローバルな規模で明らかにしないかぎり、個々の問題の本質はつかめないというのがわたしの見解でした。それに対して同僚たちの多くは、打ちつづく若者の反乱を個別にとらえ、たんに秩序を乱すものとして彼らを批判していたのです。

六三一人という大量の逮捕者を出して東大紛争が終結し、安田講堂が「落城」してからというもの、わたしは毎日、テレビ局をやめることばかり考えていました。「内なる原人」が脳裏にあらわれ、しきりに「こっちだ、こっちだ」と指さしているような気がしました。相変わらず胃薬は必需品で、定期検診では肝臓が肥大していることが分かりました。

東大闘争は彼にとっては、江戸時代の切支丹バテレンの踏み絵のようなものだった。そこで表向きだけでなく本心から平気な顔をして「ここは報道の最前線だ、いま起きているのはオレの生活とは直接は無関係な事件だ」と割りきっていられたらテレビマンとしての彼の安泰な一生は保証されたにちがいなかったが、彼にはどうしても学生の言い分が間違っているとは思えなかった。一見、精神がタフかどうかの問題に思えるかも知れないが、彼にとってはたぶん、そうではなく自分の心のなかの掟をどう守るかという倫理の問題だった。しかし、彼は自分が置かれている場所で、彼らは間違っていないと考えていることをテレビに向かって主張することはできなかった。

端的にいうと、それは秘かな夢をいくつか抱えて生きている自分と目の前の現実とをどう妥協させるか、という話なのである。たとえば夢をあきらめて与えられた条件のなかで生きようとする。それ以外の生き方に自分を賭する勇気だったり、自分に対する自信がないためだ。それと生活の変化そのものを嫌う安逸への志向もあったのかもしれない。

上野圭一は何年間かかけて、入社以来、ここはホントはオレの居場所じゃないかも知れないという「違和感」に付きまとわれながら、働きつづけていた。その矛盾が次第にはっきりとした形をとって現れていく、その最後の場所が東大の安田講堂だったのである。ドラマの制作から這這の体で逃げ出す形で報道局に移って三年が経過している。報道畑への異動願いが認められたのは入社二年後のことだった。

この前後の自分について、上野はこんなふうに語っている。


ドラマ作りで嫌気がさして、報道に替えてくれっていったんですね。やっぱりテレビはドラマより報道の方が面白いやと思って。で、報道局にいかされたんだけど、それが社会教養部だったんです。（社会教養部はニュース・ショーを作るところだからドラマ班より）報道に少しは近づいているな、という感じがしていたんです。いずれはもうちょっとハードな報道の現場に行けるのかな、というふうに思っていた。だから、最初から報道記者をめざしていたとかそういう気持ちはぜんぜんなくて、なんとなくということでもないんだけれどテレビのなかで生きていければそれでいいや、と思っていたところがあったんですよ。ニュースショーというのは基本的に生放送で、生放送のディレクターというのはある種のスポーツをやっているようなそれなりの面白さというのがあったんですよ。ただ、自分のなかではこれ、ホントに一生やる仕事なのかなという感じに付きまとわれていたんです。

ぼくはそのころから自分ではなんとなくテレビマンとして失格かも知れないと思っていたというか、まわりの人たちと人種が違うなと思いながら仕事していた。そうしたらあなた（＝塩澤）が入ってきた。それで、あ、これはテレビ局のぼくの仲間とは違う人種だなと思ったんですよ。ぼくに近いというかね。ぼくも文学少年だったんだけど、でも、そういう話をする仕事仲間というのがいなかった。


理想と現実が食い違っている、というのとはちょっと違うのである。いまあらためて、五十数年が経過してあのころのことを考えてみると、そのことは若者が現実とどう折り合って、それなりの志を持って生きようとしたかという問題だった。それがわたしは平凡出版で、上野圭一はフジテレビでそのことと対決しなければならなかったのである。

そのときは、シオザワにも上野圭一にも自分が生きていくための理想の形がちゃんと見えていなかった、見えてはいなかったが現実に対する違和感だけはかなりあった、と書いてもいいかもしれない。こういう情況に耐えるというか、そういうなかで生きていくには、ふたつのやり方しかない。

これはわたしの経験である。昭和四十二年のわたしはまだ学生だったから、直面している現実が切羽詰まっていたというようなことではなく、わたしの悩みというのはそのころ付き合っていた彼女がちっともわたしの言うことを聞いてくれないとか、フランス語の試験で14点とっちゃってこのままじゃ留年だ、三年生にあげてもらえないとか、悩みというとそういうようなことだった。

学生時代のこの「現実と思い」の問題は、第三章でもちょっと書いたが、大学を卒業するときにわたしよりも過激派の友だちから「革命は革命、就職は就職なんだよ。分けて考えればいいんだよ」という、いまから思えば矛盾そのものなのだが、そのときは貴重に思えたアドバイスで、わたしは就職活動をのりきり、雑誌の編集者として働きはじめる。

この経験を整理して書くとこういうことだろう。ひとつはわたしのように、あれもこれもと考えて、平気な顔をして矛盾したところにいつづけることのプレッシャーに耐えるか、それとも本当に自分が国家権力の末端に位置する報道の装置の走狗であることを肯定するかである。

人間には鈍感な人間と敏感な人間と二種類がいる。あるいは、頭のいい人と悪い人と二種類がいると書いてもいい。上野のように、繊細な神経のなかで情況を受けとめて自分を傷つけるような人間のほかに、反対にこういうことに無頓着で、ということは不勉強で無恥であるともいえるのだが、仕事と割りきって平気な顔をしている人もいるのである。

東大の安田講堂での攻防戦について書くと、これはどの時代にもどういう状況でもあることだが、国家権力が支配の本質を一瞬のことだが、露呈させるのである。わたしたちは国家というものは本質的にそういう暴力的なものだということをきちんと弁えておかなければならない。それはとくに政治家やジャーナリストたちの絶対に必要な自覚なのだ。

こういう報道についてのわたし自身の考えを言うと、テレビの場合、報道というか自由な表現が許容される臨界点というものがかなり身近なところにあるのだと思う。これはもちろん、印刷媒体（雑誌や書籍など）も同じような基準があるが、表現の自由というものがあり、比較すれば国からの認可でその周波数を使用する許可（免許）をもらって放送するテレビ局より自分たちの立場を支持してくれる読者からなにがしかの本代をもらってその収入で成立している紙＝印刷媒体の方が自律的であり、まだましというか、表現の基準は寛容で多様である。

先日もそういうことがあったが、テレビ局の免許が国から出ているから、国会答弁などでテレビ局は偏向しているなどといわれて、足元がすくむのである。そういうことでもめると、スポンサーする企業のマインドに影響して、番組の編集方針を思わぬ方向に向けて偏向せざるを得ないところに追い込まれたりする。実は、テレビという媒体の表現の基準は二つあり、ひとつは民放のテレビがいずれもスポンサーが提供するコマーシャルの料金によって成立している、ということがある。これはどっちに転んでも資本の許す範囲でしか放送できないという意味である。だからスポンサーの企業がなにか犯罪的な出来事に関係すると、そのことを手加減して放送したり、ないしは放送しなかったりということがありうる。自社提供のニュース番組で自社の悪行（悪いニュース）の報道を許可したら最高にあっぱれだが、そういう企業はまずない。

それともうひとつの基準はテレビを見ている視聴者の側が、テレビに出演する人たちにテレビタレントの資格という形で押しつけてくるもので、ここでは反社会的人間、例えばヤクザものとかテロリストのような政治運動の過激派は存在を許されない。女房がいたら愛人を持つことは許されず、これを犯すと「不倫」という話になって、テレビの世界から猛烈な勢いで排除される。テレビにはそういう倫理的に狭量な基準もあるのだ。

そして、これらのふたつの事柄はひとつにまとめられて「視聴率」という形でテレビ局の表現自体を拘束する。この問題とテレビのなかでどう闘うのかがテレビの世界で仕事をしつづけるときの最重要ポイントなのだ。自由な魂の有様《ありよう》とテレビの二重規制、この矛盾をどう避けるのか、この問題を真面目に考えていくと、長年、テレビに関係して従事している人たちが「そんなに煮詰まったってしょうがないだろ」とか「お前はマジメすぎるんだよ」というようなご託を宣するのである。この問題について緻密に思考をつなげていくと、テレビというメディア自体が空中分解してしまう。

上野は入社後、何年かでそういう臨界点にたどり着いていた、ということなのだと思う。また、上野とわたしを比較して書くのだが、これはひとつにはそれぞれたどり着いた場所、マガジンハウスというか平凡出版とフジテレビというかサンケイ資本とではそもそも従業員や労働環境に対する考え方が基本的に違っていた、ということがある。

マガジンハウス（当時は平凡出版）の方は出勤時間も本人の裁量まかせ、労働組合もやり放題で、春闘、夏闘、年末闘争と一年に三回、昇給と年二回のボーナスの額を決めるためにストライキをうち、気楽に経営者と大衆団交（組合員全員が参加できる賃金交渉）を繰りひろげるのである。自由そのものの社風だった。これは創業者たちが戦前は中国大陸で宣撫官を務めていた右翼だったり、その相棒は新感覚派の小説にあこがれた文学青年で政治のことにはまったく興味のなかった人だったりしたことによる。彼らのモットーは〝来て楽しい会社にしたい。そうすれば楽しい雑誌が作れるはずだ〟というような、基本的に素朴なものだった。

ところがフジテレビというか、紙媒体的には産経新聞で、総体「フジサンケイグループ」というのだが、じつはサンケイというのは当時の社長が鹿内信隆《しかないのぶたか》といい、ニッポン放送、産経新聞社の社長も兼任するグループで絶大な権力を持つ人だった。それで、この人が労働運動にまったく理解のない人だった。当時の細かな数字や就労環境のデータなど手元にあるが、大新聞のなかでは産経新聞社は突出して低賃金で、そのかわり、仕事ができるヤツと分かると、すぐに正社員として雇用してもらえるような融通無碍な、逆に柔軟なところもあった。わたしには、実際にそのころ産経に途中入社して、定年まで勤めた友だちがいる。

給料の話をするとフジテレビの場合は、これも第一章でちょっと触れたが、わたしが大学二年生のとき、昭和四十二年の大卒新入社員の初任給が三万円で、これは当時としては悪い方ではなかったと思う。その二年後のわたしが新卒の就職試験を受けた（フジテレビは受けなかった）年の初任給は推測だが、四万何千円ではなかったかと思う。その年の渡辺プロダクションの初任給も記憶しているが、これがあまりよくなくて三万円だった。うろ覚えだがデパートの伊勢丹の宣伝部が四万円くらいだった記憶もある。出版界はやはり突出していて、講談社や小学館のこの年の初任給が五万五千円くらいだった。平凡出版の月給は、わたしが知っているかぎりでは一番よくて、五万九千円、そのかわり講談社や小学館のように残業手当は付かなかった。そもそも出社時間がメチャクチャなのだから残業もなにもないのである。
フジテレビはそれでも他のテレビ局との釣り合いのようなことを考えていたのだろう。新聞に較べればちゃんとお金を払っていたということだ。しかし、女子社員二十五歳定年制とか、信じられないような悪条件の就労条件も存在していた。労働運動に関しては目の敵にしていて、労働組合を作ることも許さず、組合を作ろうとした社員を解雇したりしていた。
ここからが上野の思い出話である。

自分がまわりの人とはぜんぜん違う人間だなと分かってきたことがひとつあるんだけど、それとは別の問題で、これはシオザワ君には直接は関係ないんだけど、入社して分かったんだけど鹿内信隆という社長がいて、従業員が労働組合を作ろうとすると、その人を解雇したり、違う部署に異動させたり、「組合つぶしの名人」といわれていたんです。忠臣蔵みたいに二年ほどかけて準備したのかな、まず在京のテレビ局で組合がないのはフジテレビだけだった。それで、これはまずいんじゃないかという話で、組合を作ろうというチームに誘われたんですよ。
秘密の集まりで、社内ではできないから、ずっと近所の旅館を借り切って旅館に閉じこもって、集まってはいろんな人たちのアドバイスを受けながらね。新聞労連とか、すでに他のテレビ局は民放労連というものがあったんです。フジテレビだけないのはおかしいんじゃないか、作らなきゃいけないと。そういうなかで、ある日、ようやく準備ができていっせいに立ち上げたんですよ。そのあとにシオザワ君が来たのかな。

彼は右記に引用した文章のなかで「肝臓が腫れた」と書いている。さらにそれにつづくのだが、このころのことをこんな文章にしている。

労働組合の「闘争委員」として局舎の入り口で朝ビラを配っているとき、出勤してくる社員たちがみんな機械仕掛けの人形に見えてしまい、自分で自分の精神の異常を疑ったこともあります。自分のなかで、なにかが大きく変わろうとしていることは確実でした。
ある朝、いつものように鏡に向かってひげを剃ろうとしていたとき、ふと「なぜひげを剃らなければならないんだ」という疑問があたまをもたげ、その日からひげを蓄えることにしたのも変化のひとつでした。いまではごくふつうのことですが、当時のテレビ局ではひげ男はわたしひとりしかいませんでした。学生劇団で知り合い、ディレクターになったころに結婚した妻と離婚したのも大きな変化でした。

猛烈な勢いで彼の精神が変化していたことが分かる。
二重の構造になっていた双貌（〝北京原人であるわたし〟とフジテレビのディレクターであるわたし）の片方が体《てい》を成さなくなって、もうひとつの「北京原人のわたし＝たぶん、このわたしがそもそものわたしではないか」に収斂していったのである。たぶん、上野がいう〝北京原人のわたし〟というのは、幼年時代に大陸で経験した無慈悲無情な人間模様を根幹に据えて作られた、人間くらいどうなるかわからないものはない、平和な現実なんて信じられないというような、「オレは地獄を見てきたんだ」というような冷めた人生観なのではないか。

組合ができて、しばらくしてシオザワ君が来たんですよ。それで、組合ができたら、鹿内さん（＝鹿内信隆）が激怒して、みんなをスタジオに集めて湯気が立つくらい怒り狂って、組合なんか絶対に認めないと、……いったりやったりしていることが完全に時代錯誤なんだけどね。たちまち、第二組合みたいのができましたよ。それで、社内が完全に分裂した状態になったんですよ。そのときはテレビマンユニオンとかも応援に来てくれて、デモをやったり、当時、大騒ぎしたんですよ。で、ぼくはひとりでそういう状況の逐一を8ミリに撮っていたんです。そのフィルムというのはいまでもフジテレビの労働組合にあって、ときどき引っ張り出して見てるっていう話ですけどね。

かなり前のことだが、インターネットの民放労連のホームページに「フジテレビ労組40周年パーティー」という見出しのついた記事が載っていて、そこにこういう文章が書かれていた。フジテレビの労働組合ができて40年というのは西暦でいうと二〇〇六年のことである。

(元組合員でその後、会長にまでなった日枝久《ひえだひさし》らの挨拶のあと）イベントのメインといえるのがフジテレビ労組「初めてのストライキ」を記録したドキュメント映像。初めてのストライキの緊迫感、高揚感が伝わる見事なものであった。最後に、フジテレビ労組のテーマソングとも言える「若者たち」、組合員の作詞作曲による「女子二十五歳定年制反対の歌」を合唱してパーティーは閉会した。

この「初めてのストライキ」と名付けられたドキュメント映像が上野の8ミリ作品である。

そして、ここで産経新聞、ニッポン放送、フジテレビなどを作った水野成夫と鹿内信隆について簡単にだが説明しておこう。まず、このふたりの関係を書くと、こういうことである。水野成夫は明治三十二（一八九九）年、静岡県生まれ。旧制一高、東大法学部卒業という学歴の持ち主、他方、鹿内信隆は明治四十四（一九一一）年、北海道夕張の生まれで、早稲田の高等学院から大学も早稲田で政経学部の出身である。日本映画の監督の世代でいうと、小津安二郎（一九〇〇年生まれ）と黒澤明（一九一〇年生まれ）みたいなものだ。水野も鹿内も相応の強烈な個性の持ち主で、特に水野は戦前、日本共産党に入党し、党員としてコミンテルン極東政治局に派遣され、中国で武漢國民政府の樹立にまで参画している。のちに検挙され、獄中で転向した。

そして、戦後は徹底的に反共主義を掲げて活動した。民放ラジオの全盛期に水野は文化放送社長に就任、鹿内はニッポン放送の設立に加わり、水野とつきあいを深めた。簡単に書くと、これからはテレビの時代だと相談して、二人で一九五二年にフジテレビの放送免許を取得し五十四年から放送を開始した。二人とも経営者としてはかなりのもので、労働運動を会社経営の阻害要因と考えていたところも共通項だった。創業社長であった水野が退任したのが一九六四年のこと、そのあとを鹿内が引き継いだわけだが、水野時代に作られた悪名高い「女子社員定年二十五歳制」などの就労条件は変わらないままだった。フジテレビの労働組合の問題についてはかなりいろいろな資料があり、インターネットには定年退職者の回想記なども発表されている。（1）

水野成夫の一代記『水野成夫の時代〜社会運動の闘士がフジサンケイグループを創るまで』という本のなかには、労働運動にふれて「国際共産主義運動の肝心な部分は地下活動であり、暗躍が表面に現れることは少ない。かつてそういうことを体験した水野には、30年以上経ってはいるが、国際共産主義運動の闇の部分が見えるような気がした」という文章がある。なお、この本のなかには女子社員二十五歳定年制とか労働組合活動を毛嫌いしていたという話は一行も書かれていない。（1）

ソ連や中国、共産主義を毛嫌いするのと資本主義社会での労働者の労働条件の改善を求める組合運動とはそもそも別のもので、GHQが終戦後の日本でできるだけの広範囲の労働組合の結成を奨励したのはそれなりの経済的な理由があるのである。労働運動は二十世紀の資本主義社会では資本の自己浄化装置＝再生装置であったのである。職場を働きやすくするために労働組合を作らなければならないと考えた人間をいきなり「アカ」呼ばわりするのも頭が悪すぎないか。中国やソ連の共産党の動向を気にしながら職場の就労条件改善のための労働運動をやたら政治問題、政治闘争にテーマを広げようとした当時の社会党や日本共産党もダメだが、水野も鹿内もダメである。

ここでいちいちサンケイ資本下の労働組合の苦難を羅列するようなことはしないが、一時期、「楽しくなければテレビじゃない」を標榜したフジテレビがいま現在、身動きの取れないような低視聴率のなかで低迷している。あまりいい加減なことも書けないが、この迷走の根本的な原因が、この会社のそういう出生の秘密（基本の体質）と関係しているのかもしれない。

話を元にもどすが、従業員たちが勝手に労働組合を作ったのが分かったあと、社内に吹き荒れたのは粛清の嵐というか、スターリンではないからいきなり死刑というような話ではないのだが、会社はどう組合活動を妨害するか、そのことに心血を注いだ。組合ができてこれまでのように安易に懲戒免職というようなわけにはいかなくなったが、労組の執行委員を人事異動でとんでもない部署に飛ばしたりした。そして、しばらくしてフジテレビは制作部門を二分割してそれぞれをプロダクション化し独立採算制にして、互いに競争させ、それぞれに利益を追求させようとするのだ。

このときのことはわたしも覚えている。これはよく考えると、雑誌の編集部をプロダクション化して独立採算制にするようなものである。なんかすごいことをするなあということと、プロダクション制にするということが独立採算ということと結びついて考えられず、仕事がしやすくなればそれでいいのかもしれないと考えた。そして、上野さんはどうしているだろう、ということもちょっと思った。これが一九七〇年ごろのことで、このころ、わたしは平凡出版の新入社員である。自分のことで手一杯だった。

上野圭一がアメリカにいってみたいと考えはじめるまでにもそれなりの物語があった。現実と曖昧な理想の狭間で悩みつづけていた、ちょうど労働組合を作ろうと準備していた最中にひとりの人間にであったのである。それが砂田一郎だった。砂田一郎とは何者か。ふたたび、上野の回想である。


組合を作るときにね、われわれはなんにも知らないからということで、放送労連とか新聞労連とか出版労連とかからいろいろと教わったりして、どうすれば会社にばれないように話を進められるか、そういうときに毎日新聞の記者だった砂田さんを呼んで、いろんな話をしてもらったんですよ。砂田さんというのは毎日新聞の労組、新聞労連の関係の人で、業界では有名な人だったんですけれど、この人が『ラジカル・アメリカ』という本を出していたんです。

ぼくはその本を読んで、非常に目を開かれましたね。その本というのは砂田さんが毎日新聞在籍中にカリフォルニアのバークレーに留学して、アメリカの新しい一連の文化の動きを詳細にレポートしたものだったんですけれど、これを読んで、砂田さんともいろいろ話しているうちに、彼から「キミはバークレーに行った方がいいよ」といわれた。

そういうことがあって、このころからバークレーに行ってみたいという気持ちが大きくなっていったんです。あの本を読んだおかげで、（迷路のようなところに迷い込んで）どうしたらいいか分からずにいたのが、（アメリカにいってみようと）気持ちが固まってほんとに助けられましたね。

砂田一郎が三一書房から『ラジカル・アメリカ』という本を出したのは一九六九年で、これはフルブライト奨学金の支援を受けての渡米だった。フルブライトの制度のなかにジャーナリスト・プログラムというのがあるのだが、これを利用したのだろう。

『ラジカル・アメリカ』は非常に刺激的な本で世界中の人たちがあこがれの国のように考えているアメリカ合衆国がそのじつ、ラジカルなところでは（ラジカル＝radicalは一般的に、急進的なとか過激なという意味で使われているが、そもそもはラテン語で根を意味する言葉である。ラジカルには根本的なという意味もある）現行体制への批判がさまざまの形で起こっていて、政治運動の範囲に止まらず、ヒッピー・ムーブメントのように日常生活そのものを否定する徹底的な反体制運動まで起こっている現状を詳しく伝えたものだった。

表向きは平和そうに見えるが国のなかではベトナム戦争反対とか人種差別反対とかいろいろなことが起こっているんだよ、というのである。これはだからアメリカに行くのはやめておけという話ではなく、そのくらいアメリカは社会の自律的な反体制運動機能が適切に働いているんだ、そういう国なんだよ、という意味だった。砂田は上野から、東大紛争の時に深い絶望感を味わった経験談などを聞いて、「キミは英語がちゃんとしゃべれるんだから、一度アメリカにいってバークレーで暮らしてみるといい」とアドバイスしてくれたのである。アメリカにはキミとおなじような悩みを抱えた若者がいっぱいいるよ、ということだった。

上野は「新聞記者から大学教授に転身し、政治学者としてアメリカ政治へのよきガイド役をつとめておられた砂田さんは近年、亡くなられたんだけど、彼はホントにぼくの人生の恩人なんですよ」と語っている

上野は高校時代にビート文学やモダンジャズに出会っていて、そのころからこころの奥底では「いつか本場のアメリカで暮らしてみたい」ということを大学時代、フジテレビに入社してからも考えていたのだった

みんなで組合を作ったら、たちまち第二組合ができた。そして社内が完全に二つに分裂した。そういうことがあって、ぼくはもうテレビはちょっとアレだなあと本気で思いはじめたんです。高校のころからアメリカにいってみたいという気

持ちはあった。
　職場でいろんなことがあって、自分のなかでやっぱりアメリカにいきたいなあという気持ちがぶり返してきた。そういうときに、たまたまフジテレビにアメリカ留学制度ができたということで、張り紙が出たんですよ。まあ、ロスアンゼルスにテレビのノウハウを研究しにいくというような話だったんですが、ロスだったらサンフランシスコにも近そうだし、シティライトブックスとかもいけるかも知れないと勝手に思ってね。志願したんですよ。そしたら、待ってましたという感じで、わかった、と。それですかさず、じゃ、組合を辞めてくれないか、っていわれたんですよ。そうだったのか、組合つぶしの一環なのか、と。あれだけ苦労して忠臣蔵みたいなことをやって組合を立ち上げてきて、自分だけ組合を辞めて会社のカネでアメリカにいくっていうのはどうしてもゆるせなかった。それで、やっぱり止めておきますという話にしたんです。これが七〇年ごろの話だと思う。

シティライトブックスというのはサンフランシスコにある本屋でアレン・ギンズバーグの詩集『吠える』などもここが版元、書店だが、多くのビート詩人たちの詩集を出版している書店だった。アメリカのいわゆるビートジェネレーションは六七年ころを境に大きく変化していっている。このことは後段で説明しよう。
　上野はこれらの一連のできごとに前後してだが、東大紛争でそういう絶望的な経験をしたあと、テレビマンとしての動きが急速に鈍くなっていったらしい。仕事がぜんぜん面白くないのだから仕方ないが、その状態がつづけばあり得るのは当然のこと、配置転換というか左遷である。実際にこのあと、彼は社内で危険分子扱いされて社会教養部から別の部署に左遷される。そして、傍らでは幸福な家庭を夢見た結婚生活も彼女が上野以上のスピードで考えを変えていって、家庭の体を成さなくなっていった。その話を書かなければならない。

　いざなぎ景気ですか、毎月、自分では考えられないほどの高額な給料が振り込まれているみたいな。そういう自分も車を買ったり、オートバイ買ったり、マンション買ったりして、そういう時代のお定まりの生活スタイルというんですか、それがある日突然、ものすごい違和感を感じ出したというのがぼくがヒゲを伸ばしはじめたときなんですよ。そのときはもう、ぼくは左遷されていた。左遷というのは、会社のなかにあたらしくシステム開発室というのができたんですよ。つまり、テレビの制作から経理作業からなにからなにまで全部をシステム化しなきゃいけない、コンピュータ化して無駄な労力を排除するんだという、そういう考え方だった。これが制作部門が三分割されてプロダクション化されたのとちょうど同じころのことなんです。

　制作部門がプロダクションになって、一方では全社の仕事の流れをコンピュータ化しようということで、各セクションからなんか、なんだか忘れたけど前頭葉型の人間ばかり集めたんだとかいわれて、ぼくにはこの前頭葉型人間というのが未だに意味が分かんないんだけど、各組織から人間が引っぱられるみたいなことで、そういう組織を特別に作って、ＩＢＭに出向させられて、ぼくがもっとも嫌いな講義を受けさせられた。そのあと、立教大学からコンピュータの先生を呼んでテキストを四冊、作ったんですよ。コンピュータの使用法みたいな。ぼくがいたころのコンピュータというのはバカでかい、ものすごいでかいヤツだったですね。

　わたしはこういうことの歴史に疎いのだが、民間の企業が自社の経営システムをコンピュータ化することの歴史からいえば、一九七〇年ころにこういうことをやるというのはかなり早かったのではないか。わが、どんぶり勘定が経営方針であったマガジンハウスの社員に一台ずつパソコンが支給されたのは確か、九〇年代半ばのことである。

　また、前頭葉型人間というのは、ネットで調べてみても意味不明である。韓国の新聞の「中央日報」の記事に韓国の認知専門医である大学教授が『前頭葉型人間』という本を出したという話がある。この記事は二〇〇八年（本の出版もたぶんそのころ）と上野が会社から「お前は前頭葉型の人間だ」といわれてから幾星霜が経過しているから、どのくらい信憑性があるかも疑問だが、件の先生は「前頭葉が健康であってこそ人間らしく生きられるのだ」と主張し、「前頭葉は人間を人間らしくさせるカギ、各種刺激を受けて反応する後頭葉とはちがい、前頭葉は動機を付与し、衝動を抑制し、計画を立てる機能をする。企業でいえばＣＥＯにあたる」と説明している。

これらの話を聞くと、彼の異動は制作の現場から外すという意味では左遷というしかないが、上野が会社から、そもそもは高い評価を得ていた社員だった様子がうかがえる。たぶん独創的な企画立案の能力の優れた社員だったのだろう。会社はなんとか、彼におとなしい羊みたいなサラリーマン・テレビマンになって会社のいうことを聞いて面白いテレビ番組を創ってくれないかと思っていたのだろう。それで、あの手この手で、なんとか彼を懐柔し骨抜きにして、組織のコマになって欲しかったのだろう。しかし、彼の方はそういうわけにはいかなかった。

そもそもの自分のつじつまが合わなければ、自分そのものがダメになってしまう、彼はそういうタイプの人間で、ある程度、環境に順応して、おとなしく、温和そうに見えるがそれはそう見えるだけのことで、じつはガンコで強い自律性を持った人間なのである。臨界点を超えたら止めようがない、もしかしたら、そういうのを前頭葉型人間というのかも知れない。

そういうなかでいつの間にか数字と記号を相手にして仕事をさせられるようになって、すごい、なんか居たたまれないというか、イヤもうこれはいられないなと思った。それで辞表を出したわけです。

東大紛争のあと、仕事に気乗りしなくなって、それで、飛ばされて、ますます落ち込んで、こんなことやってられるかという気持ちになった。それが直接退社する動機になったんですけれど、そのとき、自分がそれまでやってきた暮らしとかそういうものを一切捨てたいという気持ちになった。それまで読んできた好きな本も全部処分して、友だちに本棚ごと譲ったりしてた。奥さんと離婚したのもこのときです。

彼女からあらためて話を聞くことはできないが、襲いかかった時代の嵐は、もしかしたら、彼女の方が激しいものだったのかも知れない。彼女は芝居が大好きで、安月給を覚悟で劇団の演出部に就職したのだが、自分の思いの通りにならないのは上野と同様で、さまざまの思いを募らせて気持ちを鬱屈させていったようだ。

夫婦は次第に互いの距離を遠ざけはじめていった。彼はもともとが政治活動に懐疑的なところがあり、熱心な学生活動家を見ると、うらやましいと思う反面、そんなことでは日本の社会は変わらないんじゃないかという懐疑的な思いも同時的に抱くのである。ストレートに政治的に行動できない、精神のなかに、素朴にそういうものを信用しないぞという人間観のようなものがあった。しかし、彼女の方はもっと純粋で、自分たちの政治活動の集積がやがて日本を変革する、政治的人間の持つ素朴な社会観を信用しているようなところがあった。わたしは彼女とは仕事の話以外はほとんどしなかった。仕事の打ち合わせの最中、「シオザワ君って女の子にもてるでしょ」といわれてドギマギした記憶はあるが、だいたいが原稿書きの話ばかりだったから、あまりおこがましいこともいえないが、仙台のきちんとした家で育った娘だったというから、理想や情熱を率直に信じるような素直な考え方をする人だったのに違いない。とにかく、わたしがいっしょに仕事していたころは、思慮深そうで、美しい人だった。

この周辺の事情について、彼はこういっている。

彼女はぼくがフジテレビに勤めてだんだんとそこになじんで、テレビ屋ふうの人間になっていくことに非常に批判的だったんです。学生劇団で知り合って、ぼく以上に演劇が好きで、大学を出たあと、劇団四季の演出部に入って演劇に真摯に立ち向かっていたんだけれど、それでは食えないんで、いろいろとコピーライターみたいなこともやっていたんです。ぼくがいよいよ煮詰まってフジテレビを辞めようとした同時期に、思想とまではいかないんだけれど、やっぱり生き方のちがいでしょうね、彼女はけっこうベトナム反戦運動に関心があって、そのころ、船でベトナムを訪ねようというツアーがあったんですよ。その船に乗っていって、船のなかで過激派の政治活動家たちと知り合って、最終的にそっちを選んだ。その旅のあと、ぼくから見ても彼女はもうすっかり変わってしまっていてね、昔の彼女じゃなくなっていた。そしてある日、本当になにも持たずに家を出ていったんです。

ぼくはもうそのとき、アメリカにいく決心をしていて、アメリカにいくという自分のそういう選択に（女房を連れて歩くことは）できないなと思っていた。どうしたらいいんだろうということをずっと考えていた。（夫婦は）もう気持ちがバラバラになっていた。それで、ぼくたちは離婚したんです。

東南アジアを訪ねる船の旅に参加したことが、彼女の人生を変えてしまった、というのだ。この時期（一九六九年から七〇年にかけて）にベトナムを訪ねようとした船のツアーというと、わたしはまず、大森実が主催した第3回太平洋大学を思い出す。大森実というのは昭和の時代に大宅壮一とか草柳大蔵などといっしょに活躍したジャーナリストで、この人が太平洋大学というのを立案して、アメリカ本土に二度、船のツアーで学生などを中心にした千人近い団体を連れていったあと、一九六九年の春先にベトナムを訪ねるといって、学生を中心にした若者たちを五百人つれて、シンガポール、カンボジアなどを訪ねたものである。日本政府は危険だから止めてくれといってベトナムへの渡航許可を出さず、かわりにカンボジアを訪問して日本にもどったというものだ。

じつは、いまわたしの手元に別件の取材で手に入れたこのときの船旅を記録した写真アルバムがあり、そこにこの旅への参加者である二百八十人あまりの氏名と顔写真が載っているのだが、その中には上野芳子、ないしは平賀芳子の名前はなかった。このツアーへの参加者は五百人あまりいたというから、半分近い人の写真が載っていないのである。ましてやベトナムに行くということで参加者を募集したツアーだったから熱心な学生運動の活動家も参加していただろう。そういう人たちはもしかしたらこういうアルバムに顔を出すのを嫌がったかも知れない。写真はみな太平洋大学のTシャツを来て撮影しているから、乗船したあとで撮影したもので、希望者だけ写真を載せたのだろう。太平洋大学のほかにも船でベトナムを訪ねようとしたツアーはあったのかも知れない。いま立憲民主党にいる辻元清美たちがはじめた「ピースボート」は第一回目のクルーズが一九八三（昭和五十八）年のことで、大森実の太平洋大学のひとまわりあとの時代の話である。

上野のこの時代についての回想を聞いていると、時代の趨勢、激しい変化のなかで忙しく立ち位置を変えていかざるを得なかった「若い知性」の悲劇的な営為を思わせる。人間のあり方について考える力を持っていたからこそ、こうむった受難だった。サンケイ資本の掣肘のなかで長く苦しまなければならなかった上野圭一に較べれば、そのときに限っていうと、平凡出版に迷い込むように就職したわたしはずっと幸運だったと思う。

あとから考えてのことだが、わたしが自分の心のなかに大きな矛盾を抱えたままで、平凡出版で長く働くことができたのは、自由な社風ややるべきことをやっていればまったくうるさいことを言われないゆるい就労環境や高い賃金をもらっているという自覚もあったが、一番大きな理由は雑誌の『平凡』というたくさんの芸能人たちを取材する雑誌で、芸能界を相手にしながら、芸能雑誌の持っている意味も含めて、自分が仕事相手にしている芸能人というのが存在している芸能界というのはいったい何なのだろう、どういうところなのかぜんぜん分からない、ということがあった。これは要するに仕事が面白かったのである。会社はある程度、自立して仕事ができるとわかると、かなり自由裁量で、ピントさえ外れていなければ自分の好きなように仕事させてくれた。

当時、わたしが編集者として仕事していた『平凡』は百五十万部という巨大な部数を発行していたのである。この雑誌に社会的な意味がないわけがなく、入社当初はその意味というのが自分ではぜんぜん分からないままに仕事していたのである。わたしは、自分の知識を総動員して現代の日本社会で「芸能」と「芸能界」がどんな役目を果たしているか、社会的にどんな意味を持っているか知りたいと思った。そう考えると、自分が芸能記者として毎日働いていること自体が、もうひとりの自分にとってはフィールドワークみたいなものだったのである。

たぶん、わたしのなかには生存本能のようなものがあって、それが「あれもこれも」という自己矛盾を許容する形をそのまま自分のなかで推し進めていっても、自分が仕事的に向上しない、仕事の経験がキャリアとして堆積していかないというふうに考えていて、自分がやっていることの文化的な意義を必死になって考えつづけていた、そういう記憶がある。そして、それを原稿に書いて表現しなければと考えていた。

それは自分のやっていることのもつ、大衆文化の世界での真の意味をも問わざるをえなかったということでもある。わたしは子ども相手の雑誌だった月刊の『平凡』を四年、そのあと『スタア』という新雑誌を一年間ほどやったあと、これがうまくいかず編集部が解散したあと、大人たちが読者の『週刊平凡』という雑誌に異動になる。

わたしが幸福だったのは、わたしが芸能の問題を自分の知能の及ぶ範囲でさまざまに取材し、あれこれと考えてまとめたレポートをきちんと書けているといって会社はうけとめてくれ、そのころわたしが担当していた週刊誌に「これは面白い特集記事だ」といって、掲載してくれたことだった。

週刊平凡には七年間いたのだが、その長い日々の試行と錯誤のくり返しのなかで、わたしの大切な「あれもこれも」は次第に形を変えて、「わたしは大衆であり、しかも前衛である」という、いわばジャーナリストとしての自覚を研ぎ澄ませるようになっていった。

それは形を変えていうと、大衆文化の水先案内人でありたい、という希望だった。

そして、その時期、そういうレポートを何十本も書いたが、いま、すぐタイトルを思い出すことのできるそういうレポートとしては「芸能界覚醒剤使用体験者の告白」、「新御三家の研究～その崩壊～」、「ニューミュージックとはなにか、その旗手たちの変質」、「タレント生命の研究～芸能人はどう生まれどう消えるか～」などがある。そのころはそういう硬質な、記録性の高い芸能レポートばかり書いていた。

【註】

（1）『水野成夫の時代～社会運動の闘士がフジサンケイグループを創るまで～』二〇一二年刊日本工業新聞社　境政郎著　P・486

［5］一九六六年秋　ヘイト・アシュベリー

ここで、アメリカのヒッピーとヒッピー・ムーヴメントについての歴史をきちんとした定義づけをして整理して書いておかなければなるまい。

まず、ヒッピーという言葉はどんな意味なのだろうか。

ドイツの歴史学者ノルベルト・フライが書いた『１９６８年～反乱のグローバリズム』という本のなかにこんな記述がある。

五〇年代の「ビート」と、六〇年代初頭以降のビート音楽の世界的なヒットとには、まるで共通点がない。地理的にも世代的にもない。ジャック・ケルアックら「ビート世代」の作家や詩人たちがもう四十歳代になり、アメリカ風の実存主義の旗手になっていたころに、年齢はその半分にもならないビートルズやローリング・ストーンズその他の若いバンドがイギリスからやってきた。ところがアメリカ合衆国西部で、ビート族の密教的な文化批判と気軽に消費できるビートルズの音楽とがぶつかり合った。そして六〇年代半ば、ここでポップカルチャーのあらゆる潮流が交じり合って、めちゃくちゃではあるのだが、抗しがたい魅力に富んだカクテルが出来上がった。その成分は言うまでもなくセックス、ドラッグ、ロックンロールだった。

新たな生きざまのメッカとなったのは、サンフランシスコ、その最もヨーロッパ風の一角、ややおちぶれた感のある、牧歌的に彩られた木造家屋の並ぶヘイト・アシュベリーだった。ここでフラワー・パワーが多彩の限りを尽くして咲き乱れたのだ。このフラワー・パワーの信奉者はみずからをヒッピーと名乗った。（1）

英語の辞書で調べてみよう。まず一九七二年に研究社が出版した『ユニオン英和辞典』である。この辞書はヒッピー＝hippie,hippy という言葉を、ヒッピー族の人、と説明しているのだが、ヒッピー族という語彙についての説明がないのだから、これでは同義反復に近く、このままではヒッピーというのがなんなのか分からない。しかし、基本の語が hip であることは推定できる。

『ユニオン英和辞典』のなかで英語はヒップ＝hip という言葉に四つの意味を持たせている。『ユニオン英和辞典』は八十四年に『ライトハウス英和辞典』と書名改称しているのだが、わたしが見ているのはその改訂版の六百六十ページである。

四つの意味というのは①腰、②ヒップ（喜びや歓迎を現す呼び声）、③野バラの実、④最新の事情に通じている、というものなのだが、hippie はたぶん、④の意味の形容詞が人格化した言葉ではないかと推測できる。④の添え書きには「俗語」とあるから、言葉としても新しいのだろう。そして、これらの語のしばらくうしろに hipster という言葉があり、これには「新しがり屋、流行の先端を行く人」という説明がある。

一九七五年に三省堂が作った『新コンサイス英和辞典』も hip の説明についてはおなじだが、hippie の語については「1960年代から現れた反体制の若者」と説明して、hipster という語については複数の意味を載せている。次のようなことだ。名詞、俗語とあり、次のような説明がついている。

①新奇を追う者、あたらしがり屋、《性の解放、麻薬の飲用などが特徴》②ビート族（beatnik）③ジャズ狂

風俗にかかわる俗語でそれほど古い言葉ではないようだ。『コンサイス』と『ユニオン』の発行の間隔は三年間だが、

両者の説明の相違は著しくhippieとかhipsterという言葉が、七十年代の前半、わずか数年の間に大変な勢いでさまざまの意味を背負いはじめていたことがよく分かる。

ところで、わたしはもう一冊、英語の辞書を持っている。それが一九六五年が初版の、これも研究社が版元なのだが、『高校英和辞典』というもので、自分が高校二年生の時に買ったものだ。それで、この辞書で「hip」という言葉を調べると、二つの意味しかない。①尻、②喝采の声、である。『ユニオン』や『コンサイス』に載っている③の野バラの実というのは高校生用ということで省略したのかも知れない。④の意味につながるhippieとかhipsterという言葉も載っていない。これは省略したのではなく、おそらく六十年代の中頃まではそういう言葉がアメリカの社会に一般的な語としては存在していなかったのである。ただ、文献を調べていくなかで分かったことだが、一九六〇（昭和三十五）年の『中央公論』にビート・ジェネレーションについてゲーリー・スナイダーが書いたレポートがあるのだが、そこにこういう文章がある。

マリワナ煙草に対する昔ながらの不合理な偏見があるからこそ「ビート」と「スクウェア」は常に垣根の反対側にお互いに立たされているわけであり、この場合、ビートはしばしば刑務所の垣根の内側に立たされるわけである（square とは大体においてジャズとマリワナ、或いはそのいずれかを認めない人間をすべて意味している―「スクウェア」と対立するもうひとつの言葉を「ヒップ」と呼ぶ―これは「ヒップスターの「ヒップ」であり― ″hipster″ とは麻薬とかジャズというようなものに理解を持つ人たちを指している」。（2）

この文によってhipsterはhippieという言葉とは違うキャリアを持つ、一九五〇年代からあるビートニックの言葉だと分かる。ちなみにsterというのは「～する人」を意味する接尾語で、gangsterとかsongsterというような使い方をするようだ。辞書はいずれも日本人がアメリカの英語の文化状況を見ながら語彙を選んで作っているのである。六十五年に初版発行ということは、おそらく六十年代の前半、必死で編集作業をやっていたという意味である。

これと並行してだが、一九七〇年代に入ってから平凡社が刊行した【ドキュメント現代史】という全十六巻の全集体裁のシリーズ本のなかに第十五巻なのだが、『アメリカの革命』という本がある。この本のなかではヒッピーという呼称の起源をこう説明している。

一九六六年秋。「ヒッピー」という言葉がマス・コミに登場し、爆発的流行語になったのは、『ランパーツ』誌が六七年三月号に「ヒッピーの社会史」と題する一文を掲載して以後のことである。だが実際には（ヒッピーという言葉は）すでに六六年の秋頃から、西海岸の青年サブ・カルチュアのなかで流通しており、『ランパーツ』誌がそれを取り上げた時には、彼ら独特の侵入作戦によって、新しいボヘミアン・コミュニティとしての「ヘイト・アシュベリー解放区」がすでに確立していた。そして十一月に、平和主義者、リベラル左派、ラディカルの共催で行われた反戦デモのさいには、詩人のアレン・ギンズバーグによって率いられたヒッピーの一団が行進に参加し、「帝国主義粉砕、民族解放戦線の勝利」を叫んで、新しい政治スタイルの登場を告知した。

一九六七年三月。イースターの日、ニューヨークのセントラル・パークに約一万人のヒッピーおよび同調者が集まり、「ビー・イン」を挙行。それは、この企画の中心人物アビー・ホフマンが述べているように「我行う、故に我在り」とでもいった信条にしたがってそれぞれ自分の自発性に発する行動をとり、究極において「ただなんとなしの革命」を惹き起こす行為を意味する。しかも、この「ビー・イン」は、ニューヨークのみならず、サンフランシスコのゴールデンゲート・パークでも大規模に行われ、花をそのシンボルとし、「戦争なんかやめて、愛し合おう」を合言葉にしたため、「フラワー・チルドレン」の出会いの場とされた。（2）

ヒッピーについての歴史的な動向を日にち単位の時系列で書き並べた羅列書きを一部、引用したが、アレン・ギンズバーグ、ボヘミアン・コミュニティとしての「ヘイト・アシュベリー解放区」、アビー・ホフマン、「フラワー・チルドレン」など、ヒッピーを説明するための主役クラスの言葉が登場している。そして、そもそものヒッピーの指導者が詩人のアレン・ギンズバーグであったことも分かる。ただ、これは第一章でも説明したが、本人たちが自分たちのことをヒッピーだと考えていたわけではない。この呼び方はあくまでも、メディアとかヒッピーではない人たちが命名したものである。

そして、じつは第一章（13ページ）でも紹介した『アサヒグラフ』のグラビアに登場している、同じ（一九六七）年の五月に新宿で行われた〝原始人たちの世界の滅亡を予告する集会と行列〟というタイトルの奇妙な集会とデモンストレーションが、アメリカの右に紹介したような一連の動きに連動＝反応して起こった出来事だったことも分かる。

『アサヒグラフ』には新宿の集会に参加した〝ビート詩人〟のゲイリー・スナイダーが一枚写真でこのイベントの主役のひとりとして紹介されている。この記事のなかではゲーリーと表記されているが、彼は著作のほとんどで、ゲーリーと表記されているからそれに準ずる。そして、このゲーリーはゲイリー・スナイダーとアレン・ギンズバーグの動きがヒッピー運動の一つの要なのである。前出の『中央公論』にこんな文章がある。これもゲーリー・スナイダーが書いたものだ。


一九五五年九月のある日、私はカリフォルニア州バークレーにある小さな粗末な家の庭で自転車の手入れをしていた……シェラネバダ山脈で三カ月の間、山嶽踏破隊を手助けする仕事から家に帰ってきたばかりのところであった……そこへ黒っぽい背広服を着たなかなかりっぱな身なりの男が近くの角をまわって現われ、自分はアレン・ギンズバーグだが、あなたはゲイリー・スナイダーではないかと尋ねた。アレン・ギンズバーグが背広をきちんと着込んでいるのを見たのはそのときが初めての最後であった。私たちはいっしょにお茶を飲んだ。彼は詩人ケネス・レクスロスのところから回って来たのであったが、サンフランシスコの一画廊で詩の朗読会をやる考えで、サンフランシスコ周辺にいる詩人たちを幾人か集めようと思って私に会いに来たのだということである。それから二週間たつとフィル・ホウェールンがワシントン州の山から通りがかりの車をつぎつぎと利用しながらサンフランシスコにやって来たし、同時にジャック・ケルワックもロサンゼルスから貨物列車にただ乗りしてやって来た。ギンズバーグはすでにバークレー（バスでサンフランシスコからわずか三十分しかかからないところにあるカリフォルニア大学の所在地である）に引越して来ていた　それは教授にでもなって落着いた生活をする考えでそこの大学院の文学部にはいるためであった。ところが彼は三週間ばかり大学院に通っているうちに退学してしまった。私たちの誰にとっても今は大学の学位を取ることに気を使ったり、自分たちが将来どういう種類の仕事をしたらよいかということに気をくばっている時代では決してないのだ、今こそ詩を書くべき時代ではないかと考えたからである。一九五五年十月、葡萄酒とマリワナ煙草とジャズにとり巻かれた中で、ギンズバーグは現在有名になっている「吼える」という長い詩を書いた。そしてその月の終わりに私たちは詩の朗読会を開いたのである。（2）

この文章は「ビート・ジェネレーションに関するノート」という表題のついたレポートだが、記事なかに翻訳者名はなく、ただゲイリー・スナイダーという名前があるだけだから、おそらく本人が日本語で書いた文章だろう。それともこのころは編集作業として、そういう部分は明記する必要はないと考えて、訳者の名前を端折ったのだろうか。編集部の訳かも知れない。いずれにしてもこの文章はとても外人が書いたとは思えない、見事な日本語の文章である。

そのことはまあ、余談に近い話だが、このレポートは詩人ギンズバーグが傑作の「吠える」を書き上げる前後の様子を伝えた貴重なものである。いずれにしても、ビート文学からヒッピー運動に至る歴史的経過の中心的な役割をギンズバーグがはたしていたことがわかるだろう。また、基本の大枠が彼の不朽の名作ともいうべき「吠える」という一編の詩からはじまったものだったことも分かるだろう。

いま、手元に詩人の諏訪優が訳したギンズバーグの詩集があるのだが、「吠える」がどんな詩か、冒頭、書き出しの一部分を紹介する。

僕は見た　狂気によって破壊された僕の世代の最良の精神たちを　飢え　苛ら立ち　裸で　夜明けの黒人街を腹立たしい一服の薬を求めて　のろのろと歩いてゆくのを　夜の機械の　星々のダイナモとの　古代からの神聖な関係を憧れてしきりに求めている天使の顔をしたヒップスターたち　ある者らは　金もなく　ボロボロのシャツを着て　うつろな眼でタバコをふかし　寝もせずに　湯も出ないアパートの超自然的な暗闇で　都会の上を漂いジャズを瞑想していたある者らは高架鉄道の下で　神に捧げる脳みそをあばいた　そして　貧民アパートの屋根の上でよろめいているモハメッド的な天使たちが照らし出されるのを見た　ある者らは戦時給費学生にまじって　アーカンソウとブレイク風の悲劇の幻影がちらつ

いている晴れやかなつめたい目つきをして大学を卒業していった　ある者らは　骸骨の窓に関するワイセツな詩に熱狂しそれを発表したために大学を追い出された　ある者らは　髭も剃らず下着姿で　紙くず籠の中でドルを燃やしながら　壁越しに聞こえてくる恐怖の声におびえていた　ある者らはビート髭を生やし　禁制のマリュワナタバコにいかれ　ラレドを通ってニューヨークに帰り逮捕された　…………（4）

詩はこの調子で、何十ページとつづくのである。眩暈がしてきそうだ。詩というのはもともとそういうのが本当だと思うのだが、この詩も機関銃のように猛烈な勢いで言葉がつながっていくその律動感というかスピード感が猛烈である。言葉でハートを撃たれつづけて蜂の巣のようになってしまう、そういう強烈な読後感がある。ギンズバーグの詩は、人間の、人生の汚辱にまみれて、なお穢れない純粋な魂のようなものを感じさせる。そして、この「機関銃のように畳みかける文章」はいちいちそこまでは引用しないが、青山南が訳したケルアックの『オン・ザ・ロード』と、かたや散文でこなたは韻文だが、共通したカメラワークでもある。（5）

しかし、わたしがこの詩を読んで一番最初に連想したのはホイットマンでもウィリアム・ブレイクでもなく、小林秀雄が訳したアルチュール・ランボーの詩集『地獄の季節』だった。たとえば、こんなフレーズである。

俺は、岡の上に、祈りをあげる聖者、パレスチナの海までも、草を食って行く平和な動物の様だ。俺は暗鬱な長椅子に凭れた学究、小枝と雨が書斎の硝子窓を打つ。俺は、矮小な森を貫く街道の歩行者。閘門の水音は、俺の踵を覆ふ。夕陽の金の物悲しい洗浄を、いつまでも俺は眺めている。まことに、俺は、沖合を遙かに延びた突堤の上に捨てられた少年。行く手は空に打ちつづく、道を辿っていく小僧。辿る小径は起伏して、丘陵を、えにしだは覆ひ、大気は動かず、ああ、はや遠い、小鳥の歌。泉の聲。行き着くところは世の果てか。（6）

というような一節である。これは『飾画』という詩集のなかの「少年時」という作品のⅣパート部分の全文である。わたしは的外れなことを書いているのかも知れず、自分が小林秀雄の訳したランボーの詩集が好きだから、我田引水的にそういう感じを持って、ピントの合わないことを書いているのかも知れないが、併記した二つの作品は言葉が猛烈な勢いで飛び出してくる、機関銃みたいな感じが非常によく似ていると思う。実際に、どこかでギンズバーグがランボーについて発言しているコメント&エピソードを読んだ記憶がある。二人の詩人の共通項には詩的な感覚のベースも暗鬱でいながら静寂や静謐というよりは激動とか激情を思わせる、一種のダイナミックな感じがある。そして、小林秀雄の訳の方は十九世紀とフランスの臭いがするが、諏訪優の訳したギンズバーグの『吠える』はまぎれもなく二十世紀中葉のアメリカの臭いが充満している。

もしかしたらこれは、むしろ日本語の問題で、小林秀雄の言語感覚と諏訪優のそれとが基本的に似ているということかもしれない。諏訪は自身も詩人であり、わたしは彼の詩集『精霊の森』の熱心な愛読者のひとりである。

話の腰を折る形になるが、詩を日本語に訳する作業というのは本当に難しくて、その難しさを説明するのも難しい作業である。例えば、ゲーリー・スナイダーがピュリッツァー賞をもらった『亀の島』という詩集があり、これをナナオサカキが訳している。（7）

わたしはこれの、京都の山口書店というところが出版した英和対訳体裁の詩集を読んでいるのだが、このなかに「入浴（THE BATH）」という詩がある。その詩から一例をあげると、The cloud across the sky. the windy pines. the trickle gurgle in the swampy meadow. this is our body. という一節がある。これを訳者は「空よぎる雲 風さわぐ松林 草原を流れる　さざれ水　これが生身というものよ」と訳している。「空よぎる雲 風さわぐ松林 草原を流れる　さざれ水」の部分はまあそういう訳もあるだろうという許容範囲内の話だと思うが、わたしが気になったのは body を生身と訳していることで、ここはやはり身体と訳するべきだと思う。

このことを簡単にだが説明すると、要するに、this is our body を「これが生身というものよ」と訳してしまうと、全体のノリが演歌調というか、民謡調になってしまうのだ。この部分はスナイダーが『野性の実践』の 第五章 青山はいつも歩いている の冒頭の「不動と観音」という一文のなかで、道元の『正法眼蔵』の第十四巻「山海経」の「いま、目の前にある山水は、先学者たちの悟った境地の具体的な現れである。山は山になりきり、水は水になりきり、それぞれ現象を通じて本来の完全性を実現している。山水は、無限の空以前からの姿だから、いまも、目の前で活動している」という部分を引用して、自分の歩く場所と自然に対する思いを説明している。（8）

この作品（THE BATH）の英文引用した部分は彼のその「野性」への思いを詩的に表現した箇所だと思うが、わたしはそれが「これが生身というものよ」では詩的慨嘆としてはいまいち通俗的過ぎるというか、生活感がありすぎて、わたしは、このフレーズは「これは私たちの身体である」と率直に訳した方が俗語の臭みが少なく、スナイダーの自然と人間についての考え方を素直に説明していると思う。

話をギンズバーグの『吠える』にもどすが、この詩集は発表されると大変なセンセーションを起こすことになった。まず、警察と税関がこの詩集を発売禁止処分にした。以下、諏訪優が書いた『アレン・ギンズバーグ』からの参照である。

ギンズバーグはシティ・ライツ・ブックスの経営者のすすめに応じて（略）『吠える・その他の詩編』を一九五六年に出版したのであった。『吠える・その他の詩編』の出版を発禁したのはサンフランシスコ市警と税関であったといわれるが、このことに税関が関与したのは『吠える・その他の詩編』が（略）イギリスで印刷されたからだろう。すでに『吠える・その他の詩編』は各方面に流れていて、良きにつけ悪しきにつけ、ようやく評判になろうとしていた。発禁などの処置は、考えようによっては大変な宣伝力を持った、あちら持ちの宣伝といえる。同時に、ある意味では一つの評価である。俗悪なものであるかもしれず、あるいは一部が発禁の処置に出た部分ゆえにそれは偉大なものであるかもしれない。

人びとの関心は『吠える・その他の詩編』に集まり、ひそかに流れ出す部数も少なくなかったと想像される。発禁の翌年、一九五七年十月三日におこなわれた裁判で『吠える・その他の詩編』は無罪であると判決され、数ヵ月ぶりに日の目を見たのだった。すべてが「吠える」という長詩をめぐっておこなわれたわけであるが、裁判事件などが一躍「吠える」とその作者であるギンズバーグの名をひろめ、発行部数は詩集としては破格の、万単位で伸びていったのである。（9）

二十世紀の中頃にはアメリカでさえも『吠える〜』のような詩集を反社会的だといって裁判にかけていたのである。それはこのジェネレーション（世代）の世間の常識に対する闘いであった。大雑把な書き方になるが、同じような思いを持った詩人、作家たちが集まり、ギンズバーグの詩集『吠える』、『カディッシュ』、ケルアックの『路上』、ウィリアム・バロウズの『裸のランチ』等々が若者たちに広範な支持を得て、反社会的なエネルギーの塊のようなグループが出来上がり、そこから「ビートニク」、「ビート文学」と名付けられるべき文学活動が勃興していったと書いていいのではないかと思う。

これらの文学活動の集積がやがて、思想を形成し、生活のスタイルを作り出し、現実をどう把握してそれにどう反応するべきかが論じられ、具体的な行動になり、政治的主張も絡んで、ほぼ十年後に「ヒッピー」が出現した、ということではないかと思う。そして、これと同時期的な話で、ジャンルとしては文学ではないが、一九六二年に出版されて環境問題のバイブルになったレイチェル・カーソンの『沈黙の春』、ウーマン・リブの本では、同じく六十二年刊行の『アメリカの女たち 変貌する女性像』、翌年のベティ・フリーダンが書いた『フェミニン・ミスティーク（女性の神秘）』などが社会の旧弊な部分の変革を促す宣言書となった。

一九六二年は非常に微妙な年で、このほかにも二〇一六年にノーベル文学賞をとったボブ・ディランの歌、「風に吹かれて」についていうと、この歌がレコードとして発売されたのは一九六三年だが、インターネットのなかでディラン本人がこの歌を説明しているコメントを見つけた。

歌詞は、１９６２年に雑誌『シング・アウト！』に、ディランのコメントとともに掲載された。

「この歌についちゃ、あまり言えることはないけど、ただ答えは風の中で吹かれているということだ。答えは本にも載ってないし、映画やテレビや討論会を見ても分からない。風の中にあるんだ、しかも風に吹かれちまっている。ヒップな奴らは「ここに答えがある」だの何だの言ってるが、俺は信用しねえ。俺にとっちゃ風にのっていて、しかも紙切れみたいに、いつかは地上に降りてこなきゃならない。でも、折角降りてきても、誰も拾って読もうとしないから、誰にも見られず理解されず、また飛んでいっちまう。世の中で一番の悪党は、間違っているものを見て、それが間違っていると頭でわかっていても、目を背けるやつだ。俺はまだ21歳だが、そういう大人が大勢いすぎることがわかっちまった。あんたら21歳以上の大人は、だいたい年長者だし、もっと頭がいいはずだろう。」

（この歌は）アメリカ合衆国では、特に公民権運動を進める人々の間でテーマソングのようになり、やがて日本においても広く歌われるようになった。(10)

以下も同じ歌の話だが、ボブ・ディランが『風に吹かれて』を歌いはじめたころのアメリカの歌の全体状況である。一九六三年にアメリカに留学した、この時点ではまだ産婦人科医だった、のちに性教育の評論家として大活躍することになる奈良林祥《ならばやしやすし》はこういっている。

アメリカはいろいろな現象の面で大きな転換期にありましたね。たとえば、若い娘たちの憧れの男性像がパット・ブーンからエルビス・プレスリーに代わった時期でした。僕が留学した時期にはアメリカはまだ、母親が娘に注意する言葉のひとつに流行として『パット・ブーンのファンならばいいけれど、エルビスはだめよ』っていうのが決まり文句でした。『パット・ブーンはコロンビア大学の学生さんでおうちも立派だからあの人のファンならいいわ。でも、エルビス・プレスリーなんてのはおかあさま、イヤよ』っていうのが、平均的なアメリカの女性の意識で、若い娘たちもおふくろのいうことを聞いていた。まあ、アメリカのテレビのホームドラマみたいなものもそういう行儀の良さを背景にして作られたものだったわけです。

ところが、娘たちのアイドルが、あっという間にエルビス・プレスリーに完全に変わっていった。アメリカの国際会議に出席してね、そこの受付でアルバイトしていた女子高校生に面接をしたんですよ、時間があったから。それで、パット・ブーンとエルビス・プレスリーとどっちが好きって聞いてまわったら、全員、エルビス・プレスリーなわけです。恥ずかしながら、僕は今でも、あんな歌のどこがいいんだろうって、どうしてもわかりません。僕がびっくりして、どうしてエルビスの方がいいのかって聞いたら、だって、エルビスにはセックスアピールがあるもの、というのが女の子たちの答えだったんです。それを聞いたときに、僕はこれは大変だなあと思ったんですよ。アメリカの文化は変わりはじめているなって思ったんです。(10)

歌の情況からいうと、白人社会のオールドパターンのバラード主流の音楽シーンにE・プレスリーがロックンロールを持ち込み、ボブ・ディランらが歌う社会へのプロテスト・ソングを現出、流行させるための下地を作ったということなのだろう。この流れの説明をつづけると、ビートルズがイギリスでデビューするのが一九六三年、アメリカに登場して大人気を博するのは翌六十四年のことである。

右記の奈良林祥のコメントはわたしが二十年ほど前に書いた『平凡パンチの時代』という本の一節だが、このコメントを補足する形で、わたしはこんな説明をしている。

本格的にベトナム戦争に突入する寸前の、アメリカ文化の表情である。この時期からまもなくすると、新旧、世代、人種などアメリカ社会のなかのさまざまの対立が表面化してベトナム反戦運動やヒッピー・ムーヴメント、ウーマンリブ、人種差別反対闘争などが本格的に始まり、性的な社会状況からいえばフリー・セックスなどという言葉もブームになって、社会全体が高熱を帯びていくこととなる。(11)

時代を一にして環境問題、公民権運動、性差別、これらの問題について六〇年代の前半、さまざまの立場、身分の人たちがアメリカ社会の現状に向けて発した批判的なメッセージが若い世代の「反抗」の思想的なバックボーンとなっていった。平和そうに見え、繁栄の極みにあるように見えた五〇年代から六〇年代にかけてアメリカ社会は底辺の部分というか根底からうねるように急速に変化していったのである。だからラジカル・アメリカなのだ。

それではこれらの動きの背景に社会のどんな情況があったのか。

猿谷要《さるやかなめ》は第二次世界大戦後のアメリカの繁栄を世界史のなかのローマ帝国全盛期(紀元一世紀前後)のパックス・ロマー

ナ、十九世紀のパックス・ブリタニカにつぐ三番目の平和な時代であり「パックス・アメリカーナ」と呼ばれていると書き、その時代をこんなふうに説明している。

アメリカは戦勝国のなかでも国土に被害を受けない唯一の国となった。大戦中に支援した連合国からの債務が流れこみ、世界の富が溢れるようになっている。（略）アメリカの力は、世界中にその影響を及ぼし始めた。（略）当時のアメリカがもっていた影響力は、次の三つの分野を含んでいた。もっとも強力な軍事力、ドルが世界の通貨となった経済力、そして庶民の生活レベルでいえばアメリカ的生活様式だったのである。このアメリカ的生活様式（American Way of Life）は、あらゆる分野を通して世界的に拡散されていった生活文化、大衆文化といってもいいだろう。もちろんその背景には、自由と平等の国、デモクラシーの国、明るくて開放的な国というプラスのイメージが輝いていた。

当時のソ連が閉鎖的で自由がなく、全体主義的な暗いイメージだったことと比較すれば、アメリカ的生活様式の特色は一層はっきりするだろう。西側諸国では、ある程度アメリカを頭の中に入れてデモクラシーを教育の場で教えこむようになった。アメリカの生活文化のなかには、努力すれば成功するのだという夢が盛り込まれていたし、中産階級でもこんなに豊かな生活ができるのだというモデルも示されていた。（略）

こういうアメリカ的生活様式がどんな形で伝えられていったかというと、やはりハリウッド映画を第一にあげなければならないだろう。長い間外国文化から遮断されていた日本などでは、焼け跡の映画館が超満員となり、解禁になった外国映画に立ち見のまま惹きつけられていた。外国旅行や外国生活ができなかった時代に、映画ほどその国の庶民の生活ぶりを伝えるものは他になかった。(12)

パックス・アメリカーナを文化として体現した文化アイテムには、コカコーラとかジーパンとかジャズ、あるいはポップミュージック（E・プレスリーとかビーチボーイズとかモータウンミュージックとか）、ハンバーガーなどなどいろいろあるのだが、一番強烈なメッセージをもっていたのはなによりもハリウッドで作られる映画だったのである。これを具体的、日本的にいうと、日本の高度経済成長がテレビの一般家庭への普及とほぼ重なっていたこともあって、映画もさることながら、なんといってもアメリカの生活イメージを形成するのに貢献したのは、アメリカの中流階級の家族の暮らしぶりを脳天気に描いた「パパ大好き」や「うちのママは世界一」などのホームドラマだった。

上野圭一はこのアメリカ製のホームドラマをなんとなく信用できないと思いながら見ていたのだというのだが、信用できないと思っていたのはじつは、アメリカの若者たちも同じで、多くの若者たちがそういうモノの豊かさに囲まれて暮らしながら、日曜日ごとに家族そろって教会に行くような、形式的、形骸的な生活に対して強烈な嫌悪感をもっていた。それは自己嫌悪に近いもので、やがて、その心情は自己否定へと発展していくのである。

そんな、幸福に暮らしている人ばかりが集まる理想の社会じゃないだろう、というわけだ。

先住民たちを居留地に囲い込み、黒人を徹底的に差別し、教会の教義に縛られて女性の性的な権利を様々に拘束し、共産主義の勢力伸長を食い止めると称して、東南アジアのベトナム戦争に介入しなどなど、国内外に問題は山積して、じつはアメリカ国内は火宅の状態だった。

ケネディ大統領、キング牧師、ロバート・ケネディらの暗殺……そういうなかで、公民権運動の高揚、ウーマン・リブの隆興、学生運動などの激化、そういう反体制運動を温床にして、あらためて、ヒッピーと名付けられる若者たちがアメリカの表舞台に登場するのである。

これは登場というよりは、すでに形ある者として存在していた、反社会的な心情をエネルギーとして持ち合わせていたグループにヒッピーという名称が与えられた、ということだったのだろう。

前出の奈良林祥はアメリカからの帰国後、昭和四十二年から週刊誌『平凡パンチ』で、「男の子クン、ご存じですかね」というタイトルのコラムを連載しはじめるのである。これはアメリカで見聞したさまざまの性の情況を参考にした啓蒙色の強い、セックスへのガイド・コラムだった。このときの新任の編集長木滑良久の強い要望ではじまった連載だったという。

そして、また我が田に水を引くようなことを書くのだが、奈良林のコラムの話だけではなく、これらのアメリカ国内の動向を日本の国内で一番熱心に報道していたのは、じつはわれらが『平凡パンチ』だった。大宅壮一文庫の資料検索リストでヒッピー、ビート族という項目を調べると、そのことがよく分かる。

これも余談に近い話で、直接『スワノセ・第四世界』に関係しているわけではないのだが、検索リストの【アメリカ・世相風俗・ビート族 ヒッピー族】の項によると、一九五九年から七十六年までの十八年刊の間に羅列書きされた項目は、全部で42ある。記事の時制には偏りがあり、42のうち、ヒッピーが大活躍する六十七年から六十九年までの三年間に22項目が集中しているのだが、そのうちの半分以上、12項目が『平凡パンチ』に掲載されたもの、『女性自身』が次点で2項目、そのほかには『朝日ジャーナル』、『プレイボーイ』、『太陽』、『週刊新潮』、『読書新聞』他、などなどがそれぞれ一回ずつ話題にしている。煩瑣になるが論より証拠なので、この時期の大宅壮一文庫の検索リストの問題箇所を羅列しよう。

●平凡パンチ1967・2・27　世界は動く　ビート族にかわってヒップ族登場
●平凡パンチ1967・5・1　NYに吹き荒れるバナナ族旋風 新幻覚剤に酔う若者
●平凡パンチ1967・5・1　バナナ族の実態　NYで一万人のデモに発展した若者の大革命
●サンデー毎日1967・5・21　城山三郎のアメリカ報告／ヒッピー族
●平凡パンチ1967・6・12　パンチ・ジャーナル／警察に勝ったヒッピーの大デモ
●朝日ジャーナル1967・7・2　新しいアメリカは生まれるか　全体批判者たち／鶴見良行
●プレイボーイ1967・7・11　これがヒッピーの新聞！　徴兵拒否、求む女性の広告まで
●平凡パンチ1967・7・24　パンチ・ジャーナル／全アメリカにヒッピー洪水
●平凡パンチ1967・7・31　アメリカの新しい風俗 ヒッピーズ・ファッション
●女性自身1967・8・21　これがヒッピー族だ　黒人暴動、幻覚剤、アメリカの青春
●平凡パンチ1967・11・13　パンチ・ジャーナル／ヒッピーに受難　スクウェアな社会
●リーダーズ・ダイジェスト1967・12　ヒッピー族分析　タイムスより要約
●平凡パンチ1967・12・18　ズーム・アップ／ピース・イン、ラブ・イン、ペイント・イン

●平凡パンチ1968・4・15　ズーム・アップ／「イエピー」春が来た
●平凡パンチ1968・5・27　グラビア／特派員レポートNYに現れた新型「族」Yipie
●平凡パンチ1968・5・27　パンチ・ジャーナル／ヒッピー暴力主義登場で分裂
●太陽1968・7　グラビア／福田博之レポート　ヒッピーの世界
●平凡パンチ1968・7・15　裸になったヒッピーNude In サンフランシスコ
●女性自身1968・8・19　草柳大蔵のこんにちはアメリカ　本場のヒッピー篇
●週刊新潮1968・8・24　日本望見／ニューヨーク家出娘地獄編
●ミュージック・マガジン1969・12　ロック特集／イーストヴィレッジ、ヒッピーの暴動
●読書新聞1969・12・8　イッピーの熱い渇き 道徳的反逆から全的革命へ

以上が、大宅壮一文庫検索リストのなかの六十七、八、九年、三年間の「ビート族、ヒッピー族」の項目の内訳である。

この集中豪雨的な偏りはいったいなにを意味しているのだろう。いずれにしても、この時期、日本のメディアのなかでアメリカの、このヒッピーの動向を伝える役目を主として『平凡パンチ』が果たしていたことだけは間違いない。そして、このデータの羅列からだけでも、ビート↓ヒッピー↓イッピーという言葉の歴史の変化が読み取れる。

リストの冒頭、「1967・2・27」の『平凡パンチ』に掲載された「世界は動く ビート族にかわってヒップ族登場」という記事の内容を紹介するとこういう具合である。


〝ヒップ族〟(Hippies)という存在が、ことしにはいってアメリカで、にわかにクローズアップされはじめた。きっかけになったのは、ことしの一月十四日、サンフランシスコのゴールデンゲート公園でヒップ族がもよおした世界最初の『ヒューマン・ビーイン』(Human Be-In) なる大集会だ。いま流行のティーチインやシットインとヒューマン・ビーイングを引っかけたネーミングで、リーダーは詩人のアレン・ギンズバーグと、もとハーバード大学教授（略）ティモシー・リアリー

博士だった。

この集会にはサンフランシスコはもちろん、全米各地からヒップ族やそのファンが約一万人おしよせた。長髪、ヒゲ、仏教のジュズを首にかけたもの、ソンブレロ、長靴、ハダシ……異様なスタイルのものがほとんどだ。その服装がひとりひとりちがうように、この集会には、なんの統制もなく、統一した行動もなかった。参加者は思い思いに、火をつけた線香をふりまわしたり、アブストラクトなデザインの旗をもって公園内を歩きまわったり、横笛やたて笛を、勝手気ままに吹き鳴らしたりした。

公園の一角では、ビート詩人として世界的に名を知られているギンズバーグが、ヒンズー教のハレー・クリシュナ賛歌を、彼の崇拝者のグループといっしょに、うたっていた。別の場所ではポピュラーのオルガン奏者、ビッグ・ベンは、ティーンエイジャーのあいだで流行している、ハデなスエードのシャツを着て、ロック・ミュージックを演奏していた。このほか、演説するものあり、踊るものあり、瞑想にふけるものありで、まったく無秩序だったが、ものしずかな、トラブルひとつ起こらない大集会だった。《それは愛の祭りであり、幻覚剤愛用時代のピクニックであり、ヒップ族のハプニングでもあった。空から落ちてきて群集にまぎれこんだパラシューチストもいた》と『ニューズウィーク』一月六日号にベンドリック・ハーツバーグ記者は書いている。(13)


P・173に引用した『アメリカの革命』の抜粋より更に詳しいことが書いてある。

それにしても、『平凡パンチ』のヒッピーへの入れ込みようは尋常でない。この時期、平凡パンチ編集部になにがあったのかというと、じつはいろいろあったのである。こういうことだ。

一九六七(昭和四十二)年の正月、それまで、旅行代理店に勤めてヨーロッパやアメリカへのツアーの添乗員などをやっていた、英語の読み書きしゃべりが自由自在の石川次郎が平凡出版に入社し、平凡パンチの編集部に配属になる。これは本人から直接聞いた話だが、編集部に配属になって、まず最初に「このライターといっしょに仕事してくれ」といわれてコンビを組まされたのが、テディ片岡だったという。この人は石川同様に英語の読み書きしゃべりが自由自在のフリーの英文資料専門のライターだった。アメリカでの出来事を速報するために、英語が堪能な若者ふたりにコンビを組ませたということだろう。

テディ片岡というのは要するにいまは作家の片岡義男である。そして、そのあとすぐ、隣の編集部の『週刊平凡』から編集長として木滑良久が赴任してくる。じつに、『平凡パンチ』のヒッピーネタは、まず、木滑、石川、片岡義男の三人が混沌とした日本の、自分を取り囲む仕事状況のなかから、いま日本にとって一番大事なのは、もしかしたらアメリカ社会の内部で起こっているこれらの問題を正確にレポートすることではないかという漠然とした認識からはじまったことなのだ。

煎じ詰めるところ、これらは高度に発展、発達をつづける資本の自己運動の猛烈な増殖展開、その結果起きる様々の矛盾や悪弊、因循を人間がどうやって克服していくかという問題を解明する壮大な実験でもあった。これは二十世紀中葉に最高度に発達した資本主義社会であったアメリカなりのいわゆるマルクス・レーニン主義を信奉する共産主義革命とは別の形で正しい答を出そうとする、懸命な模索だったのではないかと思う。プロレタリアとブルジョアというような階級社会と階級闘争の理論を超克して、どうすればもっと自由で平等な、個人が生き生きとして生きられる社会を作ることができるのだろうかという、壮大な疑問の解明である。

どうしてこの話を書いたかというと、たぶん、木滑も石川も、片岡義男も上野圭一と同じような心情の水路を時代の情況のなかで作っていて、そこを辿って、七〇年代の後半へとたどり着いたのではないかと思うからだ。

平凡パンチの編集部で木滑、石川、片岡らがアメリカのヒッピーの動向を気にして、さかんにその動向を記事にしていた同じ時期、つまり六十七年の夏、上野と塩澤はフジテレビで、新宿に現れたフーテン族はどうやらヒッピーではないかと考えて一生懸命に取材していた。

上野はその後、六〇年代の終わりから一九七五年にかけて、フジテレビを退社して渡米、バークレーでヒッピー生活を経験したあと、日本にもどって『スワノセ・第四世界』を作りあげ、やがて、本格的に翻訳家として仕事をしはじめるという行程を辿る。

この時期に石川、木滑はどうしていたかというと、木滑が『平凡パンチ』の編集長を務めたのは六十七年、八年、九年の三年間で、その後、新雑誌の『アンアン』に異動。石川もそのあとすぐ、編集部から異動になる。七十一年、上野がフジテレビを退社したのと同時期に二人とも平凡出版（現・マガジンハウス）を退社し、途中、読売新聞社の出版局に頼って『メイド・イン・USA・カタログ』などを作ったあと、紆余曲折を経て平凡出版に復帰し、雑誌の『ポパイ』創刊へとたどり着く。

片岡義男は書いたように『平凡パンチ』の編集部でテディ片岡という冗談半分のペンネームで仕事していたのだが、木滑、石川がいなくなったあと、編集方針が急変したことで仕事がなくなり、同じように平凡パンチ編集部の仕事がなくなってしまった、これも大のアメリカ通だった植草甚一といっしょに平凡出版に見切りを付けて、七十三年には草創期の雑誌『宝島』の編集に参加し、編集長をつとめる。七十四年からはテディ片岡のペンネームを捨てて、本名の片岡義男でハワイやロスアンゼルスを舞台にした本格的な小説を書きはじめるのである。そして、七十五年には『スローなブギにしてくれ』を書いて、直木賞の候補にあがっている。

木滑は昭和五（一九三〇）年生まれとひとりだけ年上、新宿育ちで立教大学文学部の西洋史学科出身。片岡義男は昭和十四（一九三九）年で早稲田の法学部、石川は昭和十六（一九四一）年で早稲田の商学部、上野も石川と同じ昭和十六年の生まれで早稲田の文学部出身である。共通項ということでもないのだが、上野と石川は、上野は物静かな人で石川はエネルギーを溢れさせるダイナミックな人と、その部分は対照的だが、二人とも同じ昭和十六年の生まれで杉並育ち、上野は西高、石川は西高を落ちて足切り入学で富士高校、七〇年代の初め、同じようにそれぞれ煮詰まるところがあってフジテレビとマガジンハウスを辞め、それぞれアメリカ文化にかかわるところで自身を再生させている。

わたしはというと、昭和二十二（一九四七）年生まれで、ご存じのように片岡、石川、上野と同じ早稲田の出身、片岡は世田谷の烏山にあった千歳高校の出身、わたしはその千歳高校の試験に落ちて石川と同じように、その隣というか千歳船橋にあった千歳丘高校に足切り入学し、同校を卒業した。大学の専攻は木滑と同じ西洋史学科の専攻だった。そして、六十七年にフジテレビのADとして仕事をしたあと、三年後にマガジンハウス（当時は平凡出版）に入社し、新米編集者として仕事をはじめる。こうやって並べ書きすると、自分でもよく分からないシンクロニシティのような意味のつながりが浮かび上がってくる。そしてさらに、フジテレビとマガジンハウスをつなぐわたしがいなかったら、この曼荼羅模様は成立しなかったし、この本も存在しなかっただろう。自分だけ年下でやって来たことも見劣りするが、それでも右出の人たちといろいろな共通項があり、ひそかな誇らしさを感じる。

自分のことはさておき、結果論みたいなところもあるが、これらの人びとのこの時代の営為はある種の貴種漂流譚というかオデュッセイアなのではないかという気もする。そしてこれは、昭和の戦時中生まれ、戦後すぐの混乱期に少年期、青春を過ごした人たちの、メンタルなエネルギーの正しい形、現実のなかでの正しい精神のよりどころ、歴史の正統性を模索する作業だったのかも知れないと思ったりする。

【註】

（1）『1968年～反乱のグローバリズム～』二〇一二年刊　みすず書房　ノルベルト・フライ著　P・51
（2）『中央公論』一九六〇年一月号　P・261ゲイリー・スナイダー著「ビート・ジェネレーションに関するノート」
（3）『ドキュメント現代史15アメリカの革命』一九七三年刊　平凡社　高橋徹編　P・28
（4）『ギンズバーグ詩集 増補改訂版』一九九一年刊　思潮社　諏訪優訳　P・10
（5）『オン・ザ・ロード』二〇〇七年刊　河出書房新社　J・ケラアック著　青山南訳　P・46ほかの文章
（6）『地獄の季節』一九三八年刊　岩波文庫　A・ランボー著　小林秀雄訳　P・61
（7）『Turtle Island』一九九一年刊　山口書店　Gary Snyder 著　ナナオサカキ訳　P・26
（8）『野性の実践』二〇〇〇年刊　山と渓谷社　ゲーリー・スナイダー著　原成吉他訳　P・180
（9）『アレン・ギンズバーグ』一九八八年刊　彌生書房　諏訪優著　P・112
（10）https://ja.wikipedia.org/wiki/ 風に吹かれて　参照

（11）『平凡パンチの時代～失われた六〇年代を求めて』一九九六年刊　マガジンハウス編　P・77
（12）『この一冊でアメリカの歴史がわかる！』一九九八年刊　三笠書房　猿谷要著　P・186
（13）『平凡パンチ』一九六七年二月二十七日号　P・32　ビート族にかわってヒップ族登場

[6] 一九七一年秋 バークレー

上野圭一がカリフォルニア、バークレーの町へと旅だったのは一九七一年の夏のことである。なぜバークレーだったのか、そのことを上野圭一はこう説明している。

毎日新聞の記者だった砂田一郎さんから労働組合の運動の話を聞いたとき、彼から熱心に「キミはバークレーに行くべきだ」とすすめられたことも大きな原因のひとつだったんだけど、いくんだったらバークレーだと考えたのにはそれなりの理由があったんです。

ぼくは砂田さんにそういわれて、とにかくバークレーがどういうところなのか、自分の目で見てみたかった。いかないと気がすまなかった。誰か知り合いがいるとか、そういうことではなかった、とにかくバークレーにいきたかった。幕末の京都に勤王の志士として地方から上京した脱藩浪士みたいなものですよ。

上野はそういって笑う。日本を脱出する前から志ばかりはもうヒッピーだったわけだ。

彼は自分の旅立ちを「風まかせの旅でした」と書いている。日本を出発するとき、彼の鞄の中には、それまで生活必需品だった胃薬、それといっしょに携帯用の鍼灸治療セットと鍼灸の入門書があった。鍼灸治療の入門書？　書中に「鍼灸は暇にまかせて自分の脚に鍼を刺したり灸をすえたりしながら自己実験をくり返していました」という文章があるのだが、この経緯をここで説明しておかなければならないだろう。このことは重要である。
じつはフジテレビのディレクター時代、かれは大型オートバイを運転するようになっていて、ある日、交通事故にまき込まれた。そのときのことだ。

ある日、オートバイの操縦中にタクシーと接触して路上に投げだされ、救急病院に運ばれることになりました。幸いけがは軽く、前歯を一本折っただけですみましたが、その後、激しいムチ打ち症に悩まされ、有名大学病院の整形外科や理学療法科に通う日がつづきました。首や背中の痛みやあたまの重苦しさはわたしの意識を占領して、痛み以外のことに集中できないのです。注射をしても牽引をしても痛みは去らず、思いあまって父に相談しに行きました。
長く中国で暮らし、大学や専門学校で中国語を教えていた父は、そのかたわら鍼灸師の資格をもち、鍼灸学校で漢方概論を論じたりしたこともある人でした。父からはじめての鍼灸治療を受けたとき、わたしはあまりの心地よさにぐっすりと眠りこんでしまいました。鍼を打ったときにその周辺に感じる、あのなんともいえない感覚の響きに、注射や牽引では感じなかった深いやすらぎをおぼえ、文字どおりひさしぶりに故郷に帰ってきたような気がしたのです。(略)
それまでわたしは鍼灸の効果を信じていませんでした。(略)昔からさまざまな健康法を家にもちこんでは、それを家族にすすめる父をうとましく感じ、そんな父に子どものころから反発をおぼえていたわたしは、中国語を学ばずに英語を学び、学者にならずテレビマンになることで父にささやかな反抗の姿勢を示していたのかもしれません。(略)わたしのからだはわたしの「知性」が信じていなかった鍼灸治療にみごとに反応しました。非科学的であり、実証なき経験の積み重ねでしかないと思われた鍼灸治療によって、科学が立証している治療法ではどうしても治らなかった苦痛が大幅に軽減した。(略)
父が愛してやまない悠久の中国文化の全体が、父のいうように見えない「気」を基盤に築かれているものだとしたら、世界には自分がまったく知らなかった別の「知の体系」があるとしか考えられない。(1)

大雑把な書き方になるが、こうして、彼はあらゆるインテリゲンチャが真剣に、必死でものを考えつづけていったときにたどり着く、論理を越えた、非合理的な思考へと入っていくのである。それは、たとえば作家の遠藤周作がカトリック教会の招きでフランスへ留学してルーアンでさまざまのことに悩みながら生活し、やがて「神はいつもわたしたちを見ている」という確信をもってあらためて生きようとする、そういう類いの経験だった。上野の場合は、それが「東洋の叡智」との出合いという形で、身体にまつわる「力」についての目ざめからはじまったのだった。

そのことはたぶん、上野の人間たちの集団的な政治行動に対する微妙な違和感というか、もっといってしまえば「不信」のようなものが関係あると思う。彼はあらゆる問題をまず最初に、個の問題として受け止めようと考えるのだと思う。

これについてのわたしの考えを書くと、わたしも昔は科学で論理的に説明できること以外は信じられない、あり得ない妄想と思っていたが、どうもそれでは説明できないことが多すぎるのである。自分の人生が偶然だらけなのだ。これはなんなのだろうか。

いわゆる科学は電力や原子力などの自然の力の正体をある程度つきとめ、人間はそれを応用、生活のなかに取り入れて暮らすようになったが、あるあるといわれながらその実態を把握しきれないでいる念力とか、はっきりとあることは分かっているのだがうまく使いこなせないでいる重力などはいまのところ、不可知の「力」としてしか認識されておらず、了解されているとはとてもいえない。『銀河鉄道９９９』のなかの主役メカである銀河超特急９９９号の主砲は重力砲だというのだが、重力をどうコントロールしているのか、その細かい仕掛けを教えてくれれば、松本零士さんはまちがいなくノーベル賞ものである。

要するに、どこがどうということもいえないくらい、わたしたちは世界の構造や情況についてなにも知らないのだ。それは医学も同じなのだ。

何年か前だが、新宿にある某医大の付属病院のパンフレットをつくったことがあり、そこで総合診療科という部署の責任者をしている教授に話を聞いたことがある。総合診療科というのは、症状の微妙な患者がどの科のどの医者に診察してもらえばいいか、判断する部門という話で、医学全般についての広汎で該博な知識を要求されるセクションだった。

そのとき、その先生が、わたしに「わたしたちはおそらく人間の身体の仕組みについて全体の5パーセントくらいしか知らないと思うんですよ。実際、人間の身体の仕組みは分からないことだらけなんですから。わたしたちは、その5パーセントの知識を使って、全体を推測しながらこうじゃないか、ああじゃないかってやっているんです。それが現代の医学の本当の現状なんですよ」といったのである。

医者でさえも、最先端の医学にかかわる人はそういう危機感を持ちながら仕事をしている。

たぶん、彼は医者だから西洋医学のパースペクティブのなかで、論理学的に思考してそういっているのだと思うが、この謙虚な発言は上野がたどり着いた「世界には自分がまったく知らなかった別の『知の体系』がある」という認識とほとんど同じである。いわゆる医学部で医学を勉強した医者はほとんどの人が哲学的な素養を持たず、ただ盲目的に病気になった人間の身体を治す技術としての西洋医学の全能性を信じて治療活動に当たっているが、どんなにしっかりした知識をもった医者でも、本当は5パーセントの知識を元に全体の100パーセントを類推してものをいっているのである。

これも推測だが、あと何百年かの探求期間があれば、人類の誰かがいまよく分からないといわれているこれらの謎のエネルギーの正体をつきとめているのではないかと思う。しかし、そのときはそのときで、人間はまた新たな未解明の謎たちに取り囲まれて生きているのではないか。5パーセントは本当は0・5パーセントに過ぎないのかも知れず、人類は永遠に5パーセントの認識可能領域を追いかけつづけているのではないか。

この問題のキーポイントは、人間が認識することのできない世界に美的な秩序や意味のある序列があるかどうか、そのことをどう考えるかという問題である。この話はどうしてもフロイトとユングが激論を交わした「無意識の世界はいったいどうなっているのか」という問題につながっていくのである。そして、話はどうしても人生のなかで遭遇する偶然の一致=シンクロニシティのところにたどり着いてしまうのだが、ここではこの話はここまでにして、後段に譲ろう。そして、話題をバークレーという町に戻そう。なぜ上野圭一はバークレーをめざしたのか。そのことをもう少し、分かりやすく説明してもらうとこういうことだった。

ぼくがもうオレは会社を辞めようと思った一九六九年という年についていうと、アメリカではウッドストックフェスティバルが開催されて、映画の『イージー・ライダー』が公開されて大ヒットした。そのころはもう、ビートジェネレーションから発生したものだけれど、はっきり具体的な反体制活動の形をとったヒッピー運動とかがすでにさかんになっていて、同じようなことがフランスでもイギリスでも、ドイツでもおこっていたんです。

それが日本ではこの年に、全共闘運動とかベトナム戦争反対運動とかが極限に達して東大安田講堂の攻防に至ったというわけです。ぼくはこのとき、非常なショックを受けました。先進諸国のレベルで世界的に共通するような背景のもとに若者の反乱が起こっているんだと、そういうふうに情況を認識していたんです。だけど、誰もそのことについてそういう理解のもとで発言した人は社内ではいなかった。でも、ぼくは世界中の若者が同じような思いのなかで生きているんじゃないかと思ったわけです。

上野がいっている「先進資本主義諸国の若者の反乱」ということについて説明すると、近年の、二十一世紀に入ってからのことだが、「グローバル・シックスティーズ＝global sixties」ということがいわれはじめていて、東京女子大学の由井大三郎が編集した『越境する一九六〇年代〜米国・日本・西欧の国際比較〜』や、前出のノルベルト・フライの『１９６８年——反乱のグローバリズム』など、当時、上野が考えていたことを学問的に追求した書籍が連続して出版されている。前章のフライのレポートのつづきになるが、こういう箇所がある。

ヘイト・アシュベリーがカウンターカルチャーの世界に開かれたショーウィンドーになってからというもの、カリフォルニア市は、殺到する若者の波をどうさばくかに追われ、まさにお手上げの有様だった。やってきた青年の大半は、苦労の多かった道のり、満たされることのなかった渇望、宿もなく寒空の下で過ごした夜のことなどはすぐに忘れ、幸せな気持ちで家路につくのだった。それは自分の人生がすっかり変わったという思いからだった。そして最も重要なことは、カウンターカルチャーのイメージ、彼らの姿、音楽、服装、雰囲気がメディアを通じて途方もない速さで広がっていったという事実だった。スコット・マッケンジーの世界的なヒット曲『花のサンフランシスコ』も人々の「不思議な動き」を歌っている。こうして、ヒッピーとして一時期を過ごした数十万人の人々のさまざまな思いは、西海岸を見たこともない何百万もの若者の夢となり、最終的には、その深さに違いはあっても、ほとんど全世代をとりこにしたのだった。（2）

アメリカというのはそもそも、世界のあらゆる文化を平気で飲み込んでしまう国なのである。世界中の人がこの国への移住を目指す、だから合衆国なのである。ヨーロッパについていうと、フランスでは右記、フライの著書そのままなのだが、一九六八年のパリ大学の紛争がカルチェ・ラタンの市街占拠になり五月革命が起こる。イギリスではこの時期から労働運動が高揚して、労働党の左傾化が目立ちはじめ、核武装反対運動が巻き起こり、北アイルランドではＩＲＡ（北アイルランド共和国軍）の武装闘争は世代闘争とはちょっとニュアンスが違うかも知れないが、これもそのころから始まっている。「グローバル・シックスティーズ」というのはこれらのことがひとつの大きな、世界的な潮流のなかでおこったことではないかという考え方である。

ヘイト・アシュベリーはサンフランシスコにある盛り場で、風俗ヒッピーのたむろするトレンディ・スポット、いまの東京でいえば、原宿の竹下通りのようなものだった。本物のヒッピーたちが居住している町は他にあり、その代表がカリフォルニア大学があるバークレーだったのである。ここは現在でも人口十一万を擁する、「バークレー人民共和国」というあだ名があるくらい、独立的な気概にあふれた町なのだが、六〇年代から七〇年代にかけてはアメリカの怒れる若者たちの反乱のシンボル的な場所だった。

上野に「キミはぜひバークレーにいくべきだ」といった砂田一郎が書いた『ラジカル・アメリカ』は、一九六七年のバークレーの状勢を以下のように説明している。

バークレーにおいては——全米的にそうだが、バークレーにおいてはとくに——学生ラジカルズの政治運動と、住民の一部を構成しているヒッピーの道徳の領域における反抗とが密接に重なり合って、相補いながらバークレー地区の反権力・

反体制運動を形づくっている。そしてそれは、単にヒッピーが学生の反戦集会やデモに参加するとか、学生がヒッピーに対する警察のいやがらせ的取締まりに共に抗議行動を起こすとかいった現象面での「連帯」関係にあるだけではない。一人一人の個人としても、一般学生の一部まで含めた学生ラジカルのほとんどは、その生活態度やものの考え方においてきわめてヒッピー的であり、また逆に、ここに住むヒッピーは非常に反権力意識の強い政治的、戦闘的なヒッピーだという点が重要なのである。

ラジカルズの多くはほとんどヒッピーと共通の風体（長髪、ひげ、薄汚れた服装、ブルージーンとブーツ）をし、セックスについてはきわめて開放的であり、ロックンロールとゴーゴーを好み、なかにはマリファナを喫うものもいる。一方、ヒッピーの方もPPP、PLP、ザ・レジスタンスなどの政治団体に関係しているものがかなりあり、反戦デモでは先頭に立って警官隊と激しく衝突したりする。一般的にヒッピーの反戦行動へのかかわり方は、「メイク・ラブ、ノット・ウォー」というスローガンに象徴されるような、牧歌的、平和的なものであるが、ここのヒッピーは違っていた。（略）

現象的にみた場合には、デモを組織し、ビラを配るなど精力的に動き、自らの思想をつねに高らかに表明している政治派ラジカルズと、ふだんは街角や公園でごろごろし、「スペア・ダイム・プリーズ」（一〇セント余ってたら恵んでください）と通行人に乞い、自らの思想を言葉で述べるのをめんどうくさがるヒッピーたちとは、その気質においてかなり違うところがあるように見える。しかしこの差異は、彼らの既成勢力に対する反抗のはじめの発想方法の違いから出てきたものであって、そんなに本質的なものではない。（3）

引用が長くなってしまったが、砂田一郎のこの文章はわたしが調べたかぎりで、バークレーのヒッピーがどんな存在なのか、分かってもらうためにもっとも適切な説明をしている部分である。

上野はバークレーに着いて、英語に慣れるために大学のエクステンション・スクールに通うところから彼の遊学生活をはじめた。バークレーの町とそこではじまった生活について、彼は自著の『ヒーリング・ボディ』のなかではこんなふうに語っている。

カリフォルニア州バークレー市。六〇年代を震撼させた「スチューデント・パワー」の震源地であり、「フラワー・ムーブメント」の中心地であるらしいという風の噂だけが頼りでした。

当時のバークレーはベトナム反戦運動の拠点でもあり、市の中核をなすカリフォルニア大学バークレー校の正門からまっすぐ南につづくテレグラフ・アベニューの一角には、道路いっぱいにベトナム解放戦線の国旗が描かれた場所があり、さながら「解放区」の様相を呈していました。なにしろ、アメリカ合衆国がベトナムと泥沼の戦争をしているというのに、バークレー市議会は独自に不戦を決議し、パリの和平会議に市議会の代表を送り込むという、「地方自治」の精神を地で行くような活動をしている市だったのです。

カリフォルニア大学のキャンパスや市内のあちこちの公園で連日のように反戦集会がひらかれ、その集会が女性解放運動やゲイ解放運動の集会に早変わりすることもしばしばでした。歌手のジョーン・バエズや女優のジェーン・フォンダ、ロックグループ「グレートフル・デッド」のジェリー・ガルシアなどが集会にあらわれてはアジ演説をすることもよくありました。

そのベトナム反戦集会の会場や、英語に慣れるために登録したカリフォルニア大学エクステンション・スクール（一種の市民大学）のビジュアル・アートのクラス、頻繁におこなわれる美術館での映画上映会、また学生やヒッピーが集まる喫茶店や書店などで、気の合いそうな友人がたくさんできました。（4）

引用した部分は、本書のP・97以降ですでに紹介した話だが、誰とでも友だちになって「バークレーに住みはじめて間もないわたしは、フーテンたちから「三日前」と呼ばれていたアルバイト学生に自分の立場を重ね合わせ、ひとり苦笑したものでした」という文章にあるようなさまざまな人たちと付き合いをはじめるのである。

具体的には、『サンフランシスコ・オラクル』というアンダーグラウンド新聞の編集者、「フローティング・ロータス・シアター」という前衛劇団の演出家、KPFAという独立ラジオ局のディレクター、瞑想用の映画をつくっていた映像作家、アメリカ先住民のアートの研究者、自然食のパンやクッキーの職人、森林警備隊員、作曲家、ダンサー、詩人、なんの仕事も持たないインド帰りのつわものといった男女の友だちができたというのだが、話を聞いたわたし（＝塩澤）の印象だが、おそらくこの人たち、みんな、自分を探しつづける旅をするように生きていた人たちなのではないかと思う。そういう人たちとはそれぞれ育った国も使う言葉も違っていたが、過去の経験や考え方が自分でもビックリするくらい似ていたのだという。その説明を聞こう。

互いに太平洋を隔てて別の国で成長してきたにもかかわらず、同世代の彼らとは意外なほどよく気が合いました。話をしていると、成長の過程で読んできた本や経験してきたことがらに、驚くほどの共通点があることが分かってくるのです。六〇年代の前半に学生運動や人種差別反対運動の洗礼を受け、後半に「フラワー・ムーブメント」の渦中にいた彼らのほとんどは、わたしと同じように、二〇代の後半に人生の大きなターニング・ポイントを経験していました。その結果、わたしがテレビ局をやめたように、彼らもまた大学院や研究所、企業をドロップアウトしていました。（5）

「成長の過程で経験したこと」とはいったい、どういう経験なのだろうか。そのことを上野はこういうふうに説明する。

アメリカ社会のヒッピーというのはほとんどがミドルクラスの出身、あるいはアッパーミドルクラスの白人なんです。両親が物欲の世界にまみれていて、けっこう立派な家に住んで、二、三台の車を乗り回して、財産とプールがあってみたいな、そういう家庭が多かったと思うんですよ。だけど、彼らの両親に対する違和感、両親が仮面をかぶって暮らしているという、お互いになんか家庭のなかがうまくいっていない、そういう子供たちが家を捨てて逃げてきた、そういうのがもっとも多いパターンだと思うんですよ。

両親は毎週日曜日に教会に通っている。彼らはまず、両親を（「ボクはあんな人生はいやだ」と考えて）人生の反面教師のようにとらえて、そういう両親に反抗するところから、話が始まっている。そういう生き方は絶対しないぞ、という。

家にいるとね、日曜日ごとに教会にいってね。教会にいくのなんて、神と出会うのを避けるための予防注射を打ってるようなものじゃないか。自分たちに都合のいいようにしているだけじゃないか、と。ぼくも何人か、実家に帰る友人について行ったことがあるんだけど、まあ、みんなそうでしたね。

上野のこの感想は、『ラジカル・アメリカ』のなかの砂田のこの文章に対応している。

ヒッピーの社会は、既成の道徳とアメリカ的生活様式、さらに商業的に作られた既成の文化、そういったもの自体のなかにひそむ虚偽性、欺瞞性を強く感じとることから彼らの性的・道徳的反抗を開始したということができるだろう。上流社会にはつきものの道徳的腐敗とそれを蔽い隠す偽善性とは、今日の「豊かな」アメリカ社会においては広く中産階級の生活にまで浸透してきている。わが国でも公開された『グラジュエィト』（卒業）という映画は、ハリウッド製の砂糖をまぶした映画だけれども、あのなかにはアメリカの上層中産階級の道徳的腐敗とその偽善性、そしてそれに対する若い世代の反抗がよく描かれている。そのように上流、中流階級の子弟が、両親の物質的には豊かだが人間としては空虚で偽善的な生き方に批判の目を向ける機会は数多くある。そして彼らが家出してヒッピーになり、街頭で「十セント恵んでくれ」と呼びかけることは、欺瞞性に対する彼らの反抗の最も人間的な表現なのである。（略）

ヒッピー運動の本質は、奇異な服装やふるまいといった風俗的次元にあるのではなく、今日の支配体制と密接に結びついている既成の道徳体系にたいする反逆という、反体制思想の問題にある。（6）

『卒業』という映画は日本でも大ヒットした。ダスティン・ホフマン扮する大学卒業をまじかに控えた主人公の若者が帰省して、故郷の町でアン・バンクロフト扮するかなり年上の人妻に誘惑されて関係を持ち始めるが、やがて、キャサリン・ロス演じる、自分の不倫相手である人妻の娘と出会い、彼女を愛し始める。彼女も彼を愛するが、彼が自分の母親と肉体関係があることを知り絶望し彼を愛しながら他の男と結婚しようとする。彼はその結婚式場に乗り込み、花嫁を強奪する。

彼女は自分が本当に愛しているのは彼だということをあらためて知り、結婚式場から手に手を取って遁走し、二人でバスに乗って故郷の町を捨てる――というような衝撃的な内容の映画である。

映画は内容もだが、劇中に使われたサイモン&ガーファンクルの『サウンド・オブ・サイレンス』や『ミセス・ロビンソン』などの美しい音楽でも有名な映画だった。

アメリカ社会の道徳的腐敗と純愛による人間性蘇生の物語である。若者がヒッピーとして生きようとする、アメリカの地方都市の社会的温床が描かれた、と書いてもいいかもしれない。

上野の第一回目のバークレー滞在は一九七一年の夏から七十三年の暮までの二年半だった。その二年半を彼はこんなふうにして過ごしている。

いま、ここでいったいなにが起こっているのか、まあ、いってみたら、文化人類学でいうパーティシペイショナル・オブザベーション（Participational observation＝参与観察）というのかな、行動は共にするけれどもちょっと離れたところから客観的に見る、みたいな。そんなことが目的で。バークレーの町でバス停にバスが止まって、乗客が降りてくるところをずっと見ていたんだけれど、ホントに十八、十九の白人と黒人の若者が肩を組んで、生き生きとした、いい顔してバスから降りてくるんですよ。そんな幸福そうにしている光景、ほかのところでは見たことないというか、ああ、こりゃステキだな、と思った。

そのあいだはいろんなことを学ぶこともできたし、とにかく充実していた。もう居心地がよくなっちゃって、楽でいいナアみたいな感じで、もう日本に帰らなくて、ここでずっと暮らそうかな、みたいな気持ちが芽生えてきたんですよ。

映画の『イージー・ライダー』のなかに主人公のふたりがヒッチハイクしていたヒッピーをオートバイに乗せてあげ、そのヒッピーの所属するコミューンまで送り届けて、そこで歓待を受けるシーンがある。ヒッピーはそういう「コミューン」を生活単位にして、そこで一種の原始共産制みたいな感じで暮らしていた。コミューンには共通のルールがあり、誰がリーダーということもなく、みんなでその取り決めを守って慎ましく暮らすのである。

この時代には全米にそういう「コミューン」が無数にあり、カリフォルニアだけでも数百という数のコミューンがあって、そこに「ドロップアウト」した人びとが集まって暮らしていたという。『イージー・ライダー』に登場するコミューンでヒッピーたちが耕してもいない荒蕪地に穀物のタネをまくシーンがあるが、あれはやりすぎだろう。穀物の栽培をするときは荒地を耕してから種蒔きしなければならないくらいのことは、いくらなんでも知っていたはずである。ただ、コミューンのなかで男も女も楽しそうに暮らしている、そういう描かれ方だけはされていた。

この「コミューン」というのは、ちょうど、江戸時代のヤクザ者の世界と同じで、本来は流れ者であるヒッピーたちはそれぞれの地元の親分のところに一宿一飯の恩義にあずかる渡世人みたいなもので、泊めてもらって食事させてもらうかわりに、コミューンのなかでなんらかの対価となる労働をして、渡世の義理に報いる、そうやって、コミューンを渡り歩き、そこが気に入ったら長期滞在する、ヒッピーたちはそんな暮らし方をしていた。

上野はバークレーで部屋を借りて、自分の居場所だけは確保したあと、面白そうなことがあったら、どこにでも首を突っこむ、新宿のフーテン族に潜入したときのわたしのような、なんでも見てやろうという「ヤジ馬的精神」を高揚させながら、バークレーでの生活を楽しんだようだった。

上野のバークレー滞在記である『ヒーリング・ボディ』のなかに、「アメリカにはエスタブリッシュメントからドロップアウトした先達がたくさんいます。ハーヴァード大学の教授職を捨てたティモシー・リアリー（略）はその代表だったといえるかもしれません」という文章がある。この人は「心理学の教授でしたが、六〇年代の前半、学生や文化人を対象にサイケデリック・ドラッグ（精神拡張剤）であるLSDやシロサイビンを人体実験したという容疑でハーヴァード大学を追われ」た人だという。（7）

上野圭一のバークレー体験を語るためにはどうしてもティモシー・リアリーについて書かなければならない。上野の記述にあるとおり、プロフェッサー・リアリーはヒッピーの精神世界を説明するときに必須の〝サイケデリック体験の伝道師〟ともいうべき存在なのだ。

リアリーが若者たちに意識変革を呼びかけるときに使った「チューンイン、ターンオン、ドロップアウト！」という標語があります。チューンインは「見えない世界に波長を合わせること」、ターンオンは「ＬＳＤなどの精神拡張剤を使って非日常的な意識を経験すること」、ドロップアウトは「体制社会から離脱すること」を意味する俗語で、その三つのプロセスをへて、地球のエコシステム（生態系）に対応した「新しい時代」（ニューエイジ）にふさわしい人間に成長していこうという呼びかけでした。

わたしがバークレーで知り合った同世代の友人たちのほとんどは、その三つのステップを六〇年代に踏み終えて、新しいステージの創造に向かって建設的な生き方をはじめていましたが、同じようなプロセスを経て彼らと知り合ったわたしには、プロセスがひとつ欠けていました。「ターンオン」のプロセスです。わたしは彼らの成長のステップを追体験してみようと、機会あるごとに積極的にサイケデリック・ドラッグのセッションに参加しました。（略）

「ドラッグのセッション」といっても、ことさらに儀式めいたものではありません。マリファナやＬＳＤ、メスカリン、シロサイビン、ＤＭＴ、ＤＥＴといった精神拡張系のドラッグは、ところかまわず摂取すればいいというものではなく、一定の条件を必要とするものです。その条件とは「セット」と「セッティング」のふたつです。その種の薬物は直接、精神に作用して、ふだんはこころの奥に隠れている無意識の世界を浮上させるものですから、摂取するときの環境設定（セッティング）と摂取する人の摂取効果への期待感（セット）という心理的な条件によって、効果に大きな差がでます。したがって、こころからくつろげる場で、こころから信頼できる人といっしょに、肯定的な結果を期待しながらやらないかぎり、不安や罪悪感、恐怖感といった、ドラッグにまつわる否定的な感情が拡大されてしまい、ロクなことにならないのです。だから「セッション」は余計な人が入ってこない安全な場所で、気の合った仲間とリラックスした雰囲気のなかで行われるのが普通です。（８）

残念ながら、わたし（＝塩澤）にはマリファナやＬＳＤの服用体験はない。雑誌の編集者時代、外国出張などしたときに、長期滞在した町で取材に連れていったスタッフがそんなようなことをいっていた記憶があるが、スタッフを率いている責任者として海外出張していることが多く、とても羽を伸ばして好きに振る舞う、というような気分になれなかった。これには、じつはひとつ、エピソードがある。

わたしがマガジンハウス（当時は平凡出版）に入社したのは一九七〇年のことだが、この年の夏だったと思うが、平凡パンチ編集部の若い編集員がグアム島かどこかに出張して、帰りにマリファナを持ち込もうとして税関で引っかかって、その場で逮捕・拘留されたのである。

そのころの平凡出版というのは一種の無法者の天国みたいな会社だった。まず、出勤時間はないから何時に出社しても誰もなにもいわない。そして、博打は昼間は職場で賭け碁、賭け将棋、夕方からは麻雀、夜中はトランプ博打とギャンブルまみれだった。そのへんで呑んだり食ったりは全部、取材費として精算し、仕事に必要といえば本も買い放題で、仕事先への移動は全部タクシー、野放図を絵に描いたような編集者生活を送っていた。

交通事故を起こし、ひき逃げして逮捕された社員もクビにならなかったし、同様にオートバイで事故を起こして過失で歩行者を死なせてしまった社員にも会社的な処分というのはなにもなかった記憶がある。

そういうなかで、税関で大麻を没収された、その社員だけはそれが分かるといきなり懲戒免職になった。いつもいろいろなことで大騒ぎする労働組合もこの件についてはなにも発言しなかった。これは、会社がそういう考え方というか、ふだん竹刀や木刀しか振り回さない経営者たちが、抜き身の真剣を振るってみせたのである。そのことはたぶん、ここで彼を許せば同じことをするヤツが必ず現れて、それがつづけば企業として社会的に糾弾されると考えたのだと思う。

最近でも、芸能人たちが薬物にかかわって逮捕され、多くが社会的生命を絶たれている。覚醒剤はまた別の問題だが、マリファナはどうも調べてみると内容に関係なく非合法である。マリファナを合法化したら、ほかの薬物もどんどん普及しはじめるに違いないというような、根拠薄弱な理由によって禁止されているもののようだ。実際には煙草や酒よりも身体的な悪影響は少ないというのだが……。

アメリカではマリファナは禁止されていない、合法の州もかなりの数ある。過日、女優の高樹沙耶が逮捕されたとき、テレビによく出てコメントしている女医の西川史子がテレビ番組で、「医療用大麻なんてありません」と発言していたが、それは彼女の勉強不足、アメリカでは大麻は医療用として多く使用されているのである。

一方、ＬＳＤについていうと、効果が強烈すぎて使用法が難しく、使い方を間違えたあげくの不慮の事故や犯罪が相次ぎ、弊害が大きすぎるということで、アメリカ国内でも全面的に禁止された。これが一九六六年のことである。これは本当に上野のいう「セット」と「セッティング」が難しいようだ。しかし、現実には「闇のマーケット」はすでに当局の取り締まりの範囲を超えて大きく広がっていたため、六〇年代後半から七〇年代前半にかけて、無数の若者がＬＳＤによる自己発見をくりかえすことになった」という状況にあった。

上野は自身のＬＳＤ体験を次のように回顧している。相当に衝撃的な体験だったようだ。

わたしの場合は恵まれた「セット」と「セッティング」のもとに実現したのですが、はじめてのときには発見がたくさんありました。かつて精神病院を取材して、何日も話を聞きながらついにまったく理解できなかった患者たちの心境が、ようやくわかったような気がしたのもそのときのことでした。何十年も入院しているその国立病院の患者たちの多くは、あるとき突如として「神の声」や「天使のささやき」を聞いた瞬間に「発病」していました。

南方の戦地で「宇宙人の声」を聞いたというある患者は、ときどき病院の中庭に「ＵＦＯ」でおりてくるという小さな「宇宙人」と交信をつづけ、「世界平和を実現する方法」を当時のアメリカ大統領とソ連首相に教えるという使命に燃えていました。その患者は独学で勉強したという英語とロシア語で書かれた二通の手紙を取り出し、低い声で「ディアー・ミスター・プレジデント・ニクソン……」と読みあげてから、その手紙をわたしに托し、そっと「看護婦に見つからないように投函してくれ」と頼みました。（略）

ＬＳＤの影響下にあるとき、わたしはなぜか忘れていた彼のことをふと思い出し、つづいて自分を南朝系の天皇の直系だと信じていた長いひげの患者や、不世出の横綱だと信じて、いつもチョンマゲを結っていた大柄な患者などを思い出しました。そして「いまならあの人たちと話ができる」と感じ、はじめてかれらに深い共感をおぼえました。（9）

彼はＬＳＤによって、このほかにさまざまの幻覚を体験していて、そのことは『ヒーリング・ボディ』のなかにかなり細かく書き込まれている。そして、これらの体験の果てに、彼はどうやっても論理的に説明できない体験に遭遇する。それは離婚したかつての妻にかかわることだった。そのくだりも引用しよう。

「○○子が死んだ！」という、男の声が聞こえたような気がしました。耳に聞こえたというより、声が天から落ちてきたような気がしたといったほうが正確でしょうか。離婚した妻の名前です。一年ほど前に東京で出会ったとき、将来の計画を語る彼女は元気で若々しく、死の影などみじんも見えなかったというのに、天から落ちてきた「死んだ！」という断定的な声は一瞬にしてわたしの胸を引き裂きました。反射的に深い悲しみが一度に襲ってきて、どうしても涙がとまりませんでした。（略）

翌週、東京の母から届いた航空便で、離婚した妻が事故死したことを知らされました。彼女の所持品にわたしの実家のアドレスがあり、警察から身元確認依頼の連絡があったというのです。東京で彼女が亡くなったのはわたしがバークレーでＬＳＤを摂取した、その日の、ほぼ同じ時刻のことでした。そのときのＬＳＤ体験はわたしに大きな発見をもたらしてくれました。

「内的世界」と「外的世界」、「心理現象」と「物理現象」といった、それまでは別の領域に属すると思われていたふたつのものが、じつは底のほうではひとつにつながっていたらしいという発見です。意識という現象は脳の電気化学的反応の随伴現象などではなく、物質としてのからだや脳の活動範囲を大きく超え、時間や空間を楽々と超える超個人的なものであること、心理学者のユングがいう「シンクロニシティ」（意味のある「偶然の一致」、共時性）がリアルな現象であることなどを、わたしはそのときはじめて実感したのでした。(10)

この体験を彼はこんなふうに分析している。

からだには〈見えるからだ〉のほかに〈見えないからだ〉があり、その〈見えないからだ〉がみえてしまうような特殊な意識状態のときに、いわゆる「超常現象」が起こるのではないか。〈見えないからだ〉が媒介して起こす現象が「超常現象」なのではないか。

その〈見えないからだ〉に中国医学でいう「経絡」や「経穴」（ツボ）があり、インド医学でいう「ナーディー」や「チャクラ」が存在するのではないか。そんな推察があたまの片隅で生まれたのもそのときのことだったようです。(10)

バークレーでは、彼と同じように祖国を出てこの町にたどり着いた何人もの日本人と出会った。そういう人たちとの付き合いもはじまっている。

バークレーでの生活について、彼はこういうふうにいっている。

町で暮らして、いろんな集会やサークルの集まりなんかに参加して、いろいろなことを学ぶこともできたし、楽でいいなあ、ずっとこうやって暮らしていたいなあ、もう日本に帰らなくてもいいやみたいな気持ちが芽生えてきたんですよ。ただ、日本人でその町に居ついちゃって暮らしている、そういう人たちを何人か見て、あんまりステキじゃないなあということも感じたんですよ。

そうやって暮らしはじめて、いろんな人たちと知り合ったわけですが、そういう人たちはぼくが日本人だと知ると、日本に関するいろんなことを聞いてくるんです。日本の伝統文化とか、日本の歴史とか、いろんな質問をされるんだけれど、ぼくはそういうことをちゃんと知らずにアメリカに来ていた。そういう質問にほとんど、きちんと答えられなかった。それで、やっぱり一度日本にもどって、日本のことをきちんと勉強しなきゃダメだなと思いはじめたんです。

これはコミューンのなかに深く関わっていくと、周囲の人たちから、日本人のそういうヒッピーとしてのアイデンティティーを問われる、ということだったのだろう。ヨーロッパで生まれた近代合理主義を否定する行為は、ほとんどの場合、東洋的な思想、チベット仏教や禅に対する興味、共感とセットになっているようなところがあった。

コミューンにはとくに東洋ブームというか、インドとか禅とか、そういうものに対してものすごいリスペクトをもって修行していた人がたくさんいたんですよ。アジアから帰ってきた人たちとか、そういう人たちが暮らしているコミューンがカリフォルニアだけで何百もあって、ぼくもそういうところをいくつか回って、そこで生活させてもらったんだけれど、そういうときに聞かれる質問というのが同じで、「日本にはこういうコミューンはあるのか」ということだったですね。

まあ、ぼくは日本にいたとき、部族の人たちがつくった新聞とか読んでいて、規模は小さいけれど、同じような暮らし方をしている集団があるということは知っていたんですけれど、そういう情況というのは日本から海外にはぜんぜん発信されていなかった。いま、日本ではどこがどうなっているのか、どの程度のことができているのか、そういうことをアメリカの人たちに知らせるにはどうしたらいいんだろうと考え始めた。それで、日本のそういう活動状況を記録映画にしてみせたら分かりやすいかも知れない、と考えるようになったわけです。

こうして、彼は具体的に、日本にもどって、日本の部族の日常生活を記録した映画をつくろうというところまで、たどり着く。上野の文章から察するに、バークレーでの彼は、半分はヒッピー、残る半分はジャーナリストというかオブザーバー（観察者）というようなノリだったようだ。これは米国社会で育ってヒッピーにたどり着いたわけではない以上、当然のことだっただろう。フジテレビを辞めたあとも、テレビマンというか、映像表現にこだわっている一種の「記者魂」は健在だった。

けっきょく、その部分が彼に『スワノセ・第四世界』をつくらせ、そのあと、英語文献の翻訳家になっていく。そして、残る「ヒッピー体験」が彼を鍼灸師の道へと進めるのである。

【註】

（1）『ヒーリング・ボディ』Ｐ・31
（2）『１９６８年～反乱のグローバリズム』二〇一二年刊　みすず書房　ノルベルト・フライ著　Ｐ・54
（3）『ラジカル・アメリカ～反国家の世代』Ｐ・１２６
（4）『ヒーリング・ボディ』Ｐ・35
（5）『ラジカル・アメリカ～反国家の世代』Ｐ・１２９
（6）『ヒーリング・ボディ』Ｐ・37
（7）『ヒーリング・ボディ』Ｐ・78
（8）『ヒーリング・ボディ』Ｐ・40
（9）『ヒーリング・ボディ』Ｐ・45
（10）『ヒーリング・ボディ』Ｐ・54

［7］一九七三年暮　帰国。そして、諏訪之瀬島へ

上野圭一がアメリカでのヒッピー暮らしをいったん切り上げて、日本にもどったのは、一九七三年の年の瀬だった。けっきょく、バークレーで二年半暮らしたことになった。

アメリカではいろんなコミューンを渡り歩いていたんだけれど、みんなとしゃべっていると必ず「日本にはこういうコミューンはないのか」って聞かれるんですよ。そのとき、ぼくが知っていたのは部族だけだったから、「ひとつはあるみたいだけど、他は知らない」みたいなことしか応えられなかったんです。そういうことがあって、もうちょっと日本のことを調べなければいけないと思った。そういうコミューンにいってみたいなとも思ったんです。それで、日本の共同体を取材して歩いて、そこがアメリカの人たちに知ってもらいたいと思えるようなところだったら、映画のような形で記録して、アメリカの人たちに紹介しようと思ったわけです。

記録映画をつくって、アメリカのみんなにみてもらいたいという着想は、彼が日本にもどろうと考える大きなきっかけになったようだった。ただ、これも絶対にやらなければいけない仕事というような切羽詰まったものではなく、半分遊びのような、なにか面白いことをしたいというようなところからはじまったものだったようだ。その間の事情である。

映画をつくったことについては、これもシンクロニシティみたいなところがあるんだけど、大学の友人で、そのころはコピーライターとして知られていた松本東洋という人がいたんです。この人はたしか吉行淳之介とか吉行和子なんかのファミリーの人だったと思うんだけど、高校を卒業したあと、大学に入る前にヨーロッパやブラジルに行って、帰ってきてから早稲田の文学部に入った人で、当時、雑誌の『宣伝会議』のコピーライターの新人賞みたいのがあって、それを受賞して、売れっ子のコピーライターになっちゃって、いちやくなんかお金がドーンと入ってくるということで、その彼が ね、けっこうスピリチュアルな話に興味を持っていたんですよ。

最初はそんな話ではなくて、この人と仲良くなるきっかけというのがあって、ぼくが離婚したときのことなんだけど、彼女はなにも持たずに、「わたしのものは全部捨ててください」といって家を出ていったんですよ。ピアノも置いていった。それでまあ、いわれたとおりにしたんだけど、ピアノだけは始末に困っていた。ぼくはピアノは弾かないし、簡単には処分できないから困ったなあと思っていたんです。そしたら、そのとき、たまたま松本東洋が新宿でバーを開いてね、ピアノが必要なんだ、と。ああ、それじゃ、これあげるから使ってくれないかといって、そのピアノを持っていってもらったんですよ。それで、ぼくも彼も助かったんですよ。

そんなことで、彼と仲良くなって、ぼくが日本にもどったら、彼が「キミにはいろいろと世話になってる。キミは日本のコミューンの映画をつくりたいっていっていたけど、ぼくも山岸会とか、あの手の共同体思想に興味があるんだ。どこかいいところがあったら、そこに住みついてもいいくらいの気持ちなんだ。だから、そのテーマでいっしょに映画をつくらないか。お金ならあるから、ぼくが出すよ」っていったんですよ。映画の話はそこから本格的にはじまったんです。

最初の話の形はかなり大雑把で、なんでもいいから日本の生活共同体を映画にしようというような話だったんですよ。それじゃあ、そういう共同体をいっしょに見てまわろうみたいなことで、二人で新しい村とか、いろいろと訪ね歩いたんです。だけど、実際に尋ねていって見て、彼自身が、これじゃあちょっとナア、みたいな感じで。

松本東洋には『理想のあなたになるヒプノ・ワーク～前世療法を超える癒しのテクニック』などの著書があり、前世療法の専門家として活躍していた人だった。二〇一八年に没している。『ピンポン』、『鉄コン筋クリート』などの作品でおなじみの漫画家、松本大洋のお父さんである。

それで、日本の共同体思想というのは、だいたいが生産共同体みたいなところや政治結社みたいな臭いのするところが多い。白樺派の文学者の武者小路実篤がはじめた新しい村とか、山岸巳代蔵の提唱するヤマギシズムに基づいて暮らす山岸会とか、関東軍の参謀だった石原莞爾らが一枚噛んだとされている東亜連盟の重農思想を受けついだもの、などを思い浮かべるのだが、上野と松本にとっては、これらの生活共同体はイデオロギーの臭いが強すぎたようだ。

日本の多くの生活共同体は誰かひとり、教祖様のような人間がいて、その人のカリスマ性のもとにひとつにまとまっている、新興の宗教団体のようなところがあった。

そういう教えの信者でもないふたりには、その状況はとても受け入れられるものではなかったようだ。いろいろと調べているうちにそういうことがわかってきて、松本が「イヤア、こんなんじゃオレはちょっと映画にする気になんてならないよ」と言いだした。つづいて、上野の回想である。

旧式な生活共同体ではネタにならないとわかった段階で、撮影の対象は「部族」のスワノセ一本でいくと決めた。ちょうどその頃、スワノセにはヤマハの問題が起こりはじめていたから、ストーリーの展開もあるかもしれないと考えた。ところが松本は、もうやる気をなくしていて「じゃあ、あとは君にまかせるよ。ぼくはそっち（ヒッピー）の方はあんまり興味ないから。すべてまかせるから」といって降りてしまった。映画をつくる資金の三百万円だったかな、それは出してくれたんです。そのお金で映画製作をはじめたわけです。

三百万円というのはいまの金銭感覚でいうと、たいしたことがないように聞こえる。上野が日本にもどったのは昭和四十八年の暮れ、第一次石油ショックのすぐあとのことだが、そのころのわたしの月給は十万円いかないくらいだったと思う。週刊朝日が編集した『戦後値段史年表』で当時の貨幣価値を調べると、大卒の銀行の初任給が六万円とある。いまの相場はだいたい二十万円くらいのようだから、当時の三百万円というのを計算すると一千万円ということになる。一千万円は大金だが、どんな映画をつくるのであれ、たとえ十六ミリカメラで撮影するのであれ、映画製作ということからいえば、何人ものスタッフが集まって、ある一定期間、その作品を作るのに専念するのだから、とても足りている金額ではない。あとあとの話はその通りになって、上野はお金のことでかなり苦労させられるのだが、松本東洋の好意があって、とにかく自分のつくりたい映画をつくりはじめる初動の資金だけは確保できるのである。

また、「部族」についてだが、これも前段で少しふれているが、日本で使われているヒッピーという言葉はそもそもマスコミが用意した呼称で、彼らは自分たちをヒッピーだと考えていたわけではなかった、ということも書き添えておかねばならない。かれらは自分たちからは「雷赤鴉」とか「バンヤンアシュラム」とか「エメラルド色のそよ風」などという部族名を名乗ったが、この部族という考え方、名称が一九六七年の五月から始まったことはすでに、第一章のP・103以下に紹介している。彼らが諏訪之瀬島に目を付けたきっかけについては、ゲーリー・スナイダーが書いたこんな原稿がある。訳者は片桐ユズルである。

数年まえに、放浪者で詩人のサカキ・ナナオが九州と奄美大島のあいだをいったり来たりする小さな貨物船にのっていて、のりあわせた島民とはなしはじめ、彼はナナオをなんとなく自分の島へ招待した。ナナオはつぎの年に行ったが、ちょうど台風がやってきた。それで彼は一週間以上も農家でかんづめになって台風をやりすごした。

その島は八軒しかなく——人口四十人——島の主要部分は火山と溶岩で、居住可能でも無人の地がたくさんあった。というわけで島民たちはナナオにもし彼でも彼の友だちでもそこにキャンプなり住むなりしたかったら、歓迎するといった。

東京のナナオの古い友だち「エメラルド色のそよかぜ族」は(かつてバム・アカデミーという名で知られていた)「ハリジャン」の一派で、すでに長野県の高原で農場をはじめていた。彼らは諏訪之瀬島も彼らの計画にくわえることにした。五月にナナオ、ミコとシンカイが南下した。六月にはポンほか数人が、フランコ、ナーガ、マサとわたしが七月に。まず九州最南端の都市、鹿児島へ行かなくてはならない。「十島」行きの船が週に一度ある。いつ出るかわからない。それでわれ

われは鹿児島で五日間うろうろしていた。（略）
「トシマ丸」は夕方六時に出港した。小さな二五〇トンのディーゼル貨客船。夜明にクチノエラブ島にきた――銀のスコール、みどりの崖、ひらめく海鳥。船は一日に三つの島をおとずれた――サンゴ礁のそとに投錨し、ゆれる小さな白木の船と荷物のやりとりをした。

午後おそく船は諏訪之瀬にちかづいた。とおくから見るとむらさきの山、雲とぼうしと霧の島だ。（略）沖合に錨をおろし「トシマ丸」が汽笛をならすと、ついに竹のあいだの急な坂道を、男が二、三人、かけおりてくる。三十分ばかりたつと小舟が崖下の大きな岩とセメントの防波堤のかげから出てきて――サンゴ礁のなかの水路をたどりながら来て、貨物船に横付けした。島民はスイカや野生のヤギをもってきた。ヤギはアマミ大島へ行くのだ。そこのひとたちがこのんで食べる。それから、われわれ、リュックサックと食料をもって、小舟にのり、荒波をかぶってぬれながら岸につき、岩だけの岸にあがる。（略）みんながまっていた。いつも日にあたっていたので、まっくろになっている。われわれの食料やリュックサックをしょってつづれ折りの山道をあがり、半ジャングルの道を二キロちかくも行くと、彼らがつかっている廃屋と空地があった。ナナオとシンカイはちょうど小さな竹の小屋をもうひとつつくりおわったところだった――ドーム形で、草ぶき屋根――だからみんなねるスペースができた。十四人、約半分は女だ。（1）

これも貴重な資料である。諏訪之瀬とヒッピーとのつながりの最初のきっかけを説明した文章はほかにないので、引用が長くなった。それで、ゲーリーのこの文章もちょっと説明不足のところがあって、これはわたしがナーガ（長沢哲夫）から直接聞いた話なのだが、ナナオが初めて諏訪之瀬島の人に会った時点で、島民の数は四十人だったというのだが、これが住民の数三十人を切ると、島は県の条例で、強制移住させられ、離島せざるを得なくなるのだという。現実に、隣の臥蛇島《がじゃじま》はそういう運命をたどって無人島になっていたのである。島の住民としては、だから、人間がこの島をたよって移動してくるのは大歓迎だったのである。

それにしても、これらの資料を読むと、あらためて、ゲーリー・スナイダーが日本の部族にとって大きな役割を果たしていたことを痛感させられる。この（一九六七）年五月の新宿でのデモンストレーションから、ずっと彼の姿があり、夏にはこの島で、日本人女性と結婚式を挙げている。アメリカでもギンズバーグらと行動をともにしていて、おそらく、日本の部族の活動の（＝マスコミ的にいうと、ヒッピー運動の）思想的なリーダーシップはこの人がとっていたのではないかと思う。ナナオサカキや長沢哲夫、山尾三省らの部族の第一世代が日本の社会のなかでは禁制になっているマリファナやLSDを体験して、アメリカのコミューンの運動にコミットできたのも、おそらく、そもそもスナイダーのおかげなのではないかと思う。

諏訪之瀬島は歴史地理的なことを書いておくと、これもスナイダーの文章だが、こういう島である。

諏訪之瀬島は北緯二九度三六分——ということはだいたいカナリア諸島、カイロ、チワワ、ペルセポリス、ラサとおなじだ。九州からアマミ大島へ行くほとんどまんなか。アマミ諸島は琉球諸島につづき、文化は沖縄とほとんどおなじだが、方言がちがう。ヨロン島からは沖縄が見えるということだ。ヨロンは日本の一部だ。諏訪之瀬はたぶん過去何千年にわたって人が住んだり住まなかったりで、それは火山活動しだいだったのだろう。「十島」は台湾から九州へ飛び石のようにある列島の一部で、それをつたわって旧石器時代の航海者たちは日本にまでやってきた。だから彼らは立ちよったにちがいない。諏訪之瀬は十五世紀の大噴火のあとで棄てられ、約百年まえにアマミから何人かのひとたちがためしに来るまでは、だれもかえらなかった。村人たちはだからアマミ系でアマミ方言をしゃべる。（1）

島の村の辻にあった看板では、大噴火は一八一三年のことというから、そこのところだけはスナイダーの誤記かも知れない。百年前に移住というのは、スナイダーがこの原稿を書いたのは、この原稿の文章の末尾に「四〇〇六七年（最古の洞窟壁画から換算して）」とあるから、たぶん一九六七年のことだと思う。噴火後、島に住民が戻ってくるのはこれも看板によるのだが、細かな経緯までは書かないが一八八三年のことである。

わたしが諏訪之瀬島を訪ねたのは、二〇一七年の三月のことだが、鹿児島の南港からフェリーで公称八時間半の船旅である。しかし、これは公称で、海がおとなしく凪いでいるときの所要時間であり、実際には十時間以上かかる。わたしが諏訪之瀬を訪ねたときも深夜十一時半出発の予定が、三〇分遅れで出港し、そのあと、海が時化ているとのことで、所要十時間半、島に到着したのは午前十時半のことだった。

島にはいま住民が八十人あまりいるとのことで、埠頭や学校などで子どもや若い女の姿をけっこう見かけた。人口は増えているのだという。昔と変わらず、島には民宿が何軒かあるのだが、スーパーマーケットもコンビニもない。商売屋は一軒もない。みんな、漁師をやったり、港で荷揚げ作業を手伝って日当をもらったり、牧畜をしたりして現金収入を得ているのだが、食べるものは主食の米以外、魚や野菜は自給自足で暮らしていた。米だけはうまくいかない、そのかわりにサツマイモの栽培に適した土地柄だという。

ナーガこと長沢さんがいうには、昔は電気もガスもなかった、道路なんてなくて狭い小径があっただけでした、とのことだ。資料に「縄文時代と同じように暮らしている」という文章があったが、まさにその通りだった。

上野は諏訪之瀬島の人々の暮らしぶりを目の当たりにして、これをきちんと記録すれば、それなりにチャンとした映画が作れると確信する。島はちょうど、移住して十年あまりこの地で暮らしてきたヒッピーたちと、後から島にやってきて、リゾート開発しようとした本土の大企業、ヤマハ＝日本楽器とのあいだで、開発の是非をめぐって、もめ始めていた最中だった。上野にはそれが、そのころおかれていた日本社会に存在する問題の縮図のように読めた

諏訪之瀬に部族のコミューンがあるということはアメリカに行く前から知識としては知っていたんです。彼らは『部族』という新聞を出していましたからね。それを読んで知っていた。あとは八ヶ岳ですか、「雷赤鴉族」だとか、国分寺の「エメラルド色のそよ風族」とか、けっこうおしゃれな名前を付けた部族の連中があちこちにいるということは知っていたんですけれども、諏訪之瀬を映画の舞台にとりあげようと思ったのは、明らかにヤマハの問題が起こっていたからだったんです。ヤマハが島をリゾートとして開発しようとしている、という話を聞いていて、部族の人たちが反対している、と。そのことを映画に記録できればちゃんとしたものになるかも知れないと思ったんです。

どっちにしても、遊び感覚でつくった映画なんですよ。ただ、アメリカのコミューンで向こうの人たちから受けた「日本はどうなんだ」という質問にある意味で答えようという気持ちはあったんです。だから、最初から映画に仕立てて、海外の人たちに見てもらう、ということだけは考えていたんですよ。ま、結果的にアメリカのほかにオーストラリアとかオランダとかでも上映されたんですけれども。

上野圭一は一九七三年の年の瀬に日本にもどって、暫くして、いよいよ『スワノセ・第四世界』の製作に取りかかることになる。映画をつくるのだから、まずスタッフ集めである。

なかでも、問題はカメラマンを誰にするかだが、これは意外と簡単に解決するのである。

いろんなことがポンポンと決まっていったんです。まず、一番最初に松本東洋がスポンサーになってくれたでしょ。それから、チーフ・カメラマンの川田秀明。かれは九段中学・西高校時代からの貴重な友だちで、例の六十九年の東大時計台放送のときにもたまたま現場で会って、言葉を交わしているんですよ。当時、彼は映画館で上映するニュース映画の撮影をやっていました。連絡をとって、「遊びみたいなことなんだけど、今度こういうことをやるんだけど手伝ってくれないか」と頼んだんです。「金にならない仕事で、こういう映画をつくりたい」と。ノーギャラだけどいいかって訊いたら、いいよっていってくれて。そのときはフリーのムービーのカメラマンで、心もフリーなんです。

水中撮影の部分が欲しいから、（それができる人は）誰かいないかといったら、（川田が）オレの助手がいるから大丈夫だ、ということで。（録音の人とか編集の人とか）周りにいる人がなぜかみんなヒマにしていて、手伝う手伝うといってくれて。スタッフは（ぼくを入れて）全部で五人だったかな、その人たちがみんな、最後まで手伝ってくれたんです。映画の仕事というのはそうしょっちゅうあるわけじゃないから、みんなヒマにしてて。ギャラは全員ノーギャラで、ボランティア。いま考えてみると、本当に奇蹟のような話で、いまだったら絶対にあり得ないですよね。

けっきょく、映画製作のスタッフは以下のようになった。

撮影　川田秀明（日本テレビ『素晴らしき世界旅行』、東京12チャンネル『生きている人間旅行』等撮影）
　　　沢田　喬（岩波映画など撮影、水中撮影が専門）
音楽　喜多嶋修（作曲・演奏家、在米）
編集　藤枝静樹（映画『花まつり』監督、フリー）
監督　上野圭一（フリー）

音楽の喜多嶋修というのはアメリカ在住のミュージシャンで、加山雄三のつくったバンドのザ・ランチャーズの一員だった人。喜多嶋の母親は加山の母親で女優の小桜葉子のいとこ、明治の元勲、岩倉具視の血筋にあたる人。喜多嶋の妻は女優の内藤洋子。喜多嶋も上野のアメリカ滞在前からの知り合いだった。

映画の世界も、この時代になると、大映が倒産したり、日活や東映がポルノまがいの映画をつくりはじめたりして、大動乱の時代を迎えていた。撮影所システムはどんどん解体されていったが、それまで多く邦画五社の社員だった映画製作の技術者たちはみんな独立して仕事を探しはじめる。みんなフリースタッフになって、いい映画をつくりたいという気概だけは映画界に溢れている時代だった。新しく結成された独立プロダクションがかつての五社の撮影所の映画製作のシステムが機能していたころとおなじくらいの数の映画をつくり出していた。そういう情況のなかで、上野の考えた映画づくりのために集まったスタッフだった。

わたしは上野の話を聞いていて、なんとなくだが、黒澤明がつくった『七人の侍』という映画のなかで、志村喬扮する島田官兵衛が、『金にも栄達にも関係ない仕事だが手伝ってくれないか』と、これと見込んだ気骨のある侍に自分の思いを話す、そういう場面を思い出した。上野はこの映画を「遊びのつもりでつくったものなんです」というのだが、そういう精神でスタッフが集まらなかったら、この映画はつくれなかったのではないかと思う。

それから東京で、伝手をたどって当時からヒッピー詩人として知る人ぞ知る存在だったナナオサカキと連絡を付け、映画の趣旨を説明して、出演を承諾してもらった。

この話はたぶん、ナナオにとっては自分を主人公にして映画をつくりたいといっているのと同じに聞こえて、イヤだといって逃げ回るような話ではなかったらしい。いろいろな人の話を聞くと、みんな異口同音に「あの人は自己顕示欲の非常に強い人だった」といっている。

ナナオサカキがどういう人だったかは別章で論を構えるつもりでいるが、映画の撮影に関わることだけここで書き添えると、ナナオ自身は住所不定で、いろんな知り合いのところを転々として暮らしていたから、上野の方から連絡を取るのには手間がかかったが、ナナオの方から頻繁に連絡があり、上野の家まで遊びに来て、夕飯をご馳走になって泊めてもらうという、一宿一飯の恩義にあずかっていたようだ。そのこともあって、撮影に全面協力したのだろう。

上野の記憶では、映画の撮影は冒頭のナナオが新宿に立つ最初の高層ビル街を背景に、部族の思想と存在を語り始める場面から始まったのだという。そのあと、いよいよ諏訪之瀬島に上陸し、撮影を開始するのだが、ことはそう簡単ではなかった。もともと島に住んでいる人たちにも「部族」の人たちにも上野たちの作る映画の撮影に対する、本能的な拒否反応があった。島の平和を乱すものたちがやってきた、みたいな話である。上野の回想だ。

諏訪之瀬には七十四年（昭和四十九年七月）と、七十五年（昭和五十年）と都合、二回行っているんですが、最初の年に行ったときはあんまりうまく受け入れてもらえなかったんです。すごく警戒されちゃってね。特にさっきから名前が出ているナーガっていう、彼が、いちおう諏訪之瀬の部族の代表（オピニオン・リーダー）みたいな人だったんだけど、この人がひどく誤解していて。

いきなりカメラをもって訪ねていったものだから、「お前たち、なにしに来た。『イージー・ライダー』みたいな映画をつくって金儲けするつもりなんだろう」みたいなことをいわれた。その映画は日本でもヒットしていて、当時でもまだ話題になっていたんです。映画の印象が非常に強い時代だった。ぼくは、いや、そういうことじゃないんだと説明するところからはじまったんだけど、なんかすごく気分悪く受け取られちゃってね。「オレたちを撮ってどうするつもりだよ」みたいなことで。それで、これはちょっと、島の人たちの前でいきなりカメラを回すのは止めた方がいいかもしれないと思ったわけです。それで、とにかく自然に村の人たちの生活に溶け込むということをやっていたんですよ。
一回目のときには全体の三分の一も撮れなかったかな。まず、撮らせないぞという感じがあったし、こっちもやっぱり撮る前にしばらくはカメラを置いて、そこで暮らして、彼らの生活がどうなっているのか、すこし覗いてみようみたいな、そういうことだったんです。あのときは二カ月くらいいたのかな、行って、まあ風景とか、差し障りのない、問題のないものばかり撮っていた。コミューンのなかはほとんど撮れなかったんです。

諏訪之瀬島の部族の人たちはピリピリしながら暮らしていた。タイミングも悪かった。このときに長沢哲夫がいった『イージー・ライダー』みたいな映画というセリフの意味は、前章でもちょっと触れたが、映画のなかで、主人公に扮したピーター・フォンダとデニス・ホッパーがヒッチハイクしていたヒッピーに連れられてコミューンを訪ねる場面があるのだが、ここでのコミューンの描き方は、どちらかというとハリウッド的というか、表面をなぞったようなのぞき見趣味的で、主人公たちのような気ままにバイクで放浪する生活に憧れるのは、日常生活に縛りつけられて、一カ所に定住している若者たちで、あの映画がとても現実にドロップアウトして、コミューンで暮らす人たちに歓迎されたとは思えない。そういう意味だろうと思う。

一方の上野たちの方は、そうこうしているあいだに、島に二カ月ちかく滞在したのだが、なかなか思うようなスケジュールで撮影を進行できずにいた。このころは島に民宿なんかなく、当然泊めてくれるところもないから、島に使われなくなった分教場の建物があり、つまり廃墟なのだが、そこを寝泊まり食事の拠点に行動したという。

前述のように、撮影はなかなか思った通りにはいかなかったらしい。部族の人たちがそこまで警戒心を高ぶらせていたことにははっきりとした原因があった。じつはこのころ、諏訪之瀬島では大事件が進行中で、映画撮影に協力するどころの話ではなかったのである。それがヤマハのスワノセ・リゾート開発計画だった。ヤマハは自分たちの計画に基づいて、すでにもう、飛行場やリゾートホテルの建物が建造されつつあったのである。

上野たちはその開発の様子もフィルムに収めている。当然のことだが、上野たちの方は撮影しやすいところから順番に撮影していくという段取りである。

撮影隊が島を訪ねる同じ時期にナナオも諏訪之瀬にやってきて、彼のいる島の部分だけは順調に撮影できた。このときのロケでは、なかなかみんなが撮影隊に打ち解けてくれず、諏訪之瀬の自然やこの島でリゾートホテルを作ろうとしているヤマハの飛行場の様子などは撮影できたが、部族の生活のなかに入っていって、パーソナルな生活を撮影することは許されなかった。

そうこうしているところで、一九七四年の七月のことだが、カリフォルニアのバークレーでギンズバーグやスナイダーらによって「スワノセ集会」と名付けられるデモンストレーションが開かれることになり、これを撮影するために撮影隊はアメリカへ。この集会を取材したあと、日本にもどるのだが、スタッフに別件の予定もあり、そのあと、いったん態勢を立て直すことになったらしい。

バークレーで開かれた「スワノセ集会」とはなんなのか。

この島はこのとき、本土からやって来た大企業のヤマハに対して部族ははっきりと反対の意思表示をしていた。しかし、暴力否定のフラワーチルドレンたる部族の人々に現場で全共闘の人たちのように暴力デモをくり広げる力があるわけでもなく、また、島にもともと住んでいる人たちの中には、ヤマハが島を開発してくれて、島が少しでも本土の人たちの生活に近づけるのだったら、それはそれでいいじゃないかと考える人たちがほとんどだったのである。

部族の人たちは島のなかではそのためにデモもストも出来ない状況だったが、国内（日本の）には部族のネットワークがあり、アメリカのヒッピーの人たちとはゲーリー・スナイダーをキーパーソンにして密接につながっていて、ここでは、例えば、バークレーでは大人数を集める大きな集会を開催する能力を持っていた。このことをきっかけにヤマハの商品に対する不買運動が起こり、西海岸を中心にしたヤマハに対する抗議の署名運動は参加者四万人を超えた。

アメリカのヒッピーの人たちにとっては、「スワノセ」は世界的な、異なる考え方をする二つの文明の対決を象徴する「場所」だったのである。

この問題は、この映画の核心の一つなので、詳述しなければならない。上野たちが島を去ったあとのことだが、五十四年の十一月二十五日付の夕刊の朝日新聞にこういう見出しの記事が掲載される。

離島開発に二つの論理　諏訪之瀬島　金より自然と若者ら　ヤマハ「島の過疎化を防ぐ」

「島民はとまどい気味」という小見出しがあり、以下、記事内容はこういうものであった。

【リード】火山が活動する自然豊かな南西諸島の諏訪之瀬島でレジャー基地を開発中の日本楽器製造（ヤマハ）と、自然にあこがれて島に住みついた若者たちが対立している。島民を守るには島の経済をある程度うるおさねばならないとするヤマハ、「金は人間をダメにする」と主張する若者たち。両者の自然や人間のしあわせに対する考え方が根本的に違い、解決の見通しはまったくない。

【本文】鹿児島から船で十数時間、原生林に包まれた周囲二十四キロの小さな島が、問題の鹿児島県十島村諏訪之瀬島だ。人口は十三所帯の三十六人と、四十二年以来住みついた若者たち十数人。

ヤマハの川上源一社長は、十年来、つりやツツジの観賞のため南西諸島を往来していた。自然がそのまま残っている島々を都会生活にうんざりしている人にも見せたい、自然をそのままにしたレジャー基地なら、地元の産業振興にも役立ち、過疎化を防ぐことにもなる、と考えた。諏訪之瀬島も飛行機から見て、ほれこんだ。

三年前、ヤマハは南西諸島開発のプロジェクトチームをつくった。同社は漁船やボートのメーカーでもあり、諸島の開発は販路開拓にもつながる。島の産物を本土へ輸送して、系列の施設で使う。レジャー基地自体も、施設をデラックスにすれば採算もとれる。つまり諸島開発の先行投資は「企業としてもメリットあり」とふんだ。すでに硫黄島、屋久島の施設はオープン。建物自体は小さいが、一泊料金が一万六千円から七万円。医師、中小企業主、新婚さんが釣りや静養にやってきて結構にぎわっているという。ヤマハ側によれば、硫黄島では島民約百五十人がなんらかの形でヤマハと関係ができ、経済的にはほとんどの家が冷蔵庫やテレビを買うほど豊かになったという。

ところがここには放浪詩人サカキ・ナナオさん（五一）らと住みついた若者たちがいて抵抗した。サカキさんのこの島に対するほれこみ方は、ヤマハとは対照的。放浪の旅のはてにこの島にやってきたサカキさんは野生の自然と島の人たちにみずから包まれたいとの気持ちで住みついたのだった。若者たちは「諏訪之瀬の自然は大金を出して飛行機でやってくるものではない」と考える。たとえ小さなロッジでも、それが島の経済を刺激すれば、島の人たちは金の魔力に汚されてしまう。日本人がそうなったように、島民たちも金のとりこになってしまう。それは人間にとって不幸なことだと考えた。

たまたまアメリカにいたサカキさんがアメリカの若者に呼びかけ、若者たちに人気のある詩人のアレン・ギンズバーグやゲイリー・スナイダーらが中心となって「スワノセ集会」がこの夏バークレーで開かれ、ヤマハボイコットの署名運動も始まった。日本でも、東京周辺のロックコンサートを中心にボイコットのアピールがつづけられている。

両者の対立に島の人たちの気持ちは複雑のようだ。ヤマハがくれば仕事ができる。テレビや冷蔵庫はほしいが、ハシケの作業をやってくれる若者たちも島の共同体を維持するには必要だ。島の人たちは黙々とヤマハの開発工事で働いている。

東藤義雄・日本楽器製造取締役　開発というより自然保護をやっているのだ。このおかげで島の生活基盤が整備され、水や電気が豊富となり、島民は子弟の教育費も仕送りできるようになる。あのままほうっておけば島は無人化するだけで、島民は幸せになれない。ヒッピーたちは島民にどれだけのことをしてやれるというのか。

サカキ・ナナオさん　このほど久しぶりに島へ帰って悲しくなった。島の人はもっとも豊かな所にいながら、もっとも貧しい生活を始めていた。新鮮な魚をとらないで、カンヅメを食べる。マキをとらないでプロパンを使う。資本制社会に強制的に組み込まれる過程を見るようだった。西欧や日本が過去一世紀間おかしてきた失敗を、ここでもまたくり返している。

新聞記事の全文である。このとき、諏訪之瀬島が置かれている立場が明瞭に書かれている。

のちに映画が完成したときに新聞に書かれていた記事によれば、撮影は四十九年の七月からはじまったといい、二カ月滞在後、東京にもどったというから、この、十一月二十五日の新聞記事は、上野たちが持ち帰った情報がきっかけで取材が行われ記事になったのかも知れない。

上野たちはこのあと、翌年の夏、二度目の諏訪之瀬訪問をおこなう。それで、第一回目の諏訪之瀬訪問、そのあと、バークレーの「スワノセ集会」撮影のあと、上野圭一がなにをしていたかというと、この時期に、初めて、翻訳を手がけている。

彼が翻訳家として初めて世に出したのは『成功への処方箋』という本で、この本の発行は一九七九年七月となっている。

『成功への処方箋』について説明しておくと、この本は彼が「スワノセ 第四世界」を製作している合間に翻訳を行ったものだが、著者はローレンス・A・アプレーという人でダイヤモンド・タイム社というところが版元である。ローレンス・A・アプレーというのはアメリカン・マネジメント・アソシエーションという組織の理事長だった人物というのだが、それ以上のことはわからない。ダイヤモンド・タイム社というのはいまのプレジデント社。プレジデント社はダイヤモンド社から分派した出版社らしい。知人の編集長から翻訳を依頼されたこの本はいわゆる、人生で成功するためにどうしたらいいかという、アメリカによくあるビジネス本だったようだが、このときの上野は本の内容と自分の考え方が全然合わず、作業が苦痛で、ビジネス書をつくる編集者たちとも相性が悪く、二度とこの手の本の翻訳は請け負うまいと思ったという。それで、上野の翻訳書の目録を見ると、このあと、二冊目の翻訳本を出版するのは四年後の一九七九年のことで、つくった映画が予定していたアメリカ巡回上映を終わらせて一段落してからのことである。

そうこうしているうちに七十五年の夏がやってきて、上野たちはふたたび、諏訪之瀬島を訪問する。そのときのこと。

上野さんたちが二度目に来たときには、こちらもある程度、どういう映画をつくりたいか、わかっていて、まあ、そんなに撮りたいのならば、好きに撮ればいい、撮影に協力しようと思う人は協力してあげればいいというふうに考え始めていた。それで、島で部族の人間たちと同じように暮らし始めて、仲のいい人も出来て、その人たちは撮影に協力してあげていましたね。二度目のときの撮影の最大の目標は村のお祭りと相撲大会ということで、それも邪魔するような話ではないしね。それでも、もともと島に住んでいるおばあちゃんたちとか、写真を撮られるのもカメラが回るのもいやがっていた。そういうおばあちゃんたちもいつもに較べれば表情がこわばっていたけど、絶対に映画に出るのはイヤだというような人はいなくなっていたね。

話をしているのは長沢哲夫である。このときのことを上野はこういっている。

二度目に行ったときには、考え方を理解してもらえていたというか、ほんとうにきちんとした記録映画をつくろうとしているんだということをわかってもらえて、島にいる人たちの撮影ができるようになった。それで、村の人たち全員が集まってやる村祭りのシーンとかも撮影できて、考えていたような作品が作れたんです。

諏訪之瀬の部族の生活はまったりしたもので、このままここでこうやって年をとるのもいいかもしれないと思わせるような、暮らしぶりだった。夏の村祭りは村の人たちと部族のひとたちがいっしょに盛り上がる、島の最大のイベントで、その楽しそうな様子は映画におさめられているから、それを見てもらえばいい。

島での撮影はこの場面を取り終わってクランク・アップした。諏訪之瀬の村祭りについては、ゲーリー・スナイダーの『ノー・ネイチャー』という詩集のなかに、祭りの様子を謳った「愛」という表題のついた作品がある。こういう詩だ。

子供十人産んで 腹んなか 十回
ひっくり返された女たち

風吹き寄せる淋しい孤島で
盆踊りの輪の 先頭を勤める

八月、満月の夜、一晩中
一番若い娘は しんがりだ
トビウオの鱗落としをしたり　腸《はらわた》を取ったりして
昨夜から一睡もしていない女たちが

愛について歌う
何度も何度も
愛について歌う。

スナイダーの詩はギンズバーグの作品とはまたちがう、俳句に似た独特の余韻を残した叙情性を感じさせる。場面を語り尽くさずに終わらせる余情の間合いがよい。訳は金関寿夫。

二度目の滞在は三カ月くらいだったらしい。このときは、島の人たち全員が警戒心を解いたということではないが、仲の良い人たちもできて、和やかな表情の場面を多く撮影した。これも映画のなかの場面に収められている。

このころの村の「部族」の生活は原始共産制かくありなん、というような、完全に縄文時代を連想させるような、自給自足の生活だった。海で魚をとり、畑で野菜を育て、米を作り、あるものを使って生活するという方式で、質素だが、平穏に暮らしていたという。島の恵まれた自然がこの生活を可能にしていたのだが、上野たちが撮影の予定を終わらせ、諏訪之瀬を去ったあと、そこに台風がやってきて、死者が出るような大きな被害を受けた、というから、やはり、楽園ではなかったのである。

最後にわたしなりに、上野撮影隊に四十二年遅れて、島を訪ねた感想を書いておこう。諏訪之瀬島を訪ねて、東京にもどってから何日か経過して、その島のことを冷静に思い出すことがやっとできるようになった。今度の旅は、わたしもいろいろな旅を経験してきたが、しばらくぶりに経験した「激しい旅」だったと思う。昔、二十何年前の話だが、中国の雲南省の麗江から大理まで、真冬に窓ガラスの割れた、満員の乗り合いバスに乗って、六時間くらいのバス旅を経験したことがあるのだが、シビアさでいえば、それ以来のことだった。

今度の旅は自宅から、諏訪之瀬島の切石港の埠頭まで、徒歩、地下鉄、電車、モノレール、飛行機、高速バス、船と七種類の交通手段を利用したが、旅程のすべてのクオリティを破壊したのは鹿児島からスワノセまでのフェリーの船旅だった。時刻表には八時間半で島に到着と書かれていたのだが、実際には大違いで、船はシケで遅れて（という説明だった）十時間半かかった。途中から船酔いに襲われて、四時間ほど死ぬかと思うような七転八倒を味わった。東京の自宅を朝の十時半に出てからスワノセの埠頭まで二十四時間かかった勘定になる。南米に旅行するような消耗である。恐らく、日本国内で最も行きにくいところの一つではないかと思う。

スワノセへの旅の問題の大部分は船旅のところで、一艘の船がトカラ列島の島を順にめぐっている。月曜日の夜十一時半に出た船が諏訪之瀬島に着くのが翌朝の八時、最終目的地である奄美大島の名瀬《なせ》に到着するのが、午後二時半、そこから明くる日の真夜中の三時に同じ船が鹿児島に向けてもどる。この船が諏訪之瀬にたどり着くのが朝の九時（いちおう、そういう旅程になっている）、月曜日の十一時半の船に乗って諏訪之瀬を訪ねてきた人間は約二十四時間の島への滞在を切り上げて、早々に、名瀬から引き返してきた船に乗らないと、次に鹿児島に戻る船がやってくるのは四日後のことで、日曜日の朝まで待たなければならなくなる。つまり、島に滞在するのであれば、一日だけにしておくか、それともまるまる五日間いるか、どちらかしかないのである。当然のことだが、島に五日間、居つづけるわけにも行かず、わたしは一日だけの滞在で鹿児島に戻った。

前述したが、島には一軒のスーパーもコンビニも、商売屋もなく、飲み物の自動販売機がわたしが泊まった民宿の前の辻にあるだけだった。また、島のなかに椅子というものがなく、腰掛けることができないのに閉口した。泊めてもらった民宿の家人の生活スペースにはテーブルと椅子があったが、宿泊者用の部屋には座卓しかなく、行儀よくかしこまってすわるか、ゴロゴロと横になっているか、スタイルの選択肢はその二つしかなかった。これも困った。わたしは文明と文化生活にすっかり毒されてしまっていて、とてもじゃないけど、この島では暮らせないなと思った。ただ、島の人たちの暮らしぶりを見ると、フェリーが来るごとに人が集まるのだが、けっこう若い女の人が多く、子どもたくさんいた。余計なことだが、小学校の校庭で見かけた若い、先生だと思うが、この人もけっこうな美人だった。

それにしても驚いたのは、島の港湾設備を初めとするインフラがものすごくしっかりしていたことだった。映画のなかの四十数年前の電気もなければ水道もないという状態とは大違いだった。諏訪之瀬は島の中央にいまも噴煙をあげつづける活火山があるため、住民は島の南端部分に集まって暮らしていて、そこのところにだけ舗装した道路が作られている。トカラ列島のほかの島のように島の周縁を走る道路などというものはない。

その道路はきれいに舗装されていて、港はフェリーが発着する太平洋側の切石港と裏港の東シナ海に面した元浦がある。二つの港とも、すごく立派で広壮なものだった。恐らく何十億円という、国や県の予算が投じられて工事が行われたに違いない。ヨットでこの島に立ちよった石原慎太郎がこの港湾施設を見て、「島民が七〇人しかいないところに何十億も予算を使ってどうするつもりだ」と怒って帰ってしまったという話をナーガ（長沢哲夫さん）から聞かされた。わたしが、「七十億円かかっているのだとしたら、ひとり一億円ずつもらった方がよかったんじゃないですか」と無鉄砲なことをいったら、「ホントにそうですね」といって、苦笑いしていた。

わたしはどうしてもそういう見方をしてしまうのだが、ある人たちにとっては、島の状況は金の卵みたいなもので道路工事、港湾の設備造成も含めて、巨大な利権として存在していたのではないかという気がした。ヤマハより、そっちの方が遙かに大敵である。熱の冷めたところでいまのわたしが抱いている諏訪之瀬島の最終印象としては、孤立して見捨てられた絶海の孤島というよりは、いまも海という巨大な存在に守られつづけている、恩寵の島という感じがした。

いま、島に住む住民たちはもともとこの島に住んでいた人たちと、部族として島に移り住んできた人たちが、なかよく一つの共同体を作って暮らしていた。もともとは部族の人間である人が区長になったりしている。部族は島の暮らしのなかに完全に溶け込んで、同化しているとのことだった。これは歴史と時間の仕業である。

【註】

（1）『地球の家を保つには』一九七五年刊　社会思想社　ゲーリー・スナイダー著　片桐ユズル訳　P・237

［8］一九七六年〜 自主上映、日本、アメリカ…

上野たちはすべての撮影スケジュールを終えて、東京にもどった。あとは撮影したフィルムを現像して、それを編集する作業である。ここで大問題が発生する。

撮影はすべてうまくいったのだが、ついに用意していたお金を使い果たしてしまうのである。ここまで節約しながらやってきたのだが、とうとう製作予算がショートしてしまった。撮影したフィルムを東京に持ち帰って、すべての撮影済みフィルムを現像し、それを編集して作品の形にし終えたのはいいが、完成したポジフィルムを現像所から請け出す費用が足りない。

上野はさんざん思案して、自分たちの現状を公表して、有志の寄付を募ろうと考えるのである。そして、次のような文書をマスコミ各社に送って窮状を訴える、そして、朝日や宝島などの新聞・雑誌に上野らが諏訪之瀬島のドキュメンタリー映画を製作していて、製作費が足りなくなり、という記事が掲載される。

掲載された新聞記事は手元にないが、上野がサカキ・ナナオと上映実行委員会との連名でつくった「自主映画製作にご協力を！」という嘆願の文書が保存されていた。以下のような内容のものである。

自主映画（註1）の製作に関して、あなたのご理解とご協力を賜りたく、書面をもってお願い申しあげます。この映画は、日本列島最後の秘境といわれているスワノセ島（註2）をめぐって対立するふたつの陣営、いわば、物質文明と精神文明の静かなる対決が投じる波紋の拡がりを主題としています。東京など大都会から同島に集団移住した若者たち（註3）に代表される反文明・野性思考人間の生き方と、同島を買い占め観光開発を企図するヤマハ日本楽器（註4）に代表される消費文明・没思考人間の生き方。両者の対決は、国家、イデオロギーを超えて、現代社会の病根が生み出す必然ともいえましょう。なお、仮題にある第四世界とは、一般に高度工業化・物質文明化を目指すに早急な第三世界諸国からも置き去りにされた野性が生きづく世界のことをいいますが、この映画の場合、反文明・野性思考人間たち、いわゆるカウンター・カルチュアの人びとを含めて第四世界の住人と呼んでいます。

註1　16ミリ、カラー作品、約一時間、一九七四年六月着手、一九七六年三月完成予定。現在、約95％撮影終了。編集作業進行中。

註2　鹿児島から南へ二〇〇キロ。トカラ列島の中央にある小島で、人口約五〇人。中央に日本で一番爆発頻度の高い活火山がそびえ、周囲は良質のサンゴ礁に囲まれている。原住島民八所帯約三〇人。ほかに東京などから移住してきた若者約二〇人がコンミューン生活をしている。

註3　東京新宿を拠点に芸術活動をしていた人たちが約一〇年前から同島に入植。自然と宗教と労働と祭りが渾然一体となった生活を送っている。なお、本年度ピューリッツァ賞を受けたアメリカの詩人ゲイリー・スナイダーもかつてここで暮らしたことがあり、アメリカ・ヨーロッパにおける〈聖地スワノセを守れ〉運動の中心的存在となっている。

註4　ヤマハ日本楽器は数年前から南西諸島の観光開発に乗り出し、スワノセをそのセンターにしようとしている。自然破壊という観点からだけではなく、レジャーランドというようなものを必要とする生き方自体の正否を問う反対運動に見舞われ、工事は思うように進行していない。とはいえ既に飛行場が完成して、高級ヴィラの造成を始めようとしている。

出演者はゲイリー・スナイダーの他、同じく詩人のアレン・ギンズバーグ、マイク・マクルーアなど、アメリカの反文明陣営を代表する人たち、および詩人サカキ・ナナオなど日本の多くの野性思考人間たち、さらにスワノセの海、サンゴ礁、魚たち、活きている火山、咲き乱れる花々、巨大なガジュマルの木、それに轟音をたてて動き回るブルドーザー、最後の盆踊りを踊る島民たち、です。

製作スタッフは全員無償で働いています。しかし、わずかに残った撮影費、現像処理費、プリント費など、完成までにあと一五〇万円を必要としています。そこでわたしたち実行委員会は製作賛助会員券一口五〇〇〇円を発行し広く識者の皆様にご支援の呼びかけをさせていただく次第です。

賛助会員になっていただいた方のお名前は映画のバック・タイトルにお名前をあげさせていただきます。（もちろん匿名も可能です。）

以上簡単ですが、わたしたちの趣旨をよくご検討の上、ご協力をお願いいたします。
振込先　三菱銀行市ヶ谷支店
　振替口座番号　〇一四　四二六〇　＊＊＊
昭和五十一年四月
映画「スワノセ・第四世界」（仮題）上映実行委員会
杉並区桃井＊―＊＊―＊　☎＊＊＊―＊＊＊＊　上野圭一

これがその時、上野さんが書いた「お願い」の全文である。

この嘆願の文書は大きな反響を呼ぶ。当時、調べると銀行員の初任給が八九〇〇〇円だったと資料にあるから、一口五千円であれば、ちいさな金額ではなかっただろうが、なんとかしてあげたいと思えるような金額でもある。これに一番早く反応したのは、詩人の谷川俊太郎さんで、朝刊を見て、すぐに電話をくれたものだったらしい。ぞくぞくと応援してくれる人たちが現れた。

映画の巻末にこの募金に協力してくれた人たちの名前が載っている。こういう顔ぶれ、順不同であるらしい。

船橋あや子　久保田重男　鈴木泰　増田節子　山本克治　瀬尾長世　貝塚省三　谷村　洋　福井良一
伊東伝右エ門　大原生三　中山寿雄　伴　輝男　太田俊夫　岡村正己　大島亮郎　山崎英世　杉村忠雄　山崎信一
椿末次　中政男　安保望　谷本道彦　遠藤正晴　黒江道夫　雨宮次郎　内田光治　小宮山初子
石井康彦　福島達男　藤沢清　中西俊郎　久保田重道　島田節子　角谷治子　中野隆宣　木村多美子
加藤秀子　谷川俊太郎　高田種雄　恩塚良太　小島涼子　克二と恭子　牧瀬菊枝　月村繁男　片桐ユズル　山県昭彦
福富穣　連山豊　串田京子　大迫ジュン　坂本重夫　内山晟　幻遊社　小原公　秋川の風　室井昇　小島義宏
森ふみ　大沢喜敏　馬場禎子　諏訪優　村山佐　杉田成道　山川建夫　りんたろう　田中文男　ウシオダクニコ
スドウキンジ　遠間洋平　横江広幸　沢井忠男　青水秀樹　菅谷哲伸　戦争を知らない子供達　未来社　宝島
なまえのない新聞　石井信平　石井康夫　鈴木洋子　広川恂子　古沢章子　青柳守彦　本多光太郎　棚橋リエ
大野三郎　牛窪正弘　今井　保　笠井信宏　松永学　宮本貢　須田香代子　竹生友二とキミ　金田全央　三好達夫
可児才介　ジミー　稲垣尚友　オーム・ファウンデーション　高橋由利子　田中文雄　横江広幸　吉田秀器とエミコ
那須雅代　印南紀世子　上野貢　本橋和子　マルチメディアセンター　趙安埼　篠田紀代子　小桜英夫　福岡翼
宮崎総子　上野　宏　江川寛一　加納良幸　上遠野　清　（敬称は略させていただきました）

Special Thanks to
松本東洋　竹川昭二　原田詳経　和田昌樹　松本顕一郎　高橋文雄　David Pearl　上野直江　宇宙子供連合（CCC）

ここでこの映画への協力者の名前を羅列することにどのくらいの意味があるかわからないが、あらためて上野の窮地を救ってくれた人たちの名前を紹介しておく。詩人では谷川俊太郎のほかに、諏訪優、片桐ユズルなどの人たち、のちに『北の国から』を撮るフジテレビの後輩の杉田成道、アニメーションの映像作家りんたろう、もともとは映画評論家で芸能レポーターとしても仕事を始めていた福岡翼、フジテレビ時代の仕事仲間だったアナウンサーの宮崎総子やその元夫で同じフジテレビのアナウンサーだった山川建夫の名前もある。賛助会員券は一枚五〇〇〇円だったが、みんなひとりで何枚も買ってくれた。

映画はこうして出来上がった。

上野たちはこれらの人々の厚意と後援を受けて、艱難辛苦の末、映画を完成させ、やっと上映会にこぎつけるのである。プレス試写会が行われたのは五月二十九日と六月一日。場所は東京・霞が関のダイヤモンド・ホールだった。映画の完成を告げる試写会への招待状が残っている。こういう文面だ。

自主映画「スワノセ・第四世界」プレス試写会のご案内
日時　五月二十九日（土）六月一日（火）
①午後1時～2時30分　②午後3時～4時30分
③午後5時～6時30分
場所　ダイヤモンド・ホール
千代田区霞が関1の4の2　ダイヤモンドビル10階

前略。
ドキュメッセージフィルム（記録と予言の映画）「スワノセ・第四世界」（16ミリカラー、75分）が完成しましたので是非ご覧いただきたく、ご案内申しあげます。
この映画はスワノセ島（鹿児島県十島村・トカラ列島のひとつ）をめぐるふたつの陣営、すなわち大企業と無名の若者たち、物質文明と精神文化の対立を2年余にわたって記録し、日米のカウンターカルチュア（対抗文化）の深い結びつきを通じて、危機に瀕した現代文明の矛盾を克服して新しい時代をひらく若者たちの動向を予見するものです。製作費の多くはミニコミ、マスコミを通じての呼びかけに賛意を表して下さった多くの方々によるカンパでまかなわれました。

出演はゲイリー・スナイダー（詩人、昨年度ピューリッツァー賞受賞者）、アレン・ギンズバーグ（詩人、アメリカ対抗文化の先達）、マイク・マクルーア（詩人、劇作家）、サカキ・ナナオ（詩人、日本の対抗文化の先達）ほか、日本の対抗文化を担う多くの若者たち、スタッフは以下の通りです。

撮影　川田秀明（フリー、元理研映画）
　　　沢田　喬（フリー、水中撮影）
編集　藤枝静樹（フリー、「花まつり」監督）
音楽　喜多嶋修（在米、この映画に使った新曲が最近、アメリカのアイランドレーベルでレコード化された）
監督　上野圭一（フリー、元フジテレビ）
連絡先　〒167　杉並区桃井＊の＊の＊
「スワノセ・第四世界」製作上映委員会（上野方）

できあがった映画は強いメッセージを掲げたものだった。
映画は冒頭、詩人ナナオサカキのこういうナレーションから始まっている。

こんにちは。ここは新宿です。東京です。ヤポネシアのちょうど真ん中、このあたり一帯は大昔、海の底でした。それから湿地帯、原生林、火山灰が降り積もり、このような大地が現れました。それから人類が登場して町を作り、江戸の町になり、ここ新宿あたりは江戸の町外れにあたります。いまから20年くらい前まではこのあたりはたいてい木造の家が建ち並んでいました。そのころ、日本中からどこからともなく若い連中が集まってきて、自然破壊や公害によって滅んでいくであろう文明に絶望し、それを肌で感じとり、そのような方向へ人類を追いやっていく産業社会から脱落して新しい文明を模索しようとして、日本中へ旅立っていきました。そのひとつとして、ボクは仲間たちといっしょに鍬や鎌やスコップを持って、東京から南へ約一七〇〇キロにある諏訪之瀬島へと旅立っていきました。

ここから先はＤＶＤをご覧いただけばいいと思うが、映画は公開されるや、大反響を呼んだ。

試写会場に使われた当時まだ、霞が関にあったダイヤモンド社のなかにあるホールを使って行われた。仲介したのはもと「ニューミュージック・マガジン」の編集者でこのころはダイヤモンド社の「パスポート」という雑誌で編集者、カメラマン、記者として仕事をしていた和田昌樹だった。この人は、上野たちがこの映画をつくっていることを知ると、いっしょにバークレーまでついてきて、現地の集会の模様などを取材、レポートした人だった。和田さんはのちに「ＢＯＸ」という雑誌の編集長を務めた。現在は桜美林大学総合文化学部の先生だ。試写会が行われた後、いろいろな雑誌や新聞に感想が載っている。例えば、『読書人』はこんなコラムを書いている。

▼かねてよりいくつかの新聞や雑誌でも紹介され、完成が待たれていた自主映画「スワノセ・第四世界」（演出・上野圭一、16ミリ、カラー、約一時間）の試写を見た。美しく、すがすがしい作品である。

▼スワノセ島というのは、鹿児島からおよそ二〇〇キロ、トカラ列島の中央にある小島で、原住民は八世帯約三〇名。そこへ、東京の新宿を拠点にして芸術活動をしていた若者たちが、一〇年ほど前から入植し始め、今では二〇名くらいがコミューン生活を送っている。昨年ピューリッツア賞を受賞したアメリカの詩人ゲイリー・スナイダーも、かつてここで暮していたことがあった。

▼ところが、日本列島最後の秘境といわれるこの小島をめぐって、二つの生き方の対立がある。集団的に移住してきた若者たちに代表される反近代・野性文明思考の生き方と、同島を買収し観光開発を開始したヤマハ日本楽器に代表される、近代・物質文明思考の生き方と、である。

▼映画は、前者の生き方を推賞しつつ、後者の反省を求める立場で作られている。欧米における「聖地スワノセを守れ」運動の中心的な存在でもあるスナイダーをはじめ、同じく詩人のアレン・ギンズバーグ、日本のサカキ・ナナオらが登場し、島民たちの生活と美しい風物を紹介しながら、映画はむしろ低声で、文明の近代への反省を説いていた。

▼タイトルの「第四世界」とは、一般に早急な近代化を目指す第三世界諸国からも置き去りにされようとしている文明・世界のことにほかならない。よくあるテーマといってしまえばそれまでだが、気負ったところのない映画の淡々とした語り口は、かえって多くのことを考えさせる。とりわけ、アメリカの詩人たちの闘志を秘めた静かな対決の姿勢が印象的であった。

▼よくあるテーマがテーマとしてすぐ棄てられ、また次のよくあるテーマを追うのがマスコミの常道だが、「スワノセ・第四世界」の製作・上演実行委員会が、その常道を取らず、おとなの自主性を見せてくれていてうれしかった。（1）

映画に対する批評はおおむね好評だったが、そのなかにこんなコラムがあった。「ビックリハウス」の映画評である。

「スワノセ・第四世界」というドキュメッセージ・フィルムを見た。鹿児島から南へ200キロ、トカラ列島の中央にある小島スワノセ島を舞台に東京など都会から集団移住した部族の若者たちの自然と宗教と労働と祭りが一体になった生活。それと対照される観光開発を目指すヤマハ資本の対決が描かれているこの映画は、確かに、高度工業化された現代社会に対するアンチテーゼになっているとはいえよう。ただ、気になるのは、上野圭一らスタッフの視点が、部族の生き様を肯定するあまり、先住島民が果してヤマハ観光資本に対してどう考えているか明確にできなかったことである。島民にとって電気洗濯機は便利ではないのだろうか、島への船便が増えることによって得られる情報量の増加は悪なのだろうかといった種々の疑問が残る。部族の人間は一度は電気洗濯機の生活をしたことがあるのだから。それと率直な疑問を一つ。何故スター、ゲーリー・スナイダーであり、ギンズバーグであるのか。島民も部族もヤマハの人間も同格に引っくるめてこそドキュメンタリー・メッセージなのではないか。

一般公開は7月16日～18日6時30分。於＝赤坂・国際芸術センター。入場料＝600円（前売・電話予約500円）問合せ＝上映実行委員会。（2）

わたしがまずこの映画評をイヤだなと思いながら読んだのは、いかにも仕事だからこの映画を観たという感じがヒシヒシと伝わってくるからだ。この人は特に観たい映画ではないのだが、編集部の指示か何かでこの映画を観て感想文を書けば原稿料をもらえるからこの映画を観たのである。わたしはまずこのスタンスが違っていると思う。どうしてわたしがこの原稿について、こんなことを書くかというと、わたしもいつも同じようなことを経験していて、自分が書いた本の書評の勝手な言いぐさに何度もイヤな思いをしているからだ。

このことをこの映画評に即していうと、評者は「情報量の増加は悪なのか」と書いているのだが、部族は情報の無原則な氾濫をはっきり悪と否定しているのである。また、船便が増えることとヤマハは関係がない。彼らは飛行機でやってくるのだから。「島民も部族もヤマハの人間も同格に引っくるめてこそドキュメンタリー・メッセージではないか」というのだが、三者を並列で見せたら、映画制作者がどの立場を選んで映画をつくったかというメッセージ性が失われてしまうではないか。こういうのを「余計なお世話評論」というのである。

この映画評をノーマン・メイラーの『ぼく自身のための広告』風に論駁すると、そもそもが部族の言い分を重要な思想としてあつかっているのだから、それを前面に出して作品を編集するのは当然のことではないか。それをやり方が違う、対立した言い分は公平に扱うべきだというクレームを付けるのは、オレは部族の主張など認めない、オレなら違う作り方をするといっているのと同じなのだが、実際にはこの人に映画をつくる意志も力もないのである。

この評者にそういう自覚はないのだろうか。映画を観た感想文は原稿用紙とエンピツさえあれば書ける。それと、消しゴムはあった方がいいかもしれない。映画評を書くのには予算も必要ないし、多人数のスタッフも、徒党を組んで島まで取材・撮影に出かけていく情熱も必要もない。現実の製作状況に関係なく好きなことが書けるのである。それでもって、原稿の文末にこの後の上映予定が記されているのだが、この原稿では映画の推薦文になっていないではないか。感想文にはこういう初歩的な誤謬を内在させている原稿が多すぎる。

わたしの書いた本に対する書評の勝手な言いぐさについてはここでは省略する。しかし、この映画の評判はおおむね尊敬と称賛につつまれたものだった。この前後のこの映画の評判については、この時期に雑誌、新聞に掲載された記事を本書のP・303以降に再録しているので、そちらもお読みいただきたい。

試写会は書いたように和田昌樹さんの口利きで当時まだ、霞が関にあった出版社のダイヤモンド社のビルのなかにあるダイヤモンド・ホールが会場となったのだが、この場所はこの後、この映画の自主上映運動が始まるのだが、その、東京での主要な拠点のひとつになっていく。ここで何度も上映会が開かれている。上野のスクラップブックの中に、国内での自主上映のために作られたチラシが何枚か保存されていたので、それもご覧いただきたい。

自主上映会はこんなふうにして、開催場所が決まっていった。こちらは最初からこの映画の支持者であった雑誌『宝島』に掲載された自主上映募集の原稿である。

■第四世界仕掛人大募集！
かねてから「宝島」をはじめ、ニュー・ライフスタイル志向のメディアで紹介されてきた自主映画「スワノセ・第四世界」が、全国の賛同者からのカンパを得て完成した。（16ミリ、カラー、オプチカルサウンド、75分）
六月はじめに催されたプレス試写会では、谷川俊太郎氏、諏訪優氏、サカキ・ナナオ氏ら詩人、日本山妙法寺の僧侶、「チベット死者の書」のおおえまさのり氏、高橋徹東大教授、シカゴ・トリビューン紙など内外の新聞、雑誌記者が一堂に会し、時ならぬフリーク・パーティとなって盛況だったが、この映画、じつはこれからが本番。あらゆる団体・組織のヒモツキを拒否し、個人のカンパを基盤に完成しただけに、上映でも既成の団体・組織に頼るわけにはいかないのだ。
そこで、同映画上映実行委員会では、各地で上映運動の核になってくれる人を緊急募集する方針を決定、全国の「第四世界仕掛人」に向けて左記のアピール文を発表した。
□全国各地の有名・無名のイベント・メーカー諸君、この夏以降、何か新しいことをやってみたいとうずうずしているコミュニティ・ボランティア諸君、本棚の片隅にゲイリー・スナイダーやアレン・ギンズバーグの本を二、三冊置いてある共同体志向の諸君。沖縄から北海道まで、そんな人たちが集まって「スワノセ・第四世界」の全国上映キャラバンを成功させようではありませんか。そして、新しい情報ネットワークを、手作りで確立しようではありませんか。

◎映画の内容（省略。「宝島」３月号参照）
◎上映形態の例
１　映画単独の上映会
２　ロック・コンサートなどのイベントに組み入れる。
３　「花まつり」（藤枝静樹監督）おおえまさのり作品などと
　併せて「第四世界映画大会」を催す。ETC。
◎入場券（前売五〇〇円、当日六〇〇円）、チラシ、パンフレット（二十四ページ）などは用意します。（３）

この呼びかけに呼応して、たくさんの人たちが自主上映の映画会開催をリクエストしてきてくれて、映画は一種のブームを呼び起こしていく。そして、いろいろなところで上映会が開催されることになる。

「自主上映」というのは、じつはわたしも大学時代に経験したことがある。自分の経験談から分かるかぎりのことを書くと、大学一年から二年生にかけて、一時期のことだが、テレビ芸術研究会というクラブに所属していたことがある。まだ二年生だから、先輩に言われたとおりに動く、なにも分からない一兵卒というか、一クラブ員に過ぎなかったのだが、クラブで春先に部費を稼ぐために大隈講堂を借りて、アラン・レネが監督した『去年マリエンバートで』という映画の上映会を開催することになった。この映画は一九六一年のヴェネツィア映画祭で金獅子賞をとったフランス映画で、アラン・ロブグリエとマルグリット・デュラスが脚本を書いたという大変な作品なのだが、上映館は大隈講堂で千人以上の入場人数キャパを持つ場所だったから、切符売りをさせられたのだが、これは大変だった。切符を売るといっても、まだ学生だし、二十歳にもなっていないし、そんなに顔が広いわけでもなく、自分の分は大して売れなかったのだが、さすがに映画は学生に対する猛烈な吸引力を持っていて、当日、上映時間には信じられないほどの人数の学生が集まって、満員御礼でこの映画を観た。

蛇足の話だが、この映画を観て、その斬新さというか、鮮烈の程度に驚いた記憶がある。こういう経緯があって『去年マリエンバートで』はわたしがいまだに、一番好きな映画のうちのひとつで、ときどき引っ張り出して、一人上映会をやっている。

このときに知ったのだが、上映会というのはフィルムを一定料金でレンタルしてもらい、会場を借りて、それに見合う映写機を持ってきて（映画館のように備わっている場合もある）チケットを売って商売するのである。会場を借りる料金も映画のフィルムと映写機を借りる料金も固定的だから、映画のチケットが売れれば売れるほど、主宰者は儲かる仕組みになっている。

上野が保存していたスクラップブックのなかに、作ったのが誰か不明なのだが、「個人フィルム作家連絡先リスト」という書類があり、ここには柳町光男や大森一樹、原將人など、のちに配給映画の監督として仕事をする人たちの名前もあるのだが、ここには作品のレンタル代も付記されていて、「スワノセ・第四世界」には三万円という値段がついていた。

前売り券五〇〇円、当日六〇〇円

とあるが、これを六〇〇円オールと仮定して計算すると、フィルムレンタル代だけで少なくとも五〇人が見に来てくれないと赤字ということになる。定員五〇名の会場で三回上映して三回とも満員であれば、たぶんあがりの半分くらいが粗利益になる仕組みである。

『スワノセ・第四世界』は、こういう映画がこれまでなかったこともあり、主として年齢の若い人たちの間で評判を呼んで、時の話題作になっていった。

これも新聞記事だが、『スワノセ・第四世界』の上映運動をきっかけにして、自主映画にニューシネマという名前を付けて、『スワノセ〜』だけでなく自主映画そのものを鑑賞しようとする機運が若ものたちのあいだに広がっていく。その動きを敏感にとらえている。

試写会が行われてからちょうど一年後の記事である。長くなるが、これも全文引用しよう。

■もててますニューシネマ［自主映画］。

商業主義のメジャー映画にあきたらず、自分たちで映画をつくり、会場をみつけては発表する「ニューシネマ」(自主映画)が若者たちの間でもてている。七日から、西武デパート（渋谷）の会場で最新話題作十六本の上映を始めたが、初日から定員五十人満ぱいの盛況である。

ニューシネマは、十数年前、アメリカに登場した。上映する会員組織のシンジケートも発達し、サンフランシスコだけで小劇場（定員百人前後）が三十カ所もある。こうした中からインディアンの生活記録を描いた名作「ジャドー・キャッチャー」などが生まれた。

流行は日本に渡来して「三里塚」(昭和四十三〜四十八年、小川紳介、六連作)、「医学としての水俣病」(四十六〜五十年、土本典昭監督）などの話題作がつくられ始めた。かくてニューシネマは映画雑誌の「ベストテン」の二十位、三十位にランクされるようになる。そして映画をつくる監督の数も、千人以上になった。

上野圭一さん（三十五）＝東京都杉並区桃井＊ノ＊＊ノ＊＝もその一人だ。三十九年、早大文学部を卒業して、テレビ会社に勤めたが、四十六年に退社、映画づくりをはじめた。「自分の考えを表現するのに、映画が一番やりやすい方法だと思ったからです。映像は観客を撮影の場所に引き込んで、疑似体験させてくれますからね」と上野さん。

その第一作は「スワノセ・第四世界」(一六ミリ、カラー、一時間十五分）だった。スワノセは、鹿児島の南約一五〇キロの海上に浮かぶトカラ列島中の諏訪之瀬島（周囲二四キロ、人口二百人)。四十二年この島に移り住んだ約二十人の自然主義者たちのコミューン（生活共同体)、〝バンヤン・アシュラム〟(インド菩提樹の修道場）がある。第四世界とは、産業社会から逃げて、自給自足をしているコミューンのことだという。

「スワノセで大手楽器会社が観光開発を始めたと聞き、テーマをスワノセに絞ったのです」と上野さんはいう。四十九年から翌年にかけて、二回、島にわたり、合わせて百五十日、島で暮らしながら撮影をつづけた。カメラはフリーのカメラマンが協力してくれた。完成したのが昨年の六月。七月に東京・虎の門のダイヤモンドホールを一週間、赤坂の国際芸術家センターを四日間借りて発表（有料）した。十一日間の観客は三千人。

しかし、製作費は約八百万円。このぐらいの入場者ではまったくの赤字だ。

ニューシネマを上映してきたグループ「胡流氓（こるぼ）工場」の主宰者、大久保賢一さん（三七）はいう。「みたい映画をみんなで上映しようと四十七年にグループをつくった。月に三回、日仏会館や中野公会堂を借りて上映し、批評し合ってきたが、たしかに日本では自主上映グループは少ないし、ファン層は薄く、会場もない」。大久保さんがなんとか上映できる会場を、と捜しているうちに、会場を提供してくれたのが西武デパートだった。

上映会は「スワノセ・第四世界」をはじめ、十六本を六日間にわたり上映する（入場料百円）。だが大久保さんや上野さんは「製作費も回収できないというのは、やはり作品がつまらないからです。自己満足が強すぎるのではないか」と反省もするのだ。「自主映画といえば、むずかしくてへたくそだという観念があるし、それも事実だ。力のあるニューシネマに育て上げなくては…」といっていた。

映画評論家、白井佳夫氏の話

「詩をノートに書くのと同じような気持ちで、ムービーカメラをまわす若者の時代になったのです。昔の人なら童話から始まり、少年雑誌―小説に移り文学雑誌を発行したでしょう。それと同じようにテレビ時代に育った人は、ためらうことなく映画をとる。欧米でもフランスのクロード・ルルーシュ監督のように、中学時代、ソ連を旅行し八ミリで風景を撮影し有料でみせたという監督が育っている」（4）

本人たちがどのくらい意識していたかどうかは別の問題なのだが、ニューシネマは映画を完全に個人的な芸術的表現を追求するメディア、あるいは新しい、パーソナルなメッセージと考える作り方をした映画だった。

この現象の背景を映画産業の側から見ると、邦画五社の寡占体制がテレビの出現によって崩壊していったプロセスがあった。これはどういうことかというと、日本映画の旧来の製作の体制がテレビの出現・普及によって完全に崩壊し（映画人口は昭和三十五年から四十五年のあいだに年間十億人から一億人を切るところまで減少していた。これはどういうことかというと、映画全盛期には日本人一人が年間平均十本の映画を観ていたのに、その十年後にはひとり一本しか見なくなってしまったという意味だった）、この急激な市場収縮によって撮影所システムが崩壊して、大量の映画製作の技術者たち、とくに若い人たちが映画製作の機会を求めて独立プロや個人製作の映画をつくるということが始まったのである。

興味深いのは、年間の邦画の製作本数で、映画人口（観客動員数）の最盛時（昭和三十年代の前半）五〇〇本以上作られていたのが、十年後の映画人口が十分の一に急激に減少するなかでも、映画がつくられた本数はそれほど減らず、四〇〇本以上が作られているのである。これはどういうことなのかというと、撮影所はだんだん映画を大量生産する能力を失っていった。そして、撮影所システムのヒエラルキーのなかで働いていた人たちは労働機会を失い始め、撮影所の中に存在していた映画づくりの技術者の年功序列や徒弟制度的なやり方を拒否して、映画会社を退社して、テレビ番組の制作会社や独立プロを作って、自分たちなりの活動を開始するのである。

これは昭和五十年を過ぎるころからは旧来の日本映画の配給システムの秩序外で、映画製作能力を持つ独立集団がそれぞれ思いをこめて映画を作りつづけた、ということだった。

上野圭一は映画の世界の出身ではなく元テレビマンで、アメリカでのヒッピー体験をもとにして映画づくりを発想したが、集まった人々はみんなフリーの映画製作の技術者だった。そして、『スワノセ・第四世界』もそういう映画の状況のなかで大きな話題になっていって、ニューシネマという栄誉ある呼称を冠される代表的な作品になっていったのだった。

彼が最終的に映画を作ろうと発想するまでの経緯には、大学時代に劇団ではぐくんできた自分のなかの理想のもの作りを「あの時代のフジテレビ」という、かなり苛酷な現実のなかに晒さなければならなかったという経緯があった。

彼のフジテレビ時代の経験は映画会社の撮影所内で助監督や技術者の助手たちが味あわされた挫折とはまた別のものだったが、たどり着いた場所は、映画づくりを目指した若者たちと非常によく似ていて、というか共通していて、それを理想として共有することができた。

その理想とは自分で自由に好きなテーマを選んで、自分たちでカメラを回し、そこで表現のさまざまの可能性を追求するということだった。そして、それはまぎれもなく映画産業の全体的な衰退のなかで新しい可能性への挑戦として現出した傾向だった。

上野の声かけに、スタッフもそうだし、たくさんの資金援助者や制作協力者が現れたのはそういう現実を反映してのものだった。そういうなかで、彼は同志を糾合して映画をつくったのである。

このときの映画の周辺的な文化環境からいうと、『スワノセ・第四世界』は上野が大学を卒業して社会に出た後、テレビの世界で体験したことに対する明確なアンチテーゼとして保持していた、つまり、上野自身のメッセージをモチーフにして作られた作品ということができると思う。

たぶん彼はこの映画を作り終えて、自分のフジテレビ時代にケリを付けなければ、前に進むことができなかったのではないかと思う。この映画は、彼自身のビルドゥングス（成長物語）でもあるのだ。

わたしの考えでは、彼は、この映画を作り終え、自主上映のシステムのなかで多くの人たちに映画を観てもらえ、ある程度の評価を得ることができたことでテレビマンからヒッピーへと自分の人生の舵を大きく切り換えざるをえなかった若い、苦しい日々の体験から徐々に解き放たれて、それらの日々に被《こおむ》った精神的なダメージから回復していったのだと思う。

日本国内で約半年間、映画のフィルムを持って忙しく、各地で開かれた上映会のためにかけずり回った。そして、そのことに自分でも、ある程度の達成感を持つことができた。

つまり、彼は自力で立ち直ろうとしていたのである。映画は現実に訴えかける力を持っていて、称賛され、尊敬された。そして、そういう気運のなかで何カ月かが経過し、この映画についての日本での自主上映の体制は、上野がいなくても支障のないところまでたどり着いていった。フィルムが一人歩きし始めてくれたのである。

このあと、彼がやらなければならないことは、当初からそれが目的であった、日本にもアメリカと同じようなヒッピーの運動があり、それが巨大な資本を敵に回して戦っているということを知ってもらうこと、それはこの映画をアメリカに持っていくこと、つまり、アメリカの仲間たちのところにもどることだった。

これが一九七六年の十二月のことである。保存されている資料のなかにDECEMBER 1976という消印がある手紙がある。マサチューセッツ州のスプリングフィールドが消印の、Green Mountain Post Filmという映画配給のシンジケートからの手紙で、文面は「スワノセ・第四世界」がWhat a beautiful movie! であることかと称賛して、Hopefully next time you came to America, you can come visit us. と書いている。この文面を読むと、手紙の主は上野がアメリカに来ていることを確認できていないようだ。翌年、一月二十六日にもこの業者から手紙が来ているのだが、そこには「上野さんは六〇〇ドルといっているが、これは高すぎる、三〇〇ドルにしてほしい」というようなことが書かれている。シンジケートとはバークレーにいる上野の代理人のSeika Shirakoという人が交渉に当たっている。この人はじつは筋金入りの日本人ヒッピーで、現在は東京・高円寺で「ＬＳＤエンジニアリング」というスタジオを経営している白子清香である。

アメリカは日本の自主映画の上映事情とだいぶ違っていて、全米各地に独立系の映画を上映するシンジケートがあり、これに上野も代理人を頼んで、そういうフィルムカンパニーと交渉して、日程とお金のことを決めて、上映場所を確保している。具体的な上映の手順としてはハードカバーのスーツケースのなかに映画のフィルムと映写機を納め、それを持ち歩くのである。これを当時のアメリカの流行語で「スーツケーシング」というらしい。これはこういう言葉が生まれるほど、そういう自主映画づくりが盛んである、という証拠だろう。

上野がそういうフィルムカンパニーと交渉したレターも残っている。レンタル代を値切られた話は書いたが、尺を短くして一時間の中に収まるように編集させてくれとか、スワノセとヤマハの新しいニュースはないかとか、いろいろと注文を付けられている。上野は本拠地をバークレーにおいて、約二年間かけて、全米をスーツケーシングの旅をして、多くの人に自分がつくった映画を見せて回っている。旅費、滞在生活費は映画が生み出してくれた。

映画は日本以上に好評で、映画を評論したこういう英文資料が残っている。これは一九七六年の「ニューエイジ」という雑誌にハーヴィ・ワッサーマンという作家（評論家・歴史家・反核運動家で著書に『ワッサーマンのアメリカ史』（晶文社）などがある）が書いた「楽園、未だ失われず」というレポートである。以下のようなものだ。

> この10年、アメリカ人の自然環境にまつわる希求、労働形態、美意識などの高まりのなかでも、「大地に帰ろう」という運動はその中心的な原動力になってきた。事実、生態系を保全しようとするこの世界的な傾向には明らかにいくつかのルーツがあり、１９６０年末以降に、若者たちが政治活動の場を都市から地方に移しはじめたという現象もそのひとつに挙げられる。自然のなかに身を置く時間の長短を問わず、大地こそは究極の師なのだ。

その流れを助長してきたのは都市の危機的状況であり、自然が濃い地方に移住して人生を再生しようとする希求はアメリカのみならず、カナダ、ヨーロッパ、オーストラリア、日本にも共通している。とりわけ、日本における運動はきわめて重要な意味をもっている。というのも、日本列島には伝統的な農業に従事している農家がまだ元気に暮らしているところが残っているからだ。同じ村の同じ土地で、何百年もまえの家系をたどることができる農村・漁村の人たちが家族で暮らしているところがまだあり、その多くは、ライフスタイルも昔とさほど変わっていない。

また、地方の環境汚染の度合いは都市部のそれに比べればまだ深刻なものではない。監督の上野圭一はわれわれ鑑賞者をまず、悪夢を思わせる東京の新宿地区に案内し、１９６６年に一群の若者たちが新宿を捨て、絶海の孤島へと避難したことを告げる。映像は列島の南にある小島に転換して、バンヤンの木が繁り、豊かな海があり、活火山が噴火している、驚くほどに美しい亜熱帯の風景が眼前に展開する。移住した若者たちはコミューンをつくり、一途に働いて、先人の知恵に学びながら政治的・宗教的な探求をつづけてきた。

興味深いのは、まるで観客に催眠効果を与えようとでもしているかのように、映像にときどきアメリカ先住民のショットが挿入されていることだ。そのメッセージには二重性がある。われわれアメリカ人に「きみたちの祖先を思い出せ」と告げているかのようでもあり、一方ではまた「日本人とアメリカ先住民は人種的に近い兄弟なんだよ」と告げているかのようでもある。この仕掛けは印象が強く、見る者の意識の底流に浸透して、日米の絆の重要性をレンズのように拡大してくれる効果があるようだ。

スワノセの巡礼者たちは、労働と信頼を分かち合いながらコミューンを建設してきた。映画の最初の1時間はそのコミューンの住人たちの自己探求の様子や労働、村人たちとの交流などの暮らしぶりを巧みに、共感をもって描いている。上野監督はこう語っている。「この映画で特定の宗教や宗派を描くつもりはありません。自己を浄化するために真剣に祈りを捧げるようになった若者たちがふえているということを示唆したかっただけなのです。彼らは生まれ変わった新鮮そのものの頭脳を通して、この無限に拡大している現代のテクノ産業システムを遠くから眺めているのです」。

美しいスワノセの環境を丁寧に描いてゆくキャメラは、予言的かつ不可避的に、ある象徴的な場所へとたどり着く。最初のフィルムリールの最後のカットに登場する、沖合を通過したタンカーから流された重油が染みついた、海岸の黒々とした岩場の光景である。

鑑賞者は最後の15分で、スワノセに住む逃亡者たちの存在が致命的な危機に瀕していることを知らされる。日本の強大な多国籍企業であるヤマハが島の土地を買収し、富裕層のためのリゾート施設を建設しはじめたのだ。ブルトーザーが作業を開始し、大地を醜悪な姿に変えてゆく。生気のない顔をした社長がプライベートジェットでやってくる。かつて平和だった世界に、轟音とともに不調和が侵入してくる。

「ぜひ理解していただきたいのは……」と上野監督はいう。

「ぼくたちはヤマハで働く従業員や、クレバーでパワフルなヤマハの辣腕社長に敵意をもっているわけではありません。率直にいえば、社長もいずれは退任するでしょうし、会社もいつかは倒産するかもしれない……ヤマハはぼくたち自身の欲望のシンボル、ぼくたちの内部に寄生虫のように棲みつく重工業のシンボルでしかありません。除去すべきなのは、ぼくたちが抱える強欲なんですよ」。

かくして、東京からの逃亡者は東京が自分を追いかけてきたことを知らされる。それはパリ、ニューヨーク、モントリオール、ロサンゼルスからの多くの逃亡者もまた、追っ手がすぐそばまできているとかんじているのとよく似ている。（5）

上野のスクラップブックにはサンフランシスコやカンザス州、マサチューセッツ州などとの交渉の文書が残っている。それを見ているうちに、わたしはこれは彼の苦闘の跡だなと思った。ちなみにだが、原文英語資料は本書の扉ページの背景に使われている。

映画に興味を持ってくれたのはアメリカの人だけではなく、オランダやオーストラリアからもフィルムを買いたいという人が現れて、その人たちにも映画の上映をゆだねている。

こうして上野たちが『スワノセ・第四世界』に託したメッセージは世界へと広がっていった。

［註］

（1）『読書人』一九七六年五月三十一日号コラム『四角三角』
（2）『ビックリハウス』一九七六年掲載月号不明
（3）『宝島』一九七六年掲載月号不明
（4）『サンケイ新聞』一九七六年四月八日号
（5）ハービー・ワッサーマン文　原稿出典『New Age』

〔9〕ナナオ・サカキの晩年と部族のその後

この章では、最後にもう一度、作品として『スワノセ・第四世界』の話にもどり、あの映画の冒頭のナレーションから重要な役割を担った詩人のナナオ・サカキについて、あらためてここで彼の人生について書いておこう。

ナナオは二〇〇八年に長野県の大鹿《おおしか》村、寄寓先であった内田ボブの家で亡くなるまで、日本ではほとんど無名のままだった。詳しいことはP・65からに登場する、獨協大学の原成吉教授のインタビュー記事でも語られているが、詩人としてアメリカでの評価は非常に高い人だったようだ。

じつはいまも毀誉褒貶相半ばするこの人こそ、現代日本のただ一人の放浪詩人であり、同時に、良きにつけ悪しきにつけ、放浪と漂泊の生活がどれほど困難で、シビアなものかを教えてくれる、そういう生涯を送った人だった。それは部族の栄光と悲惨という書き方をしたら残酷かも知れないが、日本の部族運動の限界をも垣間見せてくれる人生でもあった。

ナナオ・サカキの出自については、死後、前出の原成吉が編集した選詩集『ココペリの足あと』の巻末に綴られた以外に関係した資料がないのだが、二〇一六年の十月から十一月にかけて、生まれ故郷である鹿児島県川内《せんだい》市（現・薩摩川内市）の「川内まごころ文学館」でナナオサカキの展示会が開かれ、ここで作られたパンフレットに彼の出自、生い立ちが簡潔に書きしるされていた。これに書かれている事実関係に基づいてナナオの『スワノセ・第四世界』までの足跡とそれ以降の人生についてまとめ書きしておこう。まず、出自についてである。

「ナナオ・サカキ」こと、榊七夫は榊三之助、菊乃夫妻の七男として大正十二年一月一日に上東郷村斧渕（薩摩川内市東郷町斧渕）に生まれた。（略）榊家は代々、紺屋（染物屋）を営み、十八個もの藍壺が並ぶ豪商として栄えていたが、七夫が小学校に通う頃には経営が傾き、新聞配達をして七夫も家計を助けたという。昭和十年頃、一家は長兄と次男の暮らす鹿児島市内へ引っ越し、二中（現在の甲南高校）近くに住んだ。勉強はよくできたが、経済的な理由から中学校への進学を断念して高等小学校へ進学し、昭和十二年に天保山高等小学校（現在の鹿児島市立八万小学校の前身か）を卒業。

天保山高小を卒業した七夫は県庁の給仕として働き始める。昭和十四年には給仕から事務職員として採用された。昭和十六年、兄六夫の誘いで東京の日本青年館に就職。青年団指導員として大阪へ赴任するが、昭和十八年二十歳で召集され、昭和十九年には横須賀海軍通信学校で電波探知機について学び、出水《いずみ》（鹿児島県）の海軍航空基地へと派遣された。

ナナオはこの場所で終戦を迎えるのだが、終戦の間近には、多くの特攻隊員の出撃を見守り、のちにレーダー官として長崎に原爆を落とすB29の機影が通過していくのを確認したと証言している。これらの経験が反戦思想の形をとっていくのである。

終戦後、彼は故郷の鹿児島・川内にもどってしばらくお百姓さんをしていたのだが、昭和二十二年に再び上京し、改造社の社主であった山本實彦の秘書になる。山本も川内の出身で同郷の名士だった。あいだに立つ人がいて、秘書としての就職を斡旋されたらしい。改造社は戦前、一世を風靡した出版社だった。戦争が終わったすぐあと、出版社はどこも混乱していたが、改造社はとくにいろいろあって大変だったようだ。

山本實彦は終戦後すぐに行われた衆議院議員総選挙に立候補して当選し、代議士になるのだが、すぐに公職追放にあい、議員も改造社の社長も辞任せざるを得なくなり、改造社自体も労働組合が強い力を持ち、数年にわたって大もめにもめていくのである。山本は公職追放にあっているため、身動きままならず、それで手足になってくれる人間ということで、同郷の若者であった、無聊《ぶりょう》をかこっていたナナオを東京に呼び寄せたのである。

ナナオが山本實彦のもとで働いていたのは、昭和二十二年から二十四年、二十六歳までの二年間ほどだった。改造社を辞めたあと、知人の彫刻家と屋久島や知床半島の原生林を巡る旅を三年ほどつづけ、昭和三十年ころから新宿で「フーテン生活」を始めて、本格的に放浪詩人として生きはじめる。つまり、彼が人に交じって真面目に働いたのはここまでのことだった。改造社を辞めることになったエピソードについて、ナナオのこんな告白がある。

　斎藤茂吉さんがその頃、箱根の強羅に住んでいて、いつものように酒かなにか届け、次の朝、箱根の街道を歩いて降りる途中、ちょうど陽が昇るころで……。坂の下の方からルンペンが朝日を浴びて登ってくる。ボロボロの服を着て、その服は汗と垢でギンギンに輝いているんだよな。朝日を受けてね。髪もヒゲもぼうぼうと伸ばして、何ひとつ臆せず、堂々と歩いてくる。手に持ったバケツの中の残飯がまるでダイヤモンドのように光って見える。それを見てすぐじゃなかったかな、会社へ辞表を書いたのは。自分ひとりが中産階級あるいは上流階級、エリートになったところで何がおもしろいんだろうと思ったんだ（1）

おそらくこれはひとつのきっかけで、ナナオは宮仕えというか都会での会社勤めのままならなさをいろいろな形で経験したのに違いない。資料も右のナナオの告白を「彼が秘書として接していた實彦は、失われた社会的地位や名誉を取り戻すために必死になっていた時期であることを考えれば、このナナオの言葉はもしかすると、そんな實彦の姿を身近で見てきたことが関係しているかも知れない」と書いている。いずれにしても、こうして彼は、新宿の雑踏にたどり着き、そこでは既に詩人として存在していたのである。

詩人としてのナナオは、正直な感想を書くと、例えば、一九八三年に上梓された『犬も歩けば』などを読むと、なんだこれは、というような他愛のない、首をかしげるような作品が多いのだが、ナナオの死後、原成吉によって編集された選詩集『ココペリの足跡』に載っている初期の作品は衝撃的で力感に溢れた作品が多い。例えばこうである。

四つの雨季の底でテメエはなんだ出べそに伸びるヘゴのウロコだと黒い乳房に毛深いガジュマルの長いアカンベーに蝮

が満腹の女たちでパイパンの曇り空からひび割れるスコールの斜辺を急ぐ立ちぐされのパーマネントだから旧約以前の仰角でみみず晴れの快晴をぶったぎる屋久島と雷鳴との双昌が初潮の森の十字架と母親たちのジャンダルムにはじける冷たい裸体美のままパッションフルーツにからみついてジャングルの終わらない週刊誌の馬面に広がりうずまく落丁とらっきょうの焼け跡に飛魚の固くなるドルメンと回虫に引火する姫ねずみの耳にけばだつ蠅取り紙のレコードに刻みこむ豚とサンパンとの定期便の次は………（2）

詩はこの調子で、まだまだつづくのだが、引用はこのくらいにしておこう。これらの詩作品について、ゲーリー・スナイダーは次のような批評を寄せている。

（ナナオの）詩は、どんな国でも理解される自由詩であり、「ポストモダン」と呼ばれるに足る作品である。――つまり、右翼と左翼の対立が生み出した、怒れる夢とその破綻を生き抜いてきた詩だ。ナナオの詩が根ざしている、昔からの民衆文化やうたの深い根っこには「未来に発信する古代（フューチャー・プリミティズム）」の洗練された未来像（ヴィジョン）がある。

死の直後に刊行された選詩集ということもあるのだろうが、最大級の賛辞を送っている。引用した作品は「作品第2」という素っ気ないタイトルが付けられたごく初期の詩編の一部である。1955年屋久島と付記がある。この詩はタブーの周辺の言葉を機関銃で連射するように詩を読む側、つまり読者の心のなかにある言葉の持つ意味づけを拒否して、詩人が選び抜いた言葉を連弾で打ち込もうとする、読む側が自分で何か、既存の価値を破壊したくなるような衝動を駆りたてさせる、シユールリアルな不思議なリアリティを持っている。ただ、詩を読んだ限りの印象だが、こういう詩をこのテンションで何十年も作りつづけるのは無理ではないかと思う。自分を持続させられないのではないか。

わたしの予想通り、彼の詩は晩年にいくにしたがって、短い、俳句の積み重ねのような作品形態になっていく。これは、わたしなどはどうしてもメッセージが中途半端な感じがして、「だからどうしたの」みたいな感想を抱いてしまう。つまり、冒険的挑戦的であればあるほど、色あせやすく、退廃しやすく、退嬰した時、堕落したのではないかといわれやすい、ということだと思う。

このころのナナオがどういう青年だったか、作品以外に立ち姿を推測する材料がないから、いえることも限定的なのだが、次第に自我を肥大させ、自己顕示が強くなっていったらしい。一九六〇年（昭和三十年半ば）以降のナナオについて、資料はこういう概略を描いている。

昭和三十年代中ごろから四十年の新宿は日米安保や高度経済成長に疑問を持つ若者、ジャズシンガー、ダンサー、画家、詩人、といった多種多様な若者たちが集まり、文化の中心となっていた。なかでも「風月堂」という名曲喫茶店には、のちに屋久島に定住した山尾三省や瀧口修造、オノ・ヨーコや岡本太郎といった人々が集まっていた。そこへナナオも出入りし、自分より一まわり以上も年下の若者たちに、自身の放浪経験をコーヒー一杯と引き換えによく話していたという。「17歳で死んじゃおう！」は当時のナナオがよく口にしていた言葉だというが、この言葉の意味するところは「人は18歳を過ぎると、既成概念や社会の仕組みから逃れられなくなる。17歳ならまだ間に合う」ということであるらしい。（略）新宿で出会った若者たちとともに「部族」というコミューン集団を結成し、富士見（長野）、諏訪之瀬（鹿児島）に移住するが、ナナオはそこへも定住することなく旅を続けた。

昭和三十七年には京都でビート詩人として知られるアレン・ギンズバーグやゲーリー・スナイダーと出会う。この出会いによってアメリカをはじめイタリアやチェコといった海外にまでナナオの旅は広がり、その名が知られるようになった。ナナオの初渡米は昭和四十四年だが、それはギンズバーグの招待による。

彼が一所に定住しなかった理由を考えると、もちろんも気まぐれとか放浪生活への憧れもあっただろうが、細かく調べると、まず、人と一列に並べられて働くのがイヤということがあったようだ。これは会社勤めのような労働形態なら働きたくないという気持ちになるのも分かるが、ナナオは映画のなかでは率先して働いていたが、それは仮の姿で、実際には部族のなかでみんなで働きみんなで暮らすという共同体のルールにも従わなかったというのである。

要するに、どこに行っても自分の考えを変えず、自分が特別扱いされることを自分から求めるのである。当然のことだが、これを人によっては傲慢と見る人もいたようだ。

ナナオは家を構えた結婚生活というのはしなかったらしいが、何人もの女たちといろいろな形で愛人関係になったり、恋愛したりしたという人間的な事情があったようだ。つまり若いころはけっこう女性にもてたらしい、それと、仲間がみんな年下で、ゲーリー・スナイダーでさえも7歳年下、山尾や山田のポンが12、3歳年下、ナーガとはひとまわり以上年が違うのである。仲間を引率する指導力に溢れたリーダーであり得る立場、年齢だったが、彼の中にはそういう集団の指導者になろうというような野望はなかった。そういう思想も能力もなかったと書いてもいいかもしれない。

ナナオの考え方は責任とか義務とかいう概念に遠く、基本的に、気楽でなければイヤなのである。仲間たちに長老として周囲から尊敬されていたかどうかみたいな話からすると、大言壮語がきつすぎることもあって、尊敬されてばかりいるということでもなかったようだ。これはいちいち紹介しないが、周辺の人たちのいろいろな証言がある。

この、年齢がほかの人たちより上だということと、大言壮語癖というか、強い自己顕示欲はわたしには一つにつながったモノだったのではないかと思われる。彼には人と同じような条件に拘束されて働き、それで生活の糧をえるという考え方はなかった。逆にいうと、そういうことで惨めな思いをしなくてもすむ場所とそういう生き方を選んだ自分を尊敬してくれる人間たちを探し求めてさすらったということだったのだろうと思う。労働の拒否と放浪は人生の最後までつづいた。そういう意味ではみごとに人生を全うしたと書くことができるだろう。終世の場所になったのは長野県の大鹿村。二〇〇八年十二月のことである。

ナナオは八十歳をすぎても旅をし、詩の朗読を行っていたが、晩年は南伊豆（静岡）、大鹿村釜沢（長野県）に身を寄せていた。どちらもナナオの仲間が住んでいる場所である。目の前に赤石岳を望む大鹿村は、冬の寒さは厳しかったが、

南アルプスの麓、ナナオが慈しんだ空や森、川、四季折々の草花……豊かな自然が日常にあった
　ナナオサカキがどんな場所でどのようにして亡くなったのか、そのことを知っておかねばと考えて、大鹿村を訪ねたのは二〇一六年の七月十五日のことだった。飯田まで高速バス、飯田で同い年の従妹、高校時代は美少女だった杉浦加代子が待っていてくれて、そこからは彼女の運転する車で、大鹿村に向かった。じつは飯田はわたしの生まれた故郷である。飯田線の無人駅なのだが、川路というところが生まれた場所、一駅先の天竜峡という観光地（いまはかなり寂れてしまっているのだが）のある町で、九歳の春まで育った。

　わたしの父の光登《みつと》は下條村の塩澤家の出身で次男坊、三男坊が栄登《よしと》で、根羽村の川合に養子に行ったところで加代子が生まれた。その加代子が名古屋で大人になり、杉浦某と結婚して杉浦加代子になり、夫と離婚して、杉浦加代子のまま名古屋で小料理屋をやっていたのが、夫の栄登に先立たれた母の世話をするために根羽村に戻っていて、わたしが大鹿村に取材に行くということを知って、「だったら、あたしが案内してあげる」といってくれたのである。どうでもいいことだが、彼女も若いころはものすごいいい女だった。

　飯田の町から大鹿村まで自動車で一時間くらいのドライブだった。大鹿の村のまんなかに道の駅みたいなドライブ・インがあり、ここで情報を集めた。伝手もなにもない取材旅行だから、わたしはナナオがどんな場所で死んだか、その場所を確認すれば何か原稿書きの足しになることがわかるだろうくらいのこと以上は考えられずにいた。

　大鹿村を訪ねるのは二度目、もう四十年以上前のことだが、田宮二郎が猟銃自殺した年だから、一九七八年のことである。真冬に散弾銃を持って鳥撃ちに出かけた記憶がある。細かいことを忘れてしまっているほど昔のことである。

　なんの伝手もなしにいきなり取材に出かけることを、週刊誌的には、突撃取材という。わたしとしては相手から多少の抵抗を受けることもあるが、ほとんどの場合、取材拒否などされたことはなく、問題がすぐに解決するから好きなタイプの取材である。そして、インターネットで調べた限りでは大鹿村でナナオの面倒を見た最後の人間が内田ボブという名前の人だということはわかっていた。内田ボブは〝お百姓フォークシンガー〟がふれ込みの、大鹿村在住の部族の構成員の一人だった。その人が大鹿村のどこに住んでいるかも分からず、要するに行き当たりばったりの取材旅行だった。村につ

いて最初、まず村役場を訪ね、ナナオ・サカキさんが亡くなられたのはどこか分かりますかと聞いたが要領を得ない。内田ボブさんを知りませんか、と訊ねたのだが、これも「分からない」という。

役場の人は個人情報を守るということもあるのだろうか、口が重い。内田ボブというのも本名ではないはずだから、答えようがないのかも知れない。界隈のお店で聞けばある程度のことが分かるかもと思い、近くの道の駅みたいな体裁のドライブ・インの、なかは売店だけでなく喫茶スペースがある店があった。そこでコーヒーを注文して、内田ボブさんの家ってどこにあるか分かりますかと聞いたのだが、要領を得ない。どうしようかと思案しているところに、物品配達用の軽トラックを運転するおじさんが現れたので、その人に「内田ボブさんの家、知りませんか」と聞いたら、「知ってるよ、ここずっと行ったとこだよ。電話番号も知ってるよ」と、知りたかったことを何もかも教えてくれたのである。

おじさんは「仲良しなんだよ。電話すればいると思うよ」といったのである。ここまで来ると、個人情報もへったくれもない、村落共同体の紐帯のなかでみんなで助け合って暮らしているのに違いなかった。

そのときの一番重要な問題があっというまに解決して、幸運に驚きながら、教えられた電話番号に電話すると、内田さん本人が出た。突然の来訪をいやがられはしないかと心配しながら、いますぐいっていいかと聞くと、来いという。ここまで、なんだか幸運に導かれているようなありさまだった。いわれたところの近くに車を駐めて、内田さんの家を訪ねた。彼の住まいは大鹿村の山奥のそのまた奥にあった。谷の斜面に並んでいる古い民家を改造して、二軒、そのまま使って暮らしているのだという。突然の来訪にもかかわらず「よく来られたね」と歓迎してくれ、ナナオが暮らしていた離れに案内してくれた。本書のＰ・14がそれである。そこでインタビューが始まった。以下、内田ボブの述懐である。

それまで、ナナオはずっと旅をする生活をつづけて来ていて、大鹿村に来る前は伊豆にいたんですよ。伊豆から、本人、最後のつもりでアメリカにいって、アメリカから戻ってきたときにはかなり身体が弱っていたンです。それで、ボクのところに来て休んでくださいといって、呼んだんです。静養というか、そういうことをかねて、ボクのところでのんびり暮らせばいいと思っていたんです。

内田ボブは、八十歳をこえる高齢になって、かなり弱ってきているナナオを見て、人生の最後の日々を自分の暮らしている大鹿村に腰を落ち着けて暮らしてもらおうと考えたのだという。トイレが外にあるので、春が来たら大工さんに来てもらって、古い建物を改築して、もっと暮らしやすくして、そこを終の棲家にしてもらおうと計画していたのだという。その最中の死だった。

ナナオの死は二〇〇八年のことで、先日、国分寺で没後十周年記念集会（部族発足五十周年記念集会を兼ねていた）が行われたが、文字通り、十年の歳月が経過している。しかし、ナナオがくらしていた部屋は彼が生きていた、そのときのママで保存されていた。家の庭先に真正面から向かう形で祭壇（仏壇）が作られ、ナナオの写真を飾って、焼香が出来るようになっていた。

死後、ナナオの遺骨は分骨されて、アメリカとイタリアに送られたあと、本人の遺言だったというのだが、マーシャル群島のアルノーという島の近くの海に散骨した、という。内田ボブの回想である。

ボクがナナオを知ったのは一九六八年で、そこからの付き合いなんです。それまでの彼は知らない。ナナオは四十代だったけど、まだ、馬力もあったし、生き方というか哲学というか、日本の社会の変化を受け入れない、自分の選んだ生き方を曲げない迫力があった。やっぱりそれは、戦争の体験というモノがあったんだと思うんですよ。工業化されていく社会に対して、厳しい目をもっていた人だったと思います。

わたしが「ほら吹きだったという人もいますよね」と質問すると、内田さんはこう答えた。

オレ的な気持ちでいうと、宗教的というか禅問答みたいなところはあったよね。そういうのがいろんな人に誤解を生んでいたと思う。定住しない、定職を持たず、出来るだけ働かない、恋愛はするけれど家庭は持たない、というのはナナオなりの生き方の模索で、社会に対する、ほかの人たちとは違った生き方の提案だったと思いますよ。とにかく、自分がビジネスに利用されるのがイヤだったんだと思いますよ。それで、部族運動みたいなことを始めたんでしょうね。

前述したが、大鹿村の取材に同行してくれた、わたしの従姉妹の杉浦加代子は南信州の最南端に当たる根羽村の生まれで、高校から名古屋に出て、年を取ってまた、根羽にもどってきて暮らしている人である。この人にいわせると、長野県は長寿県のイメージがあるが、実際にはかなり、高齢の一人暮らしの人たちの自殺が多いのだという。そして、その人たちはだいたい自死を隠して、近隣の人たちに「あの人は心臓発作で死んだ」と告げられるのだという。

内田ボブの話によれば、ナナオの死因も心臓発作だった。わたしはナナオも自殺したのではないかと疑い、そのことを聞いてみた。つづいてまた内田の告白である。

ナナオが亡くなったのは十二月だったんですが、亡くなる数日前に、それまで仲良しの一人だった伊豆で、『人間家族』という雑誌の編集をしていた大築準さんという人がいたんですが、この人が亡くなったという知らせがあって、すごくそのことを気にしていたんです。

大築さんが亡くなられて、ナナオもお通夜と告別式に行きたいといったんですが、真冬で、ここ（大鹿村）は真冬は雪に閉じこめられる場所で、動くのは無理なんですよ。それで、いまはここで冥福を祈って、後日、お参りしましょうという話になったんです。それが二十二日の夜でした。それまで戸外の離れたところに便所があったんですが、夜、外に出るのを寒いこともあってめんどくさがって、家のなかの土間のはじっこで小便するクセがあったんですよ。それは家のなかが臭くなるからということで、やめましょうといってポータブルトイレを買ってあげたんです。それで、二十三日、ナナオがいつまでたっても起きてこないから、別棟のナナオの暮らしている建物に様子を見に行ったら、庭先のポータブルトイレのそばで、トイレにしゃがんで用をたす格好のママで倒れていた。そのときはもう、死んでいました。用を足している最中に、心筋梗塞の発作（心臓麻痺）が起きた。医者は明け方に死んだんじゃないかといっていました。

大鹿村というところは、標高が一千メートルくらいあるところで、気温が真冬の明け方は零下二十度近くまで下がることもあるのだという。ナナオは自殺したのでは亡く、隣人たちの善意が重なるなかで死んでいったのだった。前段でふれた、雑誌『人間家族』の編集者大築氏がこの二日前に亡くなっている。

　内田さんの思い出話だが、亡くなる一週間ほど前、ナナオが唐突に、彼に「あなたはどんなふうに死にたいですか」と問いかけて「僕はやっぱり野垂れ死にだなあ～」と言ったのだという。畳の上で死なかったことを考えればナナオの言葉通りの終焉だった。庭先で空を仰ぎ、足には土。大の字で仰向けに寝転がっているその顔は微笑みを浮かべていたという。八十五歳になった詩人を支え続けた仲間たちもまた同じように年を重ねていたことを考えれば、時も場所もナナオらしく気の利いた旅立ちだったようにも思える。ナナオが亡くなったとき、上野圭一は次のようなコメントを出している。

> 自主映画『スワノセ・第四世界』の「主役」としてのナナオに出演交渉をしたのは1974年のことだった。60年代から新宿の風月堂であの風貌を見かけていたが、声をかけたのはそのときがはじめてだった。ナナオはあっさりと了承してくれた。楽しい遊びがひとつふえたといった表情だったと思う。諏訪之瀬島の部族のメンバーやアレン・ギンズバーグ、ゲイリー・スナイダーといった他の出演者の撮影ができたのも、すべてナナオのおかげだった。映画は日本をはじめ、アメリカ、カナダ、オーストラリア、オランダなどで上映され、日本にも対抗文化が育っていること、対抗文化の波紋は国境を越えていることを一部の人に知ってもらうことができた。これもナナオのおかげだ。詩人としてのナナオだけではなく、主流文化から徹底的に逸脱した旧軍人としてのナナオの生きざまを、もっと深く知りたかった。謹んでご冥福を祈ります。

　これが弔文の全文である。

　わたしは大鹿村で、内田ボブの取材をしたあと、いったん東京にもどり、秋になって、彼が諏訪之瀬島にいまも住んでいる詩人のナーガ（長沢哲夫）といっしょにコンサートツアーに出たスケジュールを調べて、名古屋まで会いに行って、ナーガを紹介してもらった。

その伝手を頼って、翌年の三月に、諏訪之瀬島を訪ねたのである。これがわたしが島を訪ねるまでの経緯だった。

三月に諏訪之瀬島を訪ねて、ナーガ（長沢哲夫さん）にインタビューするなかで、いろいろな話が出て、『スワノセ・第四世界』をアメリカのヒッピーたちに日本の部族の現状を知ってもらいたくてつくった映画だったという話をすると、彼は急に居住まいをただすようにしゃべりの口調を変えて、「それは僕は誤解していました。上野さんはナナオのファンで、ナナオを追いかけてスワノセにやってきたのかと思っていました」と語った。大きな誤解があったというのである。

長沢さんは穏健な人で、このときも穏やかな口調でそのことを言ったのだが、かえって納得した表情を見せたのは、同席した長沢さんの奥さんだった。彼女の名前を聞き損なってしまったのだが、上野がカメラクルーを連れて諏訪之瀬島を訪ねてきたとき、彼女はもう島で暮らし始めていて、上野たちの撮影の様子を注視していたのだという。彼女はナナオについて、「チャンと働くということのできない人だったですよ」と多少の皮肉なニュアンスをこめてそういった。きちんと労働して、それで食事や寝所の世話になるというのが部族の掟なのだが、ナナオはそういうルールを守らずに、自分を特別の存在と考えていて、まわりの勤勉な人たちの顰蹙を買っていた、というのである。長沢さんはこういう。

上野さんたちがカメラを持って、映画の撮影のために島に上陸してきたのを見たときは本当にビックリしたんです。そんなことは初めてでしたからね、特に驚いた。最初、島の人たち全員が撮影に拒否反応を示したんですよ。なかでも一番にいやがったのは、島にずっと前から住んでいるおばあさんたちでした。住む家もボロボロだし、着ているものも粗末だし、写真を撮られると魂を抜かれると本気で信じていましたからね。

島の住人たちからすれば、撮影隊は突然の侵入者以外の何ものでもなかったのである。上野たちを島に先導したのはナナオだったから、部族の人たちと敵対したわけではなかっただろうが、長沢たちはナナオ主演の映画を撮っているんだと思ったらしい。上野が別章で、最初、なかなか趣旨を理解してもらえなくて拒否反応が大変だったといっているのはこのことである。つづく、長沢さんの回想。

あのとき、諏訪之瀬に部族の人間が二十五、六人いたと思うんですよ。定住している人もいたんですけど、旅していて、滞在していた人たちもいた。ぼくたちは定住していたんですけれど。ナナオは一年中いろんなところを放浪して暮らしていて、ときどきフラッと諏訪之瀬にやってくるみたいな感じだったんです。ぼくはこの島にたどり着く前は、一九六八年だったかな、インドで暮らしていて、日本にもどってきたんだけど、諏訪之瀬に来て、〈いいとこだなア、ここで暮らせたらいいなア〉と思ったンですよ。島はもう、ホントにいまと違ってなにもないところだったんですけど、それが気に入って定住することに決めたんです。

もとから島に住んでいた人たちが、部族を受け入れた事情はすでに第7章P・213で説明しているが、島は活火山そのもののようなところで、まず米麦などの換金作物はなにも収穫できない。そのかわり魚や海の産物は豊かで、自分で食べる野菜などをチョチョッと作れば、食べることに困ることはない。彼が島に移ってきたころは、素潜りして銛で魚をつくだけで、ウソのようにたくさんの魚が獲れたという。日常的な労働作業としては、ブッシュ（密林）の雑木を伐採して畑（農地）に変えることだった。そして、野菜の苗を植える。売り物になるほどは獲れないが、自分たちが食べる分くらいは賄えた。つまり、家のことや着るものを気にしなければ、完全な自給自足経済が可能だったのである。

上野さんたちとは一緒に酒を飲んでいるうちに親しくなって、悪い人じゃないなと思ったんですよ。それで、いろいろしゃべって、どういうことをやりたいか、説明されたんだけど、みんなの抵抗が強すぎて、最初に来たときは撮影の邪魔はしないけど、オレたちの生活は撮らないでくれっていう話で納得してもらったんです。

上野たちは島を二度、訪ねているのだが、二度目に行った時はいたずらに警戒心を持たれることもなく、村のお祭りの様子などを撮ることでいやがっていた島の老婆たちの様子も撮影できている。また、実はそのころのバンヤン（部族）と枝分かれして、別棟で暮らし始めた人たちがいて、上野はその人たちに頼んで、生活の様子を撮らせてもらっている。部族には定住者と旅人がいたが、映画にでてくる若者はほとんどが旅人だった。比率でいうと、当時、定住していた人間というのはホントにわずかな人数だったようだ。

そして、長沢たちが島で暮らし始めて、すでに五十年あまりが経過した。当初、電気も水道もなく、道路も獣道のような小径しかなかった島は、人の住居があるところは舗装された道路で結ばれ、フェリーが接岸できない港しかなかった海岸も、何十億という巨大な予算が投入されて、元浦と切石で開発工事がおこなわれた。八十人しか居住者のいない諏訪之瀬に八十億円以上のインフラ整備をしたわけだから、下世話な話に作りかえると、ひとりあたり一億円かけて、島の生活を本土並みに作りかえた、という話である。多少、公共事業の権益の匂いがしないでもないが、こういうことは、日本のような自由主義国でなければ起こらないことだろう。誰かにあれこれと批判されそうだが、わたしのような門外漢があれこれと口をはさむような話ではないだろう。

長沢さんは、わたしが諏訪之瀬を離れる日の朝も港に荷物の積み卸しの手伝いに来ていた。平穏な島の日常を淡々として生きている、そういう印象だった。

最後になるが、部族がその後、どういう経過を辿ったか、そのことを書いておかねばなるまい。ここで登場してもらうのが、いまは拠点を神戸において、『なまえのない新聞』という名前の新聞を作りつづけている浜田光さん、業界内通称、あぱっちと呼ばれる人がいる。

浜田さんが『なまえのない新聞』をつくりはじめたのは学生時代、一九七二年からのことで、間断があったが、もう、五〇年近くこの新聞を作りつづけている。そういう人である。

上野さんに紹介されて、神戸にこの人に会いにいった。そもそもがＩＣＵ（国際基督教大学）の学生で、学生運動に目覚めた一九六九年に大学の二年生だったというから、シオザワより二歳年下、平成三十年時点で六八歳になる人である。まず、『なまえのない新聞』について。

部族の運動というのは一九六七年ごろから始まったんですけれど、ぼくらは、ちょっとその下の世代なんです。部族っていうのがいて、どこそこにコミューンを作ったらしいよ、とか、そういう話は聞いていたんです。実際そういうところにいった人もいたんですけど、ぼく自身はすごく腰が重くて、そういう部族のアジトを訪ね歩くというようなことはなかったんです。

で、ボクたちがなにをやったかというと、ミルキーウェイキャラバンといって、まあ、ボクと同世代の人間たちが集まって、日本中を旅する、というイベントなんですけれど、それを始めた。ボクはじつは学生運動に参加して、いろいろあってこんな大学はもうイヤだと思って自主退学して、大学はちゃんとは卒業しなかったんです。で、そのころ吉祥寺に住んでいたので、バイトとかしながら、吉祥寺にぐわらん洞という、喫茶店があったんですが、そことかに入りびたっていた。みんな、仲間はフォークソングが好きで、音楽活動をやる人が多かったんですが、ぼくはそれには興味がなくて、大学時代にガリ版刷りでベ平連の会報を作ったりしていて、そういうことがすごく好きだったんで新聞を作り出したんですよ。このときもベトナム戦争反対（註・ベトナム戦争が終わるのは一九七五年）とか、コミューンの情報で、どこの町に行くと、どういうところがあって、そこは泊めてもらえるとか、そういう情報を載せた新聞を作って、その流れのなかで発行回数でいうと１０１号まで作ったんです。

その新聞を作っている最中に、部族のナナオとか、山田ポンと知り合いになり、頼まれて、ヤマハのスワノセ開発の問題を告発記事として取り上げたりした。そういう因縁から、部族の人たちと親しく交流するようになり、彼らから様々のことを学んだという。

部族は諏訪之瀬だけじゃなくて、ほかにも雷赤鴉《かみなりあかがらす》とか、夢見るやどかり族とか、全国各地にいくつかコミューンがあったんですけど、それぞれ地元に溶け込んで、自然消滅するような形になっていったんです。その一方で、ぼくたち世代のミルキーウェイをやろうっていっていた若いグループも、しばらくは各地に拠点を作ってやっていたんですけれども、それもしばらくしたら、自然消滅みたいになっていったんです。だけど、じつはその人たちが無農薬八百屋を始めたりとかして、要するに消滅というより、方針を転換していったということなんですけれども。

浜田は吉祥寺のそういう、喫茶店文化のなかでしばらくの青春をすごしたあと、まともに就職せずバイトをつないで暮らしていた。八十年代は市民のあいだで環境問題が大きく取り上げられるようになっていったのだが、一九八八年というのが、ひとつの転換点だったという。

じつはこの二年前の四月、ソ連邦、現ウクライナのチェルノブイリで原子力発電所が事故を起こしたのである。そのことについての反核を掲げる抵抗的な市民運動が形を取り始めたのが、一九八八年だったのである。

いまやっている『なまえのない新聞』は一九八八年から始めたんです。八十八年というのは、（日本のカウンターカルチャーにとっては重要な年で）「88年いのちの祭り」という、大きなお祭りがあった年なんです。これは八ヶ岳が見える、南アルプス側の雷赤鴉っていう部族のコミューンがあったところのすぐそばで、入笠山の中腹というか、麓というか、パノラマスキー場っていったかな、そのスキー場を借りてやったんです。夏場はスキー場は使っていませんから。

ナナオはけっこううるさい人で、スキー場というのが気に入らなくて、マスコミも嫌いだし、そういうスキー場というのはたしかに山を削ってリゾート開発したところだから、そういうのには怨みを持っていたから、参加しなかったんですよ。でもポン（山田塊也）は子どもたちといっしょに参加していましたね。いちがいに部族といっても、サンセイ（山尾三省）もいるし、ナーガ（長沢哲夫）もいるし、ひとりひとりちょっとずつ立場とか考え方もちがっていて、まあそれが面白いというか、幅が広がっていいところだと思うんですよ。
それで、この88年の「いのちの祭り」というのが、ぼくにとってはすごく大きな体験で、そこから自分も何かできることをやらなければと思って、その年の12月から、新聞作りを始めた（再開した）んです。それがいまにつづいているわけです。部族の運動もボクたちのミルキーウェイキャラバンも長い時間のなかで自然消滅したように見えるかも知れませんが、その人たちが無農薬野菜の八百屋を始めたりとかして、要するに消滅したというより、形を変えていったんだと思います。

どんな思想を持って生きているにしても、現実の社会で家庭を営んで生活していこうと思ったら、働いて、収入を確保せざるをえない。ナナオはそういう生き方を拒否して終世、家庭を持たなかったが、それはやはり、自然な生き方だったとは言えないだろう。部族誕生以後の、部族の人たちの重要命題はどう生きるか、ということだった。

東京の西荻窪にホビット村っていうところがあるんです。それはもともとサンセイ（山尾三省）と、ナモっていう人が一番中心なんだけど、この二人は兄弟みたいな感じで仲良しで、いっしょに部族をやっていたんだけど、ナモが中心になってナガモト兄弟商会っていうのを作って無農薬の野菜を作って八百屋を、最初はリヤカーで引き売りをしていたんですよ。サンセイも一緒にやっていて。そのナモ商会と飲食できるお店とか、クラフトする工房とか、あと本屋と、四つくらいが集まってホビット村っていうのはできたんです。これはいまもつづいているんです。サンセイはしばらくそのナモ商会でやっていたんだけど、そのうち屋久島に引っ越していって、サンセイは抜けたんですけどね。だけど、そこにその部族のひとつの筋は残っていると思うんですよ。
そのナモ商会がはしりだったんだけど、そのあとそういう無農薬の野菜を流通する問屋さんというのかな、そういうのも作ろうという動きも出て、ジャックっていうのができたり、ぽらん広場というのができたり、そういうところが供給する野菜、全国各地に無農薬野菜の八百屋ができたんです。いまもつづいているところはけっこうあると思うんですけど。

その部族の流れの関係の無農薬八百屋が一番最初に始まって、それが全国各地に広がって、それが売れるぞと思ってスーパーなんかも真似してやりだしたって感じだと思うんです。

もちろん八百屋でもつぶれたところも多いと思うけど、たぶんいまでもやっているところがあって、ホビットはずっと今でもやっています。

ホビットは八百屋だけではなくて、それを使った料理を出す飲食のお店とか、いろんな講座をやるスペースとか、ちょっと複合的な場所なんです。それをまた真似たっていうのかな、同じような感じで本屋と八百屋とか、そういう組み合わせの場所が全国でいくつかはできています。これは社会の中に溶け込んで、自分の考え方を主張していくということです。

突出して、社会に対抗的に存在するのではなく、自分たちの考え方で作った小さな世界を、現実の社会のなかで守りつづける、そういう生き方を選択して、現在に至っている、ということなのだろう。

「名前のない新聞」は最初、二千五百部くらい出していたんです。その部数があれば、それだけで生活していけるくらいなんだけど、だんだん減っていって、いまは千部を切っていて八百部くらい。昔はバイトを頼んで発送の手伝いとかしてもらっていたんですけど、いまは全部、自分でやっています。いまは、父が亡くなって母ひとりになってしまったんで、実家（神戸）に戻って、そこをベースにやっています。実家だから家賃を払わなくてすむんだけど、基本的にはこれ（新聞の発行）だけでは生活していけないので、最初、ハーブを育てようという提案をして、その苗を売る仕事を始めて、それがアロマテラピーに移って、日本ではまだあまりアロマテラピーという言葉が知られていなかったころからなんですけど、それもだんだん売れなくなって、いまはアメリカから輸入したアロマテラピーに使う瓶をネットとかを使った通信販売で売っているんです。通販だからどこにいても出来るし。

彼の場合は、編集用のパソコンソフトも独学で勉強して、新聞も自分ひとりで編集が出来るようになり、その流れで、部族の人たち、ナナオ、ポン、ナーガ、ボブといった人たちのインターネットのホームページを作ってあげているのだという。

ボクはボブの歌とかすごい好きなんですよね。個人的に。ナナオの詩もポンのイラストも。それをもっと人に知ってほしいなっていう気持ちが自分の中にあるから、だからそのホームページを作って、動画とか音もその中に載せるのもあるし、ライブの予定を載せて宣伝をしてあげるというかね。そういう部族関係だけじゃなくて、本当にすごくいっぱい、いい音楽とか、詩とか、絵を描く人がいるんですよね。それがほとんど知られていないというか、で今はネットで知らせるしかないかなと思っていてね。インターネットのメリットとしてはそういうところにあると思いますね。まだどうなるかっていう感じはありますけど。

こちらは企業に頭を下げてとか、そういうのも嫌いだから、広告とか一切そういうのなしで、ホームページを作るのはボランティアで、やってるわけですけどね。自分が食っていける状況にあれば、それ以上別に儲けてもしょうがないから。それよりも、ボブの素晴らしい歌を聞いてほしいという気持ちを形にできた方が、満足できるっていうかね。

特にナナオなんかがそうだったと思うんですけど、そういうことにすごく厳しい人だったというかね、それに共感するところがあるから、でもそれは人によると思いますけどね。自分がわーっと目立ちたいみたいな人もいて、正直なところそれはそれで別にいいと思うんですけど。僕は自分が人の陰に隠れていたいほうだから。でも、やっぱりいいものをみんなに知ってほしいみたいな感じがあるからこれやっているんですけど。まあ自分が食えなくなったらしょうがないから、なんか金を稼ぐことを考えるでしょうけどね、きっと。

浜田さんは仲間内で「あぱっち」と呼ばれているそうだが、話をすると温厚で、昔の部族の人たちが持っていた気骨というか「熱さ」を自分なりの形で保持しつづけている人だった。彼の名前と事績は限定的に知られているだけで、一般には無名かも知れないが、こういうふうに考えて、生きている人がたくさんいるのではないかと思う。

【註】
（1）『80年代ｎｏ・22昭和58年』という出典表記がある。
（2）『ココペリの足あと』二〇一〇年刊　思潮社　ななおさかき著　Ｐ・14

［10］上野圭一の帰還

すでに最終章である。まず、上野圭一の映画作りが『スワノセ・第四世界』一本だけで終わった事情について。『スワノセ〜』を作り終わったあと、彼は何を考えたか。資料（上野自身が当時書いた原稿など）を読むとわかるが、そこに新しい作品を作るべく模索した、という一文がある。初めて作った映画作品がある程度、話題になり、評価も受けて上野自身も映像クリエーターとして認知されたのだから、その発想は当然のことだったろう。この周辺のことを、上野自身はこう語っている。

（むかし書いた原稿にそう書いてあるんだったら）そう考えていた時期もあったんだと思うんですよ。映画はつくったけど、自分では出来上がりにかなり不満を持っていて、非常に未熟なものを作ってしまったという認識があって、あれこれいろいろと考えたんですよ。このままで終わるのはちょっとまずいかな、というふうにも思ったんです。そうこうしているうちに、龍村仁さんの『地球交響曲』が始まった。これも自主上映の映画だったんです。龍村さんというのも、元々はテレビのディレクターだった人なんですが。

龍村仁《たつむらじん》はそもそもNHKの教養部でドキュメンタリー番組を作っていたディレクターだった。一九七三年に矢沢永吉が所属していたロックバンド「キャロル」に密着したドキュメンタリー映画をNHKに無断で製作・上映してクビになり、その後、地球の生態系をテーマにして美しい映像をふんだんに盛り込んだ『地球交響楽』（ガイアシンフォニー）をシリーズ製作しつづけている。

龍村さんとなにかのきっかけで知り合ったんです。そうしたら、誕生日が同じで、彼の方が一年早く生まれているんだけど、生まれた場所も兵庫県の宝塚市、宝塚劇場のすぐそばだった。それで意気投合したんですよ、彼は『スワノセ～』を作ったあとの僕と同じようなことを考えていた（地球環境の問題を映像にしようとしていた）。彼のつくったものを見たときに、〝龍村さんがこういうものを作るんだったら、ぼくは映画作りにこだわることはない、もっと幅の広い選択肢で自分の進路を選ぼう〟と思ったんです。それでぼくは、アメリカの代替医療の思想を伝える翻訳家になろうと思ったわけです。

龍村と上野はその後も親しく往き来していて、『地球交響曲』は何作もの連作を重ねているが、龍村は現在、上野が館長を務める図書館があるリゾートホテルに泊まり込みでやってきて、上野と企画の相談をしたり、新しい台本の執筆に取り組んだりしている、という。

そして、ここで物語の全体を描きだすために、話のながれをもう一度、振りだしにもどさなければならない。というのは、あらためて上野圭一の二度目のバークレーでの生活を語るためには、映画のスーツケイシングの話のほかに、もうひとつ、上野にとって、別の、そっちの方が重要な問題があったのである。それはどういうことかというと、そもそも彼は自分が映画をつくってそれをアメリカで出張巡映するために渡米したのではなかった。「日本のヒッピー」を主人公にした映画製作は後出しの問題だったのである。アメリカのビートニックの生き方にひかれ、自分もヒッピーの生活がどんなものか、体験してみたいという、どちらかというとジャーナリスティックな興味、これは日本の部族のありさまを映画に仕立てて、アメリカに住んでいる人たちに伝えたいというジャーナリストとしての使命感みたいなものと通底していて、わたしは、基本的に上野圭一はジャーナリストだと思っているのだが、そういう内心深くこだわっていることがあって、アメリカにやってきたのだった。

彼はアメリカのヒッピーたちが何を考え、どう行動しているか知りたいと思ったが、なかでも特に、一番重要だと考えていたのはヒッピーの精神世界の問題だった。日本では禁じられているが、マリファナやLSDのような薬物が人間の精神にどういう幻覚作用を起こし、それによって人間がどうなるのか、そのことを知りたいという強い願望があったのである。彼がそう考えるようになったことについては、こういう経緯があった。彼がまだフジテレビに勤めていたころの末期である。こういう経験をしている。

フジテレビを辞めるちょっと前、というから一九七〇年のことだが、そのころ、彼は乗用車に乗るのを止め、大型オートバイに買い換えて、それで通勤していたのである。そして、交通事故に巻き込まれた。バイクがタクシーと接触して、路上に投げ出され、救急車で病院に運ばれたのである。その時のことを思い出し、こう語る。

運がよかったんですね。外傷はほとんどなくて、前歯を一本折っただけですんだのですが、その後、しばらくしてむち打ち症がひどいことになって、激しい痛みに悩まされるようになったんです。それで、有名な大学病院の整形外科や理学療法科に通い始めたんですが、ちっともよくならない。ずっと首や背中の痛みや頭の重苦しさがひどくて、いつもそのことばかり気にする日がつづいていた。それで、思い余って父親のところに相談しにいったんです

[2]章ですでに紹介したが、上野の父親は大学や専門学校で中国語を教えていたのだが、その傍らで鍼灸師の資格を持っていて、鍼灸学校で漢方概論を論じるような、東洋の医学に詳しい人だった。大人になってからの上野のなかには父親に対する反発というか、反抗心のようなものがあり、父の中国文学に対抗して英文学を専攻したり、教育者である父と違うジャーナリストという道を選んだりして、もうひとつ打ち解けない存在だったようだ。

父親は息子から症状を聞き取ると、「わかった」といい、さっそく問題箇所を中心にして鍼灸治療を施した。その効果

は驚異的、衝撃的だったのだという。かれはそのことを『ヒーリング・ボディ』のなかで、こんなふうに回想している。

父からはじめての鍼灸治療を受けたとき、わたしはあまりの心地よさにぐっすりと眠りこんでしまいました。鍼を打ったときにその周辺に感じる、あのなんともいえない感覚の響きに、注射や牽引では感じなかった深いやすらぎをおぼえ、文字通りひさしぶりに故郷に帰ってきたような気がしたのです。ムチ打ち症でさんざん苦しんではじめて父の治療を受ける気になったことからもわかるように、それまでわたしは鍼灸の効果を信じていませんでした。迷信とまでは思わないにしても、鍼灸で病気がなおるぐらいなら病院はいらないなどと、不遜にも豪語していたものです。（略）あれほど執拗に痛んでいた首や背中が、一時間ほどの鍼灸治療でうそのように軽くなったという経験は、変わりはじめていたわたしのものの見方、世界の感じ方に、ある種のとどめを刺したようでした。（1）

これはどういうことなのか。彼はつづいてこう書いている。

非科学的であり、実証なき経験の積み重ねでしかないと思われた鍼灸治療によって、科学が立証している治療法ではどうしても治らなかった苦痛が大幅に軽減した。（略）鍼灸治療がその効果の根拠としている、あのあやしげな「気」とか「経絡」とはいったいなんなのか。（略）父が愛してやまない悠久の中国文化の全体が、父のいうように見えない「気」を基盤に築かれているものだとしたら、世界には自分がまったく知らなかった別の「知の体系」があるとしか考えられない。

ここのところで、［3］章、P・138などでふれてきた彼の中のもうひとりの自分（彼はそれを「内なる原人」と書いている）が、そういう見えない、別の世界とつながっている存在だったのだということに気が付くのである。それからしばらくは、「父の治療を受け、そのあとでお茶を飲みながら、雑談のなかで父から東洋思想を学ぶという、いまから考えればとても贅沢な日々」がつづいた、と書いている。そういうなかで、むち打ち症以前の持病だった胃痛もしなくなったのである。これは身体についての東洋的な考え方、思想が彼の身体と目の前の現実とをみごとに調整してみせたということだった。上野が東洋的な思想に引き寄せられていったのは当然のことだった。
このことが彼にとってどれほど重要な問題に思えたかという問題について、彼は自著の『ヒーリング・ボディ』のなかでティモシー・リアリーとリチャード・アルパートの事績について語ることで説明するのである。ティモシー・リアリーはもともとハーヴァード大学の心理学の教授だった人だが同僚のリチャード・アルパートといっしょにLSDを使って人体実験をしたという容疑で大学を追われたのだった。この人たちについての上野の説明である。

（彼らは）それらの薬物には人間の意識の幅を大きくひろげ、教義や儀式を媒介とせず、ダイレクトに宗教体験をさせて、真理に目覚めさせる効果があるのではないかと考え（略）人体実験をくり返す一方、ふたりはチベットの死者の書』にめぐり合い、昔からチベットのラマ僧が死と再生の準備のために使ってきたその『埋蔵経』に書かれた「死後の世界」の描写が、自分たちの一連のドラッグ体験にあまりにも酷似していることにショックを受けます。サイケデリック・ドラッグの実験で経験した内容と、死から再生にいたる四九日間の描写とが偶然にしてはあまりにも似すぎていたのです。ハーヴァードを追われたあと、リアリーはLSD普及のための伝道師のような道を歩みます。（以下略）
そのリアリーが若者たちに意識変革を呼びかけたときに使った「チューンイン、ターンオン、ドロップアウト！」という標語があります。

上野はこの三要素を整理して次のように書いている。

チューンイン――見えない世界に波長を合わせること
ターンオン――――LSDなどの精神拡張剤を使って非日常的な意識を経験すること
ドロップアウト―体制社会から離脱すること

これらのことをクリアにすると、「地球のエコシステム」（生態系）に対応した「新しい時代」（ニューエイジ）に相応しい人間に成長していける、というのがリアリーの主張だった。

このことについて、上野はこういうふうに書いている。

わたしがバークレーで知り合った同世代の友人たちのほとんどは、その三つのステップを六〇年代に踏み終えて、新しいステージの創造に向かって建設的な生き方を始めていましたが、同じようなプロセスをへて彼らと出会ったわたしには、プロセスがひとつ欠けていました。「ターンオン」のプロセスです。わたしは彼らの成長のステップを追体験してみようと、機会あるごとに積極的にサイケデリック・ドラッグのセッションに参加しました。（2）

かれはドラッグのセッションに積極的に参加するようになり、さまざまな経験をする。何度もＬＳＤを服用して、幻覚も体験し、自意識のタガの外れた状態がどんなものか、ある程度、理解してきている。そういうなかで、それまで持っていた価値観を徹底的に作りかえることになる、衝撃的なシンクロニシティを体験することになる。かれは「ターンオン」、つまりＬＳＤを摂取して幻覚に襲われている状態をこういうふうに描写している。

ふと部屋のなかをふり返ると、そこに無数の自分がいました。ついさっきまでの自分、その前の自分、そのずっと前の自分と、置いてきた自分がぜんぶ、時間を遡るにつれて若く、幼く、小さくなりながらそこに一列縦隊に並び、無限の彼方で点になるまでつづいていました。その点の奥になにか光っているものが動いたような気がしました。目をこらすと、それは子どものころから思い描いてきた、あの「北京原人」でした。

毛むくじゃらの「原人」は全身からオーラを放ち、轟然と胸を張って上空を見上げているようでした。「やはりそうだったのか」という感慨が胸の底に生まれました。「内なる原人」はやはり、わたし自身の核として、生まれたときから、いや、生まれる前から、わたしとともに生きていたのだという思いのなかで深い安堵の吐息をついたときです。「〇〇子が死んだ！」そういう、男の声が聞こえたような気がしました。耳に聞こえたというより、声が天から落ちてきたような気がしたといったほうが正確でしょうか。離婚した妻の名です。一年ほど前に東京で会ったとき、将来の計画を語る彼女は元気で若々しく、死の影などみじんも見えなかったというのに、天から落ちてきた「死んだ！」という断定的な声は一瞬にしてわたしの胸を引き裂きました。反射的に深い悲しみが一度に襲ってきて、どうしても涙がとまりませんでした。

隣室のドアが開き、友人が顔を出しました。大柄でひげづらの友人は、ついいましがた自己像の奥に見た「原人」にそっくりでした。オーラに包まれたその友人もなぜか目に涙を浮かべ、慈しむようなまなざしでわたしをじっと見つめると、二度、三度、ゆっくりとうなずき、またドアの向こうに消えました。自分の手をみると、五本の指先から虹色に輝く光が長くゆらめきながら放射しているのが見えました。何十年も爪を切らない呪術師の指にも似て、その光は異次元の世界をまさぐっているように細かく振動していました。指先だけではなく全身が虹色の光を発し、輪郭がゆらめいていました。腕や手足の輪郭は炎のように姿を変え、細部の先端は渦を巻いているようでした。（略）

古代の中国人やインド人たちが人体に発見したという目に見えない生命エネルギーの通路、かねてから疑問だったあの「経絡」や「ナーディー」とは、この虹色の光の渦のことだったのではないか。（略）そんな確信のようなものが生まれたのはそのときでした。オーラ状の光の渦巻きといっしょに、意識のなかで感情と思考が、感覚と直感が、「妻の死」という言葉が喚起した悲嘆と「経絡」の実在の可能性という新たな発見の喜びとが入り交じり、渾然一体となって渦巻いているようでした。（略）

翌週、東京の母から届いた航空便で、離婚した妻が事故死したことを知らされました。彼女の所持品にわたしの実家のアドレスがあり、警察から身元確認依頼の連絡があったというのです。東京で彼女が亡くなったのはわたしがバークレーでＬＳＤを摂取した、その日の、ほぼ同じ時刻のことでした。（3）

　これが、上野がシンクロニシティを実感した初めての出来事だったという。シンクロニシティというのはドイツの心理学者ユングが提唱している、日本語では「共時性」と訳されている概念である。意味のある偶然の一致をいう言葉。この言葉をわたしなりに説明すると、「シンクロニシティ」について書かれた、タイトルもそのものズバリの、物理学者で劇作家でもあるF・D・ピートが書いて菅啓次郎《すがけいじろう》が訳した『シンクロニシティ』という本があるのだが、そのなかにこんな説明がある。

> 　カール・ユングは、シンクロニシティを「同じ意味を持つ、ふたつあるいはそれ以上の、因果的には無関係なできごとの同時生起」として定義しました。彼が意味するところはあきらかです——宇宙において、いくつかのできごとが通常の因果関係の力にはよらず連続しておこり、意味のあるパターンをつくりあげるということです。したがってこうしたシンクロニシティは、科学の通常の諸法則からは、はみだしてしまうにちがいありません。なぜならそれは、宇宙の基底から生ずるはるかに深い運動の表現であり、物質と意味とを、きりはなすことのできない形で巻き込んでいるものだからです。
>
> 　とはいえ「非因果的連結原理」は、ひとつの究極原因をもたないようなできごとなどなにひとつおこりはしないという、因果律に支配された宇宙を信じる、きわめて拘束力の強い世界観を相手にするとき、たちまち吹き飛ばされてしまいます。もしシンクロニシティがほんとうにふかい意味をもち、ただランダムな偶然の一致や、想像力の投影にすぎないのではないとしたら、科学は科学的宇宙のどこかに、シンクロニシティをいれる場所をさがさなくてはなりません。しかし、すべてが因果律によって決定されているとき、このいたるところを支配している法則に従わないようなできごとのパターンが、いったいどうしてありえるでしょう？　いいかえれば、この矛盾してきこえる「非因果的連結原理」ということばには、どのような意味がありうるのでしょうか？（4）
>
> 　シンクロニシティは、できごとの同時生起によこたわっている、普遍的なものと個別的なものとの統一性によって特徴づけられています。普遍的なもののこの本質は、またおおくの個別のできごとをパターン・対称性・数学的法則が相互連

結している、科学のうちにもみいだされます。科学は伝統的に科学法則を、純粋に記述的な生活をもつものとしてうけいれてきましたが、物質世界の現象の背後には、目的知性と呼ばれる発生的・形成的秩序がよこたわっている可能性があります。意識の層とフロイト流の個人的な無意識の下には、こころの集合的・普遍的レベルがあります。素粒子が物質世界を超越するダンスによって維持されるのとちょうどおなじように、こころもまた、こころと物質の彼方によこたわるダイナミクスによって維持されるのです。したがってこころと物質の彼方には、ものごとを生成させ活性化させる、パターンと対称性が存在するということです。シンクロニシティ現象がおこるとき、一瞬のあいだ、こうした領域にふれることが可能になり、偶然の連結のなかには、なにかあらゆる創造の核心に位置し存在のもっとも基本的なリズムにふれているような、真に普遍的なものがおりこまれていることがわかります。（5）

F・D・ピートはイギリスのリバプール生まれの物理学者で、カナダで量子力学の研究を続けながら、劇作家・放送作家としても仕事をしている人だという。

右記の引用を説明すると、まず、人間にとっての無意識の世界は、人間がそれを認識できない形において、構造を持っている。つまり、何らかの意味を内包する存在として存在している。そして、それはわたしたちが認知できない形で存在している意識を持った存在である。それは端的にいうと、現在の水準の科学的な（つまり因果論的な）アプローチでは解明できない、超自然的な存在で、神様のような存在である。つまり、神様はわたしたちが認識できない世界に存在していて、なにくれとなく、一生懸命に生きようとするわたしたちを助けてくれているのではないか、という話なのである。その超越的な存在を「神」と呼ぶかどうかは別の問題として、人間が五感では確認できない、第六感覚的な存在として、何らかの形でそれが存在しているのではないか、ということが運のいい経験をした人たちのひそかな確信なのである。

この問題については、フロイトとユングの論争という話がある。フロイトは無意識について、そんなものは個人的な経験に基づく、一人一人によってまったくちがうもので、単なる個人の経験が作り出したカオスである、と考えた。そして、無意識に共通性や法則性なんてない、という考え方をしていた。偶然についても偶然なんだから必然なんかじゃない、という考え方をした。それに対して、（弟分の？）ユングは、イヤ、これはきっとなにか意味があるはずだといって、「共時性＝シンクロニシティ」という考え方を持ち出すのだ。わたしも別にこのことの専門家ではないから、自分の書いていることが絶対正しいと思ってこれを書いているわけではないのだが、ユングはここから、「無意識のなかには自分自身が認識できない構造＝秩序がある」という考え方のなかに入っていくのである。つまり、無意識は自分の心の問題だが、そこにはわたしという個人、一人の人間の位相を超えた、そのようにして存在している人間すべてに共通して、その人と共存している何らかの構造体＝意識を持つ存在がある、という考え方で、これはもう、考えるとすぐに、神秘主義思想や超現実主義哲学へと足を踏み入れていく場所で、これを日常的な言葉で書くと、守護霊や憑神様《つきがみさま》というような超能力話になっていくのである。しかし、それはまぎれもなく、私たちが日常的にそういうもの（＝無意識下で存在している秩序）に晒されて生活している場所なのである。

わたしはユングの心理学はヨーロッパ的な人文科学が精いっぱい、そういう精神世界を合理性のなかで考察しようとした学問的な成果だと思う。上野はアメリカの国内で『スワノセ・第四世界』のスーツケイシングをつづけるかたわら、LSD摂取によるシンクロニシティを体験して、次第にこのあと、自分なりの答を見つけ出し、そこで自分が歩むべき道を見つけていく。それが、「身体」の問題だった。

からだには〈見えるからだ〉のほかに〈見えないからだ〉があり、その〈見えないからだ〉が見えてしまうような特殊な意識状態のときに、いわゆる「超常現象」が起こるのではないか。〈見えないからだ〉が媒介して起こす現象が「超常現象」ではないか。その〈見えない身体〉に中国医学でいう「経絡」や「経穴」（ツボ）があり、インド医学でいう「ナーディー」や「チャクラ」が存在するのではないか。そんな推察があたまの片隅で生まれたのもそのときのことだったようです。（6）

これがいわば都合で五年あまりにわたる彼のアメリカ生活の結論だった。前出、リチャード・アルバート、別名ラム・ダスが書いたアメリカの精神世界を変革したといわれている『ビー・ヒア・ナウ』という書物があるのだが、これも上野圭一らの翻訳なのだが、同書はチャクラ（＝身体の霊的エネルギーの中心点）についてこんな説明をしている。

人間の身体には七つの霊的エネルギーの中心点があり、チャクラと呼ばれています。各中心はそれぞれエネルギーの異なった波動表現と関係しています。エネルギーのいちばん粗い形態をあつかう第一チャクラから、エネルギーのいちばん純粋な形態をあつかう第七表現までの波動表現があるのです。（略）それぞれのチャクラに特定の名前を付けて、特定の水準に主要エネルギー表現が集中している人がおもにどんなことに関心を持っているかを明らかにすることもできます。すなわち、第一チャクラは生存、ジャングル、動物的心理など、第二チャクラは生殖と性的快楽、第三チャクラは権力と支配に関連しています。この三つのチャクラは人が世俗に生きるときにふだん使っている大部分のエネルギーの中心になっています。このチャクラは三つともおもにエゴの強化維持のために使われるエネルギーに関連しているのです。

第四チャクラ（心のチャクラ）にいたって初めて、私たちはエゴを超え始める領域に入ります。第四チャクラは主として慈愛に関連しています。第五チャクラは神の探求に関連しています。六番目（眉間）は知恵（第三の眼）に関連しており、七番目は完全な覚醒もしくは合一です。（略）性的欲望に結びついた経験や習慣は、第二チャクラにふくまれます。フロイトは第二チャクラにしばられた人のすぐれたスポークスマンでした。おなじように、アドラーは第三チャクラの、そしてたぶんユングは第四チャクラのスポークスマンだといえるでしょう。

西洋文化では、昔から第二と第三のチャクラ（セックスと権力）にかかわる人間をモデルにした研究が行われてきました。西洋人はこの観点から内部の宇宙と外部の宇宙を眺める習慣を身につけ、それが強く深く根を張っているのです。（7）

ここでも引用が長くなったが、問題を解く鍵は身体にある。それが彼の結論だった。それはアメリカ社会の六〇年代から七〇年代にかけての大きな社会的な激動をくぐり抜けた先進的なアメリカの人たちの共通の認識でもあった。反戦女優の名を謳われたジェーン・フォンダはフィットネスの専門家になってワークアウトのビデオを作り、同様に反戦をテーマにしたフォークシンガーのジョーン・バエズはセラピストとしての仕事も始めた、という。

社会の仕組みを変えるよりも自分の身体の健康を実現しなければならない。なによりも、まず、自分が生活のスタイルを変えなければならない。

ここからベトナム戦争以後のアメリカも、雑誌『ポパイ』創刊以降の日本も変わっていくのである。上野は『スワノセ・第四世界』を作った日本での二年間を間に挟んだ七年あまりに及ぶバークレーでの生活のなかで、この先の人生を生きていく、二つの選択肢を見つける。つまり、ひとつはアメリカと日本の文化のあいだに身を置くこと。これが翻訳家として世に出る、ということだった。そして、もうひとつは自分で了解した身体の持つ「もうひとつの世界」を追い求めて生きる、ということだった。必然的に、と書いていいと思うが、上野は日本にもどり、鍼灸の専門学校に学んで、技術を身につけ、鍼灸師として働く傍ら、アメリカのカウンターカルチャーにまつわるさまざまの出版物を翻訳家として手がけていくことになるのである。

このあとに上野のビブリオグラフィを付けておいた。それを見ると分かるのだが、翻訳家・著述家としての彼の活動はアンドルー・ワイルの著作を紹介することを中心に行われたものだった。

上野が現役を引退する形で生活の拠点を東京から伊豆（最初は真鶴《まなづる》、そのあと、伊豆の伊東）に移したのはいまから二十年前のことだった。ずっと上野を担当してきた編集者が現役を引退した（某大手出版社の編集者で、社長になったらしい）ので、上野にもある達成感があり、それで現役からの引退を決めたのだという。上野さんは「文章を書くのは好きで、イヤじゃないんだけど、どうでもなにか書いていないと気がすまないというような（シオザワくんのような）のとはちょっと違うんです」といっている。

現在は、伊豆の緑にかこまれた山の中で、「森の生活」をおくっている。若いころから伊豆のこの辺の風土が好きで、引退したらこの場所で暮らそうと思っていたのだという。上野は近くにある川奈のリゾートホテルにある「癒しと憩いのライブラリー」の館長を務めている。これも何年も前に、数奇な因縁があってできあがった図書館だった。上野さんの話。

「何年前なのか、はっきりした日時を正確に覚えていないんだけど、地元に伊豆新聞というローカル新聞があるんですよ。あるとき、そこの取材を受けた。それは伊豆の別荘地に新しく移り住んできた人を紹介する連載記事だったんだけど、記事を読んだ人から連絡があったんですよ、会いたいって。それがこのサザンクロス・リゾートのオーナーの北村さん（北村重憲）だったんです。この人と仲良しになって、ホテルの中を案内してもらって歩いているときに、北村さんが『ここはプールに行く通路なんだけど、ホールに使えるくらい広いんですよ。壁が何十メートルも続いていて、ここは窓がなくて壁だけつづいているスペースで、使い途がなくて困っているんです』っていうんですよ。ぼくは『それだったら図書館にしたらどうですか』っていったんですよ。そこから話が始まった。本のテーマを癒しと憩いということにして……。『お金、かかりませんか』っていうから、本は寄贈してもらえばいい、と提案し、インターネットで『図書館を作りますから要らなくなった本を下さい』という告知をしたら、ものすごい勢いで日本中から本が集まってきたんです。いま、二万二千冊くらいあって、もう空きスペースがない状態です。あっというまに、癒やし系の書物を中心とした立派な図書館ができあがってしまったんです」

こうして、近隣の人たちやカウンター・カルチュア好きの読書の場所として、多くの人たちに利用される図書館ができあがったのである。

そして、いま、『スワノセ・第四世界』がどういう状態で存在しているか、という話である。

実際には映画は二年ほど前から国立映画アーカイブ（旧名・東京国立近代美術館フィルムセンター）が保管、保存する形になっている。その経緯について。

あれはね、ある日、いきなりフィルムセンターのセンター長からメールが入ったんですよ。その内容というのは、イマジカ（旧・東洋現像所）から連絡があって、『スワノセ・第四世界』という映画のネガフィルムの保存期間が切れた、と。どこかにこの映画を保存しておきたいと思う人がいるかどうか、この映画が欲しかったら手をあげて下さい、というような連絡が来たというんです。

イマジカは昭和の時代から通して、フィルム現像の大手の会社だが、撮影済みのネガフィルムを現像、プリントして映画館などで上映できるポジを作ったあと、一定期間、ネガを預かって保管するのだという。期間は四十年間、『スワノセ・第四世界』ができたのは一九七六年のことで、国立アーカイブの方に連絡が来たのは二〇一六年のことだったというから、ネガの保存期間は四十年ということなのだろう。

たまたまその連絡をうけた（当時の）フィルムセンターの主幹の人が、京都大学の出身で、学生時代にこの映画を京大講堂で見ていた人だったんです。それで、あの映画だったら、絶対にフィルムセンターの方で保管保存すべきだという話になって、監督であるボクのところに連絡が来たんですよ。

上野の手元にはそれまで、ヒッピーたちに頼まれると貸し出すプリントしたフィルムが一本あったが、年月を経て色褪せ、傷だらけになってしまっていたのだという。上野自身はこの映画の役目は終わった、というつもりだった。そういう気持ちでいたところに連絡が来て、ネガをもう一度きちんとプリントアウトして、上映できる状態にして保存、要請があればそのフィルムを貸し出せるようにする、という段取りで話が進んだ。

「ぼくとしては一番理想にしていた保存の形で残すことができたと思っているんです」と上野はいう。

作品は四十数年の歴史を経て、納まるべきところに納まった、そういう形になったところに、これも偶然なのだが、シオザワがふらふらと、伊豆に上野圭一を訪ねてきて、こういう形で一冊の本が作られることになったのである。

【註】

（1）『ヒーリング・ボディ』P・31
（2）『ヒーリング・ボディ』P・40
（3）『ヒーリング・ボディ』P・52
（4）『シンクロニシティ』一九八九年刊　朝日出版社　F・D・ピート著　管啓次郎訳　P・55
（5）『シンクロニシティ』P・155
（6）『ヒーリング・ボディ』P・57
（7）『ビー・ヒア・ナウ』一九八七年刊　平河出版　ラム・ダス他著　上野圭一他訳　P・342

【付録】上野圭一ビブリオグラフィ

【著書】

・『ナチュラルハイ―わたしを超えるわたし』六興出版 1990・12
・『ナチュラルハイ―わたしを超えるわたし』海竜社 1993・2
・『ヒーリング・ボディ からだを超えるからだ』海竜社 1994・8
・『ナチュラルハイ―わたしを超えるわたし』ちくま文庫1996・5
・『聖なる自然治癒力』浩気社 1997・4
・『ヒーリング・ボディ からだを超えるからだ』サンマーク文庫1998・9
・『代替医療―オルタナティブ・メディスンの可能性』角川書店（角川oneテーマ21）2002・7
・『補完代替医療入門』岩波書店（岩波アクティブ新書）2003・2
・『わたしが治る12の力― 自然治癒力を主治医にする』学陽書房 2005・12

【共著】

・『世界の国〈19〉アメリカ合衆国―文化誌』上野圭一他／講談社1974・＊
・『グローバル・トレンド』上野圭一他16名／TBSブリタニカ1986・＊
・『ニューサイエンティスト群像』甲斐武佳、北川聖美他／勁草書房1987・＊
・『ニューエイジ・ブック』上野圭一他／フォー・ユー1987・＊
・『ホリスティック医学入門―全体的に医学を観る新しい視座』池田酉次郎、中川米造他／柏樹社 1989・8

・『THE DICTIONARY OF PEOPLE 001』上野圭一他／クラブキング１９９４・＊
・『アンダーコンシャス・センセーション』上野圭一他20名／日本評論社１９９７・＊
・『いまなぜ「代替医療」なのか―「癒し」のルネッサンス／治癒系を活かすヒーリング・アート
帯津良一監修 CAMUNet 共著 徳間書店 １９９８・9
・『この世とあの世の風通し―精神科医加藤清は語る』春秋社 １９９８・12
・『境界を超える対話―日本トランスパーソナル学会議講演集』上野圭一他／雲母書房２０００・＊
・『統合医療への道―21世紀の医療のすがた』渥美和彦／春秋社 ２０００・9
・『統合医療』帯津良一、湯川れい子他／東京顕微鏡院２００３・＊
・『がんを治す食事療法レシピ』帯津良一総監修／法研 ２００４・9
・『科学とスピリチャリティの時代―身体・気・スピリチャリティ』上野圭一他／星雲社２００５・＊
・『代替療法ナビ―自分に合った選択ガイド』有岡真と共著／筑摩書房 ２００５・10
・『スローメディスン―まるまる治る、ホリスティック健康論』辻信一／大月書店（ゆっくりノートブック）２００９・12
・『癒しの心得』山本竜隆、おのころ心平共著／旬報社２０１８・10

【翻訳】
・『成功への処方箋』ローレンス・A・アプレー／ダイヤモンドータイム社 １９７５・＊
・『ビー・ヒア・ナウ―心の扉をひらく本』
ババ・ラム・ダス、ラマ・ファウンデーション／吉福伸逸共訳 エイプリル・ミュージック１９７９・2
・『東洋へ―現代アメリカ・精神の旅』ハーヴィ・コックス／平河出版社（Mind books）１９７９・12
・『スター・シーカーズ』コリン・ウィルソン／田中三彦共訳／平河出版社１９８２・＊
・『がん―ある「完全治癒」の記録』アンソニー・J・サティラロ、T・モンテ／日本教文社１９８３・3

・『ドクター・オイルの現代アメリカ健康学／ホリスティック・ヘルスのすべて』
　アーヴィング・オイル／日本教文社１９８３・７
・『人はなぜ治るのか―現代医学と代替医学にみる治癒と健康のメカニズム』
　アンドルー・ワイル／日本教文社１９８３・11
・『がんにならないからだと心の栄養学』アンソニー・Ｊ・サティラロ、Ｔ・モンテ／日本教文社１９８４・４
・『ターニング・ポイント』フリッチョフ・カプラ／吉福伸逸他共訳／工作舎１９８４・11
・『太陽と月の結婚―意識の統合を求めて』アンドルー・ワイル／日本教文社１９８６・２
・『がん療法百科 上』ジュディス・グラスマン／萩原裕子共訳／日本教文社１９８６・10
・『がん療法百科 下』ジュディス・グラスマン／萩原裕子共訳／日本教文社１９８６・11
・『やすらぎの戦士』ダン・ミルマン／筑摩書房１９８７・３
・『個を超えるパラダイム―古代の叡智と現代科学』スタニスラフ・グロフ編／吉福伸逸他共訳／平河出版社１９８７・７
・『ビー・ヒア・ナウ―心の扉をひらく本』
　ババ・ラム・ダス、ラマ・ファウンデーション／吉福伸逸共訳 平河出版社１９８７・12
・『癒しの旅―ピースフル・ウォリアー』ダン・ミルマン（『やすらぎの戦士』を改題）／徳間書店１９８８・５
・『非常の知―カプラ対話篇』フリッチョフ・カプラ／吉福伸逸他共訳／工作舎１９８８・11
・『自己成長の基礎知識①―深層心理学』Ｒ・フレイジャー、Ｊ・ファディマン／吉福伸逸他共訳／春秋社１９８９・１
・『内なる治癒力―こころと免疫をめぐる新しい医学』
　スティーブン・ロック、ダグラス・コリガン／池見酉次郎監修／創元社１９９０・７
・『ワイル博士のナチュラル・メディスン』アンドルー・ワイル／春秋社１９９０・10
・『クォンタム・ヒーリング―心身医学の最前線を探る』ディーパック・チョプラ／秘田涼子共訳／春秋社１９９０・12
・『癒しのメッセージ―現代のヒーラーたちが語るやすらぎと治癒の秘訣』

R・カールソン、B・シールド編（監訳）／春秋社（ヒーリング・ライブラリー）1991・5

・『ヒーリング・アーツ』テッド・カプチャック、マイケル・クラウチャー／野口迪子共訳／春秋社1991・12

・『アメリカ医師会の救急ハンドブック』アメリカ医師会編著／金城千佳子共訳／春秋社1992・7

・『タオのリーダー学—新時代を生きぬくための81の戦略』ジョン・ハイダー／春秋社 1992・7

・『ヘッド・ファースト—希望の生命学』
ノーマン・カズンズ／片山陽子共訳／春秋社（ヒーリング・ライブラリー）1992・9

・『魂の再発見—聖なる科学をめざして』
ラリー・ドッシー／井上哲彰共訳／春秋社（ヒーリング・ライブラリー）1992・12

・『ワイル博士のナチュラル・メディスン—増補改訂版』アンドルー・ワイル／春秋社1993・6

・『死を超えて生きるもの—霊魂の永遠性について』
コリン・ウィルソン、ラム・ダス他著／井村宏治他共著／春秋社1993・11

・『人はなぜ治るのか—増補改訂版』アンドルー・ワイル／日本教文社1993・11

・『新ターニング・ポイント』フリッチョフ・カプラ／吉福伸逸他共訳／工作舎1995・4

・『癒す心、治る力—自発的治癒とはなにか』アンドルー・ワイル／角川書店1995・9

・『〈気づき〉の呼吸法』ゲイ・ヘンドリックス／上野圭一監修、鈴木純子訳／春秋社1996・＊

・『ナチュラル・メディスン・CDブック』アンドルー・ワイル／春秋社1996・3

・『癒しのアート—現代医学とアートの出会い』Wayman R.Spence ／アプライ1996・10

・『いのちの輝き—フルフォード博士が語る自然治癒力』
バート・C・フルフォード、ジーン・ストーン／翔泳社 1997・2

・『リメンバー・ウェルネス—医学がとらえた癒しの法則』
ハーバート・ベンソン他／上野圭一監修、鈴木純子訳／日本教文社1997・8

・『癒す心、治る力―実践編』アンドルー・ワイル／角川書店1997・9
・『人生は廻る輪のように』エリザベス・キューブラー・ロス／角川書店1998・1 のち角川文庫
・『ヒトはイヌとハエにきけ―異種間コンタクトの方法』J・アレン・ブーン／講談社1998・4
・『癒しの旅―ピースフル・ウォリアー』ダン・ミルマン／徳間書店（Natura-eye spiritual）1998・5
・『癒す心、治る力―自発的治癒とはなにか』アンドルー・ワイル／角川文庫1998・7
・『自然治癒力』アンドルー・ワイル／角川書店（ワイル博士の健康相談1）1998・7
・『毎日の健康』アンドルー・ワイル／角川書店（ワイル博士の健康相談2）1998・8
・『女性のからだ』アンドルー・ワイル／角川書店（ワイル博士の健康相談3）1998・9
・『危ないもの』アンドルー・ワイル／角川書店（ワイル博士の健康相談4）1998・10
・『ビタミンとミネラルとハーブ』アンドルー・ワイル／角川書店（ワイル博士の健康相談5）1998・11
・『トラブル対処法』アンドルー・ワイル／角川書店（ワイル博士の健康相談6）1998・12
・『タオのリーダー学―世紀の変わり目を行き抜くための81の戦略』ジョン・ハイダー／春秋社1999・3
・『心身自在』（『癒す心、治る力、実践編』を改題）アンドルー・ワイル／角川文庫1999・6
・『完全なる治療―ガストン・ネサンのソマチッド新生物学』クリストファー・バード／小谷まさ代共訳／徳間書店1997・11
・『癒しのイメージ・トレーニング』サージ・キング／小谷啓子訳、上野圭一解説／春秋社1998・3
・『心が生かし心が殺す―ストレスの心身医学』ケネス・R・ベネティエ／黒沼凱夫訳、上野圭一解説／日本教文社1998・9
・『セラピューティック・タッチ―あなたにもできるハンド・ヒーリング』ドロレス・クリーガー／菅原はるみ共訳 春秋社1999・10
・『森の旅人』ジェーン・グドール、フィリップ・バーマン／角川書店2000・1

・『セラピューティック・タッチの技法』ドロレス・クルーガー／加治未央共訳／春秋社２０００・＊
・『心ひとつで人生は変えられる』ダニエル・ゴールマン／小谷まさ代共訳／徳間書店２０００・４
・『ワイル博士の医食同源』アンドルー・ワイル／角川書店２０００・９
・『音はなぜ癒すのか―響きあうからだ、いのち、たましい』ミッチェル・L・ゲイナー／菅原はるみ共訳 無名舎２０００・９
・『バイブレーショナル・メディスン―命を癒す〈エネルギー医学〉の全体像』リチャード・ガーバー／真鍋大史郎共訳／日本教文社２０００・10
・『ヒーリング・パワー―独習セラピューティック・タッチ』ドロレス・クリーガー／浅田仁子共訳／春秋社２００１・＊
・『奇跡のいぬ―グレーシーが教えてくれた幸せ』ダン・ダイ、マーク・ベックロフ／講談社２００１・７
・『ライフ・レッスン』エリザベス・キューブラー・ロス、デーヴィッド・ケスラー／角川書店２００１・11
・『人生は廻る輪のように』エリザベス・キューブラー・ロス／角川文庫２００３・６
・『ミッション・オブ・ラブ―終末期のスピリチュアル・ケア』ロジャー・コール／小池美和共訳／ビイング・ネット・プレス２００４・11
・『ヘルシーエイジング』アンドルー・ワイル／角川書店 ２００６・３
・『ヒーリング・パワー―新装版』ドロレス・クリーガー／浅田仁子共訳／春秋社２００６・５
・『動物はすべてを知っている』J・アレン・ブーン／ソフトバンク文庫２００５・６
・『永遠の別れ―悲しみを癒す智恵の書』エリザベス・キューブラー・ロス、デーヴィッド・ケスラー／日本教文社２００７・１
・『〈気づき〉の呼吸法―新装版』ゲイ・ヘンドリックス／上野圭一監修、鈴木純子訳／春秋社２０１４・４

資料1　雑誌『部族』創刊第2号　抜粋

○部族の歌（抄）　　山尾三省

～欲望のピラミッドを脱出し、
部族社会の内に自己を実現しよう～

ピラミッド。

この世界の上にさまざまのピラミッドがのしかかっている。ピラミッドの内の最大のものは全世界を覆い尽くしている中央集権的な政治形態である。ロシアでもアメリカでも中国でも日本でも、人々はこのピラミッドを形造るひとつの小石にすぎないものとなっている。言い換えれば一人一人の人間のエゴイスティックな欲望が、このピラミッドを支える力となっている。主権在民という甘いまやかしの上に立つ民主主義が合法的なピラミッド製作法であることはすでにおおくの人が言っている通りだ。

政治の世界だけではない、世界中にはびこっているキリスト教、仏教、回教、ヒンズー教のような宗教の世界も、やはり欲望のピラミッドの合法的な製作方法である。ヨーロッパ中世の姿が宗教ピラミッドの相をもっともよく表している。ヒンズー教徒におけるカースト制度も欲望に根を発している。よく見てみると、ぼくらがどんなに根深くこのピラミッドの中にはめ込まれているかが判ってくる。

生まれたときからぼくらはこのピラミッドの暗黒の中にいたのだ。学校へ行く。それは階段を上ることだ。高校、大学を出る。階段をまたひとつ登るのだ。会社に入る。係長になる。また階段を一つ登るのだ。自らそのように欲望し、知らずの内にこの欲望の大ピラミッドの中のひとつの小石となるのだ。会社という小さなピラミッド、村という小さなピラミッド、町会議員、県会議員、衆議院議員のピラミッド、創価学会はあまりにもあからさまなピラミッドのひとつだ。芸術の世界もほぼ同じだ。文壇とか画壇とか楽壇とか、壇とはよく言ったものだ。何処から何処までこの欲望のピラミッドの支配していないところはない。小さな川が幾百となく集まってひとつの大河となるように、無数の小ピラミッドは寄り添って、中央集権制度というひとつの大ピラミッドを形成している。しかもこのピラミッドのたちの悪さは、自ら希んで、自ら欲望した結果として出来あがっているという所にある。学生は一流会社に入りたがり、平社員は係長になりたがり、という具合で上へ上へ、頂点へ頂点へと登りたがる欲望が、このピラミッドを支えている無言の力なのだ。

ぼくら部族の人間はこのようなピラミッド作りに参加することを拒否した。ピラミッドの中のひとつの石となることも、まかり間違ってその頂点に立つ専制者となることも厭だと感じた時、ぼくらはこのピラミッドの相の全体を拒否することを学んだ。

何処へ行ってもある権力、小さな社会には小さな権力、大きな会社には大きな権力、村には村の掟、そして警察官を先鋒とする大権力があることを知ったぼくらは、さらにそれらの権力が硬く金銭に対する欲望と結ばれていることを知ったぼくらは、ひとりひとりこの社会を捨てて定職のないままに放浪者となった。それは中世のヨーロッパの終末を告げる、乞食の群れにいささか似ていると思う。ボッシュ、ブリューゲル、そしてレンブラントの絵にも出てくる乞食達、盲目やビッコや男女の乞食の群、彼らが無意識のうちに中世という大ピラミッドを崩壊させていったように、ぼくらは「こんな社会は厭になった」と感じて、ある者は乞食になり、高校中退で旅に出、大学中退でフーテンとなり、大学を出て会社に入ったものの、その会社をやめて妻子と共に路頭に迷った。

六十年安保闘争を経て党という組織に深い疑問を持ち、しかも人間解放の夢だけは捨てられない者らもいれば、ただ単に「面白くない」という直感だけを頼りに飛び出してきた十五、六の若者もいる。西や東、南や北をそのようなピラミッド拒否者たちがまだ数は少ないにせよ何千人となく歩きまわっている。そして、類は友を呼ぶの例えどおり、ぼくらは自然に集まってきた。一人で孤立していることがやせ我慢であることが判ってきたし、人は集まるのが自然である故に集まってきた。

ぼくらはその集まりを部族と呼んだ。そして、いまぼくらは部族という集まりを組織でない組織、組織であることをぎりぎりの切点での組織として考えている。ぼくらは逃亡者でなく、この世界を支配しているピラミッドを内部から崩壊させ、しかも目的論的にではなく日々の生活の実体、喜びと苦しみの深さにおいて現実社会に働きかける変革者として現れている。

欲望が欲望を呼ぶ怠惰の中で、虚ろな眠りをくり返している人々に、その欲望が欲望を呼ぶ怠惰の中で虚ろな眠りをくり返している人々に、その欲望こそが病気の原因なのだと知らせる部族的な集まりが、日本だけではなく、アメリカ、ヨーロッパの先進文明諸国で、どんどん芽生えてきている。

アメリカのビートニク、フランスの実存主義者、イギリスの怒れる若者たち、そして日本の太陽族と呼ばれた次に現れたこの若者たち、彼らは世界中を放浪してまわったあげくにそれぞれの国に帰り、もはや孤立した個人としてではなく集まった仲間として、ひとつの新しい社会、部族社会を自然発生的に作りつつある。

生きるということが欲望のピラミッドに参加することではなくて、一人一人の自己の自然な性質である神性を実現することであると判った若者たち。ぼくらは問いつづける。

何故人と人が殺し合うまでに喧嘩するのか、何故家には石塀が作られるのか、何故国家が存在し、戦争があるのか、何故平和ということが決まってなくて、愛は不毛であるといわれるのか。

もうひとつの側面がある。それは文明である。文明もまた欲望のピラミッドである。（以下略）

○黄金郷…ガジュマルの夢会議

その一・島の条件

C：諏訪之瀬島へ僕が先発として第一歩を印したのが昨年六月、あれからもう九ヶ月になる。

P：それから二ヶ月ほどで約二反のサツマイモ畑を開墾したわけだけど。

Y：まだまだイモが小さくて採るのが惜しいわね。

H：植え付けが遅くて冬を越したからね。

U：しかしこんどのようにシケ続きで、船が半月以上も来ないと、それだけが生命の綱になったわけだものね。

P：問題はその後開拓が進まず、九ヶ月経っても未だ鹿児島あたりから、米はともかく、野菜まで依存せざるを得ないという事だよ。

C：九ヶ月あれば十人足らずの野菜くらい十分賄えるはずなのに……。

Y：その間、三、四十人の仲間が出入りしてたのにね。

D：とにかく、船は一週間の定期だと言っても、シケれば半月一ヶ月来ないなんてザラにあるらしいから……。

S：キビしい生活条件だよ。

P：しかし島の五十人はそれでやっているんだ。

C：我々のうちに金さえあればなんとかなるという都会人の甘ったるい根性があるうちはこの島で自活の生活は出来ないよ。
H：その意味では我々は極端に言えば集団的ロビンソン・クルーソーなんだ。
U：だからこそ本当に生きるキビしさも問われるんだよ。
P：特に我々のほとんどは都会生活からドロップアウトした人間だから。相互依存の慣習が解約された時改めて生物としての人間の強さを自己に問う試練にもなるんだ。
S：最初瞑想センターというイメージで来たけど衣食住を他者に寄生して瞑想三昧するというような抽象性が許されないところにかえって魅力があるような気がするんだけど。
P：反抗が単に抽象的な観念である限りそれは本当の強さを持たないだろう。それが生活に根を張っているかどうかと言う事だよ。
C：生活の核心はゴマ化せないよ。
U：都会の喫茶店のうわついたディスカッション。
D：新宿だよ、反抗のポーズだけ。
H：自分の手で自分の口に糊するなんて事は、野良犬だってやっている当たり前の事なんだ。
P：Harijan　というのはそうした野良犬的放浪の真の強さを持った者の集まりなのだ。

その二・畑の問題

H：しかしこの島のように開拓した土地は自由に自分たちの生産に使用出来る土地なんて現在の日本にはあまりないだろうね。
S：水が豊富にないのが問題だけど、その気になって開墾すれば水田以外はいろんな事が可能な気がするね。
C：特にサツマイモと西瓜は特産だよ。
P：トウモロコシ、南瓜、ジャガイモそれにサツマイモを主食にすれば良いよ。
Y：陸稲も作れるって島の人が言ってたわよ。
C：そうなんだよな……、今年は開墾が遅れたからムリだけど来年からは作るよ。
D：火山灰が降るから野菜に害はあるかも知れないけど、でも島の人は結構作ってるじゃない。
U：ハクサイを見てよだれが出たわ。
S：冬は麦も出来るから粉にしたり味噌をつくったり。
C：パン焼き窯を作るぞ！
P：とにかくいろんなものを実験的に作ってみよう、ニンニク、玉ねぎ、人参、ピーマン、ナス、瓜、トマト、ハクサイ、ほうれん草、大根は大量に。
Y：サトウキビも、黒砂糖も、私たちで作ろうよ。
P：勿論、それからオクラもつくろうよ。
D：オクラって何？
P：そのうち喰えば判るさ。
U：バナナも栽培したいわね。
C：バナナの事は島の人と相談して研究してみるよ。
P：現在開墾中の部分を含めてボクラの畑は約五反歩、夏の盛りは暑くて作業にならないからこれからの三、四カ月間にとにかくガンバッて倍の一町歩を持とう。
H：オーケー、竹を伐採して木と竹の根を掘り越すのだから大変だけどね。
U：堆肥や混合肥料も沢山要るでしょう。

その三・農耕について

P：いや何よりも鍬で充分に掘り返す事さ。
C：土を耕すのは最高級の瞑想だよ、土を忘れた人間がどんなに惨めな事か。
P：「ウォールデン」の中でソローが言ってるけど古代に於いては農耕は最も神聖なわざだったと言うんだ。ところが農夫は利得と悦楽に誘惑されて土地を財産又は財産を獲得する手段にしてしまった。そのため農耕は農夫自らの手で墜落し農夫は最も卑しい生活を送るようになってしまったと言うわけだ。要するに百姓は盗人としてのみ自然を知っているというんだ。
H：現代的な合理主義がますます汗を流さないで簡単に早く大量に作る事に拍車をかける。
S：そしてそれは金に換算される。
P：しかしそれでも百姓が百姓であるうちはまだ良い、最近の百姓ときたら土地を売ってアパートを作って成金になったり、でなくとも奄美の一部のように精糖工場という一つの工業資本の前で完全な拝金主義者になってサトウキビばかり作って自分達の米や野菜さえ作るのを忘れてしまってるんだ。あるいは観光地の漁師のようにブルジョア連中の釣り道楽のために自分達の生命の舟を賃貸しして魚を取る事を忘れたり、農耕も狩猟もそこから人生の叡知を汲みとる事に於いて自然と密着した最高のカルマ・ヨーガのはずなのに。
U：本来の働きは金のために失われてしまったのね。
D：金にだまされているんだよ。
C：そうなんだ。原始に帰れ土に帰れというのはその意味なんだ。別に原始人のように毛皮のフンドシをして木をこすって火を起こす事ではないんだ。

H：ところが世間じゃ、オレたちがタバコを吸ったり、トラックに乗ったりするのは主旨と矛盾するじゃないかと言うんだ。御都合的な折衷主義だって……。

P：原始のイメージのはなはだしい貧困だよ。「我々は来たるべき文明の原始人だ」というスローガンは我々に無限の可能性があると言う事なんだ。文明の前で衰退する原始ではなくて文明を超越した原始なんだ。「古い殻の中に新しい社会を」ともいうじゃないの。

その四・舟と海について

C：農耕ともうひとつ大事なのは漁業だよ。とにかく海があるんだ。舟さえあれば。

H：船だよ、船。

P：三月か四月には京都や東京のドライブの仲間から資金が来るはずだ。そしたら早速に船を手に入れよう。

C：そうだよ。一日も早く、最初は四ヒロくらいアウトリガーと帆をつけて櫂でこぐ。いずれエンジンを取り付けよう。

D：丸木舟も作ろうよ。山にはいくらでも太い木があるんだから。かっこいいぜ。

C：勿論丸木船も造るよ。忙しいぞ　全員練習だ。練習だ。

H：前に言ってたセメントの船ってのは？

C：勿論それも作るよ。遠洋航海用の巨きなやつだ。でもそれはもう少し後の問題だ。

P：とりあえず現実問題として魚、魚、魚。

U：無限の宝庫を目の前にして指をくわえているなんて……

C：サワラ、トビウオ、カツオ、クロダイ。

P：ああ、トビウオの大群が五月から八月までやって来る。網の手入れなども島の人から教わっておかなくちゃ……。

C：カツオもすごいぜ。海が泡だって見えるから。

H：目の前で。

C：そうだよ、とにかく珊瑚礁の向こう側は猛烈な黒潮だ。下手をすればカリフォルニアまで押し流されてしまうよ。この辺はとくに魚が多いんだ。宮崎や鹿児島からカツオ釣り船がやって来るくらいだから。

S：船があったら二、三日泊まりで西側の脇山方面へも魚を取りに行きたいね。

Y：海へ醤油とワサビを持って行こう。

P：貝類、海亀とその卵、カツオ鳥の卵、カニ、伊勢エビ、シャコ貝。

C：シャコ貝は大きいのがあるよ。ものすごいサイケデリックな色をしてるんだ。少し潜れば取れるよ。
D：どうやって食べるの。
P：酢でよし、テンプラでよし。
D：焼酎一杯でよし。
P：それを言うな、喉が苦しい。
C：一杯やりたいな。
U：船が来ればひょっとして差し入れが一本あるかもよ。
Y：期待しない、期待しない。
H：亀の肉って美味しいかい。
C：牛肉以上だよ。
D：スゴイ、スゴイ。
Y：不漁の時のために保存もいろいろ工夫しなければね。

その五・住居の問題。

P：現在ボクらが借りて住んでる家は近く取り壊しになるんだ。したがってバンブーハウス級の小屋をいくつか作ろう。
U：そうだね、食堂だけ共同の大きなのを作って鐘の合図で全員あちこちの小屋から集まるっていうのはどう？
D：そうだよ。二人から五人くらい住める小屋を沢山作ろう。木も竹もいくらでもあるんだから。
Y：夏頃には沢山の仲間が集まるわよ。
P：とにかく二、三十人の人間が常時生活可能な部族を作る事だ。
S：いろんな形の楽しい家を作りたいね。
U：冬になっても氷の張ることもないし、雪は降らないからそんなにガッチリしていなくても良いんだろ？
C：いやだけど台風がすごいよ。
H：台風の玄関口だもんな。この辺は。
C：要するに全員が大工であり百姓であり漁師であり、それに……。
P：何よりも詩人であり、恋人であり……。
U：家族でなく部族。
P：そう家族単位の上に部族や国家が形成されるんじゃなくて部族の中に父があり母があり兄弟子供がいるんだ。そして全体としては母系制社会的な原始共産制。
H：産業資本社会の基本である金銭がボクらの生活では何の意味もなさないというのは何か小気味よいね。
Y：百円玉より宝貝の方がここでは重みがあるわ。
P：そしていずれ諏訪之瀬、富士見、東京、京都、だけでなく全国に沢山のトライヴが出現したら、その部族の間を貝殻や木の実のビーズや腕輪が友愛の印として交換されるだろう。
C：まるでトロブリアン島のクラみたいだな。
P：それを言いたかったんだ。すばらしい文明じゃないか。マリノフスキーのレポートは。
U：日本だけでなくアメリカ、ヨーロッパのヒッピー達との部族連合が出来るわ……。
Y：国連に対する部族連合ね。
P：いやそれは夢でなくて完全に現在進行形だよ。まず刊行物と人間の相互交流を通じて。
H：サブカルチュアというやつだね。
P：地下水脈さ。あらゆる時代やあらゆる地方を貫いて流れているんだ。ボクらはいわばここに噴き出した一つの泉だよ。新しい旅人がやって来て喉をうるおして一緒に流れるのだ。

その六・諏訪之瀬と富士見

U：部族と言ってもフジミとここでは形態的に異なる点は多いね。
H：フジミはあまり生産には恵まれていないし、土地も狭く、人間の収容にも限界があるね。
Y：それに東京に近いから新しい仲間が毎日のようにやって来るでしょう。スワノセへ来る人はだいたいフジミを経由してるけど。
P：フジミはその意味で人間同志の激しい葛藤がある。知らない者同志のエゴとエゴが裸でブツかり合う。それはやはり大切な試練だし、すばらしい修練だと思うんだ。なぜならボクらは自己の中へ閉じ込もって慣れ合いでつき合うのを許さないから。
C：当然の事だ。
P：ところがここではそうしたエゴを主張し合ったところでそれ以上に自然の驚異がある。活火山の一発、何日ものシケ、台風、あらゆる現象が個人の小さなエゴの存在を許さない。自然のキビシサを前にする程、人間同志のキズナはますます強くなる。
Y：真のヒューマニズムが自覚されるんだ。
C：それにしても、ここでは島の人たちとの交際がいかに大切な事かを痛感するよ。
S：本当にどれだけ助けられているか判らないよね。
C：決して我々だけの独立圏を結成する事など不可能だよ。またその必要性も全然ないしね。
U：余計なものがここでは無くなるのよ。虚栄心とかメンツとか社会的云々とか。

Ｈ：だいたいボクらは現代社会の悪からドロップアウトしたけど、人間そのものからドロップアウトしたわけじゃないものね。

Ｃ：島の人たち全てがボクらの仲間さ。

Ｐ：フジミが人間と人間との葛藤ならここは人間と自然との関係を通じて、いずれも自己を見つめる為の場になるだろう。

Ｓ：ボクはフジミを経由していないけどフジミが何か判るような気がするね。皆が遠慮なく言いたい事を言い合える仲だという事はスバラしい事だ。

Ｄ：フジミには絶対強制はないよ。ここと同じように規則もない。だからキビしいんだな。要するに精神的にダレている奴は居られないほど熱気があるんだ。ボクだって一度逃げ出したけどね。

Ｕ：そうね。何人かの若い連中が逃げ出したり、旅に追い出されたりしたわ。でも何ヶ月かしてヒョッコリと現われた時は必ず何か成長しているわ。

Ｈ：昨年の秋はスゴかったよ。そしてずいぶん人間が育ったよ。

Ｐ：連日、家造りで土方の飯場みたいで焼酎飲んだりわめいたり歌ったり踊ったり……。いろいろ批判もあるだろうけど、ボクはあの中で皆がすばらしい自己解放と協調性、そして信頼と友愛を獲得したと思うんだ。

Ｙ：何でも建設的な事に労力とハートが一致する時というのは最高ね。

Ｐ：一つの場所を自分の土として愛する事。そこで生命の糧を得るために徹底的に取り組む事。そしてその場を超えてそれに執着しない事。むつかしい事だけど大事な事だ。

Ｃ：多分パイオニアとはそういうものだろう。一つの砦を築き上げるとそれぞれに興味を失って次の処女地にアタックしたくなる。

Ｕ：多分男と女の本質的な相違かもね。だって宿命的に子供を育てなくてはならないんだもの。

Ｈ：フジミは間口を広げるための場。スワノセは深みを掘り下げるための場。

Ｐ：そうだな。フジミは混沌を大切にすべきだし、スワノセは沈黙の音に耳を傾けるべきだ。

その七・瞑想センター

Ｕ：でも私、恐いの。瞑想したりマントラを唱えたり、それはそれでスバラしいのだけど、私は17歳、そうしたホーリーゾーンともっと根本的というか日常的な衣・食・住の生活とのギャップがますます大きくなって自分がその亀裂に宙ブラリンになるみたいで。私、焦っているのかしら。

P：十代連中、何人かからその事を言われたよ。あまりにも抽象的な世界に入りすぎてどこかで足をすくわれそうだと……。

C：坐禅も良いけど、土を耕す事はもっと大切だと思う。百姓する事は観念の世界ではないから。

P：そうなんだ。ボクもカルマヨーガから入って行く方がより確実で容易だと思うんだ。

D：ボクにとっては30分間坐禅をしたり、一日断食するよりも、たらふく食ってクタクタになるまで働く方が、うんと生きている実感が得られるんだ。

Y：だってここで働く事はどんなに疲労しても気持ち良いもん。会社で他人の仕事を奴隷的にサラリーのためにやるのとは根本的に違うわ。

C：寄生虫の形而上学とオレたちは無縁だ。

H：状況の見えない盲人は愛の世界とも無縁だよ。

S：今スワノセが欲しているのは、より多くの仲間がより高い生活の場を広げるための建設だと思う。

Y：物質的生活の最低限度を確保すれば。

P：余剰な生産は必要ないんだ。ボクが思うには、精神の発展段階に於いて、ある人間には坐禅や読書をするより、畑を耕し自分の住む小屋を作る方がより精神的な実りも多い時期があると思うんだ。人間は決して外側を作ってしかる後に内側が固まるのではないよ。ホーリーと言うなら土を耕す、雑炊を作る事、その事の自覚のうちにあるのだろう。

C：聖とか俗とかにこだわらない方が良いよ。めしを確保して、さてそれから人生の勉強をするわけじゃないんだ。

P：人生に予習や復習などないよ。たった今、そのものなんだ。

U：多くの若い人たちが学校で人生の練習をして、ハタチ頃になると他人の敷いた安全なレールに乗って社会の機関車に引かれて行くわ。

D：生まれた時から老寄りなんだ。

H：自らのために一度も狂人になる事などなく。

P：瞑想アシュラマという点ではスワノセは絶対だよ。森の中、海岸の洞窟あらゆる場所が宇宙への扉だよ。

H：一週間か半月くらい独りで、にぎりの食糧と水を持って、仲間から離れて断食と瞑想を行うのはスワノセでの最高のぜいたくだ。

Y：ここに一ヶ月もいると体中が浄化されて血液も最高に純粋になる感じね。

その八・夢の設計図

Ｐ：今一番食べたいものは？
Ｄ：タイ焼き。
Ｈ：チーズとコロッケ。
Ｕ：ラーメン。
Ｃ：ヨーカンとアンミツ。
Ｓ：ミルクコーヒーとアンパン。
Ｐ：オレは何かな。納豆うどん。とにかく皆安いものばかりだな。ビフテキやスシは？
Ｈ：忘れてしまったよ。それよりタバコ。
全員：タバコ、タバコ。シケモクで結構。
Ｄ：タバコは一週間。
Ｕ：焼酎は半月。
Ｃ：米のめしは三日間、オレ達の喉を通っていない。
Ｓ：今はたらふく食って、バリバリ開墾したい。
Ｃ：いずれ大きな船を作ったらスワノセはポリネシア方面への基地になるだろう。
Ｕ：Ｎがインドへ行ったから向こうの仲間と連絡してインドとも直結出来る。
Ｐ：スワノセは港が無いからどうしても奄美方面にもう一つ造船を中心とした部族を設けねばならないだろうな。
Ｃ：古仁屋か徳之島あたりにね。
Ｙ：温泉は出ないの。
Ｃ：島の西側、鱶浦あたりに出るらしい。脇山は近い将来アタックしよう。水は豊富だし耕せば農地も出来る。漁場としては最高だ。但し山道は険しいからどうしても船で迂回せねばならないんだ。
Ｄ：山道も切り開こうよ。
Ｃ：勿論だ。出来たら島一周の山道を作りたいな。周囲２２キロ、御岳の火口まで約９００メートル。
Ｐ：スワノセ第二次計画だな。脇山は１００人くらい楽に生活出来るだけのスケールはある。今年の夏頃から序々にアタックしたいね。
Ｕ：現在は山羊と海鳥しかいないんだってね。
Ｈ：やっぱり電気があるといいね。
Ｃ：自家発電はわりと安く出来るらしい。ローソクやランプよりかえって得なんだろう。
Ｄ：そしたらエレキギターも使えるし。
Ｙ：バンドを作ろうよ、ロックの。
Ｕ：勿論、勿論、踊りまくろう。

P：草原で焚火をしてバンジョーやギター、タイコや笛で踊るのも良いけれどエレキがあれば最高だな。

D：活火山を利用して何か出来ないかな。

P：火山に蓋をすれば、出口がなくて新宿あたりがフッ飛ぶだろう。

D：鼻の利く奴はスワノセへ避難するだろう。

U：例えばわたしのように。

S：ボクのように、しかし週一回、露天風呂へ入って満天の星を眺めながら火山の轟音を聞くってのは、ちょっと他では味わえない快楽だね。

P：夏が来れば文字通り黄金郷だよ。

C：亜熱帯の色彩ってのは猛烈に鮮やかだよ。それに珊瑚礁の海と熱帯魚まるでポリネシアだ。

P：そして突然の肌の痛くなるようなスコール。

Y：野性的ね。

U:部族の内で沢山子供を産んで私たちなりの学校を作って。

H：文部省と関係なくだよ。

P：文部省なんてものは子供を伸ばすのでなくて、芽を摘んで去勢して体制に順応する人間を造るための機関にすぎないよ。

H：詩を書き絵を描き彫刻し陶器を焼いたりしたいね。

D：図書館と博物館を絶対造るぞ！

S：それから家畜。

C：山羊をどんどん殖やそう。

P：ニワトリはとりあえず二、三十羽、来月仕入れるけれど、他にウサギ、豚、牛、七面鳥。それからサボテンや竜舌蘭を植えてテキーラを作ろうという話もあるんだ。

C：さあ忙しい。やる事が一杯だ。

P：のんびりやろうぜ。

U：その他何かスバらしいものはないかな？……。

P：あるよ。まだまだ最高のものが……。

お話をした人

C（Cap）、P（Pon）、Y（Yo）、H（Hoe）．

S（Sen）、D（Dan）、U（Utae）．

がじゅまるの夢部族

資料2 映画『スワノセ・第四世界』基礎資料集

○朝日新聞　一九七九年十一月二十五日号夕刊

離島開発に二つの論理
諏訪之瀬島　金より自然と若者ら
ヤマハ「島の過疎化を防ぐ」

火山が活動する自然豊かな南西諸島の諏訪之瀬島でレジャー基地を開発中の日本楽器製造（ヤマハ）と、自然にあこがれて島に住みついた若者たちが対立している。島民を守るには島の経済をある程度うるおさねばならないとするヤマハ。「金は人間をダメにする」と主張する若者たち。両者の自然や人間のしあわせに対する考え方が根本的に違い、解決の見通しはまったくない。

島民はとまどい気味

鹿児島から船で十数時間、原生林に包まれた周囲二十四㌔の小さな島が、問題の鹿児島県十島村諏訪之瀬島だ。人口は十三世帯の三十六人と、四十二年以来住みついた若者たち十数人。

ヤマハの川上源一社長は、十年来、つりやツツジの観賞のため南西諸島を往来していた。自然がそのまま残っている島々を都会生活にうんざりしている人にも見せたい、自然をそのままにしたレジャー基地なら、地元の産業振興にも役立ち、過疎化を防ぐことにもなる、と考えた。諏訪之瀬島も飛行機から見て、ほれこんだ。

三年前、ヤマハは南西諸島開発のプロジェクトチームをつくった。同社は漁船やボートのメーカーでもあり、諸島の開発は販路開拓にもつながる。島の産物を本土へ輸送して、系列の施設で使う。レジャー基地自体も、施設をデラックスにすれば採算もとれる。つまり諸島開発の先行投資は「企業としてもメリットあり」とふんだ。

すでに硫黄島、屋久島の施設はオープン。建物自体は小さいが、一泊料金が一万六千円から七万円。医師、中小企業主、新婚さんが釣りや静養にやってきて結構にぎわっているという。ヤマハ側によれば、硫黄島では島民約百五十人がなんらかの形でヤマハと関係ができ、経済的にはほとんどの家が冷蔵庫やテレビを買うほど豊かになったという。

　ところがここには放浪詩人サカキ・ナナオさん（五一）らと住みついた若者たちがいて抵抗した。サカキさんのこの島に対するほれこみ方は、ヤマハとは対照的。放浪の旅のはてにこの島にやってきたサカキさんは野生の自然と島の人たちにみずから包まれたいとの気持ちで住みついたのだった。

　若者たちは「諏訪之瀬の自然は大金を出して飛行機でやってくる人のものではない」と考える。たとえ小さなロッジでも、それが島の経済を刺激すれば、島の人たちは金の魔力に汚されてしまう。日本人がみんなそうなったように、島民たちも金のとりこになってしまう。それは人間にとって不幸なことだと考えた。

　たまたまアメリカにいたサカキさんがアメリカの若者に呼びかけ、若者たちに人気のある詩人のアレン・ギンズバーグやゲイリー・スナイダーらが中心となって「スワノセ集会」がこの夏バークレーで開かれ、ヤマハボイコットの署名運動も始まった。日本でも、東京周辺のロックコンサートを中心にボイコットのアピールがつづけられている。

　両者の対立に島の人たちの気持ちは複雑のようだ。ヤマハがくれば仕事ができる。テレビや冷蔵庫はほしい。が、ハシケの作業をやってくれる若者たちも島の共同体を維持するには必要だ。島の人たちは黙々とヤマハの開発工事で働いている。

　東藤義雄・日本楽器製造取締役　開発というより自然保護をやっているのだ。このおかげで島の生活基盤が整備され、水や電気が豊富となり、島民は子弟の教育費も仕送りできるようになる。あのままほうっておけば島は無人化するだけで、島民はしあわせになれない。ヒッピーたちは島民にどれだけのことをしてやれるというのか

　サカキ・ナナオさん　このほど久しぶりに島へ帰って悲しくなった。島の人はもっとも豊かな所にいながら、もっとも貧しい生活を始めていた。新鮮な魚をとらないで、カンヅメを食べる。マキをとらないでプロパンを使う。資本制社会に強制的に組み込まれる過程を見るようだった。西欧や日本が過去一世紀間おかしてきた失敗を、ここでもまたくり返している。

○筑摩書房『終末から』第九号

生きろ！ 諏訪之瀬島
ここまできた観光開発 上野圭一

鹿児島港から小船に揺られて一六時間。屋久島と奄美大島のあいだに点々と浮ぶトカラ列島のほぼ中央に位置する諏訪之瀬（スワノセ）島（周囲二四キロ・人口約六〇）をめぐって新しい闘いが展開されています。

中央に日本最大の爆発頻度で注目されている活火山がそびえ、黒潮の本流に洗われて育つ沿岸珊瑚礁に囲まれた諏訪之瀬島は、野性のままの豊かな自然が息づく、文字通りの「日本最後の楽園」。そして、この島を買い占め、会員制のデラックス・レジャーランドに「改造」しつつある大企業による「日本最後の観光開発」が行なわれているのです。

「人口約六〇」の内訳は、先住島民約四〇人、および都会から移住し、来たるべき理想社会実現への試練のためにこの島に小規模なユートピアを建設してきた若者たち約二〇人。いま、日本中で同時多発的に強行されている観光開発による人間と自然の破壊に反対する闘争のなかで、諏訪之瀬島の闘いを際立たせているのは、ほかならぬこのユートピア志向の若者たちの存在です。

わずか二〇人たらず。カネも力も、恐らくは度胸もあまりない彼らには、しかし、力強い味方がいます。アメリカ・ヨーロッパ・日本など〈豊かな〉国に続々と発生しつつある新人類、反文明・野性派の若者たちがこの闘いを見守り、その戦列に加わる機会をうかがい、準備をすすめているのです。

まずは、七月一二日にカリフォルニア州バークレーで行なわれた「スワノセ集会」の模様からお伝えしましょう。

☆

一年ぶりで訪れたバークレーは相変らずのノンビリムードで、一見したところ特に〈何か〉が起っているようには見えませんでした。それでも大学正門からはじまるテレグラフ通りを歩いてみると、あたり一帯が確実にコマーシャル化してきたことがわかります。「ヒッピー文化」を喰いものにして肥え太る、いわゆるヒップ・キャピタリズムがますます巨大化しているということでしょうか。

それに、日本人が多くなりました。短期滞在の観光客のことです。映画館には日本語で書かれたポルノのポスターが貼ってあります。

「日本人の皆様。お待ちかね『ディープ・スロート』(深い喉)いよいよ上映！」

日本の警視庁や映倫の分からず屋にもウンザリしますが、本場で「深い喉」などという墨痕鮮やかなタイトルを見せつけられるのもゲンナリです。

とはいえ、バークレーはやはりバークレー。見えないところで「革命」が深化し進行していることに気づくのに、それほど時間はかかりませんでした。

さて、ぼくは今回、スタッフと一緒にカメラと録音機を背中にかついでバークレーにやってきました。現在撮影中の記録映画のワン・シーンを撮るためにです。どんなシーンかというと、「野性の島スワノセを大企業と工業文明から守るための詩と歌の夕べ」という長い名前がつけられた集会のシーンです。

集会の前日、会場のマーチン・ルーサー・キング・ジュニア・ハイスクールを下見してみると、ステージの照明器具はほとんど壊れていて使いものになりません。黒人の小使いさんは「ガキ共が壊したのさ。秋の新学期までには修理屋を呼んでおこう」と、まるで無関心。仕方なしに配電盤のヒューズをとりかえたり、スイッチを修理したり、半日がかりでなんとか使えるように復元すると、今度は思わぬところから横ヤリが入りました。

当日、朗読をする詩人たちが照明を嫌うというのです。できればローソク一本でやりたいなどという人もいます。これには困りました。撮影のためにはどうしても一定の光量が必要なのです。大劇場のように明るくなくても、せめて〈見た目〉で明るい部分がなければカラーフィルムがいうことを聞いてくれません。これではサンフランシスコ中を走り回って借りてきた大型のスポットライトも役に立たないし、ギリギリの予算からやっとアメリカ行きの費用を捻出してきたのも水の泡。えーい、ままよ。どうにでもなれ。こんな気持で開場の時間を待ちました。

☆

定員八〇〇の開場がアッという間に超満員になりました。ロングヘアーにヒゲ。ジーンズに裸足。ハチ巻きにサンダル。数えてみると一二〇〇人は入っています。通路からステージの真下まで、床の上にあぐらをかいたり膝をかかえたり。蟻のはい出るスキ間もないという感じです。

しかし、案の定、客席もステージも非常に暗いのです。さあ、困った。カメラマンは必死になって露出計と睨めっこしています。

ぼくはステージをチラと見回して、いちばん機嫌のよさそうな、つまりいちばんハイになっていそうなアレン・ギンズバーグに頼んでみました。

「朗読や歌の邪魔はしたくないけど、どうしても撮りたいんだ。もう少しアカリをあげても構わないかな」
詩人であり、アメリカ「革命」の導師〈グルー〉とも呼ばれているアレンは、しばらくぼくの眼をじっと見おろしてから（実際、彼は大男だし、〈風格〉がそれをさらに大きく見せるんですね）こういいました。
「ドゥー・ワット・ユー・ウォント」（お前がやりたいことをやれよ）
シメタ、思わず日本語でいってから「ありがとう」と見あげると、アレンは野太い声でもう一度「ドゥー・ワット・ユー・ウォント」といって合掌し、客席の方に向き直ったのです。照明が、目立たないように徐々にあがってゆくなかでアレンの歌がはじまりました。

—お待たせしました　今夜のつどい
少し遅れた開演時間
バークレーでは毎度のこと—

インドの手風琴を奏でながらアレンが即興の歌をはじめると、早くも客席が沸いてきます。

—お相手するのは左から
ゲイリー・スナイダーとその家族
古いともだちマイク・マクルーア
それに日本から来たナナオ・サカキ
入場料の二ドルは決して
俺らのポケットに入るんじゃない
スワノセを帝国主義から守るため
みんなのカネは使われる
さあ始めよう　今夜のつどい—

「ア——」口を大きく開けたアレンは一つの長い音階を客席に向かって発します。どこからともなく「ア——」と、同じ音階が返ってきて会場にひろがると、アレンは別の音階で「ア——」と呼びかけます。聴衆はその音をつかまえてまた「ア——」と唱和します。最初、バラバラだった開場のヴァイブレーションがだんだんひとつのものに融合してゆくのが、目に見えるようにわかります。あたかも、会場全体がひとつの大きな楽器で、みんなが細心の注意を払って調音〈チューニング〉しているといった感じです。「ア——」「ア——」どんな楽器メーカーにも、こんなに素晴しい楽器は製造できません。

ロック集会にしろ、反戦集会にしろ、ハリ・クリシュナのお祭りにしろ、アメリカの新人類たちは、そこでみんなと一体になるため、文字通りの一体感〈ワンネス〉を味わうために参加するのですね。

☆

会場が完全にひとつになったと思われるころ、アレンは素早くナナオを紹介します。

日本中をくまなく歩き回り、ここ数年はアリゾナ、ニューメキシコなどの荒野・砂漠を歩いているナナオの、力強い、腹の底からひびきわたる声が美しい英語となって人々の胸にしみわたります。

―スワノセは誰のものでもない。その祖先は日本人の祖先でもあり、きみたちの祖先でもあるのだ。われわれはみな、ひとつのものから始まっているのだから―

語り終ったナナオは会場を聾する拍手のなかで静かに目をつぶりました。

ゲイリー・スナイダーが補足します。アメリカ・インディアン、アイヌなどの例を引きながら、スワノセの闘いは世界中で始まっている「未開部族」の反開発闘争の一環であり、それは「第四世界」とも呼ばれるべき巨きなものにつながってゆくだろうと訴えるゲイリーは、ときには冷徹な文化人類学者であり、ときには溢れる情熱を抑えた詩人であり、ときには一家のやさしい父親であるような、人間の幅の広さをじゅうぶんに見せてスピーチと詩の朗読をしました。

つづいて五〇年代のサンフランシスコ・ルネサンス以来、ゲイリー、アレンと共に歩いてきたマイケル・マクルーアによる詩の朗読が行なわれました。

詩人たちと聴衆は、一糸乱れず、本当に一体です。ビート詩以来、こうした詩の朗読会はアメリカの良き伝統のひとつになったといっても過言ではありません。

☆

愉快なこともありました。ナナオが自作の短かい詩を読んだときです。

―お喋りする暇があったら本を読め
読む暇があったら荒野や海を歩け
歩く暇があったら歌って踊れ
踊る暇があったら……

ここまではシーンと静まって聴いていた観客は最後の二行で

ドッと笑い出しました。

—静かにクソ（shit）をたれろ
　幸福で幸運な愚か者よ。

　原文は「静かに坐って（sit）いろ」となっていたのですが、ナナオの発音が日本式だったのです。詩人はわざと間違っていったのかもしれません。いずれにせよ、どっちの「シット」でもいいのです。そのあとの拍手には一段と力がこもっていたのですから。

　再び手風琴の弾き語りでアレン・ギンズバーグの歌がはじまりました。

—スワノセに近づくな　ヤマハよ
ヤマハよ　スワノセから手を引け
スワノセに近づくな　工業文明よ
工業文明よ　スワノセから手を引け
手を引け　手を引け手を引け—

　激しく体をゆすり、汗を飛ばしながら絶叫に近い声で歌うアレンにあわせて客席に手拍子がひろがっていきます。クライマックス。

「摩訶般若波羅蜜多心経……」会場は一転して静寂をとりもどし、ゲイリーが湧き水のように澄んだ声でこう唱えると、残りの三人が「観自在菩薩、行深般若波羅蜜多……」とつづけてみごとな詠唱がはじまりました。

　抗議集会と詩と読経。この三者が何の異和感をも伴わずにひとつとなって盛りあがる。

　まさにそこに、七〇年代アメリカ「革命」の到達点がありました。

　彼らとて十年以上前は別でした。抗議集会（政治）はあくまで抗議集会。難解な政治用語が乱れとびヒステリックなアジテーションがありました。詩の朗読は詩の朗読。あくまで政治や宗教とは別の文化活動でした。読経。これは特殊な、一部宗教家の仕事でした。

　この三者が高いレベルでひとつに融合するまでに要した十数年間、そこにぼくたちが学びとるべき何ものかがあるはずだ、という思いを改めて強くした一夜でした。

☆

　さて、ここで、スワノセをめぐってアレン・ギンズバーグやゲイリー・スナイダーという、週刊誌のいう「ヒッピーの神様」たちが積極的に動きはじめるに至ったいきさつを語らなければなりません。

安保の年、六〇年をはさんだ前後数年間、新宿に風月堂というコーヒー屋がありました。いまでもありますが、昔の風月堂を知っている人なら「ありました」の方がピンとくると思います。その頃、つまり朝・昼・晩とコーヒーの値段がかわった頃の風月堂には、いまでいう変り者〈フリーク〉がたくさん集まっていました。

きのうの敵は今日の友。日本中がアメリカに追いつきアメリカのように〈豊か〉になろうと一億火の玉になっていたその頃。アメリカ製のTV番組やハリウッド映画が、これでもかと「アメリカ的生活様式」の魅力をふりまき、いやがうえにも日本人に消費への果てしない欲望を植えつけていたあの頃。早くも生まれた「反文明」「本来無一物」をモットーとする若者たちが風月堂に集まりだしたのです。音楽もいいし、何よりも安く、そして広い店でした。東京だけではありません。サンフランシスコ、ニューヨーク、ロンドン、アムステルダム。「豊かな社会」の大都市には、同じようにやさしい眼をした若者が、どこからともなく現われはじめたのです。あの頃、確かに新宿には〈何か〉が始まりそうな予感が漂っていたものでした。

そんなグループの先達、サカキ・ナナオは絵を描き、詩を創りながら日本中を放浪していました。ある時は山谷のドヤ街に、ある時は山岳修験者の群れの中に、ナナオの姿がありました。そして、京都の禅寺で修業中のゲイリー・スナイダーと出会い、肝胆相照らす仲になったのです。

サンフランシスコ、ニューヨーク、メキシコシティを結ぶ逆三角形の中を放浪し、やがてインドに向かったアレン・ギンズバーグ。アメリカ・インディアンの村から村をたずねて、ついに京都まで放浪してきたゲイリー・スナイダー。彼らの求めていたものはひとつ―文明社会の中での「道」の探求―だったわけですね。

ある時。七、八年前の話です。ナナオは鹿児島から小さな船に乗って南へ向かいました。船中で知り合いになった老人が、諏訪之瀬島の人で「まあ、遊びに来いや」ということになったのです。船を降りてみると、そこは素晴しい野性の島でした。農業と肉牛・山羊の牧畜、そして漁業による自給自足の生活が、太古からの人間の営みがそこにありました。

ナナオは早速、気ごころの知れた都会の友人たちに連絡をとり、ここにコミューンをつくって瞑想と労働の場とすることに決めました。幸運にもこの島には「私有」制というものが希薄で、耕したところはその人が使うという原始共産制度のようなものが残っていたのです。

村の人にも歓迎されてやってきた友人たちの中にゲイリー・スナイダーがいました。女ともだちのマサもいました。村の人とコミューン仲間に祝福されながら、ゲイリーとマサは火山の火口で結婚式を挙げました。

この人たちは自らを「部族」と呼び、さらにいくつかの部族にわかれて反文明コミューンの建設をはじめました。

「エメラルドのそよ風族」は東京の国分寺に。「カミナリ赤鴉族」は八ヶ岳のふもとに。「夢みるヤドカリ族」は宮崎に。それぞれコミューンをつくりました。

一九六七年。サンフランシスコはゴールデンゲイト公園で盛大に行なわれた「ヒューマン・ビー・イン」とほぼ時を同じくして、日本にも、「技術文明の落し子」たちによる右でも左でもない反文明運動がひそかに興りはじめていたのです。アメリカではそれ以来、「花の子供たち〈フラワー・チルドレン〉」が無数に生まれ、「革命」の流れを大きく変えてきたのですが、日本ではむしろ控え目に、小さなコミュニティを形づくりながら、来るべき時代への風見《かざみ》を建てていたというべきでしょうか。

☆

諏訪之瀬島に新しく住みついた人たちは、そこをバンヤン・アシュラマ（ガジュマル樹の修道場）と名づけました。瞑想し、文明社会の矛盾を乗り越える新しい悟りをひらくために、です。彼らはコミューンをつくりながら、それにナントカ・コミューンといった名前をつけませんでした。つける必要がなかったのです。というのは、諏訪之瀬島を含むトカラ列島の島々は昔から「神々の島」といわれ、もともとが島単位の強力なコミューンだったからです。

少なくとも江戸時代以前まで、島は本土、日本国とは全く縁のない「独立国」でした。江戸時代になってからは、薩摩藩の配下になり、年に二回、年貢船が鹿児島まで通うようになりましたが、実質的には封建時代というものをほとんどスリ抜けて今日に至っているわけです。

明治四一年の村制施行のとき、トカラ列島は「十島村（じっとうそん）」として鹿児島県に編入され、現在では行政上は十島村（としまむら）。離島・無医村の典型的な過疎村といわれています。しかし、同じ過疎でも、トカラの人々の意識は本土の過疎地域とは少し異なるようです。

たとえば流木。亜熱帯に属する諏訪之瀬島では燃料用の乾いた木は貴重品です。遠くの島から流れついて乾燥した流木は誰のものになると思いますか？ もちろん最初に見つけた人のものになります。ただその手続きが変っているのです。見つけた人が、流木の上に近くの石をのせておく。これだけで手続きは終りです。石が置いてある限り、流木には誰も手を出しません。村の人もバンヤンの人も同じです。また、シケで不漁のときは一匹の魚でもみんなで分けあいます。

台風の進路の真下にあって、四季を通じて暴風雨の脅威にさらされ、火山が大爆発をおこせばもろともに現世に別れを告げなければならない運命によってひとつに結ばれた島に住む人びとにとっては、昔から、共同体意識をもつことが即ち、生き残る知恵だったのでしょう。そこには権力者もいません。外来者も新参者もありません。相互扶助の精神が自然の摂理として人びとのあいだに生まれてくるゆえんです。

村の人びととバンヤン・アシュラマの人びとは、全く異なった動機で島に住んではいても、じつはひとつのスワノセ・コミューンのメンバーだったのです。少なくとも本土の大企業が札束と「便利な文明生活」のサンプルを村の人にチラと見せはじめる時までは。

☆

一九六九年。日本での修業を終えたゲイリー・スナイダーはカリフォルニアに帰りました。人間絶滅の技術文明社会に生き残るために必要なものは何か。現状にとって替るべき生き方とは何か。彼は多くの重要なテーマを日本の若い友人たちに残して去りました。かつてなかった新しい質をもった友情が日本とアメリカのあいだで育まれていったことは、たとえば、アメリカの「革命」に生きる人たちのベストセラー『ホール・アース・カタログ』にスワノセのことがちゃんと載っているのを見てもわかる通りです。

やがて、ナナオがアメリカに渡りました。日本はまたたく間に「成長」しました。新宿はただの若者の消費・浪費の場でしかなくなり、風月堂はディレッタントの集会場になってしまいました。すべては異常な経済成長が演出する悪夢のように、なだれをうって変ってしまったのです。ベトナムに戦争がおころうが（いえ、それは好ましいことでした）、日本中に公害がひろがろうが（これもヤムをえないことでした）とにかく成長せずにはいられない日本の産業は、とうとう、「最後の楽園」にまでその触手を伸ばしはじめたのです。

去年の春。ヤマハ製のモーターボート「為朝丸」が諏訪之瀬島に錨をおろしました。上陸してきたのはヤマハの社長と十島村の村長一家。このとき、社長がどんなに野望に燃えていたかはその服装がよく示すところです。なんと社長さん、半ズボンにシー・ナイフを腰にさげた探検スタイル。再び週刊誌によると「ヒッピー顔負け」の堂々たるコスチュームだったそうです。

その野望とは—列島ぐるみの巨大観光開発。屋久島、種子島からトカラ列島を含む南西諸島を一大総合レジャーランドにするという、とてつもない構想なのです。いってみれば、列島改造トカラ版モデルづくりですね。

このヤマハ・ボートを迎えたのが島でたったひとつの小学校の生徒全員。子供たちは日の丸の小旗をうち振りながら社長と村長一家を歓迎したというのです。誰がやらせたのか知りませんが、話にきく昔の天皇の行幸を思い起こさせるシーンです。

こうして土木工事が一斉にはじまりました。珊瑚礁はダイナマイトで爆破され、無数の美しい魚が白い腹をみせて浮きあがり、ブルドーザーがうなりをあげて道路と飛行場づくりをはじめたのです。

☆

「私有」の概念が希薄だった小島に「私有」の権化である大企業がズカズカと乗り込んできたらどうなるか？　それがいま諏訪之瀬島で起っている様々な悲喜劇だと思います。村長（諏訪之瀬島の人ではありません。日本民主主義のルールにより、定数不足の諏訪之瀬島は村会議員さえも出せないのです）をはじめ、すでに暮しむきも頭の中も都市化している人たちは当然ヤマハ側に立った考えをもちます。そして、暮しむきが伝統的な人たちは混乱状態だろうと思われます。

無理もありません。島の開発はそこに住む人の生活様式や意識を一八〇度転換させずにはおかないのですから。きのうまでは誰がどこで寝っころがろうと、フンドシ一丁で歩こうと全くお構いなしだった島に柵ができ「関係者以外立入禁止」の立札が立つのです。企業に忠誠を誓う者とそうでない者とは歴然とした収入の差、階級差が生まれてくるでしょう。

急病人がでたらヤマハが飛行機で町の病院まで運んでくれるかもしれません。でも、一説によると入会金二〇〇〇万円の会員専用飛行機を、金のない病人のために本当に使わせてもらえるのかしら。工事が進むにつれてその人たちの悩みは大きくなるばかりです。

ぼくが思うには、ヤマハの本音は諏訪之瀬島を無人島にすることじゃないか？　ホテルやレジャー施設だけをそこにつくって、あとは大都会から飛行機でやってきたリッチマンに、会費に見合うだけの「自然」をたっぷり味わわせたいんじゃないか？　邪推かもしれません。しかし、企業と政府がホモだち関係にある目下の日本国には、悪い先例がありすぎるのです。

諏訪之瀬島のすぐそばに臥蛇島（がじゃじま）があります。四年前、この島の最後の住人（七戸・二五人）は県の執拗な離島勧告に屈して島を出てゆき、いまは無人島になっています。強権による小島＝小数点以下切り捨て政策が功を奏し、企業進出への地ならしをしたのです。臥蛇島はいま都会人のロマンの対象として再び浮びあがり、そして、いまは諏訪之瀬島が臥蛇島をめぐる「無人島冒険ツアー」の基地となって華々しく脚光を浴びているわけです。

ゲイリー・スナイダーはメッセージの中でつぎのようにいっています。

「ヤマハがぜいたくなエリート専用のカリブ海型のリゾート地帯を建設し、日本に急速に増えている裕福な支配者階層に提供しようとしているのは明白です」

☆

ヤマハの構想を知ったゲイリーは、アメリカで早速行動を開始しました。「ヤマハ・ボイコット」の署名運動がまず行なわれ、たちまちのうちに三〇万人もの人がこれに賛同し署名しました。このため、ヤマハのサンフランシスコ支店長は左遷させられたそうですが、多分、スワノセの〈ス〉の字も知らなかったであろう支店長には、気の毒なことをしてくれたものですね。

そして、つぎに行なわれたのが、冒頭部分で紹介したバークレー集会だったわけです。風月堂、スワノセ、そしてバークレーと舞台は変っても、同じ人の流れが、だんだんとそれなりのおおきなうねりになっていったのです。

集会の翌々日の朝。ぼくはゲイリーにインタビューしてみました。静かな住宅地にポツンとある小公園の芝生に坐って、明るい日射しに眼を細めながら、彼はこんなことを語ってくれました。

「地球宝の話をしましょうか？

京都で修業したゲイリーはやさしい日本語でおだやかに語ります。

「日本には国宝というものがありますね。誰が作ったかわからなくても、みんなが大切にしなくちゃいけないもの。私にとってスワノセは地球宝なの。本当は地球全部が地球宝でなくちゃならないけれど、実際には自然のまんま残っているところはとても少ないの。だからスワノセは地球宝。みんなが大切にしなくちゃならないの、日本人も世界中の人も。スワノセだけじゃない。クジラ、象、狼。滅びそうになっている動物たちも地球宝。人間の心も大きな宝だ」

ゲイリーはまた、地球が健康でなければ人間も健康になれないという原理を、イギリスのE・F・シュマッハーやアメリカのH・T・オーダムの説を引用しながら話してくれました。詩人は常にアンテナをピンと張って直観にしたがって行動し、発言して新しい神話をつくるのだ、というゲイリーにズバリ、スワノセの将来について聞いてみました。

「……そうですね。ヤマハは開発が村の人の役に立つといっています。たしかにしばらくは役に立つかもしれません。十年あるいは二十年。でも、いまの工業文明は必ず変ります。いまの文明は滅びるのです。なぜならすべてが原油などの有限な資源に完全に頼っているからです。そのとき、文明が行きづまるときに、村の人はもう昔の、自給自足の生き方を忘れていています。都会の人と同じになっています。自然との調和を完全に失っているでしょう。それが問題なのです」

「野性的な、人間の手が入っていないところには特別な力があります。大昔の人には、これはわかっていました。日本では神社、富士山があり、みんな神聖なところでした。スワノセも、そういうところのひとつです。活きてる火山だから。太平洋の海だから。広い空だから。これは、みんなのために残さなければ。誰かのもの、会社のものになってしまってはダメなんだ」

「私はいつかスワノセのサンゴ礁の上に立って、キャリフォーニアからつづいている海が足もとにきて、活きてる火山を見て、ちょっとだけ永遠の世界に入った経験があります。その世界に入ると、人間の物質的な問題は小さなものだということがわかります。私たちはみんな、この大きな自然の世界と一緒に流れているんだ、とわかるんだ。スワノセはみんなのものだから、わかるんだ」

☆

「逃げきれるものなら逃げたかった。このズタズタに自然が破壊される国から」バンヤン・アシュラマに七年間住み、現在は東京のC・C・C（宇宙子供連合）で闘っているポンはこう書いています。「私の魂の故郷であるスワノセを守るために今ヤマハと闘っておかなければ、私は単なる物質文明の逃避者でしかないのではないだろうか？」

同じくワッコンはこう自問します。

「諏訪之瀬島の観光開発。それは、逃げて逃げまくる人間にとって、日本領土の内側にはもうこれ以上逃げるべき場所がなくなることを意味します。もちろん、逃げまくるのも生き方です。文明から本当に逃げきれるとしたら、それは素晴しい生き方だとさえ思います。しかし、彼らは踏みとどまったようです」

長いあいだ日本国から見放され、切り捨てられてきた南海の小島を、今になってドッと買い占め、文明の頽廃以外の何ものでもないレジャーランドに改造してゆくものの力の恐しさを思うとき、ぼくの体はすくみます。それも、岸信介元安保首相が会長をつとめる、世界規模の観光開発プロジェクト「太平洋クラブ」の一環として「沖縄海洋博」にテンポを合わせて、というのですから、なおさらです。しかし、こんなことも同時に考えるのです。

いま問われているのは、ついに来るところまで来てしまった国家・企業ぐるみの、人間・自然破壊計画の醜悪さだけではなく、反文明に生きる若者たちの真価そのものなのだと。

彼らがかつて風月堂で鋭く感じとった危機が、たったいま、姿を現わしたのだと。

踏みとどまったポンやワッコンたちが、どんな闘いを展開するか、ぼく自身の問題としても見守りたいと思うのです。

○上野圭一手稿。朝日新聞などに投稿。

映画「スワノセ・第四世界」への「保釈金」を！

☆スワノセ問題とは？

鹿児島から南へ約200キロ、屋久島と奄美大島との中間に点在するトカラ列島は、この国の歴史の中でも、特に中央政権から無視され続けてきた地域のひとつで、別名「吐火羅国」が「暗示するようにひとつの独立国、そして火を吐く火山列島なのです。行政上は鹿児島県十島村ということになっていますが、島はひとつの小世界、各島はお互いに干渉することなく神々が支配する部族的共同体として今日までの永い歴史を形づくってきました。

そのトカラ列島の中央にスワノセ島があります。周囲24キロ、人口約50人。ご多分にもれぬ過疎地帯のひとつで、若者たちは本土へ都会へと流出する一方、島に残された老人と子供が細々と半農半漁の自給自足生活を送っています。

数年前から、ここスワノセ島をベースキャンプに、南西諸島一帯の大規模観光開発が行なわれています。浜松に本拠を置くヤマハ日本楽器が、本土でのレジャー施設群の成功を土台に、南海の楽園づくりを目ざして自然破壊、村落共同体破壊を行なってきたのです。

ここまでの話だけでは、全国の過疎地帯で行なわれている観光開発問題と同じく、とりたてて「スワノセ問題」とカッコつきで呼ぶまでもない、いわば列島改造路線の延長線上にある一般問題にとどまるかもしれません。

しかし、スワノセを他の観光開発問題から浮きあがらせているものがあります。それは、もう10年も前からスワノセ島に移住しコミューン建設を営々としてつづけてきた「部族」の人たちがいること、そして、彼らの精神的盟友たちがこの国の内外で極めてユニークな開発反対運動を行なっていることにあるのです。

☆スワノセ世代とは？

約20年前、東京新宿のカオスの中で、一群の険しい眼をした若者たちが詩、絵画、彫刻などの芸術活動を通じて、時代への反逆ののろしをあげました。風月堂というのちに世界のヒッピー・メッカのひとつとなったコーヒー屋を根城に、彼らは精力的に動き、既に体制化しつつあった画壇、文壇に異議申し立てをつきつけ、今でいうアングラの最前線としての役割りを果していました。やがて新宿に高層ビルが立ち並び始めた頃、彼らは公害以外の何ものをも生み出さない都市文明に絶望して全国に散っていきました。恐ろしい程、敏感な人たちの一群でした。彼らが放浪の果てに行きついた所のひとつがスワノセです。火山灰と竹やぶという悪条件とたたかいながら、島の共同体の一員として働き、ヨガや禅を通じて精神の浄化をはかり、来たるべき時代に備えたのです。いまでいうコミューン時代の、これもまたハシリといえるでしょう。京都で禅修業に打ち込んでいた詩人ゲイリー・スナイダーもスワノセに住みました（社会思想社刊『地球の家を保つには』参照）。かつて新宿で若き芸術家だった人たちは、今や漁師、木こり、農夫、大工などとしてじっくりと腰をすえています。

この人たち、いわばこの国のカウンターカルチュアの第一期生ともいうべき人たちのことを仮にスワノセ世代と呼んでおきましょう。

☆ポスト・スワノセ世代とは？

スワノセ世代の人たちは自然の力を知り抜いています。火山の爆発、台風のエネルギー、太陽の熱それらすべてを支配する超えたエネルギーに信を置いています。だから彼らは非暴力主義者であり、ヤマハと直接斗かうなどという発想は出てきません。子供、孫の代までの射程距離をもった眼で、生活をまるごと賭けた雄大な斗かいのプログラムを組んでいるのです。したがって、反対運動の中心となっているのはポスト・スワノセ世代ともいうべき20代の人たち、およびゲイリー、アレン・ギンズバーグなどアメリカの「新しい知識人たち」です。日米の真の連帯の可能性がスワノセという小さな島をめぐって生まれようとしています。

若者市場を相手に成長してきたヤマハはこの攻勢の中で苦境に陥るかもしれません。なにしろ、やさしい眼をしたポスト・スワノセ世代は柔軟で、何をしでかすかわからないエネルギーを秘めているからです。

☆「スワノセ・第四世界」

映画「スワノセ・第四世界」は16ミリ、カラー、1時間20分。これまでのいきさつを約2年間にわたって記録したメッセージ映画、いってみればドキュメッセージ映画ともいうべき新しい試みなのです。アレン、ゲイリーの他、マイクル・マクルーア（詩人、劇作家）サカキ・ナナオ（詩人、スワノセ第一期生）その他日米のカウンター・カルチュアの人びと大勢が、力いっぱいのメッセージを送る。これは楽しい映画なのです。借金だらけの映画です。どうかこの映画を早く現像所から出所させるための「保釈金」を、あなたの力で積みたて て下さい。あしっど・かんぱにいが一括してくれたものを映画へのカンパとしたいと思います。

すでに完成しているのに上映できない映画のために、あなたの力が必要です。

上野圭一

○朝日新聞　一九七六年一月一六日号　東京版

離島の対立を舞台に自主映画開発への抵抗描く
鹿児島・諏訪之瀬島　移住の若者中心に

新宿を拠点にさまざまな活動をしていた若者たちが、約十年前、〝聖地〟を求めて鹿児島県十島村の諏訪之瀬島に集団移住した。そこへ、恵まれた自然に目をつけた企業が観光開発に乗り出し、いらい若者たちとの対立が続いている。この、南海の小島を舞台にした若者と企業の対決、その波紋を描く一風変わった自主映画の製作が進行中だ。題して「スワノセ・第四世界」。若者たちのリーダー格である放浪詩人サカキ・ナナオさん（五二）や元フジテレビのディレクター上野圭一さん（三四）＝杉並区桃井一丁目＝らで作っている上映実行委員会が製作に当たっている。

演出担当の上野さんによると、製作のきっかけは、広告会社を経営していた友人が日本のコンミューン（共同体）の記録映画製作を上野さんにすすめ、資金の提供を引き受けたことから。取材の過程で諏訪之瀬島のことを知り、一昨年七月から同島にしぼって撮影が始まった。スタッフは上野さんの呼び掛けに無償で協力を申し出たフリーの映画監督、カメラマン、作曲家たち。

問題の諏訪之瀬島は、鹿児島から船で十数時間。トカラ列島の一つで、サンゴ礁に囲まれ、亜熱帯樹の原生林が茂る周囲二十四㌔の小さな島だ。人口は、もとからの島民約三十人と、放浪の旅の果てに四十二年に同島へ移住してきた若者約二十人。若者たちは畑を耕し魚を釣りながら、コンミューン生活を続けている。多くは同島に住民登録し、島で生まれた二世も育っている。

一方、日本楽器製造とヤマハ発動機のヤマハグループは、南西諸島に海洋レジャー圏を形成しようと計画、その基地としての諏訪之瀬島に、これまでに小型飛行機用の飛行場を建設し、貸別荘の建設も予定している。財政力の弱い十島村当局も、港ができれば過疎化の歯止めになると、この開発計画を歓迎している。

これに対し、若者たちは「残された貴重な自然を破壊する資本の暴力だ。金の魔力が心をむしばみ、島民の生活も不幸にする」と真っ向から反対。東京の仲間たちと国分寺市に本拠を置く「宇宙こども連合」という組織をつくって、ロックコンサートなどを中心に反ヤマハ運動を展開している。この過程で、全国各地でコンミューン運動を続けているグループとの相互交流、共同行動も深まったという。

また、サカキさんの友人で、五十年度のピュリツァー賞を受けたアメリカの詩人ゲイリー・スナイダーやアレン・ギンズバーグらも米国内で「聖地スワノセを守れ」運動を進め、ヤマハボイコットの署名は数十万人に達しているという。

上野さんらスタッフは、この対立を「物質文明と精神文化の対決。現代社会が生み出した消費文明、没思考人間と反文明、野性思考人間の対立」ととらえ、映画の主題にすえた。題名のなかの「第四世界」とは、一般に高度工業化、物質文明化をめざす第三世界からも置き去りにされた、野性が息づく世界のことだという。

同島に二回、長期ロケをし、アメリカロケもした。咲き乱れる花々や活火山、工事で破壊されるサンゴ礁など島の自然、対立する両者、そして両者の間で開発に期待と不安を抱く島民の表情などを映像を通して追っている。

約一時間のカラー作品で、撮影は九割方終わり、三月末には完成の予定。ただ、完成寸前になって、資金を提供していた上野さんの友人が突然出家してしまい、資金難になったため、関心ある人のカンパを求めている。上映実行委員会の連絡先は上野さん方で、電話は＊＊＊―＊＊＊＊。

○雑誌『未来』一九七六年三月号

●拠点 11「スワノセ・第四世界」

―スワノセ島映画撮影集団　上野圭一

模倣ではなく連帯を

出版界はちょっとしたカタログ・ブームだという。読売の「メイド・イン・U・S・A」二巻、サンケイの「ドゥー・カタログ」が売れ尽したという。両者ともに、内容はアメリカのカウンターカルチュアに生きる若者たちのライフスタイル紹介で、体裁は目新しいが、日本の若者向きにさまざまなお手本を盛りこんだという点では、戦後からのアメリカ模倣主義以上のものではない。

ヘンリー・ソローを根に、ビート文化、ニューレフト、ヒッピーと、物質生活から精神生活へと大きく転換しながら拡がり花咲いたのがアメリカのカウンター・カルチュアなら、根なし幹なしでパッと咲いた花が日本のカタログ・ブームなのだ。日本には日本のカウンターカルチュアがあり、アメリカのそれに連帯をこそ求めても、模倣の対象として太平洋の向こうを眺めてはいない。

スワノセはシンボル

たとえば約一〇年前、それまで活動の拠点としていた東京新宿を捨てて、鹿児島の南二〇〇キロ、スワノセ島に移住し、コミューンの建設をはじめた「部族」のメンバーたち。彼らはしたたかに充足しつつ生きつづけている。厳しい自然の中でエコロジーに生き、精神と肉体の浄化をめざしている。スワノセを訪れた若者はこれまでにのべ数百人。その中には、ゲイリー・スナイダーなど、物質文明の中での精神生活を求める先達もいる。スワノセは日米のカウンターカルチュアにとってのシンボルなのだ。

最近、ヤマハ日本楽器が南西諸島の観光開発に乗り出し、スワノセ島を買い取って、デラックスな会員制レジャーランドの建設にとりかかった。自然破壊、村落共同体の破壊は目に見えている。だが、カウンターカルチュアは破壊できるだろうか？

みんなの映画へ

ぼくたちフリーの映画カメラマン、編集者、ディレクターなどのグループは、二年前からスワノセをめぐる対立をテーマに撮影をつづけてきた。ゲイリー・スナイダー、アレン・ギンズバーグなどの協力を得て、完成まであと一歩というところで、ついに資金難でダウン。ミニコミ、マスコミを通じて広くカンパの要請をせざるを得ない状況に追いこまれた。そして、いま、思いがけない反応に驚いている。ちっぽけで無名の島を企業の独占から守るため、何か自分にもできることをやりたいという手紙が舞い込んだ、個人所有の映画館から上映場所の提供を受けた。カンパも徐々にふえている。ぼくたちの映画だった「スワノセ・第四世界」は、だんだん日本のカウンターカルチュアに生きる人たちみんなの映画になりつつある。関心をお寄せ下さる方はぜひ（＊＊＊）＊＊＊までご連絡下さい。待ってます。

○早稲田学報一九七六年五月号

スワノセ・第四世界
—一本のフィルムが誕生するまで— 上野圭一

☆

「こんにちわ。ここは新宿、東京。ヤポネシアのちょうど、ど真中。このあたり一帯は大昔、海の底でした。それから湿地帯、原生林、火山灰がふりつもって、このような台地ができあがりました。やがて人類が登場し、文明が誕生し、江戸の町になりました」

ぼくたちの映画（16ミリ。カラー。一時間二十分）は、こんなセリフで始まります。喋っているのはサカキ・ナナオさん。この国では極めて珍しい放浪詩人で、五十三歳。肩までかかる白髪混りのロングヘアーにヒゲ。その風貌には、彼が背にしている新宿西口の超高層ビル群の威容に負けない、堂々たる野性が息づいています。長いあいだ、この国の内外を放浪し、数え切れない夜を、大地の懐に抱かれて眠り、数え切れない人間たち、動物たちとの出合いと別れをくり返してきた、この永遠の青年は、鍛えぬかれた底力のある声で、ゆっくりと、プロローグの言葉をつづけます。

「二十年前までは、このあたりには木造住宅が密集していました。その頃、どこからともなく若者たちの一群がこの街にあらわれました。若者たちは、人類をやがて破滅に追いやってゆくであろうこの産業社会に絶望し、その矛盾を肌で感じとり、新しい文明を模索して、再び全国に散ってゆきました」

カメラはじわじわと超高層ビル群をパンし、車のクラクション、急ブレーキ、絶え間なく行なわれている建設工事の轟音が聞こえます。

「ぼくは仲間と一緒に、クワやシャベルやカマを持って、ここから南へ千七百キロ、吐噶喇列島の諏訪之瀬島へ旅立ちました」

画面は続いてメイン・タイトル「スワノセ・第四世界」の手描き文字に移り、出演者の紹介に入ります。「……サカキ・ナナオ、ゲイリー・スナイダー、アレン・ギンズバーグ、マイク・マクルーア」一九五〇年代後半の、アメリカに現われた野蛮人（気の早い人に。これは差別用語ではありません。どうか、映画を観て下さいますように）、ビート・ジェネレーションに注目したことのある人なら、きっとなじみ深い名前をそこに発見するにちがいありません。彼らは、当時、パッと咲いてパッと散った虚像としてのスターではありません。六〇年代、七〇年代、そして八〇年代へと、激しく移り変るアメリカ合衆国の中で着実に不動の発言力を獲得してきた人たちです。それは、ゲイリーが昨年度のピュリッツア賞を受けたことでもわかります。賞を受けること、それはゲイリーが合衆国に身を売ったのではなく、合衆国がゲイリーに代表されるひとつの勢力、白人優越主義を徹底的に拒否し、第三世界からも置き去りにされた第四世界に学び、「新しい文明を模索」する多くの仲間たちに屈服した徴なのです。

ともあれ、アメリカも、あらゆる意味でアメリカに依存してきたこの国も、世界の潮流が急激に変化している事実の中で、様々な矛盾を露呈していることだけは確かです。そして、この地球規模の激変が、この国に生まれ育ったぼくたちひとりひとりの人生に、大きく影を投げかけていることもまた、確かなのです。

☆

「スワノセ?」「第四世界?」「ヤポネシア?」あまり聞きなれない名前や言葉が出てきても、そんなに身構えないでください。別に肩のこる話ではありません。実体は、人間の世界では、必ずそれにふさわしい名前を持ちます。「第三世界」という名称は、ほぼ定着した観があります。いうまでもなく、政治的、経済的、文化的に第一世界(資本主義諸国)か、第二世界(社会主義諸国)の支配下にある民族独立国家群をマスコミはこう呼んでいます。そして、この地球という星には、この三つの分類に属さない人間はいないのだ、とでもいうように、勝手にそう思いこんでしまっています。だから、「第四世界」という言葉に接すると、「あっ、またぞろ、難題をふっかけられそうだ」と悪い予感がして身構えてしまうのです。

ところが、実際には、この三つの分類からはみ出している人たちはたくさんいます。長い歴史、高い独自の文化を持ち、しかも、自分たちの代表を例えば国連のような場に送り込むことすら許されないまま、強制的に第一、第二、第三世界の領土に組み込まれ、その生活様式、価値観の一切を根こそぎ変えることを強いられている人たちです。いわゆる原住民(差別用語ではありません。いちいち断らなくてはならないほど、その強制力は大きいのです)、大昔からそこに住んでいる人たち、本当ならその土地の地主である筈なのに、偶々、「所有」「私有」という観念の代りに、「神」とか「超自然」といったもの、人間を超えた実在と共にあったばかりに、土地を奪われた人たち、たとえばアイヌの人たち、アメリカ・インディアンの人たち、及び、文明の中の野蛮人たちのことを、従来の文脈を借りて「第四世界」の人たちと呼ぶだけの話です。

同じように、この国を、政治的領土、国境線にとらわれることなく、長い歴史の流れの中で捉え返すならば、太平洋に浮かぶ細長い列島のひとつとして、共通の言葉、共通の自然相をたどる文化圏として、ミクロネシア、ポリネシアのように、ヤポネシアと名付ける方が、よほどスッキリする場合だってあるのです。

鹿児島と奄美大島のあいだに点在する吐噶喇列島のひとつ、スワノセ島は、大昔から中央集権政府に無視されつづけてきた存在という意味で、第四世界、ヤポネシア、スワノセというアドレスで検索ができるわけです。(もちろん、日本国、鹿児島県、十島村、スワノセという、行政的な検索方法が行なわれているのですが、島の実態を見れば、前者の方がピッタリくるのです)

☆

ぼくたちフリーとは名ばかりの売れないカメラマン、ディレクター、編集マンなどは、約二年前からスワノセ島をとりまく諸問題に焦点を当てながら映画をつくってきました。記録映画でも、プロパガンダ映画でもない、音楽映画ともまたちがう、いわばメッセージ映画とでもいったらよさそうなこの作品が誕生するまでのいきさつの中に、冒頭で述べた、地球規模の激変がひとりの人間に与える影響力の大きさを、まざまざと見ることができます。

一九七四年の初夏、ぼくは大学時代からの友人、Mの訪問を受けました。高校生の時に船員として船に乗ってアフリカに行き、マダガスカルで脱走してアフリカを放浪したMは、早稲田の演劇科を中退して再び放浪の旅に出ました。ブラジルに数年、パリに数年、という有様で、東京に帰っても就く職とてなく、仕方なく友人の紹介で広告会社に入り、たちまちにして日本コピーライタークラブの新人賞をとり、友人と共に独立して小さな広告会社を創設、経営者としての手腕をふるいはじめました。昼間からアルコールを手から離さず、ついには副業として新宿にバーを開くまでに至りました。事業は拡張し、石油ショック以降の不況にも充分耐えて更に余力を残し、やがて金儲けにも飽きて、今度は、儲からない仕事に興味を向け始めたのです。三十歳を少し過ぎたばかりの経営者が、利益の社会還元を、偽りなく考え出したのですから、確かに早熟なMではありますが、単なる早熟というよりも、彼の人生の変容ぶりに見られる地球規模の激変の投影と、それをいち早く敏感に感じとる彼の感性の汚れのなさとを考える方が適切だと、ぼくには思われます。では、そんなMが、なぜ、ぼくの家に来て、突然「これだけの金がある。儲からない映画を作ってみないか」といい出したのか、自分でもよくわかりませんが、このへんでちょっと自己紹介させていただいた方が話が通じ易くなるかもしれません。

ぼくはMとはちがい、たまたま入学した年が六〇年安保の最中でしたから、誰もがそうであったようにデモ・集会に明け暮れながら、どこかで、何かがちがっているなと感じている普通の大学生でした。その「感じ」を演劇活動で充たそうと、せっせと部室に通いつめる、万年欠席学生で、それでも、スレスレで卒業ラインを超えて、そのまま民間放送局に就職、アシスタントから一本立ちへとディレクターの道を歩きはじめました。東京オリンピックの年に入社し、好況の波に乗ったテレビ産業の尖兵として、生のニュース・ショーを手がけるうちに、やがて、ぼくの眼にも様様な矛盾が見えてきました。佐世保、羽田闘争、三里塚、全共闘、そして七〇年にむけての報道管制。TBS闘争。山川アナ闘争。現場から出され閑職に回されたぼくは、七一年春、三十歳を迎えた記念に退社し、アメリカに旅立ちました。そしてカリフォルニア州バークレーに約二年間住んで、その間にアメリカ各地、ヨーロッパ、北アフリカを放浪してゆくうちに、やがて、老子の「遠くへ行けば行くほど、知ることは少なくなる」という言葉にめぐり遇い、心の旅を始めるために東京へ舞い戻って新しい友人たちを通じて、それまで見えなかった広大な地下世界の人たち、第四世界へと開ける大きな道の戸口に立っていました。ちょうどそんな時、友人Mの訪問を受けたわけです。足かけ八年勤めていたテレビ局とそれをとり巻く世界から遠ざかったぼくは、全く別の、生き生きした第四世界への道に立って、蘇生した思いで早速ロケハンに入ったのでした。

☆

映画を作るには多くの専門的な技術者が必要です。専門とまでいかなくても、カメラとか録音機といった機械が必要であり、それを使いこなせるだけの力を持った人間が必要です。ぼくはまず、友人Kを訪れました。

Kは大学卒業後、映画制作会社に入り、主として劇場用ニュース、テレビ・ドキュメンタリーのスタッフとして働いていましたが、ぼくとほぼ時を同じくして退社、フリーとなり納得のいく仕事を選びながら活躍しているバリバリのカメラマンです。Kはふたつ返事で一緒にやろうといい出し、水中カメラマンのSを紹介してくれました。

Sは全共闘全盛期の活動家だった経歴を持つ男で、スキン・ダイバーとしても一流、孤島スワノセの撮影にはどうしても欠かせない人物でしたが、これもOK。この手の自主映画では稀な形でスタートしたのです。

アメリカ・ロケ、入笠山の「人間と大地の祭」ロケ、そしてスワノセ・ロケ。撮影はまあまあ順調に進みました。そこへ、思いがけないハプニングが起りました。プロデューサーのMが、突然、経営していた会社をやめ、単身、放浪の旅に出てしまったのです。元来が求道的だったMに、ついに、俗世を捨てる時期が訪れたのです。当然、映画の話もストップ。資金源が、不意に消えてしまったのです。風の便りによると、Mは九州の禅寺に入ったとか、また、高僧のもとに通いつめてるとか、映画など、もう遠い日の一瞬の夢でしかないような有様なのです。KとSとぼくは連日会っては、中止するか、続行するか、続行するとすればどうやって製作費を作るか、話し合い、ひとつの結論が出ました。自力でやってゆくこと。どうしても足りない分は広くカンパのアピールをすること。自主映画の本来の姿に立ち戻ったわけです。手弁当での撮影が続きました。二年目のスワノセ・ロケ。御殿場の日本山妙法寺での大ロック集会。京都の理解者Mさんの援助のおかげで、一応撮影が終ったところで、ついにダウン。カメラを置いてカンパ活動が始まりました。

☆

ミニコミ、マスコミを通じてのカンパの要請に、見知らぬ人たちがどれぐらい応えてくれるものか、全く予想のしようもありません。しかし、心配もつかの間一日一日と、電話が鳴り、手紙が舞いこみ、貴重なおカネが送られてきたのです。人件費、打ち合わせ費一切ぬきの実質仕上げ費（スタジオ借用、現像所関係）を最低百五十万と見積って、それをカンパの目標にすえました。一月、二月、三月の三カ月で約七十五万円。目標の半分に達しました。カネはなくても無償で手を貸してくれる人もいました。年齢はぼくより若いけれど、第四世界での歴史はぼくよりずっと古い映画作家のFとも出遇い、スタッフがひとりふえました。ベテランの効果マンMさんが素晴しい音をつけてくれました。音楽担当のKはアメリカでLPを出し、アメリカ上映への道を作ってくれました。スタジオのHさんも、わが作品のように丁寧な仕事をしてくれました。ロケの時はいつも玄米の弁当を作ってくれた唯一人の女性スタッフNが、製作面を引き受けてくれました。なぜ、こんなにみんなが一生懸命になれるのか？　それは、いま、スワノセに起っている問題が、現代に生きる人間の関心を惹かずにはいられないからなのだと思います。カンパの残り半分が集まった日に、ぼくたちのフィルムは現像所から出て、陽の目を見ることでしょう。あなたの、心からのご支援をお待ちしています。連絡は＊＊・＊＊＊・＊＊＊＊まで！　（ダビングの前日に）

（＊）紙面がありません。どうか映画を観て下さいますように。

（昭39年英文卒業・元フジテレビディレクター）

○雑誌『話の特集』一九七六年八月号

『スワノセ・第四世界』顚末記
奇妙な踊りを踊りはじめた
奇妙な映画製作集団　上野圭一

〈変テコ〉な映画ができあがりました。16ミリ・カラー・75分。題して『スワノセ・第四世界』、製作期間は二年余。製作費の多くは有名・無名の支持者からのカンパでまかなわれました。

一般公開に先だって行なわれたプレス試写会場には、新聞、雑誌記者をはじめ、この映画の主人公サカキ・ナナオさん、谷川俊太郎さん、諏訪優さん、日本山妙法寺や真言宗豊山派の僧侶、「ミラレバの伝記」のおおえまさのりさん、長髪をたなびかせた黒い目、青い目の旅人たちなどが顔を見せ、官庁街の霞カ関は時ならぬフリーク・パーティ会場となりました。もちろん映画への反応も十人十色。よくもまあ、様々な見方があるものだなあと、スタッフ一同は驚きの連続でした。

いただいた批評を、①批判的なもの、②とまどいを示すもの、③好意的なもの、に分類すると、だいたい次のように整理されるようです。

①の1、観光開発を企む大資本と正面から対決する姿勢が弱腰である。これでは離島スワノセにスーパー・レジャー施設を建設中の資本の論理を超えられない。

①の2、行政と企業とのあいだで揺れ動く島民の苦悩が描かれていない。

①の3、大企業の離島買収・観光開発に反対しているくせに、島の風物はあまりに美しく、行ってみたい気にさせられる。この映画を観た若者がドッとくり出したらどうするつもりか。

これらの批判には傾聴すべきものが多く含まれていますが、従来の反開発闘争を描いた記録映画に比べて『スワノセ・第四世界』はあまりにあっけらかんとしていて物足りないのかもしれません。非暴力・絶対平和を旨とするサブカルチュア運動そのものが、従来の運動形態に親しんだ眼から見ると、どうしても物足りないらしいのです。この物足りなさの実感は②に分類される批評にも共通しています。

②の1、音楽映画なのか、記録映画なのか、プロパガンダなのか、運動映画なのか、はたまた芸術映画なのか、わからない。

②の2、演出者の幼児体験に根ざすフロイト的シンボルが多すぎて混乱する。

②の3、日本の問題なのに、なぜ日本人ではなくアメリカのスーパー・スターたちに語らせるのか、わからない。

以上は主として、テレビなどで実際にドキュメンタリー番組を作っている人たち、および、その批評をしている記者の人たちからいただきました。これに対して③は映画畑以外のフリーの人たち、並びに、難しいことを喋るのは得意じゃない若い人たちの声でした。

③の1、気負ったところのない淡々とした語り口は、かえって多くを考えさせられる。

③の2、いままで知らなかった世界が体験できた。グッド・トリップだった。

③の3、すがすがしい作品だ。

これら九つの批評・感想を通じて、『スワノセ・第四世界』の世界がどんなものか、おわかりいただけたでしょうか?

スワノセをとりまく諸問題についてまだご存じない方は、とりあえず資料としてこの記事に目を通してから先へ進んでください。

＊＊

この離島「開発」か「聖地」か

鹿児島・諏訪之瀬　波紋を自主映画に

製作は、東京・杉並区桃井一丁目の上野圭一さんらフリーの映画監督、カメラマンらでつくっている製作上映実行委員会。上野さんたちは、日本のコンミューン（共同体）の記録映画を作製準備の過程で、鹿児島十島村諏訪之瀬島のことを知り、一昨年七月から同島にしぼって撮影を始めた。

同島は、鹿児島から船で十数時間。トカラ列島の一つで、サンゴ礁に囲まれ、亜熱帯樹が茂る周囲二十四キロの小さな離島だ。もとからの島民約三十人のほか、四十二年に同島を〝聖地〟として新宿などから移住してきた若者約二十人が住む。若者の多くは同島に住民登録し、自給自足のコンミューン生活を続けている。

一方、日本楽器製造とヤマハ発動機のヤマハグループは、恵まれた自然に目をつけ、南西諸島の海洋レジャー基地にしようと、同島に小型飛行機用の飛行場を建設、貸別荘の建設を予定している。

しかし、若者たちは「貴重な自然を破壊する資本の暴力」と反発、金の魔力が素朴な島民の心をむしばみ、不幸にするとして、全国のコンミューングループと協力しながら反対運動を続けている。リーダー格の放浪詩人サカキ・ナナオ氏や、五十年度のピュリツァー賞を受けたアメリカの詩人ゲイリー・スナイダー氏らも、米国内で「聖地スワノセを守れ」

運動を進め、ヤマハボイコットの署名は数十万人に達しているという。

監督の上野さんらスタッフは、この対立を「物質文明と精神文化の対決」としてとらえ、これを主題に過疎化の歯止めになると開発を歓迎する村当局や、とまどい分裂する島民の意見など、さまざまの波紋を16ミリカラー、七十五分のフィルムに収めた。題名の中の「第四世界」とは高度工業化、物質文明化をめざす第三世界からも置き去りにされた、野性の息づく世界を意味する。今後、国内各地や欧米でも上映の予定という。

（朝日新聞、一九七六年五月二十九日より）

＊＊

文明が誕生してから西暦千九百年までの二、三千年間に、約十五種類の動物が絶滅したそうです。ところが、今世紀に入ってから今日までのわずかな七十年間に亡びた動物は四十種類以上にのぼります。しかも、いま、二百種類を超える動物が絶滅寸前にあるのです。地球という星が、ものいわぬ動物たちにとって、いかに住みにくくなってきたかを示す、これは恐るべきデータです。このままいけば、地球を汚染し、動物を絶滅させてきた張本人である人間も深刻な打撃を受けることになるだろう。それはずっと前からわかっていました。わかっていながら、人間は盲目的に破滅への道を突っ走ってきました。核兵器を開発し、公害・薬害等によっておびただしい数の仲間を奇型にしつつ、なお、人間は進歩のスピードを増大させています。

悪名を世界に知られたミナマタ病の最初の発病者は、毒入りの魚を喰わされた猫たちでした。猫がある日、突然奇妙な踊りを踊りはじめ、やがて、老人、幼児と、環境に敏感な生命体から順次発病して、ついには健康体のおとなに及びました。

たったひとつの地球上での話です。このままいけば、いずれはもっと広範囲に、もっと強く鈍感な人たちにまでその被害が及ぶのは目に見えています。その事実から免れる人は誰もいません。

それどころか、とくに先進工業諸国では、ほとんどの人が、働けば働くほど結果として空気・水・大地・動植物・人間の肉体と精神を汚染することに拍車をかけるような仕事に従事せざるを得ない、呪うべき仕組みの中にガッチリと組み入れられているのです。自分がやらなくてもどうせ誰かがやる仕事だからと諦めて、直接・間接の自然破壊に手を貸す人はまだましな方で、そのまがまがしい仕組みを大いに利用してエゴを肥やす人や、その仕組みが見えずに嬉々として働いている人も少なくありません。

しかし、世の中には、その仕組みの中に生まれ育ち、一度は嬉々として働いたこともあるくせに、その仕組みに気づき、大いに心を痛める、少年少女のようなおとなも結構いるもので、じつは、『スワノセ・第四世界』は、そういう男女によって、いつの間にか、自然のなりゆきで作られたのでした。

ちょっとスタッフの面々を紹介してみましょうか？

M・T（元プロデューサー）

完成したばかりの映画に「元」というのはおかしいのですが、この人、製作途中で俗世を捨て隠棲してしまったのです。高校生の頃にアフリカ行きの船に乗り、マダガスカルで脱走して放浪。帰国して大学に入ったかと思うと、再びこんどは南米に数年、パリに数年。一児の父となって帰ってくるや広告界に華々しくデビュー。一流のコピーライターとして活躍。カラーテレビなどを売りまくっているうちに会社経営者となり、やがて金儲けにも飽きて利益の社会還元を考えるようになった頃から、彼の心の旅が始まったのです。山岸会、一燈園、新しき村など、各地の共同体（コンミューン）を訪れては「生き方」を探求し、それを記録映画にしようと考えついたのです。

U・K（監督）

そして訪れた先がこの男で、二十年余り前のことでした。元民放テレビ局で働くサラリーマンで、ニュースショーなどを手がけているうちに七十年対策報道管制の一環として制作現場から追放され、七一年に退社、アメリカ西海岸を中心にヨーロッパ、北アフリカなどを放浪して帰国、社会復帰への途もなく、今日は道端で坐ろうか明日は柳に飛びつくカエルを観察しようかと風流ぶっていたところで、M・Tからの資金提供を受けてみる気になりました。

K・H（撮影）

U・KがK・Hを訪れたのはその直後でした。映画制作会社で、主に劇場用ニュース映画のカメラマンとして働いていた彼は、すでにフリーとなり、テレビのドキュメンタリー番組などに参加していました。U・Kと同じく、フリーとは名ばかり、安定した職を捨てたばかりに、財産といえば建築士の奥さんと生まれたばかりの男の子、それに国産の露出計が一個という状態で、それでも朝から夜中まで少なくとも人前ではジョークばかりをとばしている脂の乗りきったカメラマンで、海外取材の仕事を断って参加してくれました。

この三人が集まって共同体（コンミューン）に関する調査を重ねている過程で「部族」の人たちに会いました。今から二十年も昔に、新宿の風月堂を拠点として芸術活動をしていた彼らは、いち早く、現在の公害社会の到来を予感し、ミナマタの猫のように奇妙な踊りを踊りながら全国に散っていきました。その行き先のひとつ、諏訪之瀬島にヤマハが乗り込んで来て工事が始まりそうだ。それに反対してゲイリー・スナイダーたちがバークレーで集会を開くらしい。共同体（コンミューン）の多くは過疎地にあり、いずれは何らかの開発対象となってゆく運命にあるとすれば、むしろ諏訪之瀬島に絞った方が、テーマが明確になるのではないか、そう決めて『七人の侍』ばりのスタッフ探しが始まりました。

M・K（ロケ・マネジャー）

エベレスト遠征隊にも加わった山男で、大出版社の編集者でしたが、山好きが嵩じてフリーとなり、山岳雑誌の編集をやりながら好きな民俗学の研究をしているロマンチストで、店というもののない自給自足の諏訪之瀬での長期ロケには欠かせない人物でした。映画製作の経験はありませんが、なぜか諏訪之瀬島に強い興味を示し、スタッフになってくれました。

S・T（水中撮影）

サンゴ礁に囲まれた孤島の撮影にはどうしても欠かせないのが水中カメラマン。ところが、時あたかも沖縄海洋博の直前。ノーギャラで危険な海に潜ってくれるこの人にめぐり会えたのは奇跡に近い幸運でした。全共闘全盛期の活動家出身で、スキンダイバーとしても一流の男です。ただ心配なのは肉がなくては暮らせないというこの肉食人間に、自給自足がたてまえの諏訪之瀬生活が耐えられるかどうか、だけでした。

U・N（ロケ・マネージャー）

テレビ局労組の専従書記をしていた彼女は退職後、アメリカでニュー・ライフスタイルに触れ、とくに自然食に興味を持って帰国。渋谷の自然食品店に強引にもぐりこんで働き始めました。ロケの時はいつも玄米の弁当をつくってくれるなど、女性でなければ気づかない細かい仕事ぶりでスタッフの食生活を支え、カネの計算を引き受けてくれました。

I・T（撮影）

年間を通じて山頂部が晴れるのは合計わずか一カ月という

諏訪之瀬の活火山に、火力活動と気象条件を見較べながら猛スピードで登り降りするためには、この人の腕力が必要でした。勤めていた映画会社を辞めて、インド、ヨーロッパへの放浪の旅に出る予定を繰り延べて参加してくれました。

この七人が、それぞれの仕事と家庭の都合をつけ、諏訪之瀬島に上陸して、撮影と録音を済ませました。しかし、撮影したものは七人が島で体験した強烈な野性のエネルギーに比べればほんのわずかです。野性のエネルギーに対峙できるほどの力を、七人が備えていなかったのだともいえますし、第一、カメラや録音機を持って接すること自体に、野性から拒否される何かがあった筈です。七人にできたことは、せめて島の風物、人間を傷つけないこと、身勝手な批判の眼ではなく、共感できる部分にむけてカメラを回すこと、それだけでした。

スタッフはこれだけではありません。

K・O（音楽）

かつてハイティーンのアイドルだった天才的なギタリストで、女優N・Yとの結婚を機に渡英。ロンドンで音楽活動をつづけるうちに「日本人の音」について考えるようになり、帰国後、玄米食に切りかえて密教の修業を重ね、とうとう念願の新しいサウンドをつくりあげたところでした。尺八、ビワ、鼓などを駆使した重厚な音楽は野性の島にぴったり、映像効果を一段と高めました。

W・M（製作）

アメリカでの「聖地スワノセを守れ」集会を撮りに行く飛行機で偶然一緒になり（彼はエコロジーのリポーターとして東海岸まで行くところでした）ゲイリー・スナイダーに会えるとバークレーで途中下車したのが運の尽き。いつの間にかどっぷりと第四世界に首をつっこんだ男で、ふだんは雑誌編集者としてお堅い人たちとつき合っているくせに「ホール・アース・カタログ」を座右から離さないサラリーマン・フリーク。

Y・Y（ナレーション）

現役のテレビ局アナウンサー。五年前、モーニングショーのアシスタント司会者を「反戦的発言が多い」とクビにされて以来、いまだに局内にとどまって孤立無援の斗いを続けているがんばり屋で、アルコールは一滴も飲めないのに酒席ではいちばん陽気な美声をはりあげる、サラリーマン・フリーク。

F・S（編集）
「映画少年」として十代のころからその名を前衛美術界で知られていた早熟な彼は、スタッフでただひとり自主映画の経験者。その発言力は絶大です。今をときめく「ドラッグとオージーの新人作家」村上龍さんと共にロック・バンドをつくっていた音楽通でもあり、音楽映画的な要素が強い『スワノセ・第四世界』には絶対に必要な人でした。編集の途中で二カ月もインドへ行ってしまい、帰った翌日から続きを始めるという器用人で、映画には彼が持ち帰ったゴアのバイブレーションが影響しているかもしれません。

A・M（ロケ・マネジャー）
学生運動家出身。いくつかの会社でまじめに働きながら、小学生の時から書きつづっているという個人的な手づくりカタログのページを増やしているフリーク・サラリーマン。

長々とスタッフ紹介をつづけました。というもの、ここ数年間に、このスタッフひとりひとりの心の中に起った大きな変化を、そこに読みとっていただきたかったのです。定職を気軽に捨てた人も、会社に踏みとどまりながら生活を変えてきた人も、もともと会社なんかに勤める気のなかった人も、ある時期一斉にそれぞれの踊りを踊りはじめました。そうでなければ、無報酬どころか各自持ち出しで、カネのかかる映画づくりに参加した理由が見つかりません。そして、各スタッフは直接・間接に、諏訪之瀬島から力強いエネルギーを吹き込まれ、自己変革を余儀なくされたのです。自己の内なる野性を呼びさまし、「スワノセ」というカナ文字のシンボルにそれぞれの意味をこめて置き換える作業。それが二年余りの製作期間だったのです。

製作の途中、光のようなエネルギーをもって悟りへの道を歩いていったM・Tが俗世を捨て去り、残されたスタッフはカメラを置いてカンパ活動を始めました。ミニコミ、マスコミを通じての呼びかけに全国から思いがけない反応がありました。個人所有の映画館主から上映場所提供の申し出がありました。偶然入ったロック喫茶の壁に、この映画へのカンパの呼びかけが貼ってあるのを見つけました。M・Kは東京を離れて群馬の山奥でエコロジーの実践に入り、S・Tはついに野菜を食べるようになりました。見知らぬ人から届くおカネと手紙の量がふえるにつれて、フィルムはダビングに入り、現像所に入り、いつの間にか完成していました。「スワノセ」

の四文字が多くの人に与えた不思議な力を感じます。ヨハネの黙示録のように、やがて運命的な終末を迎えようとしている日本列島には、まだまだ、おカネは捨てても希望は捨てない人たちがたくさんいる。それを実感しながら、いま、スタッフは毎日キップを売って歩いています。借金を返したら次はこんなものをやってみようと、チラホラ次回作のアイデアが囁かれている、まだ名前さえない映画製作グループなのです。

（連絡先＊＊〜＊＊＊〜＊＊＊＊　上野方）

○雑誌『週刊プレイボーイ』一九七六年六月十五日号

映像『スワノセ・第4世界』が追う〝自然を蝕む黒い影〟

■南海の孤島で大資本と戦う

開拓コミューン・スピリット

鹿児島・十島列島のひとつ諏訪之瀬島（鹿児島の南250キロ、海抜799メートル）に詩人や芸術家たちに開拓コミューンができてから9年になる。ところが3年前、YAMAHAがこの島の観光開発に乗り出した。以来、静かな、しかし国際的な広がりを持つ抵抗運動が続けられている。翌49年から2年がかりでこのほど完成した映画『スワノセ・第四世界』もそのひとつ。

この映画をプロデュースした上野圭一さんの語る、スワノセ・コミューンの歴史。

「スワノセの歴史は、詩人サカキナナオの放浪から始まる。あるときナナオは、スワノセ在住の老人に会った。島はご多分にもれず過疎化が進んでいて、今や住民30名。若者が入植したいというなら誰でも歓迎すると、老人は言う。そこで、ナナオの仲間で、新宿の風月堂(当時ヒッピーのメッカだった)にたむろしていた連中が、こぞってスワノセに入植したわけです」

竹ヤブを切り払って開墾する。だが、火山灰地の土地はやせていて、主食としてはサツマイモぐらいしかできない。週1回の連絡船も海が荒れると寄りつかなくなる。一尾の魚を頭からシッポまでかじって朝昼晩の食事に代えたこともある。

そんな苦労のかいあって、土地もようやく米がとれるくらいに改良された。島民とのコミュニケーションもきわめてよく、理想的なコミューンができつつあった。

「そこへYAMAHAが乗り込んできて、入会金何千万という、ブルジョアのためだけのレジャーランドにしよう、という意図のもとに開発を始めたわけです。

問題は土地所有権。島民はもともと、自分で開墾した土地は自分のものだという不文律のもとに暮らしており、コミューンの連中が開墾した土地が彼らのものであることを疑う者はいなかった。ところが、島の土地は村有地だという、明治以前の台帳が残っていたんですね。YAMAHAはそれを、坪100円ぐらいで買い占めてしまった。

売ったのは誰か。諏訪之瀬島は十島村に属していて、村役場は鹿児島市にある。ところが、諏訪之瀬の島民は30人ぐらいで代議員を送るには足りない。

島は、島民でも何でもない連中によって、島民の知らないうちに売っぱらわれちゃったわけですよ」

上野さんは、49年から『スワノセ・第四世界』のカメラを回し始めた。同じ年、東京とカリフォルニアで抵抗のノロシが上げられた。

3月、東京・国分寺にCCC(宇宙子供連邦)国分寺大使館が開設され、フリー・コンサート、ティーチ・インなどを通じてYAMAHA商品のボイコットを始めた。

7月、カリフォルニアで「聖地スワノセを守れ」が開かれ、ゲイリー・スナイダー、ポエトリー・リーディング」が開かれ、ゲイリー・スナイダー、アレン・ギンズバーグ、マイク・マクルーア、それにサカキナナオという4人の詩人が詩を朗読し、民謡やプロテストソングを歌い、般若心経を唱えてスワノセと地球の自然を守れ、と訴えた。

50年には、日本列島を縦断する「ヤポネシアン・ミルキーウェイ・キャラバン75」が進発し、9月、ゴールの北海道で「宇宙平和会議」が開かれた。

ちなみに、『スワノセ・第四世界』の〝第四世界〟とは、ゲイリー・スナイダーによれば、「アメリカ・インディアン、アイヌ、そしてスワノセ、つまり国家からも国連からも無視されてきた部族的世界だ」ということになる。

「このようなサブ・カルチャー運動が、YAMAHAのような大企業に、現実にどれだけの衝撃を与え得るか、それはわかりません」と、上野さんは言う。

「だから、というのではなく、映画では直接的に反対運動の現場を撮るということはしなかった。それよりも、スワノセの自然、その自然とともに生きるコミューンの連中と島民の生活、それを撮ることが、もっとも効果的に大資本の暴力性を印象づけることになると思ったからです」

『スワノセ・第四世界』の上映は、虎ノ門・ダイヤモンドホール（6月25、26、28、30日、7月1、3日）、赤坂・国際芸術センター（7月16、17、18日）。詳しくは実行委員会（0＊-***-*****）へ。

○雑誌『宝島』掲載号不明

アメリカは聖者でいっぱいだ－『スワノセ・第四世界』スーツケーシングの旅　上野圭一

「いま、アメリカで、完成しだい日本から届くことになっている一本の16ミリフィルムを待っている詩人がいる。彼はアメリカ各地で行なっている詩の朗読会などの会場でそのフィルムを上映する計画を持っている。彼はアメリカやヨーロッパにおける“Save Suwanose Sanctuary”（聖地スワノセを守れ）運動の中心的な人物だ。彼の名をゲイリー・スナイダーという。フィルム上映はその運動の一環というわけだ。彼が待っているフィルムは『スワノセ・第四世界』というタイトルの一時間ほどのカラー映画だ」

七六年三月号の「宝島」で、こんな書き出しの記事を読んだことがあるだろう？　ありがたいことに、この記事をはじめ、全国のミニコミ、マスコミを通じての訴えに応じてくれた数多くの見知らぬ友人たちからのカンパのおかげで、この映画は六月に完成、ただちに国内上映が始まったんだ。そして、その順調な滑り出しに励まされて、七月末、ぼくはカミさんとスタッフのひとりユキオと一緒にアメリカ・スーツケーシングの旅に出た。これは欧米の自主映画作家たちの専門用語で、自分の作品をスーツケースに入れて持ち歩き、行く先々で自分の手で上映する方法のことなんだけど、ぼくたちも今回はこの最も素朴なやり方をしてみようと思ったわけ。ただしスーツケースじゃなっく、大きなバックパックを使ったんだけどね。

まず、ロサンゼルス空港で迎えてくれたのは、この映画で音楽を担当してくれた喜多嶋修と奥さんの洋子、それにすっかり大きくなった愛娘のマイちゃん。喜多嶋ファミリーがカリフォルニアに移ってからもう三年ぐらいになるだろうか。オサムはアイランド・レコードから『弁才天』というLPを出し、ツアーの準備に大わらわという話だったけど、相変らずの超スローテンポで、「やー、とーとーきたねー。まっていたんだよー」その、のびやかな口調といい物静かな声といい、もう、いっぺんでカリフォルニアに来たんだなあっていう実感を抱かせてくれたんだ。洋子は旧姓内藤、もちろんいまだに三流館、四流館でポルノと併映されている「伊豆の踊り子」を追いかけて観る熱烈な中年（？）ファンをもつ往年の女優さん。といえば何だか年増みたいに聞こえるかもしれないけど、カリフォルニアの洋子は女優時代よりももっと美しく、もっと深いものをもった人間に成長していた。

それもその筈、この若い夫婦（カップル）がここにくるまでに積んだ修業は、ぼくが知っている限りでも並大抵のものじゃなかったらしいんだ。衣食住から頭の中まで、昔、マスコミの十字砲火を浴びていた頃の、華々しい虚飾は一切サラリと捨てて、現にこの時だってオサムの着ていたものは麻に手染めの半纏、洋子とマイちゃんは木綿の飛白（かすり）。空港のプラスチック世界の中で、そこだけポッと人間らしい光が射していたように見えたっけ。

ポンコツのマーキュリー・クーガーでバーバンクの自宅に案内されたけど、そこがまたプラスチックの片鱗すらない暖かい木と紙の家で、ディナーはもちろん艶々した玄米と野菜料理だったんだ。ふたりはロンドンでヨーロッパ文化を学び、日本に帰ってからは伝統的な邦楽の世界に入って、音楽をやるかたわら、早朝から千日間の般若心経読経など、強靭な意志力で精神と肉体を鍛え、新しいサウンドを創造してアメリカに乗りこんだというわけなんだ。そういえば、低い声でゆっくりと喋るオサムを見ていると、聖者とまでいかないまでも、修行僧という感じがして、日頃の自分の生活ぶりを反省させられてしまったなあ。

ところで、聖者といえば、これからぼくたちがフィルムを持って回ることになる世界は、ますますスピリチュアル化を深めるアメリカのカウンターカルチュアの本流、つまり、聖者と聖者志願者で、いっぱいの清浄な世界の筈だったんだけど、アメリカに着いてみると、聖者たちの世界にも、いろいろスキャンダルめいたことが起って、騒然としていることが判ったんだ。

導師（グルー）がまきおこしたスキャンダルで
アメリカのスピリチュアル界は一時たいへんだった

ジョヤ・サンターニャという人のこと知ってる？　三〇代は後半のグラマー女性で、宇宙の女神として一部から崇められている導師（グルー）なんだけど、この人が登場して以来、アメリカのスピリチュアル界は一時、メタメタになってしまったといういきさつがあるんだ。

ジョヤはユダヤ系の家庭に生まれ、一五歳で一八歳のイタリア系カソリック少年と結婚。数年前まではニューヨークに住む派手好みの家庭の主婦だったんだ。ところがある晩、自宅のバスルームでお湯に浸りながら、美容のために習ったヨガの呼吸法を実践しているうちに、突如として悟りを開いたというんだな。

そして、ヒルダ・チャールトンというお婆さんの聖者に導かれて、最初は何か霊媒のようなことをやっていたらしいんだ。このふたりは、実は前世で何度も共に暮したことのある関係で、ヒルダがアルテミスだった頃、ジョヤはアテナだったり、ジョヤはまた、インドのカーリだったり、チベット・タントラのターラだったり、意識がクリアーになってくるにつれ、前世のことを思い出すようになったというんだね。

話は飛んで、七四年のある嵐の夜、ペンシルベニア州のモーテルに泊っているひとりの男がインドへ帰ってゆくビジョンを見ていた。男はアメリカ人で、元ハーバード大学の心理学教授。サイケデリック・ドラッグの実験に没頭し、更なる真理を求めてインドへ渡り、ついに真の導師（グルー）、マハラジに出会い、自からもヨギとなってアメリカに帰ってきたババ・ラム・ダース。（彼の著書『Be Here Now』はアメリカでベストセラーとなり、日本語訳もやっと今年の後半に出る予定）何でも商品化してしまう恐るべきこの国で、彼もまた、ひとりのヨギとしてより、ドロップアウト教授としてマスコミの寵児となってしまい、師と崇められるより、もう一度ヒマラヤのふもとで裸になって修業しようと思ったのかもしれないね。

ラム・ダースはさらに深い瞑想に入る。すると、前の年に肉体界を離れたマハラジ師（一〇代の少年導師、グル・マハラジとは別の人）の霊が現われ「お前がインドへ行くことはない。ここアメリカで私のつぎにくる師を求めるのじゃ」という託宣を受けたんだ。翌朝、ニューハンプシャーに講演の仕事があって予定通り飛行機に乗ったんだけど、どういうわけかニューヨークで途中下車して、これまた、なぜか、友人のヒルダお婆さんに電話をかけたんだね。誰だって予定を少し変更することはよくあるし、ふと思いついて昔の友だちに電話することだって珍らしい行為じゃないんだけど、どうもこういう場合は「なぜか」という副詞を挿入したくなっちゃうのは、やっぱり修業が足りないんだろう。とにかく、電話の相手は「会わせたい人がいるからすぐおいで」というんだね。

そして連れて行かれた先が、いわずと知れたジョヤのアパート。地下の瞑想室に入ると濃い化粧に長いマスカラをつけ、巨大な胸を突き出した美女が坐っている。短かいドレスで結跏趺坐しているので女盛りの太ももがいやでも目につくてしまう。ところがさすがはラム・ダース師、そんなことには眼もくれずに坐っているジョヤが完全なサマディ状態に入っていることを見抜いたんだ。彼によれば、この時のジョヤは驚いたことに心臓も止まり、呼吸も止まっていたというんだね。

やがて長い瞑想から戻ったジョヤはいきなりこんなふうに言ったというんだから、ぼくのような俗人にはただびっくりすることしかできないんだけどね。ヒルダがラム・ダースを紹介すると、ジョヤは正確にこう言ったというんだ。

「ラム・ダースがどうしたっていうのさ。そのじじいはお前さんのイロか何かかい？　目障りだね。とっとと出ていっておくれ」

こんなことがきっかけで、三人の聖者はすっかり仲良しになり、七五年秋からはニューヨークにコミュニティ・ハウスをつくり、あちこちにアシュラムをつくって多くのお弟子さんが集まるようになったんだ。合衆国各地からはもちろん、インド、ヨーロッパからも牧師、ヨギ、ラバイなんかがジョヤの威光を慕って集まってきたんだよ。第一、ラム・ダースはジョヤを第二の師と崇めるようになり、したがってラム・ダースのお弟子さんたちもニューヨークへ、ニューヨークへと旅を始めるようになったんだ。

七六年になったある日、ジョヤとラム・ダースは手に手をとってフロリダの海岸を歩いていたんだけど、この時、不思議なことに（また、余計な副詞句が入っちゃった）ジョヤが突然、足の裏に砂の暖かい感触を感じ、生きているよろこびがこみあげてきて、大声で歓喜の叫び声をあげたというんだね。ラム・ダースも大喜びでふたりは子供のようにはしゃぎ回ったらしいんだ。美しい光景だし、不思議でも何でもない、人間なら当り前のことなんだけれども、智者であるラム・ダースは、この直後に、ジョヤもまた、ひとりの人間であることに気づき、悩むようになったというわけなんだよ。

　ジョヤ自身も、最初は自分でもどうしようもない大きな力で動かされ、生かされていたのが、だんだん名声を博するようになると、今度は「自分」が一切の超能力を行なっていると思うようになったフシもあるんだ。

　そんなわけでジョヤ、ヒルダ、ラム・ダースの三人はそれぞれバラバラになり、ラムダースはひとりでインドへの旅に出てしまった。ふたりの間に人間レベルの醜聞関係があったのかどうか、口さがのない連中はこれを含めてスピリチュアル・ウォーターゲートなんて呼んでいるけど、本当のことは誰も知らない。ジョヤは今でも各地を回り静修〈リトリート〉★を行なっているし、羽根布団に横たわってお弟子さんたちに肩や足をもませている筈だ。ぼくもラジオでジョヤの話を聞いたけど、とにかく何かすごい力のある声で、ただ者ではないという印象を受けたとだけ言っておこう。それ以上にはぼくにもわからないってのが本当のところなんだけどね。

　とにかく、そんな騒ぎでもちきりの世界にフィルムを運んでいったぼくたちの目の前に、つぎつぎと新しい聖者たちが現われてきたというわけなんだ。

バークレーのウェール・ピープルは
ドラッグ文化とアルコール文化の奇蹟的な連合体だ

　何はともあれ、まず〝Save Suwanose Sanctuary〟のオフィスをたずねなくちゃと、バークレーに行ったら、鯨人間（ウェール・ピープル）たちが大歓迎してくれたんだ。うれしかったね。ウェール・ピープルというのは日米合同の運動体の名称で、絶滅しつつある鯨になりかわって、つぎは人間の番だぞという警鐘を打ちならしつつ見事な舞台空間をつくっている劇団の名称でもあるし、気の合う仲間が集って遊ぶ遊び集団の名称ともいえる、奇妙なグループがバークレーにあるんだよ。

　構成メンバーは異色で、単なる日米合同集団以上の何かしら新しいエネルギーに満ちたグループなんだ。

　まず、この芝居を日本語で書いて英語で演出しているキヨさん。この人は昔、劇団四季で将来性を買われた役者だったんだけど、考えるところがあってフリーになり、ロシアからヨーロッパを旅してバークレーに腰をおろしたユニークな演劇人で、能とか歌舞伎の手法を自在にとり入れながら、アメリカ・インディアンのベヨーテ・ソングと仕舞、太極拳などが平気で混在して、しかも調和しているという異次元的な世界をつくり出す魔術師。そして、この人が昔、よく飲みに行っていた店が吉祥寺にあった「タムタム」で、そこの主人であったゴーシとメイが住んでいるバークレーをたずねてきたのが、この芝居誕生のきっかけになったわけなんだ。わかるかな？

要するにウェール・ピープルというのは、しいていえば、ドラッグ文化の流れをくむラマ・ファウンデーション出身者と、アルコール文化の流れをくむ「タムタム」出身者たちの奇蹟的な連合体なんだ。主役を演じる風砂子は、六〇年安保を闘かった元芸大の学生で、その後インド、ネパールなどに長く暮らし、カナダに移り、それからニューメキシコのラマ・ファウンデーションというスピリチュアル・コミュニティに入ってそこで三年暮らし、七四年にバークレーに来た。日本人としては極めてフリークな人で、自由奔放、観音さまか弁天さまみたいな女性なんだ。もちろん、ラム・ダースをはじめ、世界中からアメリカに来ている現代の聖者たちとの親交も多く、ラム・ダースをマハラジ師に紹介した元徴兵忌避者のヒッピー、現在は若手の聖者のひとりに数えられるバグワン・ダースとは姉弟のような関係なんだ。ついでにいえば、ある晩、ぼくは風邪ぎみで風砂子の家の一室で休んでいたら、隣の部屋で音楽の名人、バグワン・ダースがギターを弾き歌い始めたことがあった。しばらく横になって聴いているうちに体中に何だか充電された電池のようにエネルギーが湧いてきて、いつの間にかみんなと一緒になって踊っていたという経験があるので、彼の聖者としての力量はともかく、ミュージシャンとしては一流であることは保証しておきたいね。

語り手と部族の長を演じるスリヤ・シンガーもラマ出身。太鼓をたたくミノもラマ出身。村人を演じるロビンも同じ。フルートのモリは「タムタム」の常連だったフリーク。演出助手のノブエちゃんことベティは日系のアメリカ人だけど、日本に行っていた三年間は「タムタム」に入りびたっていたっていうし、「タムタム」主人のゴーシとメイ、それに息子のゲンも舞台で素晴しい演技をくりひろげていたよ。この芝居、日本に来ると面白いんだがなあ。

結局、鯨を守ることとスワノセ島を守ることは同じ根をもつそれぞれの花、というわけで最初はこの芝居と一緒に上映し、だんだんフィルムをひとり歩きさせることに決めたんだ。〝Save Suwanose Sanctuary〟の事務局担当フレッドも、この芝居の英語訳者であったりして、この辺は実にスムーズに、天の恵みという感じでスタートを切ることができたわけ。

ここでも時々、ジョヤの話がでていたなあ。風砂子がある晩ジョヤの夢を見たんだ。もちろん実際にはまだ会ったことがないんだ。薄ぼんやりした夢でとくに何ということもなかったんだけど、しばらくして、もう一度、ジョヤと話している夢を見たんだね。この時はかなり明確な会話があったらしいんだけど、つまりは夢でね、さめてしまえばお終い、そのまま忘れてたんだって。ところが、ある時、たまたま何かの集りでジョヤに直接会う機会が訪れたんだけど、初対面の筈のジョヤは風砂子を見たとたん「あなたには前に二度会いましたね。二度目の時はとても楽しかったわね」といったんだって。驚くねえ、まったく。

シェラ・ネバダ山中にある
ゲーリー・スナイダーの家を訪れた

アメリカ上映がやっと軌道に乗りかかった九月、大型台風がスワノセ島を襲い、沖縄出身の潜り漁の名人。ウエチのジイと、その弟子でクラフトマン兼漁師のロクちゃん、そして、生まれたばかりのロクちゃんの三番目の子供、それに大島紬の指導に来ていたやはり潜りの名手シマの四人が土に還っていったのは、みんなもよく知っているだろう。すごくショックだった。ぼくたちの映画にも登場してくるロクちゃんは、スワノセ中の人が死んでも最後まで生き残るだろうと思われた豪胆な若者だったし、島の自然を知り尽していた筈のジイがやられるなんて想像もつかなかったんだよ。

その直後に、ぼくたちはシェラ・ネバダ山中にあるゲイリーの根拠地キット・キット・ディジィを訪れたんだ。日本での禅の修業を終え、この山に入ってからもう七年、奥さんのマサも息子のカイとゲンも、すっかり山暮しが板についていた。日本酒とサシミ、それにゲイリーがアラスカでとってきたサーモンをご馳走になったり、みんなで素っ裸になってサウナに入ったり、木を伐ったりして上映の日を待ったんだ。

キット・キット・ディジィはゲイリーとアレン・ギンズバーグ、ディック・ベイカー老師（サンフランシスコ禅センター）の土地なんだけど、あとのふたりは折角素晴しい家を建てながら多忙でめったに来られないので、アレンの家にゴーシ一家が移ることになったんだ。

あたりはアーチストが多く、ニューヨークのすさまじいアーチスト・コミュニティとは全く別の、いかにもカリフォルニアらしい生活者のコミュニティができてるんだ。ところが、最近、この近くにディズニー・ランドが土地を買い、あたりを例によってハリウッド的ドリームランドにしようという計画があることがわかった。

さあ大変だ、ヤマハのスワノセ・レジャーランド化と全く同じだというわけで、ぼくたちの上映会にはほとんど全員が来てくれたんだ。上映が終ったあともたくさんの人が残って共通の問題について話し合ったんだ。

ゲイリーが映画の解説のほか、スワノセの台風のことも報告し、カンパもたくさん集って、これはもちろんスワノセに送ったんだ。ジェリー・ブラウン・カリフォルニア州知事のブレーンとしてアート・コミッションの仕事も引き受けているゲーリーは超人的な綿密さでメチャクチャに忙しい中をさいて映画の応援をしてくれた。

この時ばかりは小粒ながら自主映画の製作者冥利に尽きるという感激だったねえ。思いがけないスワノセ台風に、この映画が少しでも役立ったことが、せめてもロクちゃんたちの霊に通じてくれることを祈りながら、山をおりたんだ。

○雑誌『宝島』 掲載号不明

アメリカは聖者でいっぱいだ② 『スワノセ・第四世界』スーツケーシングの旅　上野圭一

僧侶・マモ上人はカリフォルニアで
熱烈な一族再会劇をくりひろげた

アメリカ建国二〇〇年とやらで、いろんな行事が行われた七六年に、最も人目を惹いたユニークな運動のひとつは、日本山妙法寺の僧侶たちと同調者による「大陸横断平和行進」だろう。アメリカ大陸を横断した人は少なくないかもしれないけど、太平洋から砂漠や山を超えて大西洋まで、完全に歩いて、しかも「南無妙法蓮華経」「原水爆禁止・世界平和」を声高に唱えながらお太鼓を打って行ったグループは前代未聞だ。なにしろ、日本列島がカリフォルニア一州の中にスッポリと入ってしまうぐらいの広さなんだから。そして無事大願を成就してバークレーに帰ってきた三人のお上人さんの中に、加藤上人、通称マモ上人がいたんだ。

「部族」の第一期生で、ドラッグ文化やロックミュージックをいち早く日本に伝えた日本のビート世代の代表的人物のひとりマモは、もう一〇年以上も前にマリファナ裁判で大麻取締法のナンセンスを鋭く法廷で追究した先覚者なんだ。いまパレスチナあたりにいる足立正生さんと一緒に映画をつくっていたマモは、日本の中で本格派ロングヘアーが体験すべきあらゆる苦楽を味わい尽し、とうとう出家して袈裟を身にまとい、お太鼓を打ち鳴らしながら世界を股にかける平和運動家としてぼくの目の前に現われたんだ。元「部族」のゴーシやメイ、それに日本のドラッグ文化の同期生としての風砂子、また、日本で修行中の時に会ったゲイリー、日本に来ていたフィルム・メーカー、マイケル・ウイセなどと、僧の身となったマモは、カリフォルニアで熱烈な一族再会劇をくりひろげたんだ。腰まであった長髪がなくなっても、マモ上人の魂の原点はやはりビートニクなんだなと思ったよ。この人はきっと、この国にとって重要な役割りを果す人にちがいない、というのがぼくの印象だったんだ。どういう形でかは誰にもわからないけどね。

宇宙人・セイカの広大なコミューンでは
インディアンの生活様式をそのまま踏襲していた

フィルムを持ってアメリカに出発する直前、信州清水平にいるサカキ・ナナオ（『スワノセ・第四世界』の登場人物のひとり）からメッセージがあったんだ。「最良の使者をひとり送る。きっとヘルプしてくれるだろう」そして西荻フリー・スクールで初めて会ったのがセイカなんだ。会ったとたん「あ、この男はカリフォルニアが良いな」と思ったよ。日本人ロングヘアーには珍らしいヴァイブレーションを発してるのがすぐわかったんだ。「日本にはもう帰りません」というマモ上人が代表的な日本人ロングヘアー（というのもおかしいけど）なら、セイカは何というか、宇宙人ロングヘアーみたいな感じ、彼の前歴は色々と華々しいものがあるんだけど、この際は省略した方がよさそうだ。とにかく、ぼくたちがバークレーに着いてしばらくしてから、彼は西荻で会った時と同じ格好で現われたんだ。ここ何年かをサンフランシスコかシェラの山で暮し、半年余り日本に帰ってナナオの詩の翻訳などをヘルプ（ゲイリーのピューリッツァ受賞作『タートル・アイランド』）し、再びカリフォルニアに帰ってきたところだったんだ。今回は自分自身の修業に加えて、『タートル・アイランド』の日本語訳をゲイリーと一緒にチェックすること、『スワノセ・第四世界』をアメリカの友人たちに見てもらうことのふたつの使命を帯びて帰ってきたわけなんだ。

ナナオの日本語訳は原作者のゲイリーが「最高の訳だ。日本での出版に関するすべてのことはナナオにまかせて安心だ。ありがとう」といってくれたのでセイカもひと安心、もうひとつの映画の方も何とか軌運に乗り、ひとり歩きを始めたので第一段階は終り、ホッとしたところでセイカの本拠地、シェラの山中にある広大なコミューン「レインボー・ランチ」にぼくたちを招いてくれたんだ。

シェラの山といっても、ここはキット・キット・ディジィと同じく標高約一〇〇〇メートル、昔はネイティブ・アメリカン（インディアン）たちがたくさん住んでいたところだ。そして、ゲイリーたちのコミュニティが文化人のそれなら、レインボーははるかにワイルドでプリミティブな、つまり、インディアンの生活様式をそのまま踏襲している人たちが多いんだ。たとえば、ぼくたちが寝泊りしたのは昔ながらのインディアンの移動住宅ティピーで、直径六メートルの丸テントなんだ。天井が吹き抜けで、煙出しになっている。床は乾いた土で、真中にファイアー・プレイスがあり、大きな火を一晩中、燃やしている。あたりには鹿、コヨーテなどが出没し、ぼくたちも裸足で暮していたので大地のエネルギーが、ジョヤじゃないけど、足の裏から伝わり、自分も一匹の野に生きるけものになったような気がだんだんしてくるんだ。

ここにはクラフトマン、アーチスト、百姓、ホボー（放浪者）など雑多な男女が思い思いの家を自分で建て、思い思いの暮しをしている。不思議に大男が多く、野性人間というのはこんなにたくましいものかと驚くような人がいるんだ。ぼくなんかが山靴をはいてヨタヨタと危なげに歩く山の斜面を、上半身裸と裸足で、けものの叫び声をあげながらサッと走りぬけていく。こんな世界でセイカは木を切り水を汲み家を建ててどっしりと生きている。もちろん電気・ガスなどはなく、広い畑でとれる野菜は冬期に備えてちゃんと保存してあり、自給自足の生活だ。ただ、うらやましいなと思ったのは、やはりここはアメリカ、樹木にしろ水にしろ、実に豊富なんだね。木は乾いていて、太い樫の木だってマッチ一本で誰でも火を起こせるんだ。日本のジメついた木で火を起こす苦労と比べると、どうしてもラクだなあ、と思わざるを得ないんだね。

こんなコミューンがシェラの山だけでも一〇〇以上あって、工芸品と食料、果物と建築材料など、それぞれ自分たちで作ったものを交換するトラックがその間をぬって走っているんだ。カネを全く使わない物々交換制度【トレード・システム】がここでは完全に復活しているんだね。広い高原を、透明な光を浴びながら素っ裸の男女がのんびりお喋りしている光景を見ると、人間のふるさとに帰ってきたなっていう感慨がこみあげてきて、しばし、サンフランシスコやバークレーのあわただしさ（東京に比べれば一〇倍以上ものんびりしてるんだけどね）を遠く感じたものさ。

セイカは、ぼくたちがとりあえず東京に引き揚げたあともカリフォルニアに残り、カウンター・カルチュアの日本大使としてしっかりやってくれる筈だ。

歴史をもちはじめたコミューンでは
いまや自分たちの政府ができつつある

サンフランシスコのポーク・ストリートはゲイ・ストリートとして有名だけど、文化的には最も先端をいく地域のひとつで、ここにラーフィング・マン・インスティテュート（笑う人協会）という映画やビデオを上映するスペースがあるんだ。寒山拾得《かんざんじっとく》のように、聖者もあるところまでいくと、ただヘラヘラと笑っているだけで、見抜く力のない人には単なるバカとしか思えないような存在になるらしいけど、この変った名前は、そんなところからつけたらしいんだ。

経営はドーン・ホース・コミュニティ（夜明けの馬というシンボリックな名前をもつ宗教コミューン）ババ・ジョン・フリーという導師【グルー】が率いる大きなグループで。カリフォルニアの田舎にコミューンを持ち、サンフランシスコの文化センターをここに置いているわけなんだ。

コミューンも歴史を持ち大きくなってくると、閉鎖的な存在からどんどん「実社会」に出てゆくようになるんだね。テネシーの「ファーム」なんかもメンバーが一一〇〇人になり、自給自足どころか余剰が出るようになってきたので、七六年のグァテマラの大地震の時なんかは、食料、衣料品をトラックに何台も運び、家を何棟か建てて、無料奉仕で救援活動ができるまでに成長したんだ。政府とか大企業に一切頼ることなく、自分たちの政府ができつつあるってわけなんだ。

このラーフィング・マンが「スワノセ・第四世界」を上映したいというので、一〇月のあるウィーク・エンドに合計八回やってみたんだ。そしたら、もう一年もやってるこのウィーク・エンドショーはじまって以来の観客動員で彼らもぼくたちも共にビックリ。サンフランシスコの街に小さなポスターを貼っただけ（横尾忠則さんが作ってくれた大きなポスターを貼ったらすぐ盗まれちゃってダメなんだよ）なのに、予想外の人がスワノセのことを知っていて、中にはかつてスワノセに住んでいたというアメリカ人も何人かいて、みんなぼくたちと熱い握手をしにきてくれたんだ。ここでは今年の三月にも再上映するから、もしこれからサンフランシスコに向かう人がいたら、ぜひあっちでも見てほしいね。お客さんの反応が日本とはちがってとても面白いよ。

カリフォルニアの話ばかりになってしまったけど、実は他でも上映したんだ。

何しろお定りの自主映画のことだから、旅のカネはみんな自費だろう？ 東の方へ行きたくても行けないのさ、先立つものがなくて。そこでマサチューセッツにいるハーヴィ・ワッサーマンにフィルムを送ってみたんだ。この人は「宝島」でもおなじみ、知っている人も多いと思うけど、フリーク・ジャーナリストで七五年に原発反対運動のドキュメンタリー・フィルムを持って世界をスーツケーシングした人だから、きっとぼくたちの気持もわかってもらえると思ったわけなんだ。案の定、一週間もたたないうちに一通の手紙がマサチューセッツから届き、開けてみると「何て素晴らしい映画を作ってくれたんだ！ みんなで観て、東海岸ではぼくたちの手で上映したいという意見が一致した。お互いカネはなくともココロは同じさ。がんばろう！」

というわけで、いま「スワノセ・第四世界」はアメリカ両海岸、それにアムステルダムからヨーロッパ・ツアーが始まったところなんだ。ぼくたちみんなが作ったフィルムがどこをどうひとり歩きしてくれるか、ぼくは東京でじっくりその行方を見つめるつもりなんだ。

自然すなわち宇宙の意志こそが聖者なんだ

さて、あまり長くなっちゃいけないのでこのへんでしめくくろう。聖者の話で始まったんだから聖者でしめてみようか。

アメリカはいま、宗教復活の時代に突入している、だけど、これは何も急に始まったわけじゃない。アメリカという世界はもともとその傾向が強いところなんだ。ネイティブ・アメリカン（インディアン）というスピリチュアルな文化があったのに、これを無視してしまったため、アメリカには精神的な伝統というものが希薄なんだね。物資生活が豊かになればなるほど、それに見合う精神性が必要なのに、片肺飛行でここまで来ちゃったものだから、苦しくなっちゃったんだね、ここへ来て。自分にはないもの、自分とは反対のものを求めてやまないのが夢多きアメリカ人なんだよ。

アメリカ文学か歴史をやった人なら知ってるけど、ニューイングランドの文化人たちは東洋思想を学んでいた。「宝島」連載のH・D・ソローがウォールデンの森に入る時に「バガヴァッド・ギータ」を持っていったように、エマースンもホイットマンも、書物によって東洋哲学を学んでいたんだよ。

一八九三年にシカゴで見本市が開かれた時、同時に「世界宗教会議」があったんだ。世界中から禅の老師、神道の神主、インドの聖者などが一同に会したんだね。この時いちばんアメリカ人の心を惹きつけた人はインドから来た若きスワミ・ヴィヴェカーナンダで、この人がアメリカで創設したヴェーダンタ協会には多くの文化人、クリストファー・イシャウッドとかオルタス・ハックスリーなんかが参加していたんだよ。

二〇世紀に入ってからは、スフィのマスターとか、ヨガナンダとか、佐々木老師とか鈴木大拙博士もアメリカに行き、大きな影響を残してきたし、面白いことに、インドがイギリスの植民地だったので、インドの聖者の中で英語を話す人が出てきて、結局アメリカに来ちゃうというケースがふえてきたわけなんだね。

そのうち当然のことだけど、外国からではなく、アメリカ人の中からも聖者が現れはじめるようになる。有名なエドガー・ケイシーもそのひとりだし、さっきのババ・ジョン・フリーもそうなんだ。そして最初のババ・ラム・ダース、ジョヤとつづくわけ。

ラム・ダースの側に立って考えれば、スキャンダルも何もかも修行の一過程だろうし、そのことによってさらに光るものは光ってくるのだろうし、すべては一瞬目の前を飛んでゆくゴミみたいなものだと思うけど、ただひとついえることは、やっぱり自然を忘れちゃいけないってことじゃないかな。自然すなわち宇宙の意志に素直にしたがっていけば、何をやってもやらなくても安心していられるのさ。文化というのは反自然ということなんだから、カウンター・カルチュア（反文化）は自然ということになるわけさ。そして、それは実のところスピリチュアルなものへのひとつの入り口なんだね。偉そうなこと書いちゃったけど、これが今回のスーツケーシングのおみやげだ。じゃあ、またね

長沢哲夫　詩選

～詩集『足がある』（SPLASH WORDS 刊）より～

とも　三省

流れる体を離れ
流れる思いを離れ
流れる言葉を離れ
三省は森の中に静かに眠る

時にはぼくらは　夏の暑い太陽を思い　南に旅した
時にはぼくらは　ふりしきる雪を思い　北に旅した
時にはぼくらは　新宿で「人類の滅亡を予言する」行進をした
時にはぼくらは　街の中に消えた狂った友をさがし歩きまわった
時にはぼくらは　ドアーズの鳴りひびく「ほら貝」で夜明けまで踊った
時にはぼくらは　庭の一本の柿の木を見ながら　えん側でお茶を飲んだ
時にはぼくらは　いろりの火を見つめながら　この夜の深さをたどった
時にはぼくらは　病院の一室で親しい友が息をひきとるのを
　じっと見つめていた
時にはぼくらは　アシュラムを作ることを思い　山を里を歩きまわった
やがて　火と竹の島に　ぼくはとまり
同じ黒潮がとり囲む
水と森の島に　三省はとまった
そして今は
流れる体を離れ
流れる思いを離れ
流れる言葉を離れ
三省は森の中に静かに眠る

時には　まぶしく輝く雪の上を
歩く足が
“じゃ　また”と
ぼくらは別れ
また会った
そしてこんどは君は、 君のものではない君の死体を置いて
出かけていった
きっとまた、そっちに呼ばれたのだろう
地図に書かれた骨であり
海辺に咲くサボテンの花であり
灰まみれの風に吹かれる歌だ
そう歌になって
じゃ　また　新宿で
はりねずみの風月堂で
やぶこうじの森で
高速道路の行き交う闇の中で
放射能がふり注ぐ雨の中で
焼酎をひっかけ　ラーメンをすすろう
ほほほと笑ったり
あり得ない言葉をしゃべったり
夢みられている夢のように
歩いていこう
花が咲く枯枝の先で
文明の行き止まりで
君は君を流れ
ぼくはぼくを流れていく
歩いてきたことは
そう“どうぞ忘れてください”
ただ　今　ここにいる
これで十分
さあ　ナナオ　お茶にしようや！

足がある〜ナナオと

じゃ　また
まだ　ありもしない
まだ　なくならない
この今に
ぼくは君に会った
記憶という砂漠にころがる石をひろってみよう
新宿　風月堂
ナナオはいう
“君、ぼくはいそがしくってね。そっちにも呼ばれているし、
あっちにも呼ばれている”
“いってらっしゃい。ぼくはここに坐っています。バッハを聞きながら”
そして　また
“君は、今夜の宿はどこかね？”
“三鷹だよ”
それでは、とぼくらは歩き出す
時速６㎞
新宿から中央線に沿って
鉄とコンクリートの水たまりのほとり
文明をつきぬけ
「足がある」と
たそがれの空をかすめ
ほんのり星がまたたきだす
ぼくらは祈りもしないで星を見つめる
オリオンだ　シリウスだ　南極老人星だ
星たちが歩いている
稼ぎはないし宿もない星たち
時には砂の消えた浜辺でヤドカリたちと酒を飲み
時にはカエルたちの奏でるバロックを聞きながら
リュックにはギリシア哲学　ウパニシャッド　仏典をしのばせ
光の花園の花に包まれながら
「足がある」と
エメラルド色の海　サンゴの白い渚　照りつける太陽の下を

空ふかく

空ふかく
時はしんみりと
ひとつの夢を歌っている
海をのむ
巨大な貝殻に似た夢を
今は眠りのほとり
陽が輝き
木立には鳥のさえずり
よく見るのだ
青空の底にゆれる
百千の風の手を

一秒の死

金モクセイの
香りをつまみ
坂をのぼり　くだる
それとも黄色い死の香り
ふりそそぐ陽の光の中
コップ一ぱいの水を飲み
またあるく
一秒の死を

夏の空

夏の空はけだるくうねっている
青い潮のほこらに残る眠り
とけあった蟻塚の底に
細い水の流れをかみながら
ぼくは眠りをほどかない
太陽に結ばれているのなら
なおさらのこと
月に結ばれているのなら
なおさらのこと
ぼくは眠りをほどかない
影絵のない深くとがった海を
蟻たちは見つけている
蝉のぬけがらがガラガラと
やぶを鳴らしている
どこまでとはいわない
いつまでとはいわない
ぼくは眠りをほどかない
そこいらじゅうに
まき散らされ
破り散らされても
しどろもどろの一日が
走りすぎていっても
ぼくは眠りをほどかない
夏の空はけだるく
うねっている

★長沢哲夫の詩にはナナオ・サカキとはまたちょっと違う、物静かな、深い思索を連想させる詩篇が多く、彼の飾らない実直な人柄を偲ばせる。しかし、その言葉の綾と彩はまぎれもなく、日本のビートニックのものである。
冒頭に二篇を掲げたが、山尾三省とナナオの死に立ち会った無念を詠った作品は胸をうつものがある。（塩）

一九七五年　南溟の記憶

無為自然を説いた荘子によれば、南溟とは南方の大海を意味している。
四十五年前、その海を渡り、諏訪之瀬を訪ねた若きカメラマンがいた。

撮影・近藤 正寛

■近藤正寛（こんどう・まさひろ）

写真家。1950 年山梨県南巨摩郡南部町生まれ。
1969 年静岡県立富士高校卒業、茨城大学に進学。
大学時代は写真同好会に所属し、すでに 1973 年には水戸市のギャラリーで個展を開いている。
1975 年大学卒業後、カメラマンとして諏訪之瀬島を訪ね部族の生活を撮影。その後、故郷に戻り富士市の新聞「富士ニュース」に就職。30 年間在籍し、2005 年に独立してフリーカメラマンとなった。
2018 年には富士宮市の RYU GALLERY で個展を開き、1975 年に撮影した日本のヒッピーたちの写真を公開して話題になった。現在も故郷の南部町を拠点に撮影活動をつづけている。

島を訪ねるきっかけになったのは本書のＰ・265に登場する『名前のない新聞』のミルキーウェイ・キャラバンの紹介記事だった。各地を回り、最後にたどり着いたのが諏訪之瀬島。『スワノセ・第四世界』の撮影スタッフは74年と75年、夏に二度、島を訪ねているが、彼の訪問はその合間のことだった。

共産と平等が島の生活の掟。部族の人たちは、警戒心が強く、写真を撮られることをすごく嫌がった。しかし、打ち解けるとやさしく、穏やかな人ばかりだった。暮らしやすい気候だったが、台風に苦しめられた。中段左の写真の女性と一緒に写っている男性は1976年の台風のために落命している。

一九七五年春、六年在籍した北関東の大学を卒業した私は、モラトリアムの末、最終的に写真とともに歩いていこうと決め、アルバイトしながら作品のためのテーマを探した。

社会学を専攻していたこともあり、考えを重ねるうちに行き着いたのが、「コミューン＝共同体で生きる人々」だった。当時、島に渡るには、鹿児島市内にあった連絡拠点を通したうえで、自分たちの食糧を含め、差し入れを持参することになっていた。出会った数人の仲間と買い出しに出掛け、船では大広間に雑魚寝し、揺れに悩まされながら諏訪之瀬島に向かった。

はしけに乗り換え上陸した島では、いきなり「撮影禁止」と言われ、「えっ！」、と思った。それが最初の思い出である。

バンヤン・アシュラムでは、竹を編んで作った来訪者用の建物に住み、食事のしたくや畑仕事を手伝った。火山島という環境から自給自足は難しく、食事も切り詰めたものだった。一度、漁で獲った

ばかりのロブスターがテーブルに乗ったことがあった。珍しさとおいしさとともに、みんなの笑顔がはじけた。

　撮影は、もともとの居住者ともしだいに打ち解け、少しはＯＫとなった。帰りの船に乗る直前、滞在中は近寄りがたかった女性が初めて笑顔を見せ、横顔だけを撮らせてくれた。それが、印象深い最後の思い出になっている。

文●近藤正寛

部族の生活は質素で、食事も粗末なものだっが、みんな自由で、共通のルールを守る限り、誰かにうるさく干渉されることもなかった。
歌と踊りが大好きで焼酎が気付け薬、海の幸についていえば、トビウオは商品性が高く、豊漁の時の儲けは大きかった。気楽な生活だったが、いつもは穏やかで優しい島の自然は、時に厳しく辛かった。Ｐ・297の部族の座談会でも紹介しているが、特に台風は部族の夢を打ちくだくほどの威力があった。
1980年代に入ると、部族の運動は穏やかに消滅していく形になり、諏訪之瀬の部族の人々も元からの島民のなかにとけこんで暮らすようになっていった。

一九六七年 新宿の記憶

真夏の夜、フーテン族潜入取材は人生を変える強烈な体験だった。

文●塩澤幸登

人も車もまばらな五十三年前の新宿駅東口の昼下がり

新宿駅東口を通りかかると、わたしはいつも必ずふたつのことを思い出す。ひとつは1957年3月末、田舎で父親が商売に失敗して破産、家産を整理し、夜行列車で夜逃げして上京した、そのときの記憶。わたしはまだ九歳である。朝、新宿駅に到着し、東口に出て、駅前の大きな食堂で朝ご飯を食べた。とんかつにナイフとフォークがついてきたが、使い方がわからず、いじくっているウチに切れ端を床に落として怒られた。

　それから、もうひとつの強烈な記憶はその十年後、1967年8月の新宿。わたしは十九歳になっている。大学二年生である。この年の夏、新宿の東口、風月堂や汀（ジャズ喫茶）、LSD（ゴーゴー喫茶ーディスコ）ほかの店に、いわゆるフーテンたちが集まって、駅前広場の芝生にたむろして夜更かし、マスコミから〝フーテン族〟の呼称をもらって大きな話題になった。わたしはこのとき、学生アルバイトの身分でフジテレビの社会教養部でニュースショーのアシスタント・ディレクターとして、のちにフジテレビを辞め『スワノセ・第四世界』を作る上野圭一氏の下でで働いていた。

　上野さんに「見かけもフーテンみたいだし、年齢的にもちょうどいい」とおだてられて、フーテン族に潜入取材で仲間入りした。

撮影・内山　晟

いまの東口の芝生は鉄柵と鉄条網に囲まれているが、昔は自由の象徴のような所だった。この頁の上段の写真は、ある夜、さっそうと街を闊歩するシオザワとフーテンたちのひとこま。ボーダーのTシャツを着ているのがシオザワ、その右隣が先年亡くなられたが、のちにインテリアデザイナーとして活躍した安部賛平さん。左の写真は地下道の出入り口。昔は殺風景なところだった。白い矢印がシオザワ、人が横になれるスペースがある。ここで寝ていて寝ぼけて転落死した人がいたという話を聞いた。

これらの写真はテレビ番組で潜入取材をしたことをテロップで説明するため、当時番組付きのカメラマンだった内山晟さんが撮影したもの。シオザワが大切に保管していた写真である。


駅前広場に芝生があり、みんなそこでごろ寝して夜明かしした。

　このフーテン族がやがて日本のヒッピー運動と結びついて、共産コミュニティを作り、部族を名乗ることになる。

　こういう本格的な取材は初めての体験で、大学一年の終わり頃、見よう見まねで小説のようなモノを書いて、「オレは人に読んでもらえるモノを書けるようになったかも知れない」と思えるようになった矢先のことだった。

　昔の新宿駅の殺風景な佇まいが懐かしい。この取材はわたしにとって、衝撃的な、子供だった人生観がひっくり返るような経験だった。

　フラフラと麻雀仲間や女の子たちと遊んでばかりいた自分に、このままではダメだ、お前は全然、世の中に通用しない、というNGを突きつけられた体験だった。

　わたしはこの取材でマスコミについてのいろんなことを学んだ。そして、ここから本当に大学生として、勉強しはじめた。

二〇二〇年　男たちの今昔物語

出会ってから五十三年が経過している。本を一冊作りあげ、二人で並んで記念の写真を撮った。

写真左、1971 年バークレーに出発する寸前の上野、父親と。右は 1966 年のシオザワ。

時間の経過は恐ろしい。文章で書いたらわかりにくいが、こうやって写真を並べると、一目瞭然に人間の面相に歳月が刻みこむ年輪が手に取るようにわかる。

上の二枚の写真の若者は下段で並んでいるふたりと同一人物だ。こんなページ作りは趣味が悪いかも知れないがあえて面白がった。自分たちが無駄に年老いたのではないかと心配だ。（塩）

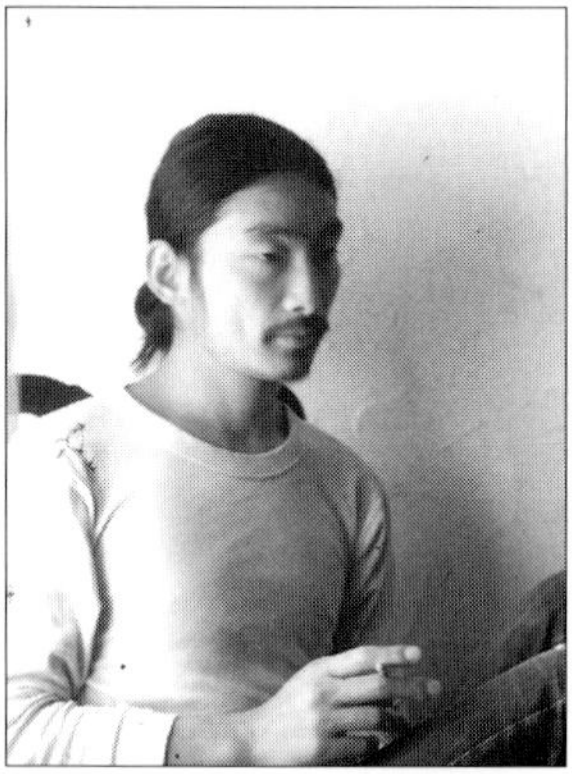

アメリカ、ヒッピー時代の上野。

二〇二〇年の春先のある日、伊豆・川奈のサザンクロス・リゾートにある『癒しと憩いのライブラリー』に上野を訪ねた、ブログ『沈黙図書館』の饒舌な館主、シオザワ。嫌がる上野を隣に置いて、セルフタイマーで無理やりの記念撮影。貴重なワンショットとなった。

監修者のあとがき

友情ある贈り物としての「スワノセ・第四世界」

塩澤幸登くんとの関係を振り返ると、改めて人と人とのつながりの妙味を感じる。伊豆のリゾートホテルにある「癒しと憩いのライブラリー」に彼が「ふらふらと」入ってきたとき、ぼくは一瞬、「どこの爺さんだ」と怪しんだものだった。ぼくを見た瞬間の彼の印象も似たようなものだったに違いない。

思えばある日、「シオザワ」十九歳のアルバイト学生、「ウエノ」二十六歳の若輩ディレクターが出逢い、一緒に楽しく仕事をし、淡い友情の記憶を残したまま僅か数ヶ月で別れて以来、お互い相手の消息はおぼろげに把握してはいたものの、顔をつき合わせる機会はなかったと思う。

当時のテレビ局にはアルバイトがたくさんいて、その多くはメディアへの就職を考えている大学生であり、塩澤くんのように出版社を経由して物書きになった人も少なくないらしい。ぼくが番組制作の現場を追われ、デスクワークで鬱々とした日々を過ごしていた職場にも女子学生の平松洋子さんがいて、いまでは著名なエッセイストになっている。

光陰矢のごとし。塩澤くんと別れて、とうに半世紀は過ぎている。彼は喜寿に向かい、ぼくは傘寿を目前にしている。彼が恰幅のいい重厚な体格となり、ぼくが皺とシミだらけになり、ともに頭に霜雪を頂いても何の不思議もないのだが、十九歳の「シオザワ」の印象しか残っていないぼくにとっては、入室してきた男が彼であることに気づくまで数秒の時間がかかったのも無理はなかろう。

容貌の激変に驚かされただけではない。そのとき彼がもちこんできた企画にも、ぼくは驚かされた。なんと四十数年前に友人たちと作った十六ミリの自主映画を主軸にして、日本のカウンターカルチュアの全貌を記録する本を書きたいというのである。

そう言われれば、なるほど日本のカウンターカルチュアのリアルな実態について細部まで記録した本はぼくも知らない。しかし、塩澤くんの著作の大半は特定の人物、集団、時代を徹底的に深掘りして、その実相を詳細に、生き生きと記録する分厚い作品であることが多い。

彼が長年勤務していたマガジンハウスの自由闊達な仕事ぶりと豪放磊落な経営者や編集者たちを生き生きと描いた『雑誌の王様』『編集の砦』『平凡パンチの時代』などはそれぞれ優に五百ページを超え、全三巻の「KUROSAWA」に至っては一冊が六百から七百ページを超える超大作である。

半世紀近く前に作ったささやかな映画が日本のカウンターカルチュアを深掘りしてゆくという困難な作業の主軸などになりうるとは到底思えない。一体何を考えているのか、ぼくは訝るばかりだった。

しかし、彼はもちろんめげなかった。まず、ぼくにロングインタビューをして、それから考えるというのである。インタビューは映画の話ではなく、ぼくの生い立ちにかんする質問からはじまった。すでに立派な作家になっていた彼からの相次ぐ質問に、ぼくは仲間言葉ではなく、一般のメディアからのインタビューと同じように、思わずふつうの丁寧語で答えていた。半世紀前のように気軽に「シオザワくん」と呼ぶことに軽い抵抗を感じて「シオザワさん」と呼ぶところから、ぼくたちの関係修復ははじまったのだった。

気がついたら自分が彼を自然に「シオザワくん」と呼んでいるようになったのは、インタビューをかなり重ねたあとのことだった。それだけ二人の距離は遠く離れていたのだろう。インタビューは生い立ちの部分を終えて、映画の話題に移っていた。

なにしろ大昔のことで、数年前に当時の東京国立近代美術館フィルムセンターから「現像所の保管期限が切れたからネガフィルムを当館で保管したい」というメールが来るまで、ぼくは長いあいだその映画のことさえ忘れかけていた。七十年代の半ばに制作して八十年代後半には使命を終えたと実感し、色褪せて傷だらけになったポジフィルムは長年、納戸の片隅で埃をかぶっていたのである。

フィルムセンターの好意で、まったく思いがけずネガから新しくポジに焼き直すことが可能となり、傷もなく色も鮮やかな作品に生まれ変わることになった。そんなタイミングで塩澤くんがライブラリーにやって来たというのも何かの縁なのだろう。

いまにして思えば、この映画にまつわるすべての事象が目に見えない太く大きな「縁」の力で動かされていたような気がする。それは軍事大国アメリカが小国ベトナムとの戦争に敗北するという大逆転を起こした「七十年代」という共感すべき怪物からの力強い友情に背中を押されている感覚でもあった。制作スタッフや資金の自然な集まりかた、日本やアメリカでの上映施設の容易な獲得、作品を紹介してくれたメディアの好意など、いま考えても信じられないほどの幸運の連続で仕事が進み、小作品なりの使命を無事終了できたのは、なによりも有り難いことであった。

本書は日本のカウンターカルチュアの現代史を緻密に記録した、一部の人にとっては貴重な作品になったと思う。さすがは塩澤くんである。そして、ぼく自身にとっても塩澤くんからの友情のしるしとして、大切な一冊になった。

令和二年六月一日　上野圭一

編集者のあとがき・その一

五十三年間の今昔物語の終焉、そしてそのうちの最後の六年間についてのお詫び

上野圭一さんとわたしは五十三年前に知り合った友人である。上野さんはわたしにとって、いつも隣のグラウンドで練習していて、好記録を出しつづけている実力派のアスリートのような存在だった。

めったに会わなかったが、その存在を始終、気にしてきた。わたしが出版社の編集記者として仕事していたころから、上野さんは翻訳家、著述家として大活躍されていて、わたしもあんなふうになりたいと勤めのかたわら、夢想したものだった。

わたしの場合、外国語を特別得意としているわけでもなく、東南アジア英語しか話せない身に緻密を必要とする翻訳家への道筋はありえなかったが、長く編集者として仕事しながら、もの書きとしての根性が薄れていかず、いずれわたしも自分の作品を、と思いつづけていたのは、学生時代に初めて原稿料をもらう喜びを知ったのが、上野さんに紹介してもらった仕事だったからということも大きな意味をもっていた。

会社をやめて、何冊か作品を書き、自分の仕事を知ってもらいたいと思い始めたころには、上野さんは東京を引き払い、伊豆の伊東で〝森の生活〟を始めていた。

ある日、なにがきっかけだったか忘れたが、インターネットで彼が伊豆・川奈にあるリゾートホテルの図書館を運営していることを知り、だったら、自分が書いた本をその図書館のコレクションに加えてもらえないものかと考えて、自著を一冊、選んで送った。二〇一四年、六年前のことである。

わたしたちの新しい物語のすべてはそこから始まった。

手紙を添えて、本を贈呈すると、上野さんは早速メールをくれた。こんな内容の文面だった。

いきなり『雑誌の王様』が届いたとき、え？　塩澤って、あの塩澤くん？　と一瞬、頭のなかがグラつきました。

古稀もとうに過ぎて、蔵書もほとんど自分が館長をつとめる「癒しと憩いのライブラリー」に寄贈してしまい、めったに本も読まなくなったので、不明にして貴君が日本ではまれに見る一徹な物書きになっていたことも存じませんでした。

『雑誌の王様』、読み出したら面白くてやめられず、困っています。（一部略）

塩澤くんのことは、名前は伏せましたが、20年あまり昔、少

しだけ本に書いた記憶があります。近日中に、近況報告を兼ねた本とともにお送りします。

ご笑覧いただければ幸いです。

そして、『スワノセ・第四世界』を覚えていてくれたとは嬉しい限りです。なぜか最近になってから、あれを上映したいという奇特な連中がポツポツとあらわれ、首をかしげていたところです。

今春には、国立東京フィルムセンター（現・国立映画アーカイブ）が永久保存したいと言ってきました。欠けた茶碗でも時がたてば骨董品に見えるということか？

ともあれ、お互い、鬼籍に入る前に旧交を温める機会が訪れることを願っています。


人は一行の檄文でその生き方を変えることが出来る。

このメールと送られてきた上野さんが書いた本を読んで、わたしのなかで眠っていた取材記者としての本能がいきなり目を覚ました。そして、〈これはちょっとこの話を取材して、本にしないと気が済まない〉と思い始めて、いても立ってもいられず、準備して伊豆の川奈に上野さんを訪ねたのだった。

そのとき、この企画は相当苦労するかも知れないが、面白い取材になるだろう、取材が面白ければ、面白い原稿が書けるはずだ、と素朴にそう思ったのである。


爾来、幾星霜というか、六年の歳月が流れてしまった。

その間、予想していた通り、いろいろと苦労したが、とりあえず、この場所にたどり着くことができた。幸運の女神がわたしたちを後押ししてくれた、と思うのだ。


伊豆・川奈のリゾートホテル、サザンクロスの図書館を年ごとにくり返して訪ね、上野さんと意思の疎通をつづけながら、迷っていることがらについて指示を受けた。そして、大鹿村で内田ボブさんと出会い、名古屋のライブ会場でナーガ（長沢哲夫さん）に出会い、立川で獨協大学の原先生に出会い、神戸にあぱっち〈浜田光さん〉を訪ねた。そして、南溟絶海の孤島・諏訪之瀬を訪ねてナーガと再会し、東京にもどって京橋の国立映画アーカイブを訪ねた。国分寺で部族50年記念の集会に参加し、そのあと、クリス・ピアースさんが作った、部族の歴史を綴った三十三枚のパネルを手に入れ、最後はコロナ騒動の最中、カメラマンの近藤正寛さんや高橋卓司さんを知った。

また、取材とは別のことだが、マガジンハウス時代の同僚で、長く雑誌『クロワッサン』の校了責任者をつとめた、いまは素人落語家のプロフェッショナル、あっち亭こっちとして活躍する長田衛さんが、わたしの〝誤字脱字病〟をみるにみかねて、「ボクが校閲してあげますよ」といってくれた。これは、わたしにとっては、話を三国志に例えると、劉備玄徳が荒野のド真ん中でばったり諸葛孔明に出会ったような大事件だった。

　このようにして、本書編集の歯車は回りつづけたのである。

　それにしても、わたしもこの本にかかわったその六年のあいだに、何冊かのほかの本を書いているのだから、自分でいうのもなんだが、まあ働き者である。

　過去の記憶というのはすべてそういうものなのかも知れないが、全部のことがモザイクのようなシンクロニシティの組み合わせのなかに作られた、複雑に錯綜した迷路を歩きつづけ、なにものかに賦与された僥倖に導かれるようにして、この本を作っていたような気がしている。そして、いまやっと出口にたどり着いたのである。


　意図して六年の歳月を費やしたわけではないのだが、自分でも、閃いた思いつきをちゃんとした本に仕上げるのに、こんなに時間がかかるとは思わなかった。「もう、すぐ本になります」などと調子のいいことをいって取材しながら、みんなをここまで待たせてしまった。

　この企画にかかわったたくさんの人たちにご迷惑をおかけしたことを衷心からお詫びしておかなければならない。


二〇二〇年（令和二年）六月一日　塩澤幸登

カバーに使われている写真のクレジット

撮影　近藤正寛

撮影　高橋卓司

撮影者　不明

撮影者　不明

撮影　近藤正寛

撮影　近藤正寛

撮影者不明の写真は元『部族』、ハワイ在住のクリス・ピアースの提供による。下段右端の写真はゲーリー・スナイダーの結婚式、左に写っている人物が若き日のナナオ。上段中央の写真は晩年のナナオ、おそらく最後の肖像写真。また、上段右の島の写真は二〇〇五年に、近藤が二度目に諏訪之瀬を訪問したときの作品。諏訪之瀬島の港を船出して30分ほどして船から見えた島影。諏訪之瀬の至近にある臥蛇島ではないかと思われる。

編集者のあとがき・その二

映画『スワノセ・第四世界』DVD直接販売のお知らせ

茉莉花社《まつりかしゃ》では左記の要領で映画『スワノセ・第四世界』のDVDを販売いたします。

価格３０００円（税込み、郵送料込み）です。価格は物価の変動により変わることがあります。

販売期間　令和二年六月二十日～令和四年六月十九日までの二年間。
●ご希望の方は、弊社まで直接、郵便（ハガキ、封書）に購入希望の旨、明記して、左記、住所あてお申し込みください。

申込先　〒１７３―００３７　東京都板橋区小茂根3の6の18パークハイム小竹向原101号
茉莉花社『全記録　スワノセ第四世界』係

その際、連絡先住所 電話番号 あればメール・アドレスを明記してください。

郵便到着後折り返し、送金方法（郵便振替・銀行振込）をお知らせいたします。

入金確認後商品をお送りいたします。

お問い合わせ☎03・３９７４・５４０８ 茉莉花社編集部『全記録　スワノセ第四世界』係
Mail : yukiton.4030@kmf.biglobe.ne.jp『全記録　スワノセ第四世界』係

Staff List
Supervise
上野圭一
Editor
塩澤幸登
Editorial Assistant
新村摩耶
Photograph
内山　晟
近藤正寛
高橋卓司
Cover Design
中島三徳
Proof Reading
長田　衛

Thanks to
長沢哲夫
内田ボブ
Chris Pearce
獨協大学教授
原　成吉
『名前のない新聞』発行人
浜田　光
独立行政法人国立美術館
国立映画アーカイブ
株式会社　東京光音
朝日新聞社
法人営業部知財事業チーム
Flying Books　山路和弘

応援してくださった
皆様に感謝いたします。

【著者紹介】

●上野圭一（うえの けいいち）翻訳家・鍼灸師・作家。1941年生まれ。1964年早稲田大学文学部英文科卒業。フジテレビディレクターをへてアメリカのヒッピー運動に身を投じ、日本に帰国後、映画『スワノセ・第四世界』を製作、監督。のちに、翻訳家、鍼灸師に転じた。アンドルー・ワイルの専任翻訳者として知られる。現在は伊豆のサザンクロス・リゾートにある「癒しと憩いのライブラリー」の館長をつとめている。

●塩澤幸登（しおざわ ゆきと）小説家・編集者。1947年生まれ。1970年早稲田大学文学部西洋史学科卒業後、平凡出版入社。月刊「平凡」ほかの雑誌を編集。雑誌『Gulliver』編集長。2002年退社後、作家活動に入る。『KUROSAWA』、『UWF戦史』、『死闘』、『平凡パンチの時代』、『南ア戦記』、『雑誌の王様』、『昭和芸能界史』などを執筆。昭和の大衆文化のノンフィクション小説を主なフィールドに著作をつづけている。

全記録　スワノセ第四世界

日本のヒッピー・ムーヴメント

2020年6月20日　初版印刷

2020年6月25日　初版発行

監　修　上野圭一

編　集　塩澤幸登

発行者　堀内明美

発　行　有限会社　茉莉花社（まつりかしゃ）

〒173-0037　東京都板橋区小茂根3-6-18-101

電話　03-3974-5408

発　売　株式会社　河出書房新社

〒151-0051　東京都渋谷区千駄ケ谷2-32-2

電話　03-3404-1201（営業）

http://www.kawade.co.jp/

印刷・製本　（株）シナノパブリッシングプレス

定価はカバー・帯に表示してあります。

落丁本・乱丁本はお取り替えいたします。

ISBN978-4-309-92208-9